Raimund Schulz

Die Antike und das Meer

Raimund Schulz

Die Antike und das Meer

PRIMUS VERLAG

Die Deutsche Bibliothek verzeichnet diese Publikation in der Deutschen Nationalbibliografie; detaillierte bibliografische Daten sind im Internet über http://dnb.ddb.de abrufbar.

Gedruckt auf säurefreiem und alterungsbeständigem Papier
Einbandgestaltung: Jutta Schneider, Frankfurt
Einbandmotiv: Kriegsschiff, griechische Gemme 5. Jh. v. Chr., London, British Museum,
picture-alliance, akg-images (Foto: Werner Forman)
Redaktion: Nina Ostertag
Layout: Johannes Steil, Karlsruhe
Satz & Prepress: Peter Lohse, Büttelborn
Printed in Germany

www.primusverlag.de

ISBN 3-89678-256-8

Inhalt

Vorwort 7

Einleitung 9

Odysseus 17

Die Polis und das Meer 29

Händler, Söldner und Tyrannen 51

Vom Chaos zur Ordnung 65

Die maritime Expansion der Perser 79

Athens Seereich und die Demokratie 90

Der Peloponnesische Krieg 114

Seefahrt im Zeitalter des Hellenismus 137

Roms langer Weg zum Meer 149

Der Kampf um Sizilien 157

Eroberung, Handel und Piraterie 168

Pompeius und Caesar 179

Das Ringen um das Erbe der Republik 187

Das Meer und die römische Kultur 196

Meer und Mentalitäten 207

Anhang 224
- Abkürzungsverzeichnis 224
- Anmerkungen 226
- Literaturverzeichnis 239
- Register 251
- Bildnachweis 256

Vorwort

Das Verhältnis des Menschen zum Meer ist ein unerschöpfliches Thema von unbestrittener historischer Relevanz. Für die Antike gilt dies umso mehr, als sich die griechisch-römische Kultur um das Mittelmeer herum entwickelte und von hier aus in die Binnenräume ausstrahlte. Die nahe liegende Frage, welche Bedeutung die enge Verbindung des antiken Menschen zum Meer für die Entwicklung von Politik, Kultur und Mentalitätsstrukturen antiker Gesellschaften besaß, ist dennoch bis heute monographisch nicht behandelt worden. Das vorliegende Buch ist die Summe jahrelanger Forschungen, deren Ergebnisse zum Teil in Artikeln und Vorträgen vorgestellt und diskutiert wurden. Es ging und geht mir dabei weniger um Spezialprobleme, sondern um ein Verständnis des Gesamtphänomens als wesentlicher Aspekt der antiken Geschichte auch im Vergleich mit späteren Epochen.

Ich habe zu danken: Wolfgang Hornstein für sein Angebot, das Werk im Programm des Primus Verlages aufzunehmen, und für seine unerschütterliche Geduld bei der Überschreitung vereinbarter Manuskripttermine, ferner Nina Ostertag für ihre sorgfältige und engagierte redaktionelle Arbeit, schließlich meiner Familie für ihre Nachsicht und ihren Rückhalt sowie meinem Vater für das Mitlesen des Manuskriptes. Ein spezieller Dank gilt meinen Berliner Tennisfreunden Lothar, Peter und Thomas, die mich trotz stetig abnehmender Spielstärke zwangen, das Hirn mit Frischluft und den Körper mit sportlicher Bewegung zu versorgen.

Hildesheim, im Dezember 2004 — Raimund Schulz

Einleitung

Die antike Kultur war eine Küstenkultur und vom Kampf mit dem Meer geprägt. Großräumige Seefahrt ermöglichte und begleitete die Ausbildung und Ausbreitung städtischer Zivilisation. Krieg auf dem Meer verhalf der Athener Demokratie zum Durchbruch. Die Eroberung des Meeres war Voraussetzung für die römische Weltreichsbildung, erleichterte die Vereinheitlichung der griechisch-römischen Zivilisation und die Ausbreitung des Christentums. Und die Seefahrt trug entscheidend dazu bei, dass der Mensch des Mittelmeeres sich bereits in der Antike bis nach Skandinavien im Norden und nach Indien und China im Osten wagte. Kein chinesischer Seefahrer ist dagegen jemals bis ins Mittelmeer vorgestoßen!

Das Verhältnis der Antike zum Meer ist somit ein Thema von großer historischer Bedeutung. Dennoch existiert bisher keine Gesamtdarstellung, welche die Bedeutung des Meeres für die politische, wirtschaftliche sowie kulturelle und mentalitätsgeschichtliche Entwicklung der Antike zu erfassen sucht. Vielmehr widmen sich entsprechende Arbeiten bislang eher Schwerpunkten und Spezialthemen.[1]

Eine Kenntnis der technischen, geographischen und nautischen Bedingungen antiker Seefahrt ist unumgänglich für das Verständnis der Formen und Möglichkeiten, in denen sich der Mensch dem Meer näherte und es zu erobern trachtete; selbstverständlich muss man die natürlichen und sozialen Rahmenbedingungen kennen, innerhalb derer sich Seefahrt abspielte. Doch bleiben diese Kenntnisse unergiebig, wenn man sie nicht über einen längeren historischen Zeitraum mit den politischen, wirtschaftlichen und kulturellen Entwicklungen verknüpft und in einen übergreifenden Erklärungszusammenhang integriert. Langfristige Entwicklungen, Konstanten und Konjunkturen und die sie auslösenden Faktoren lassen sich nur in einer Zusammenschau verschiedener Bereiche und durch die Kombination makro- und mikrohistorischer Analyse erfassen und deuten. Das ist das Ziel dieses Buches.

Herrschaft über das Meer

Unbestritten kommt dabei dem Seekrieg und dem Streben nach Seeherrschaft eine große Bedeutung zu, schon weil die antike Überlieferung sich spätestens seit Thukydides auf diesen Bereich konzentriert hat. Seeherrschaft besaß ferner ein immenses ideologisches Potenzial: Kriegsschiffe waren auch Prestigeobjekte; die Gründung von Kolonien machte den Initiator unsterblich, und Siege zur See verschafften beträchtliches Renommée. Doch was heißt Seeherrschaft *(Thalassokratie)* eigentlich?

Jede Analyse des antiken Phänomens wird von Thukydides ausgehen müssen, der in der *Archäologie* seines Werkes das Streben nach Reichtum und Seeherrschaft zum Strukturprinzip der griechischen Geschichte bis in seine Zeit erhoben hat.[2] Die wichtigste Voraussetzung für Seeherrschaft ist nach Thukydides die Existenz einer Kriegsflotte. Zweitens setzt das Streben nach Seeherrschaft ein geographisch-maritimes Raumkonzept voraus: Minos gewann die Herrschaft über den größten Teil der Ägäis, die Ionier beherrschten das Ionische Meer. Zur Sicherung ihres Einflusses haben alle „Seeherrscher" Stützpunkte angelegt und Inselketten besetzt sowie gegen die Piraterie gekämpft. Schließlich kontrollierten sie maritime Handelsrouten, um der eigenen Polis Wohlstand und Macht zu sichern – noch Cicero zählt die Sicherheit des *cursus maritimi* zu den wesentlichen Bestandteilen der Seeherrschaft des Pompeius.[3] Aus der Summe der Kontrolle linearer Routen ergab sich das Konzept flächendeckender Hegemonie. Es gibt wenige Gründe, die dagegen sprechen, dieses Konzept als heuristisches Prinzip beizubehalten.

Handel zur See

Die unbestrittene und in jüngsten Veröffentlichungen wieder hervorgehobene Bedeutung mediterraner Seerouten[4] führt zu einem zweiten bedeutsamen Phänomen, nämlich dem Handel über See. Von ihm ein klares Bild zu bekommen, fällt schwer, denn uns fehlen im Gegensatz zur neuzeitlichen Expansion serielle Daten. Auch hat der Seehandel die antiken Autoren im Gegensatz zu den spektakulären militärischen und politischen Ereignissen wenig interessiert. Viele Forscher haben deshalb die Bedeutung des Handels und seine Auswirkung auf die politische und gesellschaftliche Entwicklung gering veranschlagt. Als zusätzliche Argumente dienten ihnen das geringe Handelsvolumen, die Konzentration auf Luxuswaren sowie die agrarische Existenzgrundlage der Mehrzahl der Polisbürger. Nun ist es aber äußerst problematisch, von dem Desinteresse der literarischen Quellen auf eine geringe reale Bedeutung zu schließen oder geringe Quantität mit geringer Wirkung gleichzusetzen: Tatsächlich betrug der Anteil der am Seehandel direkt Beteiligten wohl nie mehr als fünf Prozent der bäuerlichen Gesamtbevölkerung; immerhin überstieg jedoch der Handel über See den Landhandel um ein Vielfaches! Es war aber auch nur ein ganz geringer Teil der Bevölkerung, nämlich die adlige Elite, welche die Politik bestimmte, Kriege führte und Bücher konsultierte. Dennoch würde niemand behaupten, sie hätte die Geschichte der Städte und Staaten nicht entscheidend beeinflusst.

Ebenso fragwürdig ist die Annahme, Seehandel und das mit ihm einhergehende Gewinnstreben hätten keinen oder nur geringen Einfluss auf die Entwicklung der antiken Politik und Kultur gehabt. Jüngere Forschungen zum griechischen wie zum römischen Adel lassen keinen Zweifel daran, dass viele Aristokraten direkt oder indirekt auch Seehandel betrieben und große Gewinne aus ihm zogen. Sie machten von solchen Aktivitäten freilich wenig Aufhebens, weil derartiges Gewinnstreben der selbst propagierten Ethik einer nicht erwerbstätigen Elite widersprach. Tatsächlich gilt für große Teile des antiken Adels das, was Eberhard Schmitt für die frühexpansionistische Gesellschaft Westeuropas festgestellt hat: „Und da das Profitinteresse (...) grundsätzlich als unanständig galt, steht seine Artikulation in umgekehrtem Verhältnis zu seiner Bedeutung."[5] Im Unterschied zur (früh-)kapitalistischen Auffassung bildeten für den antiken Adel Markt und Gewinnmaximierung nicht den Zweck seiner Bemühungen, sondern Mittel, um seinen Besitz zu wahren oder den verloren gegangenen wieder zu erlangen und ihn an seine Erben weiterzugeben. Diesem Verständnis des Seehandels stand das Streben professioneller Händler und Piraten gegenüber, jede Gelegenheit zu nutzen, um auf See Gewinne und Beute auch unabhängig von patrimonialen oder bürgerlichen Verpflichtungen zu erzielen.

Damit stellt sich ein drittes Problemfeld, nämlich die Form des Handels und dessen Einbindung in die städtische Gesellschaft. Jüngere archäologische Forschungen haben ergeben, dass viele Poleis schon in der Frühzeit ihre Agora nah an den Hafen rückten und somit politisches und kaufmännisches Zentrum eng miteinander verknüpften. Die Autoren des 5. und 4. Jahrhunderts v. Chr. haben dies selbst als etwas typisch Griechisches erkannt, und die Forderung vieler Philosophen, die enge Bindung zwischen politischem und händlerischem Bereich aufzugeben bzw. einzuschränken, ist Beweis genug für den realen Konnex. Bereits im 7. Jahrhundert v. Chr. wurden im Seehandel Gewinne erzielt und Kapitalmengen bewegt, welche die agrarischen Einkünfte eines Großgrundbesitzers weit übertrafen und eine raumgreifende Planung und Organisation voraussetzten.[6]

Der Mensch und das Meer

Handel, Krieg und Machterwerb bilden aber nur Teilaspekte des menschlichen Kontaktes mit dem Meer. Wir sind gewohnt, die antike Geschichte mit den Aktivitäten und Zielen von Städten und der von ihnen gebildeten Staaten zu verbinden und die antike Polis als Keimzelle und Mittelpunkt künstlerischer und philosophisch-wissenschaftlicher Errungenschaften zu preisen. Nun stammten aber nur wenige Philosophen, Künstler und Naturwissenschaftler, die sich in Athen und anderen geistigen und kulturellen Zentren niederließen, aus der Stadt selbst; die Mehrzahl waren Männer, die von Küste zu Küste reisten und für eine gewisse Zeit in Athen ihre Wirkungsstätte fanden. Das Gleiche gilt für Rom, und es trifft für die großen „Wissenschaftszentren" in Alexandria oder Pergamon zu: Städtische Kultur und Fürstenhöfe bildeten günstige Rahmenbedingungen für die Entwicklung und Ausbildung kultureller Fertigkeiten, aber die Städte haben diese nicht nur aus sich selbst heraus entwickelt, sondern sind durch äußere Einflüsse befruchtet worden, konkret: durch Menschen, die über das Meer reisten und die Städte besuchten. Auch die zahllosen ungenannten Piratenkapitäne, Gelehrten, Künstler, Handwerker und Glaubensverkünder, die das Meer befuhren, waren Initiatoren, Träger und Vermittler kultureller und technischer Entwicklungen, und sie haben das Leben der Antike ganz wesentlich beeinflusst.

Dies ist die faszinierende Welt der ‚Wanderer über See', die jenseits politischer Großereignisse, spektakulärer Schlachten und fester staatlicher Gebilde als Grenzgänger zwischen Poleis und Ethnien Meere und Häfen bevölkerten; es wäre längst an der Zeit, eine Geschichte der Antike aus ihrer Perspektive zu schreiben: Denn die dem antiken Menschen innewohnende Mobilität, sein Drang nach Profit und individuellem Erfolg, die von der Polis geschiedenen Formen der Gemeinschaft, überhaupt die geringe Bedeutung von komplexen Zentren gegenüber der Vernetzung peripherer Räume, verbunden mit einer fruchtbaren geistigen Unruhe – all dies macht das Typische der griechisch-römischen Antike aus und unterscheidet sie wesentlich von den orientalischen Land- oder Flusskulturen.

Die Antike selbst war sich dieser Besonderheit bewusst; wir können dies an den intensiven Bemühungen der städtischen Gesellschaft erkennen, sich von der heterogenen Gruppe der Seefahrer, Piraten und Händler abzugrenzen, indem sie diese als sozial und moralisch minderwertig diffamierte, an die Vergabe des Bürgerrechts immer höhere Maßstäbe anlegte und die Unabhängigkeit von äußerer Versorgung zum (selten erreichten) Ideal erhob. Die derart Ausgegrenzten setzten dem ihr eigenes Ethos entgegen, das weitaus aufrichtiger Profitgewinn, Bewährung, Risikobereitschaft und Freiheit von Haus und Hof als Kriterien für ein erfülltes Leben pries. Dieses Ethos war bei weitem verbreiteter, als man gemeinhin annimmt: Selbst Seneca verglich ein erfülltes Leben mit einer kühnen Meerfahrt und stellte es über das gesicherte Dasein des trägen Bürgers![7] Beide Positionen verschränkten sich zwar in der

Praxis an den Kontaktzonen der Lebenswelten – im Hafen, auf der Agora und im Krieg – miteinander, doch standen sie immer in einem gewissen Widerspruch zueinander. Dieses Spannungsverhältnis zwischen Verharren und Aufbruch trug wesentlich dazu bei, dass sich immer neue maritime Energien entfalteten.

Wer demnach das Verhältnis des antiken Menschen zum Meer verstehen will, muss jenseits der „großen Politik" die Mentalität der Gesellschaft in ihrer Auseinandersetzung mit dem Meer zu erfassen suchen. Die Quellen repräsentieren jedoch fast durchweg aristokratische Mentalitäten. Außerdem können wir im Einzelfall schwer entscheiden, ob Äußerungen eines Dichters oder eines Historikers wirklich repräsentativ für einen längeren Zeitraum und für größere Gruppen der Gesellschaft sind oder ob sie nicht auf literarischen Konventionen, Zitaten, Imitationen oder Bildungsbeflissenheit beruhen. Wir besitzen ja keine authentischen Tagebücher von Matrosen, Kolonisten oder Piratenkapitänen, nicht einmal Logbücher oder Handelsregister, sondern bestenfalls hoch stilisierte Briefe von Politikern und Philosophen, die aufgrund ihrer Karriere durch geringe maritime Mobilität geprägt waren. Und dennoch: Selbst wenn sich aus diesem Quellenmaterial häufig wiederkehrende Motive und Erklärungen herausschälen ließen und selbst wenn man hierbei literarische und gattungsspezifische Zwänge berücksichtigt, so wäre schon dies ein wichtiges Merkmal antik-aristokratischer Mentalität, das mit den politischen, militärischen und wirtschaftlichen ‚Konjunkturen' in Beziehung zu setzen wäre.

Kulturtransfer über das Meer

Auf eine Schilderung der politisch-militärischen Ereignisse kann man dabei nicht verzichten. Denn sie bildeten einerseits Rahmenbedingungen und auslösende Faktoren kultureller und wirtschaftlicher Entwicklungen und waren andererseits von diesen beeinflusst. Doch wird man weder eine detaillierte Seekriegsgeschichte noch eine in allen Verästelungen erfasste politische Geschichte erwarten können; des Weiteren wird der Leser selten mit technischen und archäologischen Details konfrontiert; es geht vielmehr darum, eine für das Verständnis der großen Wirkungszusammenhänge erforderliche Grundlage zu schaffen, auf der die verschiedenen Ebenen maritimer Lebenswirklichkeit beschrieben werden können. Der Schwerpunkt meiner Arbeit liegt auf der griechischen und römischen Geschichte: Die Phöniker und Etrusker kommen zur Sprache, wenn es für das Gesamtverständnis notwendig erscheint, und dies ist häufig der Fall. Denn wenn mich die fast zehnjährige Beschäftigung mit dem Thema eines gelehrt hat, dann ist es die ununterbrochene Vernetzung mediterraner Kulturen über alle staatlichen, städtischen und ethnischen Grenzen hinweg. Meer, Hafen, Küsten und Schiffe waren in weitaus höherem Maße Orte raumgreifender Kommunikation und individuellen Erfahrungs- und Wissensaustausches, als manche modernen Betrachter angesichts des scheinbar niedrigen Standes antiker (Schifffahrts-)Technik zugestehen wollen. Auch diese Kommunikationsintensität ist ein Spezifikum der antiken Mittelmeerkultur, das sie von zahlreichen anderen damaligen und späteren Kulturen unterscheidet.

Die Geographie des Mittelmeeres

Eine wichtige Voraussetzung für den Drang der antiken Menschen auf das Meer wie für den maritimen Austausch sind die geographischen Bedingungen. Das Mittelmeer ist ein vergleichsweise berechenbarer maritimer Großraum: Die Luftströmungen sind im Sommer regelmäßig, der Himmel ist überwiegend heiter, es gibt selten Nebel, keine Gezeiten und keine Wirbelstürme; die Stürme sind, wenn auch heftig, kurz. Im Norden ragen mit Italien und Griechenland zwei große Halbinseln in das Mittelmeer und bilden mit den vorgelagerten Inseln begrenzte maritime Becken. Besonders eng ist die Verzahnung von Land und Meer in der Ägäis: Kein Ort auf dem Lande ist dort weiter als 60 Kilometer von der Küste entfernt, während es umgekehrt wenige Gewässer gibt, die außer Sichtweite der Küsten liegen. Da die fruchtbaren Alluvialgebiete an der Küste und den Flussmündungen begrenzt waren, lag es nahe, das Meer schon früh als Nahrungsquelle und Kommunikationsweg zu nutzen.[8]

Diesen günstigen geographischen Rahmenbedingungen und naturbedingten Impulsen standen jedoch materielle und gesellschaftliche Hemmnisse entgegen. Die für den Schiffsbau geeigneten Hölzer und Metalle waren im Mittelmeerraum ungleich verteilt. Gute Schiffshölzer in ausreichender Menge gab es in Thessalien, Makedonien, Kilikien, Phönikien sowie Süd- und Mittelitalien und Korsika (zu Nordafrika und Gallien fehlen ausreichende Informationen).[9] Kupfer und Eisen wurden auf Zypern, in Etrurien und Spanien gefördert. Schiffsbau war so ein kostspieliges und aufwändiges Unternehmen, das den Zugriff auf entfernte Nachschubquellen voraussetzte – deshalb auch die große politische Bedeutung der Seehandelsrouten. Vermutlich waren auch deshalb die Schiffe in der Regel sehr spartanisch und extrem zweckgebunden gebaut; sie besaßen selten Beiboote, Kombüsen oder ausreichende Schlafmöglichkeiten, was die Kapitäne häufig zwang, unter der Küste zu segeln und bei Dämmerung an Land zu gehen. Ein notorisches Problem stellte ferner die Versorgung mit Trinkwasser dar. Die hohen Kosten des Schiffsbaus erklären wohl auch, weshalb es seit dem 3. Jahrhundert v. Chr. kaum technische Innovationen gab; Erfindungen wie der Vier- und Fünfruderer für Kriegszwecke hielten sich nur rund 200 Jahre, dann kehrte man zu den kostengünstigeren Varianten zurück.

Eng verbunden mit dem geringen Innovationsspielraum im Schiffsbau war der nautisch-technische Entwicklungsstand. Die Antike kannte weder die Kunst des Kreuzens gegen den Wind noch den Magnetkompass und das Log; man orientierte sich an der Küste oder an den Sternen bzw. der Sonne. Aus den damit verbundenen Risiken resultierte eine weit verbreitete und in den Quellen immer wieder thematisierte Furcht vor dem Meer, eine Furcht, die nur allzu verständlich ist, wenn man bedenkt, dass selbst Kaiser Claudius in der frühen Kaiserzeit bei einer Fahrt von Ostia entlang der Küste nach Gallien zweimal durch einen Seesturm in Lebensgefahr geriet.[10] Dennoch kannte die Antike eine lange und selten unterbrochene Tradition der Seefahrt über große Entfernungen und in unbekannte Meere selbst über den mediterranen Bereich hinaus. Bereits die Mykener segelten bis nach Spanien, die Westfahrten der Phöniker setzten im 11. Jahrhundert v. Chr. ein.[11] Viele dieser Fahrten führten – schon allein aus Sorge vor gefährlichen Küstengebieten wie der berüchtigten Syrte und den überall lauernden Küstenpiraten – zeitweise über das offene Meer, für die größeren Handelsschiffe war dies spätestens seit dem 2. Jahrhundert v. Chr. die Regel.[12] Was hat die Menschen dazu getrieben, dieses Wagnis auf sich zu nehmen und in Meere vorzustoßen, die ihnen so unbegrenzt schienen wie der Weltraum den Modernen?

Odysseus

Du musst lernen, wie man Geschichten erzählt. Wie man die Dinge ausschmückt und lügt. Dann kommst Du immer und überall zurecht.
LONG JOHN SILVER

Wer kennt die Geschichte nicht: Auf der Heimfahrt nach Ithaka wird Odysseus, dessen List den Griechen die Tore Trojas geöffnet hatte, in unbekannte Meere verschlagen. Eines Tages lenkt er Schiff und Besatzung an ein zerklüftetes Eiland. Es wird von den Kyklopen bewohnt, gewaltigen einäugigen Riesen. Odysseus wagt sich mit einigen Gefährten in die Höhle des Kyklopen Polyphem, und sie beginnen, sich an den Vorräten zu laben. Plötzlich werden sie von Polyphem überrascht. Anstatt die Gäste zu bewirten und zu beschenken, wie es Sitte wäre – so fügt Homer ironisch hinzu –, versperrt er den Höhleneingang mit einem großen Felsklotz, ergreift zwei Griechen und verschlingt sie. Odysseus versucht ihn darauf mit Worten zu umschmeicheln und antwortet auf die Frage, wer er denn sei: „Mein Name ist Niemand." In der Nacht setzen die Griechen ihren Rettungsplan in die Tat um und blenden den vom Wein betrunkenen Kyklopen mit einem glühenden Pfahl. Der vor Schmerz rasende Polyphem ruft seine Gefährten zu Hilfe, doch diese halten ihn für verrückt, weil er auf die Frage, wer ihm denn Leid angetan habe, den angeblichen Namen des Odysseus, „Niemand", nennt. Am nächsten Morgen können die Griechen unter den Leibern der Schafe hängend den tastenden Händen des Polyphem am Höhlenausgang entgehen und die rettenden Schiffe erreichen.

Die Geschichte ist ebenso spannend wie unterhaltsam, und es gibt wohl niemanden, der die Klugheit und Kühnheit des griechischen Helden nicht bewundern würde. Sie birgt zudem einige Überraschungen, die erst bei genauerem Hinsehen auffallen. Das Land der Kyklopen und ihr Tagewerk sind gar nicht so primitiv, wie es zunächst scheinen mag. Ihre Siedlungen bestehen aus Höhlen, in die sie – wie Homer versichert – Kleinvieh, Schafe und Ziegen am Abend zu bringen pflegen[1], eine in vielen mediterranen Küstengebieten noch heute übliche Praxis, die Schutz vor Wind, Wetter und wilden Tieren verspricht. Um die Höhle des Polyphem erstreckt sich ein wohl geordnetes Hofgelände, das durch eine hohe Mauer aus Steinen und Baumstämmen eingerahmt wird.[2] In der Höhle strotzten Barren von Käse, „und Pferche waren gedrängt voll von Lämmern und Ziegen. Und abgesondert voneinander waren sie, jegliche für sich, eingesperrt: an ihrem Ort die ersten Würfe, an ihrem Ort die mittleren und an ihrem Ort hinwieder die Spätlinge. Und es troffen von Molken alle Gefäße, Kübel und Eimer, von ihm selbst gefertigt, worin er melkte."[3] Es handelt sich um einen prosperierenden landwirtschaftlichen Hof mit einer Molkerei, die mit Ausnahme von Getreide und Wein alles zum Leben Notwendige produzierte.

Wie sollte der Kyklop als Besitzer dieses Hofes auf die Griechen reagieren? Da kommt ein Haufen Abenteurer und Vagabunden auf sein wohl bestelltes Eiland, dringt in die Vorratsräume ein und verzehrt die sorgfältig gestapelten Früchte mühsamer Arbeit, um sich alsbald wieder aus dem Staub zu machen. Wohl jeder wäre im höchsten Grade erzürnt, wenn er wie Polyphem nach Verrichtung seines Tagewerkes solch ungebetene Gäste vorfände, die auch noch die Dreistigkeit besitzen, ihren richtigen Namen zu verschweigen und – dies setzt der Frechheit die Krone auf – ihren Mundraub damit zu rechtfertigen versuchen, indem sie diesen als Gastgeschenk betrachten: Odysseus und seine Spießgesellen sind nichts anderes als Seeräuber, die plündernd von Küste zu Küste ziehen und die friedliebenden Bauern und Hirten um den Lohn ihrer Arbeit bringen. Homer ist die erste uns bekannte Quelle, die für diese Leute den Begriff *peirates*, „Piraten", verwendet.

Hoffnung auf ferne Schätze

Die Kyklopengeschichte bietet exemplarisch eines der wichtigsten Motive, das Griechen der Frühzeit auf das Meer getrieben hat. Tatsächlich beginnt Homer jedes Abenteuer aus der nicht kleinen Reihe der Irrfahrten des Odysseus mit der unverhohlenen Gier nach Beute, die man durch Raubzüge an fremden Küsten zu erringen hofft. „Fort von Ilion trug mich der Wind", erzählt Odysseus stolz den Phäaken, „zum Land der Kikonen / kam ich, nach Imros. Ich zerstörte die Stadt, und die Männer / ließ ich erschlagen. Doch nahmen wir Frauen und Mengen von Gütern / mit aus der Stadt zum Verteilen; zu kurz sollte keiner mir kommen."[4] Selbst der Besitz der Götter bleibt nicht verschont, als Odysseus sich an den Heiligen Kühen des Helios vergreift! Wurde man hierbei gefangen, dann gab es nur eine Strafe, die auch später jeden Piraten erwartete, nämlich die sofortige Hinrichtung, meist in Form der Lynchjustiz. Der Kyklop Polphem vollzog diese Hinrichtung, indem er die Räuber einzeln verspeiste. Dies entspricht dem Genre abenteuerlicher Schiffermärchen und reiht sich in zahlreiche andere mythische Erzählungen von gefangenen Seeräubern und deren Bestrafung ein. So plante Aietes, der göttliche König der Kolcher, Jason und seine Argonauten auf grausame Weise zu töten, indem er sie gegen Feuer speiende Stiere, aus der Erde entsprungene Soldaten und gegen einen Drachen kämpfen ließ; denn er hielt auch sie – zu Recht – für Piraten und Plünderer.[5]

Die Hörer Homers werden diese Strafen nicht überrascht haben; die meisten von ihnen waren selbst Besitzer von Gutshöfen in Küstennähe und somit der gleichen Gefahr ausgesetzt wie Polyphem und Aietes; vermutlich hätten sie am liebsten ähnlich reagiert, wenn ihnen ein Mann wie Odysseus in die Hände gefallen wäre, der ihre Vorratskammern zu plündern trachtete. Dennoch – und dies ist das Erstaunliche – nahmen sie offenbar keinen moralischen Anstoß an solchen Taten. Denn Odysseus war, wie alle Helden Homers, einer von ihnen, ebenfalls Herr eines großen Hofes, vermutlich des größten auf Ithaka, und konnte sich deshalb zu den *basileis*, den vornehmen Fürsten der Insel, zählen. Die Pflege des Hofes *(oikos)* war jedoch nur eine Seite des aristokratischen Lebens. Denn dieses Leben bedurfte der Zurschaustellung außergewöhnlicher Reichtümer sowie der steten Demonstration individueller Tüchtigkeit *(arete)* durch Bewährung im Kampf oder durch heldenhafte Taten. Diese Reichtümer, mit denen man die Standesgenossen beeindrucken konnte, waren jedoch in Griechenland nur schwer zu finden, und so musste man sie an fernen Gestaden suchen. „Indem ich in jenen Ländern umherirrte“, bekennt Menelaos voller Stolz vor dem jungen Telemach, „habe ich all dieses ungeheure Vermögen gesammelt.“[6] Es handelt sich hier also weniger um Irrfahrten als um gezielte Kaperfahrten, und nicht ohne Grund richteten sie sich – wie die des Menelaos – gegen die syrische Küste, das reiche Ägypten oder – wie die des Odysseus – auf den fernen Westen. Dieser galt seit Urzeiten als ein paradiesischer Ort voller märchenhafter Schätze – man denke nur an die goldenen Äpfel der Hesperiden – und wurde zu Homers Zeiten wieder von griechischen Seefahrern (vornehmlich aus Euböa) erschlossen. Oder man wagte sich wie Jason und seine Argonauten ins Schwarze Meer, weil auch hier im fernen Kolchis das Gold lockte; man sammelte es in aus Schafhäuten gefertigten Sieben, der Mythos hat daraus das Goldene Vlies gemacht.

Bewährung auf dem Meer

Die Suche nach Reichtümern – an erster Stelle Gold – und individuellem Ruhm waren zwei der stärksten Stimuli, die den griechischen Aristokraten – vergleichbar den frühneuzeitlichen Konquistadoren – aufs Meer trieben. Gerade die Ionier Kleinasiens, also die Landsleute Homers und seine Zuhörerschaft, waren hierbei so berüchtigt, dass sie von den Quellen pauschal als Seeräuber bezeichnet wurden.[7] Der privat organisierte Raub fremder Güter unterschied sich von einem ‚offiziellen Krieg' wie dem gegen Troja nur graduell: Auf den Kaperfahrten durfte man sich jederzeit durch Flucht retten und dabei auch, wenn es Not tat, den Schild wegwerfen oder sich verleugnen – so wie es Odysseus gegenüber dem Kyklopen tat. Auf dem Schlachtfeld vor Troja war dagegen beides undenkbar, hier kämpfte man bis zum bitteren Ende und gab sich – wie bei einem neuzeitlichen Duell – vor jedem Kampf namentlich zu erkennen; denn hier ehrte der Kampf selbst, dort war es die Beute, um die es ging. Doch beide Arten der Bewährung galten als ehrenhaft, weil beide der Statussicherung des Aristokraten dienten.[8] Thukydides blickt auf die Ursprünge der griechischen Geschichte zurück: „Die alten Hellenen (...) hatten sich, seitdem sie häufiger einander besucht hatten, auf die Seeräuberei verlegt. Die Führung dabei übernahmen die Mächtigsten zu ihrer eigenen Bereicherung und Versorgung der Ärmeren mit Lebensunterhalt. Sie überfielen die mauerlosen, dorfartig gebauten Städte, plünderten sie aus und lebten fast gänzlich davon. Schande brachte dieses Handwerk nicht, vielmehr Ruhm."[9] Sicherlich übertreibt und generalisiert Thukydides in unzulässiger Weise, wenn er behauptet, dass die Mächtigsten, d. h. die *basileis*, fast ausschließlich vom Raub lebten und dazu noch die Ärmeren mitversorgten. Eine solche Lebensweise war auf Dauer im kargen Griechenland kaum möglich, sie ist ein Extrem, das aber immerhin in den Epen thematisiert wurde. So präsentiert sich Odysseus dem unbedarften Eumaios ganz ungeniert als kretischer Plünderer und Menschenräuber:

> Der Landbau lag mir schon gar nicht / auch nicht die Wirtschaft im Haus; sie erzieht ja nur prunkende Kinder. / Dafür galt meine stetige Liebe den Schiffen mit Rudern, / Kriegen, Pfeilen und blinkenden Speeren; grausiges Werkzeug; / Andere spüren dabei so ein frostiges Schaudern. Doch ich war / immer darin verliebt. (...) Ehe nämlich die Söhne Achaias Troja betraten, / führte ich neunmal Männer und Schiffe mit eiligstem Seegang. Ziel waren Menschen der Ferne; und vieles glückte mir trefflichst.[10]

Diese Lügengeschichte drückt Sehnsüchte aus, die jeden Aristokraten der archaischen Zeit bewegten. Von moralischem Skrupel keine Spur, dieser wird allenfalls von einem Sklaven wie Eumaios geäußert, der vorsichtig zu bedenken gibt: „Ja, es gibt Leute, feindlich gesinnt und bar jeden Rechts; / die überfallen ein fremdes Gebiet, und Zeus gibt Beute; ziehen dann wieder nach Hause auf Schiffen, die reichlich gefüllt sind."[11] Doch dies ist die Sicht des Opfers, nicht die der Adligen, zu denen sich auch die Hörer Homers zählten: Was scherte sie die Frage des Rechts, wenn sie allein darüber bestimmten. Bei

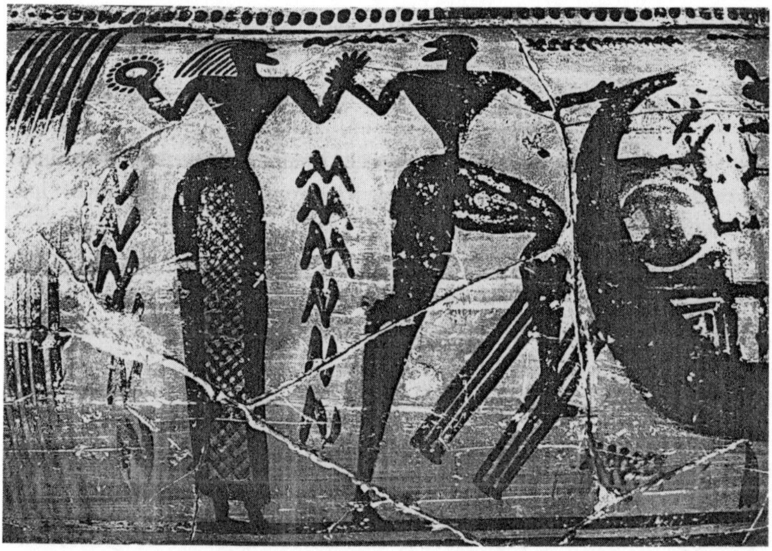

Abb. 1: Ausschnitt aus dem Schulterbild einer attischen Schüssel (750 – 725 v. Chr.): Ein Mann zieht eine Frau auf sein abfahrtbereites Schiff.

ihnen überwog das Vergnügen an der listigen Schlauheit des räuberischen Helden und seiner Mannschaft gegenüber dem Mitleid mit den fremden Höfen und den geraubten Menschen. Und zu dieser Schlauheit gehörte eben auch, dass man Geschichten erzählen kann, Lügen erfindet und sich so jeder Wendung des Geschicks zu erwehren weiß.

Eine besondere Anziehungskraft müssen diese Geschichten von Abenteuern und maritimen Plünderungszügen auf die jungen Aristokraten ausgeübt haben. Es wimmelt im griechischen Mythos von jungen Helden, die auf See und an fernen Gestaden ihre ersten großen Abenteuer bestehen: Ob Jason, Theseus, Paris oder selbst der ehrenhafte Hektor, sie alle bemannen in ihrer Jugend Schiffe, steuern mit ihren Gefährten *(hetairoi)* aufs Meer und kehren erst dann wieder in die heimatlichen Gefilde zurück, wenn sie fremde Menschen getötet, Städte beraubt, Könige betrogen und deren Töchter oder Gemahlinnen entführt hatten. Die Kaperfahrt wird zur *aventure*, auf der sich der werdende Held bewähren und seine ersten Sporen im Kreise der Standesgenossen verdienen muss. Nicht ohne Grund bedeutet das griechische Wort *peiran*, von dem *peirates* für „Pirat“ abgeleitet ist, soviel wie „erproben“, „suchen“ oder „wagen“. Dieser Aspekt zieht sich durch die gesamte Antike, lediglich im traditionell Land verbundenen Sparta wurde den Jugendlichen auferlegt, in Form der *krypteia* zu Lande zu rauben und zu morden. Alle anderen Griechen der Küstenregionen zog es dagegen aufs Meer. So rechnet ein Gesetz Solons aus dem 6. Jahrhundert v. Chr. mit Kaperfahrten athenischer Adelsgeschlechter[12], und selbst in der Zeit der athenischen Demokratie bezeugt Platon, dass die Piraterie eine weit verbreitete Beschäftigung der jungen Adligen war:

> Möge euch doch, ihr Lieben, niemals Liebe und Lust an der Jagd am Meeresufer ergreifen (...) noch möge die in euch erwachende Neigung, zur See auf Menschen Jagd zu machen und Seeräuberei zu treiben, euch zu rohen und gesetzeswidrigen Jägern machen.[13]

Im 2. vorchristlichen Jahrhundert berichtet Polybios von ätolischen Jugendlichen aus aristokratischen Häusern, die mit angeworbenen Helfern auf Seeraub ausgehen, um so ihre Karrierechancen in der Heimat zu verbessern.[14] Piraterie war so ein komplexes Phänomen, das weit in die griechische Gesellschaft hineinreichte und keineswegs mit dem Geruch zivilisatorischer Rückständigkeit oder sozialer Not behaftet sein musste.

Daneben gab es natürlich die Küstenpiraterie armer Bauern oder Fischer, die bei schlechten Ernteerträgen und günstiger Gelegenheit ihren Nachen bestiegen und vorbeifahrende Schiffe in ein Riff lockten und ausraubten.[15] Diese Form der „kleinen Piraterie" gehört zur Alltagswelt der Antike; sie findet in den Quellen aber selten Erwähnung, denn sie hatte nichts Ruhmreiches oder Abenteuerliches an sich und spielte sich in den nahen Küstengewässern ab, nicht an fernen Gestaden und auf fremden Meeren. Die „große", historisch folgenreichere Piraterie war zumindest in der Archaik eine Sache des Adligen und seiner *hetairoi*, denn nur er konnte sich Schiffe und Mannschaften leisten, und nur er hatte die Autorität, das Wissen und die Erfahrung, um seine Gefolgschaft in gewagte Unternehmungen zu führen, von denen niemand wusste, ob er sie heil überstand.

Handel auf dem Meer

Wo es Seeraub und Plünderung gibt, da gibt es auch Beute, neben den Küstendörfern auch Händler, die zur See fahren und wertvolle Waren mit sich führen. Tatsächlich fragte Polyphem Odysseus und seine Gefährten, „ob sie Händler seien, die des Geschäftes wegen das Meer befuhren, oder Räuber, die auf dem Meer umherschweifen, den Fremden zum Unheil". Archäologische

Zeugnisse bestätigen, dass zur Zeit Homers wagemutige Griechen in die phönikischen Seehandelsmonopole einzudringen begannen. Handel setzt bestimmte Bedürfnisse voraus, und es fragt sich, wo diese Bedürfnisse anzusiedeln sind und von wem sie befriedigt wurden. Wieder gibt Homer einige Hinweise: Telemach, der Sohn des Odysseus, erhält eines Tages Besuch von Athene, die sich als Mentes (ein alter Gastfreund des Odysseus aus dem Gebiet der Taphier) ausgibt: „Ich fuhr mit Gefährten / fort auf dem weinroten Meer zu Menschen mit anderen Sprachen. / Temesa bietet mir Kupfer, da ich funkelndes Eisen ihm bringe."[16] Bei Temesa dürfte es sich um Zypern handeln. Es gehörte zu den zahlreichen Inseln des griechischen Mythos, die als ungeheuer reich und von den Göttern gesegnet galten. Der reale und den Griechen schon in homerischer Zeit bekannte Reichtum Zyperns bestand in den ertragreichen Kupferlagerstätten. Ferner war Zypern ein Knotenpunkt des Überseehandels von Ägypten und der Levante in die Ägäis, und es lag auf dem Weg zu den Eisenerzlagern des Taurus. Vor diesem Hintergrund wundert es nicht, dass die Phöniker bereits im 9. Jahrhundert v. Chr. und die Griechen rund 100 Jahre später dort mehrere Handelsstützpunkte errichteten. Bei den Griechen dürfte es sich vornehmlich um die der kleinasiatischen Küsten gehandelt haben, der mutmaßlichen Heimat Homers und seiner Auftraggeber bzw. Hörer. Ein weiteres Handelszentrum im Osten war Al Mina am Orontes im nordsyrischen Raum. Hier fanden Archäologen die Fundamente großzügig angelegter Kontore und Büroräume, die offensichtlich von griechischen und phönikischen Kaufleuten gemeinsam benutzt wurden. Dieser friedliche Kontakt zwischen den beiden größten Seefahrernationen der Antike erwies sich besonders für die Griechen als lehrreich, denn dabei dürften sie die phönikische Sprache adaptiert und die Bauweise der phönikischen Handelsschiffe übernommen haben.

Die Eisenfracht, die Mentes mit sich führte, stammte dagegen aus dem Westen, also von dort, wohin Poseidon auch Odysseus verschlagen hatte; vermutlich wurde das Erz aus den Anbaugebieten der oberösterreichischen Hallstattkultur gewonnen, in den Schmelzöfen von Pithekussai auf Ischia verarbeitet und von dort weitertransportiert. Homer kannte diese Seehandelsverbindungen, sodass die Figur des Mentes reale Verhältnisse des früharchaischen Seehandels und der beginnenden Kolonisation spiegelt: Tatsächlich waren bereits im 8. Jahrhundert v. Chr. euböische Händler bis in den Golf von Neapel vorgedrungen und hatten hier – wie die Griechen auf Zypern und am Orontes – Faktoreien gegründet. Auf diese Weise ergab sich für einen Händler wie Mentes eine beeindruckende Fahrtroute: aus der Sicht der Alten nahezu von einem zum anderen Ende der Welt.

Über die Herkunft und soziale Stellung des Mentes ist viel gerätselt worden. Er (bzw. sie) gibt sich als König der Taphier aus, d. h. als ein führendes Mitglied des taphischen Adels, vergleichbar den *basileis* des griechischen Festlandes. Sicher ist dies allerdings nicht, denn als Händler das Meer zu befahren entsprach nicht dem Ideal des homerischen Helden: „Vielmehr scheinst Du ein Schiffsherr zu sein“, so wurde z. B. der bis dahin verkannte Odysseus von einem jugendlichen Phäaken verhöhnt, „einer von denen, die immer / wieder kommen auf Schiffen mit zahlreichen Ruderern; ein Krämer / denkt an nichts als an Fracht, hält Auschau allein nach Ladung / Gelder will er nur raffen! Du gleichst nicht dem echten Athleten.“[17] Vielleicht hatte Mentes aus irgendeinem Grund sein Land verloren und war von seinem *oikos* getrennt worden, oder er musste wegen einer Privatfehde zur See fahren; vielleicht war der Handel aber auch nur ein Teil seiner Geschäfte: Das Volk der Taphier wird von Homer auf einer Insel nördlich von Ithaka lokalisiert und als Seeräuber geschildert.[18] Dies ist ein wichtiger Hinweis darauf, wie fließend in der Praxis die Übergänge von der Tätigkeit des Seehändlers zu der des Seeräubers waren.[19] Auch der Vater des böotischen Dichters Hesiod (8. Jahrhundert v. Chr.) war nach einer gescheiterten Existenz als Bauer in Kleinasien (aus dem aitolischen Kyme) „auf der Flucht vor bitterer Armut“ aufgebrochen, um als Händler und Seeräuber „segelnd in dem Schiff, nach edlen Gütern zu spähen“[20], bevor er sich von seinem Gewinn auf der anderen Seite der Ägäis im böotischen Askra ein Stück Land kaufte und niederließ.[21]

Für wen aber waren die von Mentes beförderten Waren bestimmt, wer war also der Abnehmer seiner Fracht? Ein Hinweis könnte der Aufenthalt und die Gastfreundschaft des Mentes am Hof des Odysseus geben, denn nichts liegt ja näher als die Annahme, dass er dort Kunden fand, wo er als Gastfreund gern gesehen war. Und tatsächlich hatten Odysseus und die anderen *basileis* großen Bedarf an wertvollen Rohstoffen wie Kupfer oder Eisen, die es im Ägäisraum nicht oder nicht ausreichend gab. Denn nur aus diesen Rohstoffen konnten sie ihre Waffen anfertigen und Luxusgegenstände herstellen lassen, die ihr Leben als Aristokraten zierten und die sie bei den großen Festen präsentierten.

Die Adligen waren freilich zum Erwerb dieser Rohstoffe nicht ausschließlich auf Männer wie Mentes angewiesen, sondern ließen, zumal in Notzeiten und wenn der eigene Hof nicht genügend Tauschartikel abwarf, eigene Schiffe bemannen und auslaufen. So fuhr der Vater Hesiods zur See, um Handel zu treiben und von den Gewinnen (*chremata*) standesgemäß zu leben, d. h. am Leben der Adligen teilnehmen zu können.[22] Auch Odysseus bekennt, ihm seien die Gewinne wichtiger als die Heimkehr.[23] Männer aristokratischer

Herkunft wussten die Gewinnchancen, die sich aus dem Seehandel ergaben, zu schätzen, auch wenn man nicht gerne selbst als Händler auftrat: Ob man diese Gewinne auf dem Wege des Tauschhandels mit fremden Händlern machte oder mit den üblichen Raubzügen zur See verband, war mehr eine Frage der sich bietenden Gelegenheiten als des Prinzips. In jedem Fall wurde man spätestens dann vom Pirat zum Händler, wenn es galt, das erbeutete Gut – Metalle, Wein, Gefangene, Sklaven – einzutauschen.[24]

Die Lust am Entdecken

Die *Odyssee* und speziell die Kyklopengeschichte bieten aber noch viel mehr als die epische Ausmalung aristokratischer Raub- und Handelsfahrten. Die Kyklopen waren nicht einfach Nachbarn, die man – wie es der greise Nestor und mit ihm viele junge Adlige taten – kurzerhand überfällt, sondern sie lebten im fernen Westen am Rande einer magischen Grenzwelt, wo einst auch die Phäaken wohnten.

Heute ist man sich weit gehend einig, dass die Abenteuer des Odysseus und die Handelsfahrten des Mentes die ungefähre geographische Kenntnis eines maritimen Großraumes zwischen Griechenland, Tunesien, Sizilien und Kalabrien voraussetzten.[25] Als Odysseus seinen Gefährten den Plan offenbart, sich auf die Insel der Kyklopen zu wagen, erklärt er, er wolle „mit seinem Schiff die Männer erkunden und wer sie sind"[26]; das griechische Wort für „erkunden" ist *historiein*. Als die Gefährten des Odysseus ihn in der Höhle des Kyklopen anflehen, sich doch mit Käse, Zicklein und Lämmern zufrieden zu geben und schnell wieder in See zu stechen – eine durchaus verständliche Bitte angesichts der üblen Geschichten, die man sich von den Kyklopen erzählte –, lehnte Odysseus ab mit dem Hinweis, „er wolle den Mann selbst sehen und abwarten, ob es mit ihm Gastgeschenke gäbe".[27] Hieraus spricht zunächst nichts anderes als Neugier, nun persönlich einen derjenigen kennen zu lernen, von denen die Welt bisher nur Sagenhaftes zu erzählen wußte.

Was aber hat es mit dem Wunsch auf sich, Gastgeschenke zu erhalten? Ist es eine arrogante Verhöhnung des ohnehin schon Bestohlenen oder will Odysseus erkunden, ob der Kyklop wirklich unzivilisiert und schrecklich sei, wie es das Seemannsgarn erzählte? Vermutlich steckt von beidem etwas hinter dem absonderlichen Wunsch, und vielleicht gehört es einfach zum Ehrenkodex eines Aristokraten, dass man von fernen Reisen Gastgeschenke nach Hause bringt, wer auch immer der Gastgeber war.

Odysseus geht über das Übliche und von seinen Gefährten Erwartete hinaus. Neugier und Lust am Entdecken scheinen alle Vorsicht vergessen zu lassen. Die Griechen sprechen in solchen Fällen von *pathos*, der Leidenschaft, die den *logos* übermannt. Dies ist ein charakteristischer Zug, der das Verhältnis des griechischen Adligen zum Meer bis weit in die klassische Zeit hinein bestimmen sollte. Der Bruder Hesiods verspürte eine „Sehnsucht nach der Seefahrt".[28] Thukydides schreibt im 5. Jahrhundert v. Chr., dass die jungen Athener „von einer unheilvollen Liebe zu dem Entfernten" ergriffen wurden[29], als der Plan aufkam, während des Krieges gegen Sparta Sizilien zu erobern. Sie seien von einer fast sinnlichen Liebe *(eros)* erfasst worden und „hatten Sehnsucht, die Fremde zu schauen und kennen zu lernen".[30]

Man kann lange darüber nachsinnen, woher dieser Drang nach der Ferne stammt. Die beengten geographischen und bäuerlichen Verhältnisse einerseits und der leichte Zugang zum Meer sowie die günstige Lage an viel befahrenen Seerouten andererseits bildeten wichtige Voraussetzungen. Ferner fehlten in Griechenland – anders als in den Territorialreichen des Ostens – attraktive Ziele im Innern des Landes und staatliche Autoritäten, die ein Ausbrechen aus dem Zentrum an die Peripherie verhindert hätten. Schließlich bot das Meer dem Adligen oft die einzige Möglichkeit, der Enge der heimatlichen Welt zu entfliehen und unbedrängt von innenpolitischem Hader, adliger Gruppenkontrolle oder staatlichen Institutionen seinen Traum von Freiheit, Ruhm und Ehre zu verwirklichen.

Das Meer als Metapher für Freiheit

Die grenzenlose Weite des Meeres wurde zum Sinnbild für die absolute Freiheit des Aristokraten; nicht ohne Grund ist es eine nur über das Meer zu erreichende Idealwelt (Kalypsos Eiland, die Insel der Seligen), die ihm das Leben verhieß, das ihm zu Hause verwehrt war. Jede Seefahrt an ferne, mithin unbekannte Gestade barg den unwiderstehlichen Reiz, auf dem Meer die Grenzen des Normalen und Erwarteten zu überschreiten und in Welten vorzudringen, in denen sich Träume und Wirklichkeit vermischten. Diese Welten waren dem normalen Sterblichen verschlossen; nur der edle Menelaos war von den Göttern ins Elysium am westlichen *Okeanos*, dem die Erdscheibe umfließenden Weltmeer, versetzt worden.[31] Welche Herausforderung konnte größer sein, als in diese Welten vorzudringen und damit die äußersten Grenzen menschlicher Fähigkeiten zu durchbrechen? Denn auf dem Meer forderte man nicht nur menschliche Satzungen und Konventionen, sondern auch göttliche Gebote heraus, wie es Odysseus tat, als er Poseidon beleidigte und sein Reich – das Meer – zu bezwingen versuchte.

Der Reiz einer solchen Herausforderung scheint im Ethos des griechischen Aristokraten tief verwurzelt gewesen zu sein und hängt vermutlich mit der agonalen Lebensauffassung des Griechen zusammen: Im Zweifelsfall zählte der individuelle Kampf um Ruhm und Ehre mehr als die Ehrfurcht gegenüber den Göttern oder die Loyalität gegenüber einem Staat, der zumal in der archaischen Zeit erst rudimentär ausgebildet war. Und auch später hat die Polis diese Ambitionen der Adligen zwar immer wieder zu zähmen versucht, sie aber nie ganz zu unterdrücken vermocht.

Mit dem materiellen Impetus verband sich so der aristokratische Ehrgeiz, den Kampf mit dem Meer aufzunehmen und dabei an die Grenzen menschlichen Könnens gegenüber der Allmacht der Götter und der von ihnen geschaffenen Ordnung vorzustoßen. Dahinter stand ein elementares Erlebnis: Vor der Aussicht auf Beute und dem Vorstoß in unbekannte Gewässer musste die Furcht vor dem unberechenbaren Element des Wassers überwunden werden. Wir kennen heute das Mittelmeer als einen überschaubaren Raum, der per Schiff in wenigen Tagen durcheilt werden kann. Für die Griechen der Archaik war es eine grenzenlose Wasserwüste voll unberechenbarer Gefahren, die Furcht und Respekt einflößte. Selbst der wagemutige Odysseus kannte diese Furcht, und erst die Überwindung machte ihn zum mannhaften Helden. Hier erkennen wir eine anthropologische Grundkonstante, die das Verhältnis des griechischen Adels – überhaupt des antiken Menschen – zum Meer maßgeblich bestimmte und insbesondere junge Männer herausforderte. Immer wieder sind es Jünglinge wie Telemach oder Theseus, die, kaum erwachsen – vergleichbar einem Initiationsritus –, ihre ersten Abenteuer auf dem Meer bestehen müssen: Die Seefahrt wird zur gesellschaftlich anerkannten Mutprobe. Das Ziel ist dabei zunächst zweitrangig, auch wenn der junge Held wie Theseus oder Jason schöne Prinzessinnen mit nach Hause bringt; Telemach wirkt eher blass, geht er ‚nur' auf die Suche nach seinem Vater, doch gerade dies macht ihn sympathisch und menschlich. Zudem hat er auf seiner Fahrt einen Mentor im wahrsten Sinne des Wortes, nämlich Athene in Gestalt des Mentes, der ihm Mut gibt und Anweisungen für die Zusammenstellung der Schiffsmannschaft erteilt.

So unterschiedlich die Rahmenbedingungen für die verschiedenen Protagonisten auch sein mochten, sie alle einte die Aufgabe, die Furcht vor dem Meer zu überwinden, um sich am Ende als Mann beweisen zu können. Telemach hat sich genauso bewährt wie die zahllosen Helden, von denen wir hören, denn sonst wären sie ja keine Helden geworden: „Jetzt kann ich denken", verkündet Telemach stolz nach seiner Rückkehr, „und weiß auch alles, was edel und schlecht ist; doch früher war ich noch kindisch."[32] Aus der einmal bestandenen Mutprobe kann eine dauernde, das ganze Leben bestimmende Leidenschaft werden, eine Art Hassliebe, die den Menschen immer wieder dazu treibt, sich mit dem Meer zu messen und mithin das Böse zu besiegen: „Übel gibt es gewiss, doch kein anderes vergleicht sich dem Meer“, resümiert einer der Phäaken[33], und er kann sich der Zustimmung aller Griechen gewiss sein. Dieses Spannungsverhältnis zwischen der Angst vor und der Sehnsucht nach dem Meer machte die Dynamik aus, die der griechischen Eroberung des Meeres von Beginn an innewohnte und ihre Geschichte – wie wir im Folgenden sehen werden – immer wieder maßgeblich beeinflusst hat. Auch Odysseus hat sich dem nicht entziehen können: Als er endlich nach zehnjähriger Irrfahrt glücklich in Ithaka angekommen und die Freier der Penelope bestraft hatte, eröffnete er seiner verdutzten Gemahlin die Prophezeiung des Teiresias:

> Liebes Weib, wir stehen ja noch gar nicht am Ende der Plagen; / Unermessliche Mühen wird es noch kosten; ich muss sie / alle zu Ende noch bringen, so viel und so schwer sie auch seien. (...) Denn der Gott hieß mich, zahllose Städte der Menschen / aufzusuchen, in Händen ein handliches Ruder zu tragen, / Bis ich zu jenen dann käme, die nichts mehr wissen vom Meer, / Menschen, die Salz auch nicht mit den Speisen genießen, die also gar nichts wissen, / träfe mich endlich ein anderer Wanderer und sagte, ich trüge / wohl eine Schaufel bei mir auf der glänzenden Schulter, / erst dann sei es Zeit, das Ruder im Boden fest zu verstauen.[34]

Die Polis und das Meer

Mehrere Ackersleute und andere Handwerker brauchen wir in unserer Stadt. (...) Und wenn der Handel zur See geführt wird, werden wir noch mancher andern bedürfen, die wissen, was zum Seewesen gehört.

SOKRATES IN PLATONS POLITEIA 571 A–B

Odysseus war nicht nur ein mutiger und listenreicher Mann – stets kämpfte er auch mit seinen Gefühlen und schalt das hartherzige Schicksal. Alle Helden des Epos taten das und öffneten ihre Seele vorzugsweise an einem magischen Ort, wo sich die Begrenztheit des Landes mit der Weite des Meeres traf: Achilles lässt am Gestade von Troja seinem Zorn über den arroganten Agamemnon freien Lauf, Theseus ringt mit sich am Strand von Naxos, ob er Ariadne verlassen soll, und Odysseus „weinte, am Gestade sitzend, wo er von jeher (...) immer auf das Meer, das unfruchtbare, blickte, Tränen vergießend."[1] Schon über sieben Jahre lebte er auf der Insel der Kalypso, im fernen *Okeanos* ohne seine Gefährten und von der Heimat getrennt durch das endlose Meer. Endlich rafft er sich auf, zimmert ein Floß und verlässt die traurige Nymphe, die noch schnell die günstigste Route offenbart. Doch dann kommt der gewaltige Sturm, von Poseidon entfesselt, und droht Odysseus zu verschlingen. Die Nereide Leukothea rettet ihn und lässt ihn an die Küste des sagenumwobenen Eilandes der Phäaken treiben.

Als Einzige unter den am Strande spielenden Töchtern der Phäaken wagt es die Prinzessin Nausikaa, sich dem schlickbedeckten Fremden zu nähern. Sie nimmt sich seiner an und verspricht, ihn in ihre Heimatstadt zu führen. Damit der Fremde vorbereitet ist, gibt Nausikaa einen Vorgeschmack:

> Wir betreten die Stadt, um die eine Umwallung ist, / eine hohe, und ein schöner Hafen ist beiderseits der Stadt; / schmal ist der Zugang und beiderseits geschweifte Schiffe sind den Weg entlang / hinaufgezogen, denn alle haben, jeder für sich, dort für die Schiffe ihren Standplatz. / Und dort ist ihnen auch der Markt zu beiden Seiten des schönen Poseidontempels, / mit herbeigeschleppten Steinen eingefasst, die in die Erde eingegraben sind.[2]

Was Nausikaa beschreibt, unterscheidet sich von den Fürstenhöfen der homerischen Helden. Während diese fast ausschließlich auf Hügeln im Landesinneren liegen, haben die Phäaken ihre Siedlung direkt am Meer angelegt, mit einem doppelten Hafen versehen sowie mit einer Mauer umgürtet, sogar ein stattlicher Tempel schmückt die Stadt. Odysseus kennt solche Siedlungen – einige haben er und seine Mannschaft geplündert –, Homer nennt sie Poleis, wir können sie als Kleinstädte mit agrarischem Umland bezeichnen. Einige hat der Spaten der Archäologen an der kleinasiatischen Küste ausgegraben, also dort, wo Homer seine Lieder sang. Die bekannteste ist Alt-Smyrna in Ionien. Diese Polis weist alle Merkmale der Phäakenstadt auf, sie verfügte über einen Hafen (allerdings außerhalb der Stadt), beherbergte neben den eng gebauten Häusern große Getreidesilos und war (seit ca. 850 v. Chr.) von einem Wall umgeben.[3]

Entstehung der Polis

Die Polis war ein autonomer Staat mit einem städtischen Zentrum und agrarischem Hinterland, eigenen Kulten und politischen Institutionen. Wie es zur Entstehung dieser frühen Poleis gekommen ist, gehört zu den großen Rätseln der Altertumswissenschaft. Eine entscheidende Rolle dürfte die rapide wachsende Bevölkerung im 8. Jahrhundert v. Chr. gespielt haben.[4] Die kargen Felder an den Berghängen reichten bald nicht mehr aus, um den Menschen Nahrung zu geben. Viele verließen ihre Höhensiedlungen und zogen in die Fruchtebenen in Küstennähe oder an der Mündung eines Flusses, also dort, wo auch Odysseus auf Nausikaa traf. Hier gab es größere Ackerflächen, und hier bot sich auch ein leichterer Zugang zum Meer.

Mit der Zunahme der Bevölkerung, dem Wechsel des Siedlungstyps und der Konzentration der Einwohner auf eine küstennahe Fläche fruchtbaren Alluviallandes war über kurz oder lang auch eine Umstellung der Wirtschaftsweise verbunden: Die homerischen Helden priesen die Größe ihrer Herden. Der König der Phäaken verfügte bereits über einen sorgsam gepflegten Gemüsegarten, und die frühen Poleis verlegten sich auf den Getreideanbau, um ihre Bevölkerung zu ernähren. Die vereinzelt liegenden *oikoi* der homerischen Helden wichen allmählich dörflichen Siedlungen mit dazugehörigem landwirtschaftlich nutzbarem Umland.[5]

Bei allen Vorteilen der neuen Siedlung waren die Risiken und Probleme nicht zu übersehen. Früher hatten die Anhöhe im Landesinneren und ein Burgberg Schutz vor Plünderern geboten. Die neuen Siedlungen an der Küste boten dagegen eine größere Angriffsfläche. Doch auch im Innern wuchsen die Aufgaben. Erfahrungsgemäß kommt es bei einer schnell wachsenden Bevölkerung auf neuem Siedlungsareal häufiger zu Auseinandersetzungen um

Grund und Boden, und tatsächlich spielte die Schlichtung von Rechtsstreitigkeiten im Leben der frühen Poleis eine große Rolle. Hinzu kamen zahlreiche infrastrukturelle Herausforderungen: Wege und Plätze waren anzulegen, Grenzmarkierungen festzulegen und das Hafengebiet zu befestigen.[6]

Um diese Aufgaben zu bewältigen, reichte es für die adligen Familienoberhäupter nicht mehr aus, sich auf ihren Gutshöfen zu treffen und die Entscheidungen den übrigen Wehrfähigen bei Bedarf zu verkünden. Nun tagte der früher nur sporadisch einberufene Adelsrat regelmäßig; die Teilnehmerzahl wurde begrenzt und auf ein hohes Eintrittsalter beschränkt, um Erfahrung und Sachverstand zu konzentrieren sowie adlige Konkurrenzkämpfe zu begrenzen. Ferner kam man überein, nicht mehr alles allen Adligen zu überlassen, sondern unbezahlte Jahresämter für spezielle Aufgaben im Bereich des Kriegswesens, der Religion und der Rechtsprechung einzurichten. Die zeitliche Begrenzung sollte verhindern, dass ein Einzelner die junge Gemeinde wie einst den *oikos* seinem Willen unterwarf.

Die Reglementierung der adligen Versammlungen und der Umfang der anstehenden Aufgaben erhöhten auch die Bedeutung der wehrfähigen Bevölkerung. Sie versammelte sich auf Beschluss des Rates häufiger und entschied bald in letzter Instanz über alle wichtigen Projekte der Polis.

Die Aufwertung alter und die Ausbildung neuer politischer Gremien veränderten das Erscheinungsbild der Siedlungen. Im Zentrum befand sich die Agora als freier, durch Bauten und Steinsetzungen abgegrenzter Platz. Hier standen anfangs die Altäre der Götter und die Sitze der Ältesten, hier sprachen die Adligen Recht und verhandelten öffentliche Angelegenheiten.[7] Die Institutionalisierung politischer Funktionen gestaltete sich von Polis zu Polis und von Landschaft zu Landschaft in unterschiedlicher Intensität und Schnelligkeit. Sie scheint aber dort besonders zügig erfolgt zu sein, wo die Poleis in engem Kontakt zur See standen.

Homer beschreibt die Agora der Phäaken als einen mit Steinen gepflasterten Platz am Hafen neben dem Poseidontempel: „Dort besorgt man das Zeug und Gerät für die schwarzen Schiffe, / Sturmtau und Seil; dort werden die Ruder gesäubert."[8] – das Bild eines Mittelmeerhafens mit seinem bunten Gewimmel und seiner lauten Geschäftigkeit.[9] Denn da Homer bereits Händler erwähnt und die Phäaken selbst in Odysseus zunächst einen solchen vermuteten, können wir schließen, dass der Hafen nicht nur als Standplatz der phäakischen Schiffe, sondern auch fremden Kaufleuten als Anlegeplatz diente. Archäologische Befunde bestätigen, dass viele küstennahe Poleis ihre Agora vom Zentrum zum Hafen verlagerten.[10] Dadurch erhielt das militärischen, juridischen und politischen Zwecken dienende Versammlungszentrum eine zusätzliche kaufmännische Funktion; diese Kombination politischer und wirtschaftlicher Aktivität war schon im Verständnis der Griechen ein entscheidendes Kennzeichen ihrer Polis und unterschied sie von den Stadtkulturen des vorderen Orients (Lediglich die phönikischen Hafenstädte wiesen einen vergleichbaren „herrschaftsfreien“ Raum auf[11]). Die Polis bot mit der Agora einerseits Kaufleuten, fahrenden Künstlern und Handwerkern einen sicheren Ort der Kommunikation und des Warenaustausches, andererseits entwickelten sich aber auch in der Mitte der Stadt selbst Ideen und Kräfte, die auf das Meer drängten.

Lokal- und Fernhandel

Platon erklärte durch den Mund seines Lehrers Sokrates, dass die Entstehung der Agorai dem Bedürfnis der Handwerker und Bauern entsprach und der Warenaustausch ein wesentlicher Faktor von Stadtgründungen gewesen sei. Tatsächlich musste in vielen Gebieten die Bevölkerung zumindest in Krisenzeiten durch importiertes Getreide versorgt werden. Die Ausrüstung der Milizen mit der schweren Bewaffnung eines Hopliten (Schwerbewaffneter; von *hoplon* = „Schild“), der Bau städtischer Anlagen und Heiligtümer und die Anlage von Mauern und Toren erforderten größere Mengen von Rohmaterialien, die es in der Umgebung nicht oder nicht in ausreichender Menge gab. Schließlich dürfte auch der Bedarf der Adligen an Rohstoffen, Luxusartikeln und Sklaven weiter zugenommen haben.[12] Da jedoch erst im 6. Jahrhundert v. Chr. die griechischen Poleis eine regelmäßige Münzprägung einführten, mussten die eingeführten Waren gegen eigene Produkte wie Keramik, Öl und Wein eingetauscht werden. Zum Teil brachten die Bauern und Handwerker der Umgebung diese Produkte selbst in die Häfen der Poleis, um dort mit den überseeischen Händlern zu verhandeln. Man hat diese Form des Warentransports und Handels über kurze Distanzen als Lokalhandel bezeichnet und er dürfte den Alltag des Hafenlebens einer griechischen ‚Normalpolis‘ ausgemacht haben.

Zu einem nicht geringen Teil wagten sich aber auch einige Polisbewohner selbst aufs Meer, um an die begehrten Produkte heranzukommen. Während der Lokalhandel in der Regel auf die Bedürfnisse der Handwerker und Bauern reagierte, dürften die Initiatoren und Träger dieses bescheidenen Überseehandels in erster Linie Grund besitzende Adlige oder deren Söhne gewesen sein, die schon in homerischer Zeit ihre Raubfahrten mit dem friedlichen Erwerb wertvoller Rohmaterialien (aus dem Westen) oder Luxusgegenständen (aus dem Osten) verbanden und im Gegenzug überschüssiges Getreide,

Olivenöl oder Wein exportierten.[13] Im Laufe der Zeit dürfte es zu regelmäßigen Handelskontakten gekommen sein: So transportierte der Bruder der Sappho, ein Großgrundbesitzer aus Lesbos, einheimischen Wein selbst bis nach Naukratis in Ägypten, wo er sich dann zum Verdruss seiner tugendhaften Schwester in die bekannteste Hafenhetäre verliebte und sein sauer verdientes Geld verprasste.[14] Da reine Handelsfahrten jedoch als nicht besonders ehrenhaft galten, übertrugen die Adligen häufig loyalen Sklaven oder in Dienst genommenen Freien die Rolle des Kapitäns. Bereits in der *Ilias* sandte der Fürst von Lemnos namens Euneos („Mann der guten Schiffe") Schiffe mit Wein aus, um im Gegenzug Metalle, Perlen und Sklaven einzuhandeln.[15] Mitunter taten sich auch mehrere Adlige zusammen und minimierten so Kosten und Risiken der Handelsfahrt. Schließlich gab es bereits früh verarmte Adlige, die ihr letztes Geld in Schiff und Mannschaft steckten, um durch Gewinne im Seehandel wieder in den Kreis ihrer Großgrund besitzenden Standesgenossen aufzusteigen.[16]

In den nicht seltenen Zeiten von Hungersnot importierten Adlige mit eigenen Schiffen Getreide und andere Rohstoffe und verkauften sie auf den Märkten ihrer Polis zu angemessenen Preisen. Ortsansässige Handwerker und Künstler verarbeiteten die Rohstoffe und vertrieben sie als Fertigprodukte erneut über See. Spätestens seit dem frühen 7. Jahrhundert v. Chr. löste sich so der Güterverkehr aus dem alten Prinzip des reziproken Tauschhandels und entwickelte sich zu echten Handelsgeschäften mit planbarem Profit: Mitunter dürften mehrere Handwerker und Händler ein Schiff erworben und mit ihren Waren die Reise angetreten haben. Die Quellen bezeichnen diese Leute als *emporoi* („Passagiere"; „die auf fremdem Schiff zur See Reisenden").[17]

Nautisches Wissen

Seehandel und Seefahrt trugen erheblich zur gewerblichen Differenzierung und zum Wachstum der Polisbevölkerung bei, und sie sorgten dafür, dass sich neue Erfahrungen in den Hafenstädten sammelten: „Handel hatte", urteilt Plutarch rückblickend, „besonderes Ansehen, weil er die Erzeugnisse der Fremde ins Land brachte, Freundschaften mit Königen vermittelte und reiche Erfahrungen einbrachte."[18] Dass Seefahrten zu einem wichtigen Teil der archaischen Lebenswelt wurden, können wir schon der *Ilias* entnehmen. Die Schildbeschreibung des Achilles zeigt eine Gliederung in die drei Bereiche Himmel, Land und Meer. Hervorgehoben unter den Sternen sind die Pleiaden (das Siebengestirn), die Hyaden, der Orion und die Bärin.[19] Der Auf- und Untergang der Pleiaden markierte in der Antike Beginn und Ende der Schifffahrt; die benachbarten Hyaden – auch Regensterne genannt – sind Teil des Sternbildes des Stiers, und dessen frühes Erscheinen kündigt nach antiker Auffassung die Regenzeit und damit – so Hesiod – ebenfalls das Ende der Schifffahrt und den Beginn des Pflügens an. Der Orion steht schließlich für den Beginn des Winters und soll dem Mythos gemäß als großer Jäger von Poseidon die Gabe verliehen bekommen haben, über das Meer zu schreiten und es zu durchwandern. Bei Zankle (später Messana, heute Messina) errichtete er einen Hafen; ferner verfolgte er die Pleiaden und behinderte so die Schifffahrt und steht wie die Pleiaden und Hyaden im positiven und negativen Sinne mit ihr in Verbindung. Die Bärin wurde von Thales von Milet (ca. 624–546 v. Chr.; siehe Seite 70) als Schiffergestirn von Phönikien in die griechische Astronomie eingeführt. Schon in der *Odyssee* gibt Kalypso dem Helden für seine Fahrt nach Scheria den Rat, die Pleiaden im Auge zu behalten und die Bären (den Wagen) zur Linken zu halten, zweifellos Angaben, die aus der seemännischen Praxis der Zeit Eingang in das Epos gefunden haben.[20]

Alle auf dem Schild dargestellten Gestirne haben in erster Linie etwas mit der Seefahrt zu tun, dagegen nur sekundär mit dem Ackerbau, und sie bestimmen somit die beiden großen Lebensbereiche des griechischen Menschen und seiner Polis. Beide Bereiche waren für den archaischen Menschen nicht streng voneinander getrennt; vielmehr vermochte selbst der vom städtischen Zentrum entfernt lebende Bauer bei Bedarf zur Küstenschifffahrt zu wechseln. So verschiffte Hesiod Getreide und Wein seines Hofes, um sie auf einem nahe gelegenen Markt am Golf von Korinth, vermutlich dem Hafen von Kreusis bei der zehn Kilometer entfernten Polis Thespiai, zu verkaufen. Angeblich wagte er sich nur dann aufs Meer, wenn die Erträge seines *oikos* nicht ausreichten und zusätzliches Getreide eingekauft werden musste, oder – was seltener vorkam – ein landwirtschaftlicher Überschuss erzeugt wurde. Man darf sich jedoch nicht täuschen lassen: Hesiod war von seinem seefahrenden Bruder Perses übervorteilt worden und wollte ihn durch sein Lehrgedicht ins Gewissen reden: Dementsprechend sind seine Aussagen stark durch die Ideale des bäuerlichen Lebens geprägt. Immerhin gibt auch Hesiod ganz offen zu, dass der Seehandel eine Möglichkeit bot, „Schuld und Hunger zu entfliehen" – sein Vater war das beste Beispiel.[21]

Zudem besaß Hesiod, obwohl er nach eigener Aussage nur einmal eine Seereise bestritt[22], überraschend gute Kenntnisse der Seefahrt. Sein ‚Seefahrtskalender' entspricht im Wesentlichen den oben genannten Angaben der *Ilias* und repräsentiert das nautische Grundwissen der Zeit: Er weiß genau, wann eine Seefahrt zu wagen ist, wann man sein Schiff an Land zieht und wie man es im Winter vertäut, um Planken, Ruder und Segel vor der Witterung zu schützen.[23] Seine geographischen Kenntnisse übertreffen bereits die Homers: Er weiß von den Etruskern und den euböischen Kolonien, kennt die entfernten Meere, ihre Seefahrer und ihre Erzählungen von den glücklichen Inseln im Atlantik, vermutlich die kanarischen Inseln oder Madeira.[24]

Sein Wissen gewann Hesiod von seinem Vater und dessen Freunden sowie von den Erzählungen der Herren in Chalkis auf Euböa. Der Dichter unterscheidet ihre Form des Überseehandels zwar von dem Gelegenheitshandel des Landmannes; in der Praxis dürften die Verbindungen jedoch enger gewesen sein. Denn auch ein unternehmungslustiger *emporos* gab wie der Kleinbauer selten den Kontakt zur Heimatpolis ganz auf, es sei denn, er war dazu gezwungen.

Damit erschließt sich uns ein bedeutsames Phänomen: Im Prinzip konnte sich jeder Polisbürger am Seehandel zumindest mittelbar beteiligen, er benötigte dazu keine besondere Qualifikation, sondern nur ein Schiff, ein gewisses Vermögen, persönliche Kontakte und Erfahrung. Dennoch hat der Handel über See den Grundbesitz als Existenzgrundlage nicht verdrängen können, er bildete ein Zusatzgeschäft, das erhebliche Gewinnchancen, aber auch unkalkulierbare Risiken barg: „Riskanter Kurs um größeren Profit", dichtete Menander, „bringt leicht dem Ruderer Reichtum – oder Tod!"[25]

Die prinzipielle Offenheit der Seefahrt für Jedermann bei gleichzeitiger Bindung an die Scholle erklärt auch, weshalb die küstennahe Polis nicht in festen Bevölkerungsklassen erstarrte, sondern kohärent und gleichzeitig offen für Veränderungen und äußere Einflüsse, insbesondere aus dem Osten, blieb.

Hoffnung auf eine bessere Welt

Das Meer erleichterte aber nicht nur die Aufnahme stimulierenden Wissens, es war auch Tor zu einer besseren Welt in Zeiten der Krise. Viele Poleis waren trotz aller Anstrengungen nicht in der Lage, ihre wachsende Bevölkerung mit Land und Lebensmitteln zu versorgen. Erschwert wurde die Situation durch das Erbrecht, das jedem Bauernsohn einen gleich großen Erbanspruch auf das väterliche Gut zuwies. Die Realteilung zerstückelte den bäuerlichen Grundbesitz binnen weniger Generationen so weit, dass er die Existenz aller Familien nicht mehr sichern konnte. In solchen Fällen bot sich die Auswanderung über See als Ausweg an.

Agrarische Nöte waren jedoch nur ein Motiv und wohl keineswegs überall das entscheidende. Vielfach dürften Kriegswirren wie der Lelantische Krieg zwischen Chalkis und Eretria oder Konkurrenzkämpfe um die Macht die unterlegene Seite in die Häfen und auf die Schiffe gezwungen haben. Fraglich ist überhaupt, ob wir die vielfältigen Formen der maritimen Migration dieser Zeit ausschließlich als Ergebnis krisenhafter Zwänge oder nicht auch umgekehrt als Beleg für die wachsende Prosperität vieler Poleis und ihrer sich wandelnden Gesellschaft werten müssen.[26] Wachsende Bevölkerungszahlen, die Einführung der teuren Hoplitenphalanx und moderner Schiffe (Zweireiher, siehe Seite 37) lassen auf eine Verbreiterung materiellen Wohlstandes sowie technischer Fertigkeiten und Kenntnisse schließen, die sich kaum in einer durch Agrarkrisen ausgemergelten Gesellschaft entwickelt hätten.

Entscheidend waren politische und soziale Veränderungen, die zusammen mit agrarischen und naturbedingten Nöten ein explosives Gemisch bildeten. Kämpfe um die Macht in den frühen Siedlungen als Auslöser für Auswanderungen kennen wir bereits aus der *Ilias*.[27] Der Konkurrenzkampf unter den Adligen hatte sich im Zuge der Polisbildung verschärft: Angespornt durch die Prachtentfaltung lydischer und phrygischer Fürsten versuchten die Aristokraten zumal der kleinasiatischen Küste auf Kosten der Kleinbauern ihre Ländereien zu vergrößern und ihre Agrarproduktion auf Wein, Olivenöl und Wolle umzustellen, die größeren Absatz und Profit versprachen. Gleichzeitig nutzten Fremde sowie außerhalb der Polis wohnende Bauern, zu der auch Hesiod und sein Bruder zählten[28], die Chancen des Seehandels, um in kurzer Zeit reich zu werden und sich in die Polis zu integrieren. Diese ‚Neureichen' – von den Altadligen abwertends *kakoi* („Schlechte") genannt – bildeten eine gefährliche Konkurrenz der Aristokraten, zumal die Einführung der Hoplitenphalanx den Emporkömmlingen die Chance bot, auch als ‚Krieger' mit den Adligen gleichzuziehen. Die Adligen reagierten mit den gleichen Methoden wie ihre potenziellen Gegner: Man wagte riskante Handelsunternehmungen, versuchte noch schneller den Landbesitz zu vermehren und rücksichtsloser die Beamtenposten zu monopolisieren. Doch konnten sie nicht verhindern, dass die Grenzen zwischen Adel und Nichtadel durchlässiger wurden. Je intensiver ihre Anstrengungen, desto größer die individuellen Risiken und die soziale Mobilität zwischen den Schichten: „Die einst weder Recht noch Gesetz kannten, sondern mit verschlissenen Ziegenfellen ihre Blößen bedeckten und außerhalb der Stadt wie Rotwild hausten, sie sind jetzt die großen Leute, die Guten (*aristoi*); die ehemals Guten sind jetzt gewöhnliches Volk. Wer könnte ertragen, das zu sehen?"[29]

Nicht ertragen konnten es besonders die Verlierer des Kampfes: die Adligen, die zu hoch gepokert hatten, um noch reicher zu werden, und die Emporkömmlinge, die zu rücksichtslos ihre Forderungen durchsetzten und auf den geschlossenen Widerstand altadliger Familien trafen. Die Hopliten fanden in den verzweifelten Kleinbauern Verbündete, wenn sie ihre eigenen politischen Forderungen gegenüber den Adligen mit dem Ruf nach einer Neuverteilung des Bodens verbinden konnten: Eine solche Situation war in Thera (heute Santorin) am Ende des 7. Jahrhunderts v. Chr. gegeben. Die Polis hatte unter Dürre und Missernten zu leiden und wurde von einem Kampf zweier Bevölkerungsgruppen erschüttert. Auf der einen Seite stand die alte Adelsschicht unter einem *basileus* namens Grinnos, auf der anderen Seite stand ein junger Mann namens Aristoteles, der im Kampf um die Macht unterlegen war und eine Gruppe von Bauern um sich scharen konnte. Bevor es zum Bürgerkrieg kam, einigte man sich darauf, dass Aristoteles mit seinen Gefolgsleuten eine Kolonie gründen sollte.[30] Indem sich die Polis eines Teiles ihrer Einwohner entledigte, war die Existenz der Gesamtpolis gesichert.

Das Meer als Weg der Auswanderung

Thera war kein Einzelfall. Seit ungefähr 700 v. Chr. versammelten sich in den großen Hafenstädten Korinth, Milet, Chalkis, Eretria und Megara Gruppen von Auswanderern aus verschiedenen Gemeinden und Gesellschaftsschichten, um über das Meer neue Siedlungsgebiete zu suchen. Ihre Aussichten schienen günstig, hatten doch einige der aufstrebenden Küstenpoleis mit der Intensivierung des Überseehandels nicht nur Schrift und nautische Kenntnisse, sondern auch den modernen Schiffstyp der Phöniker übernommen, das sich auf deren Fahrten bis nach Spanien bewährt hatte. Wir bezeichnen dieses Schiff als Zweireiher oder Fünfzigruderer (Pentekontere), weil auf jeder Seite 25 Mann in zwei Reihen übereinander angeordnet waren. Die neue Anordnung der Ruderer erlaubte viel weitere und schnellere Fahrten als die Boote Homers, sie boten einen größeren Schutz vor Angreifern, konnten aber auch zum Rammen eingesetzt werden und waren damit die beste Voraussetzung für den Vorstoß in eine Welt, in der das Schiff häufig die letzte Rettung war.

Über die Einzelheiten der Organisation einer Kolonisationsfahrt wissen wir erstaunlich wenig. Eines deuten jedoch die Überlieferungsfragmente an: Die Initiative ging besonders in der frühen Zeit, als die Polisstrukturen noch wenig entwickelt waren, von einzelnen Adligen bzw. ihren Familien aus. Es waren Adelsfamilien aus Chalkis und Eretria, die im 8. Jahrhundert v. Chr. erste Stützpunkte in der Bucht von Neapel anlegten. In Korinth leitete die Familie der Bacchiaden zwischen 615 und 540 v. Chr. die Kolonisation der Westküsten Griechenlands und Siziliens. Von Paros aus führte der Adlige Tellis, der Großvater des Dichters Archilochos, Kolonisten nach Thasos (an der Nordküste der Ägäis). In Sparta übernahm Dorieus, ein Stiefbruder des Königs Kleomenes (520 – 488 v. Chr.), einen Kolonisationszug nach Afrika.[31]

Inwieweit die Polis den Kolonistenzug unterstützte, hängt von der Deutung der Quellen ab, die häufig von Beschlüssen der Volksversammlung und anderen organisatorischen Maßnahmen sprechen. So ernannte in Thera ein Volksbeschluss Aristoteles zum Führer der Kolonie. Ferner bestätigte die Polis die Zahl der Kolonisten oder legte – vermutlich nach einem Vorschlag des Kolonistenführers – fest, nach welchen Kriterien die Kolonisten ausgesucht werden sollten. Bereits in der *Odyssee* beraumte Telemach eine Volksversammlung an und bat die Freier und Anwesenden: „Gebt mir ein eilendes Schiff und zwanzig Gefährten, / dass eine Reise hin und zurück für mich sie bereiten."[32] Auch Dorieus soll die Spartiaten um Mannschaften gebeten haben.[33] In Thera bestimmte die Volksversammlung, dass Aristoteles als Kolonisten Freiwillige aus den umliegenden Ortschaften mit sich nehmen sowie im Fall eines mit mehreren Söhnen besetzten Hofes jeweils einen per Los bestimmen sollte. Die Zahl der Auswanderer wurde auf 180 – 200 Mann begrenzt, weil die Theraier nur zwei Fünfzigruderer bereitstellten.

Organisation der Fahrt

Viele Forscher sehen in den Angaben über die Beteiligung der Polis spätere Konstrukte, die dazu dienen sollten, ihr im Nachhinein Anteil am Erfolg der Koloniegründung zu sichern und ihre Autorität als Mutterstadt gegenüber der Tochterstadt zu stärken.[34] Andere nehmen die Angaben ernst und verweisen darauf, dass die komplexen Vorbereitungen eines aus unterschiedlichen Gegenden und sozialen Schichten stammenden Kolonistenzuges ohne die institutionelle Hilfe der Gemeinde gar nicht möglich gewesen wären.[35] Entscheidend scheint hierbei, die historische Entwicklung zu berücksichtigen: Man muss sich von der Vorstellung lösen, die so genannte „Große Kolonisation" als einen chronologisch und strukturell genau zu umgrenzenden Block zu verstehen. Es handelt sich vielmehr um einen komplexen und variablen Vorgang, der über Jahrhunderte Entwicklungen und Veränderungen durchmachte. In dem Maße, wie die Polis ihre Institutionen ausbaute, dürfte sie auch versucht haben, Kolonisationsbewegungen aus ihren Häfen stärker zu kontrollieren. Es ging dabei jedoch weniger um eine notwendige Hilfe für die Kolonisten, als vielmehr um das Bedürfnis, politischen Zugriff auf die Fahrten zu bekommen, indem sie durch entsprechende Beschlüsse die rechtlichen und organisatorischen Rahmenbedingungen festlegte. Dies gelang in einigen Poleis mehr, in anderen weniger. Anachronistisch sind in jedem Fall die Angaben, wonach die Mutterstadt Schiffe zur Verfügung stellte, denn dies setzt einen öffentlichen Besitz an Pentekonteren voraus, den es nachweislich in der Archaik nicht gab. Telemach fragte nur deshalb die Volksversammlung, weil seine Stellung innerhalb der Gemeinde angesichts der Abwesenheit seines Vaters prekär war. In der Regel oblagen die Zusammenstellung der Schiffsmannschaft, die technische Vorbereitung (Takelage, Verproviantierung etc.) bis hin zur nautisch-geographischen Planung dem Kolonistenführer – wie dies in der klassischen Zeit ebenfalls nicht Aufgabe der Polis, sondern eines hierfür bestellten (adligen) Trierarchen war – und sie spielten sich wohl nach ähnlichen Mustern ab wie die der archaischen *basileis* vor ihren Piraten- und Handelsfahrten. Mit der Übergabe oder Bereitstellung des Schiffes war der Kolonistenführer allein verantwortlich, er wurde zum Anführer *(archegetes)* des Zuges und konnte jede Hilfe ohne Rücksprache mit Rat und Volksversammlung heranziehen. Als Nächstes ließ er seinen Entschluss zur Kolonisationsfahrt im Land verkünden, legte den Abfahrtsort und -termin sowie das anvisierte Ziel fest und unterrichtete die Mitfahrenden über die Größe des Grundstückes, das jeder in der Kolonie zu erwarten hatte. Die gängige Annahme, als Kolonisten hätten sich wegen der Härte des Ruderdienstes nur Männer gemeldet, trifft sicherlich für viele Fahrten zumal in eher unbekannte Gefilde zu. Mitunter dürften aber auch Frauen, Kinder und Gepäck auf geräumigeren Transport- oder Kriegsschiffen mitgereist sein.

Am Tag der Abfahrt kam es zur Verlosung der Grundstücke; auch sie wies deutliche Parallelen zu den frühen Raub- und Piratenfahrten auf: Wie seinerzeit die Mannschaften des Odysseus gleichen Anteil an der Beute beanspruchen konnten, so erhielt nun jeder Kolonist gleichen Anteil an dem zu besiedelnden Land.[36] Lediglich für den Anführer und seine Familienmitglieder dürften größere Stücke reserviert worden sein, wie auch Odysseus oder Menelaos größere Beuteanteile beanspruchten. Am Tag der Abfahrt hielt der *archegetes* denn auch vor der versammelten Mannschaft eine kurze Rede, bei der er an die Fahrten des Menealos und des Odysseus und ihre Erfolge erinnerte. Danach verrichtete er ein Opfer und nahm schließlich im hinteren Teil des Schiffes Platz, um aus dem Hafen zu fahren.[37]

Telemach hatte das Ziel seiner Reise – Sparta und die Peloponnes – öffentlich verkündet. Bevor der Oikist dies tun konnte, musste er genaue Erkundigungen einholen und göttlichen Segen erwirken. Zu diesem Zweck zog fast jeder *archegetes* des Mutterlandes nach Delphi, in Kleinasien spielte das Heiligtum von Didyma eine vergleichbare Rolle. In Delphi befragte man die

Pythia, ob dem geplanten Unternehmen Erfolg beschieden sei und – falls dies positiv beantwortet wurde – nach dem Zielpunkt seiner Reise. Ein positiver Bescheid verschaffte dem Kolonisationsführer Autorität, Sicherheit für die gefährliche Seefahrt und göttliche Legitimation; vielleicht rechtfertigte er auch schon im Voraus die Inbesitznahme des fremden Landes im Fall gewaltsamer Eroberungen.[38]

Zielgebiete der Kolonisation

Nicht weniger wichtig waren die aus den Sprüchen der Pythia herauszulesenden Hinweise auf das Zielgebiet; im Fall von Thera hatte die Pythia Libyen angegeben, in anderen Fällen war das Ziel wohl genauer eingegrenzt. Natürlich hatte jeder Kolonistenführer bereits vorher Familienmitglieder, Kaufleute und Gastfreunde über Routen und Anlaufpunkte befragt. Doch die Priester von Delphi besaßen offensichtlich den großen Überblick über die Küsten des Mittelmeeres und die bereits erfolgten Kolonisationsfahrten. Denn Delphi war neben Olympia das einzige überregionale panhellenische Zentrum, in dem sich regelmäßig Griechen aus aller Welt, auch aus den Kolonien, Kaufleute, Kapitäne, Händler, Piraten und Abenteurer trafen. Jeder erfolgreiche Kolonist überreichte später dem Apoll in Delphi ein Weihegeschenk und damit neue Informationen über erfolgreiche Ansiedlungen. Mit jedem Besuch eines Kolonisten wuchs das Wissen der Priester: Delphi entwickelte sich zu einem Informationszentrum, von dem aus die für jeden Auswanderer so wichtigen „Mobilitätskanäle" geschaffen wurden.[39]

Wie meist in der Geschichte großer Auswanderungswellen suchten die Auswanderer Gebiete, die ihrer Lebensweise entsprachen, geringe militärische Konflikte heraufbeschworen und dennoch Aufstiegschancen boten. In Frage kamen damit vor allem die nordwestlichen Küsten und Inseln des Mittelmeeres und des Schwarzen Meeres. Im östlichen Kleinasien und Nordsyrien verwehrte das Reich der Assyrer eine Ansiedlung. Auch die Südküste des Mittelmeeres bot nur punktuelle Anlaufmöglichkeiten, da sie vom ägyptischen Pharaonenreich sowie den phönikischen Kolonien besetzt war.

Anders als den homerischen Abenteurer leitete die Kolonisten nicht die Hoffnung auf Rückkehr, sondern praktisches Erfahrungswissen: Dieses Wissen wurde mündlich tradiert und nur partiell in Form von *periploi* festgehalten, Aufzeichnungen von Küstenfahrten, die Kapitäne nach eigener Erkundung und den Informationen von Reisenden und Kaufleuten verfasst hatten und Auskunft gaben über die Gewässer, Ankerplätze, Flussmündungen sowie die Natur der Küste, aber nicht über günstige und gefährliche Winde.

Die linearen, von Punkt zu Punkt führenden Angaben der *periploi* sowie die für die praktische Seefahrt wohl wichtigere mündliche Tradition boten recht sicheres Geleit und trugen dazu bei, die Raumerfassung des Mittelmeeres durch Empirie zu entmythologisieren und breiteren Schichten zugänglich zu machen.[40]

Fehlten jedoch solche Erfahrungen, dann entschloss sich ein Kolonistenzug häufig, zunächst von einer vorgelagerten Insel aus Schiffsbewegungen zu beobachten und Stoßtrupps an das Festland zu schicken, bevor man die endgültige Koloniegründung wagte. So hatte es bereits Odysseus getan, als er von einer Insel aus das Land der Kyklopen aufsuchte, so taten es die Chalkidier und Eretreier in Pithekussai auf Ischia, und so machte es auch der bereits mehrfach erwähnte Aristoteles aus Thera, als er zwei Jahre auf der Insel Platea im Golf von Bomba ausharrte, bevor er nach Afrika übersetzte und Kyrene gründete.[41]

Eine ideale Kolonisierungskonstellation war gegeben, wenn die Kolonisten nicht nur auf fruchtbares und leicht zu verteidigendes, sondern auch auf herrenloses Land trafen. Eine solche Situation konstruierte bereits Homer, wenn er die vor dem Land der Kyklopen gelegene Insel als unbesiedelt und geeignet für den Ackerbau beschreibt und sie mit einem natürlichen Hafen versieht. Auch Platon nennt später als günstige Voraussetzungen diese drei Elemente: unbesiedeltes bzw. von früheren Bewohnern verlassenes Land sowie natürliche Voraussetzungen für Schifffahrt und Ackerbau.[42] Was demnach in der Heimat ein wesentlicher Faktor für die Blüte einiger Poleis war – nämlich der enge Konnex zwischen Schifffahrt, Hafen und Ackerbau –, wird in den Kolonien zur Existenz sichernden Regel.

Elemente der neuen Polis

War die Überfahrt geglückt und hatte der Kolonist eine geeignete Stelle zur Ansiedlung gefunden, galt es zunächst, den Ort der Koloniegründung zu markieren, die Landlose einzugrenzen und zu verteilen sowie das Gebiet so schnell wie möglich zu befestigen. Der *archegetes* wurde so zum Oikisten, zum Gründer eines neuen *oikos*. Die Archäologie hat gezeigt, dass er sich hierbei – wie auch nicht anders zu erwarten – an dem Siedlungsmodell seiner Heimatpolis mit ihren entscheidenden Elementen – Agora als gesonderter politischer Raum, gemeinsame Heiligtümer, Nekropolen – orientierte und die Elemente dieses Modells der neuen Situation entsprechend konsequenter umsetzte. Fast alle Kolonien lagen direkt an der Küste oder im Mündungsgebiet eines Flusses. Dementsprechend verfügte jede Kolonie über einen Hafen, der meist direkt in die Siedlung integriert war; häufig befand sich die Agora in unmittelbarer Nähe des Hafens. Das Stadtgebiet wies gleichförmige Siedlungsparzellen auf. Das sich hieraus ergebende rasterförmige (orthogonale) Schachbrettmuster war allerdings keine Erfindung der Kolonisten, sondern dürfte sich mehr oder weniger gleichzeitig auch in einigen mutterländischen Städten herausgebildet haben. Und schließlich waren fast alle Kolonien zumindest des Westens (neben den Poleis Kleinasiens und der Inseln) von Beginn an durch eine Mauer zur Landseite geschützt[43], befand man sich doch in einer fremden und potenziell gefährlichen Umwelt.

Über die frühen Kontakte mit den Einheimischen wissen wir wenig. Das kollektive Gedächtnis der Griechen hat sie mit zahllosen Legenden ausgeschmückt, die einen vergleichbaren Kern aufweisen: Der Oikist wird zum groß gewachsenen, dunkelhaarigen Heros, der im Wettstreit mit einheimischen Fürstensöhnen die Hand einer Königstochter gewinnt und damit nicht nur den Bestand der Kolonie, sondern auch die Freundschaft mit den Einheimischen sichert.[44] Vielfach sollen sogar einheimische Mächte bei der Koloniegründung mitgeholfen und dafür im Gegenzug die Unterstützung der Neuankömmlinge gegen benachbarte Feinde erhalten haben.

Wie auch immer diese Legenden zu deuten sind – sie scheinen die Erinnerung an eine nicht immer konfliktfreie Ankunft der Kolonisten bewahrt zu haben. Spannungen ergaben sich nicht nur aus der Knappheit fruchtbaren Bodens im mediterranen Raum, sondern auch aus dem Frauenmangel der Kolonisten – vielen Gründungslegenden liegt dieses Problem zu Grunde. Die Neuankömmlinge mussten Familien gründen, um den Bestand der Kolonie zu sichern. Nicht selten dürfte der Frauenerwerb mit einem Tauschgeschäft verbunden gewesen sein, wobei die Griechen ihrerseits Keramik und ein sicheres Leben in der Kolonie versprachen. In Notfällen – wie vermutlich in Thasos gegenüber der thrakischen Küste – wird man auf Raub ausgezogen sein, andernorts stellten sich informelle Kontakte ein.

Süditalien und Sizilien

Auf diese und ähnliche Weise wurden von der Mitte des 8. Jahrhunderts v. Chr. an fast sämtliche Küstengebiete des nördlichen und westlichen Mittelmeeres mit Ausnahme der von Piraten beherrschten Adria punktuell kolonisiert. Die erste große Kolonisationswelle richtete sich gen Westen. Von Korinth soll im Jahr 733 v. Chr. ein gewisser Chersikrates mit einer Schar Verbannter aufgebrochen sein und auf einem Vorgebirge Kerkyras (Korfu) eine neue Heimat gefunden haben. Vielleicht war es in Korinth zu ähnlichen Auseinandersetzungen wie in Thera gekommen. Möglicherweise waren auch die Handelsinteressen der führenden Adelsfamilie der Bacchiaden ausschlaggebend. Kerkyra lag an der Handelsroute zum Adriatischen Meer, auf der llyrisches Silber, Bernstein, Felle und Sklaven in das Mittelmeer gelangten. Kerkyra bildete darüber hinaus eine wichtige Zwischenstation von Westgriechenland nach Italien.

Alle folgenden Kolonisationsunternehmungen der Griechen orientierten sich an dieser Route. Sie gingen von den beiden Städten Chalkis und Eretria aus, die 775–770 v. Chr. Pithekussai auf Ischia angelegt hatten. 750 v. Chr. folgte Kyme an der gegenüberliegenden kampanischen Küste, 711 v. Chr. Rhegion (das heutige Reggio di Calabria) und um 600 v. Chr. Neapel. 20 Jahre vorher hatte man sich an der gegenüberliegenden Ostküste Siziliens festgesetzt und 734 v. Chr. Naxos an der Nordwestküste, 730 v. Chr. Zankle, 729 v. Chr. Leontinoi und Katane (das heutige Catania) und schließlich als Nachzügler Himera Mylai 650 v. Chr. gegründet. Die Verteilung der Kolonien zeigt deutlich, dass die Adligen aus Chalkis und Eretria nicht nur auf fruchtbares Siedlungsland aus waren, sondern auch dic Route nach Pithekussai und nach Etrurien zu kontrollieren suchten. Rhegion und Zankle beherrschten die Straße von Messana und machten die chalkidischen Kolonien zu den Herren des Italienhandels.

Erst rund zwei Generationen später folgten Gründungen anderer Städte vor allem aus Achaia und Lokris. Die wichtigsten waren die Kolonien Sybaris (709 v. Chr.) und Kroton (710 v. Chr.), Tarent, die einzige Kolonie Spartas, und das von Lokrern gegründete Lokroi Epizephyrioi. Die reichste Kolonie wurde Sybaris in der fruchtbarsten Ebene der ionischen Küste. Von hier aus lief ein Handelsweg über Land gen Westen zur Tochtergründung Poseidonia, die ein wichtiges Handelszentrum im Warenaustausch mit den Etruskern wurde.

Sybaris selbst war bis zu seiner Zerstörung durch den Konkurrenten Kroton im Jahr 510 v. Chr. so wohlhabend, dass es sich eine mit Säulen und Prunkdach verzierte Straße vom Markt bis zum Hafen leisten konnte und neue Luxusgüter und Speisen kreierte. „Sybarische Geschichten“, *sybaritikoi logoi*, erzählten die Abenteuer einheimischer Edelmänner und selbstbewusster Frauen aus den ersten Familien. Sybaris war so etwas wie das Paris im 19. Jahrhundert, eine Welt des Lasters und des Luxus und Inbegriff der Lebensfreude – Zeichen des Selbstbewusstseins gegenüber den kärglichen Verhältnissen der Heimat.

Das zweite große Zielgebiet der Westkolonisation war Sizilien. Die Insel galt als äußerst fruchtbar und bot an den Küsten des Ostens reichlich Siedlungsland. Wiederum war es das in der Westkolonisation erfahrene Korinth, das im Jahre 733 v. Chr. mit Syrakus eine der ersten Kolonien gründete. Syrakus kann neben Massilia (Marseille) als die erfolgreichste Kolonie der gesamten griechischen Geschichte gelten. Der Reichtum der Stadt beruhte auf der Güte des Ackerbodens, weshalb die führenden Einwanderer auch *gamoroi*, „diejenigen, die Land besitzen“, genannt wurden. Der Aufschwung wurde durch den hervorragenden Hafen begünstigt. Binnen dreier Generationen stieg Syrakus zur bevölkerungsreichsten Stadt des westlichen Mittelmeeres auf, sodass es selbst Kolonien gründen konnte (Akrai, Kasmenai, Kamarina).

Die Erfolge Korinths zogen Kolonien anderer Poleis nach sich. Megara gründete 728 v. Chr. Megara Hyblaia nördlich von Syrakus und 628 v. Chr. Selinunt, die westlichste Kolonie der Griechen auf Sizilien. Selbst das weit im Osten gelegene Rhodos schickte Kolonisten und gründete zunächst 689 v. Chr. Gela. 580 v. Chr. errichteten die Griechen von Gela aus mit rhodischer Verstärkung rund 70 Kilometer entfernt das mächtige Akragas, das heutige Agrigent, an der Südwestküste. Nach drei Generationen waren die süditalische Küste und große Teile Siziliens von Kolonisten besiedelt.

Die Phokaier als mutige Seefahrer

Um 600 v. Chr. verlagerten sich die kolonisatorischen Aktivitäten vom Mutterland in die Hafenstädte der kleinasiatischen Ägäisküste. Hier war es zunächst die kleine Polis Phokaia, die der Westexpansion ganz neue Dimensionen eröffnete. Die Stadt lag an einem kargen Küstenstreifen, der nicht im Entferntesten die Vorzüge der korinthischen oder lelantischen Fruchtebenen aufwies, doch besaß die Stadt einen ausgezeichneten Hafen. Abgeschnitten von den fruchtbaren Flusstälern und durch mächtige Nachbarn zu Lande bedroht, verlegten sich die Phokaier von Beginn an aufs Meer.[45] Sie stießen auf ihren Fünfzigruderern zunächst als Kaperer oder Seehändler so weit wie kaum eine andere Polis in den Westen vor. Ihr Hauptinteresse galt dem Handel mit Gold, Silber und Kupfer aus Spanien. Bereits im 7. Jahrhundert v. Chr. fuhren sie auf den Spuren des Samiers Kolaios durch die Straße von Gibraltar, um an die sagenumwobenen Edelmetallvorkommen des Reiches von Tartessos an der spanischen Atlantikküste und dem Mündungsgebiet des Guadalquivir heranzukommen. Der einheimische König Argonthonios empfing sie freundlich, vermutlich suchte er ein Gegengewicht gegen die Phöniker (und später die Karthager), und vermutlich stellten die Phokaier Söldner und erhielten im Gegenzug Silber und Gold.

In den folgenden Jahrzehnten nutzten die Phokaier ihre freundschaftlichen Beziehungen zu Tartessos, schalteten sich in den lukrativen Mineralhandel ein und machten den Phönikern ihr Monopol in der Ausbeutung der Purpurschnecke streitig. Noch im 7. Jahrhundert v. Chr. gründeten die Phokaier in Südspanien östlich von Malaga eine erste Faktorei. Danach richteten sie ihr Interesse gen Norden. Die berühmteste Kolonie wurde um 600 v. Chr. Massilia, das den Handel aus den nördlichen Binnenräumen kontrollierte und sich in der Folgezeit ein eigenes Kolonialreich errichtete.

Wie sehr die Phokaier ihr Schicksal dem Meer anvertrauten, zeigt ihr Entschluss, sich beim Anrücken der Perser in der Mitte des 6. Jahrhunderts v. Chr. mit der gesamten Einwohnerschaft auf die Schiffe zu begeben und sich weit im Westen in Alalia (Aleria) auf Korsika niederzulassen. Der Ruf der Phokaier als wagemutige Händler und gefürchtete Piraten hatte sich so weit verbreitet, dass das mächtige Karthago und die Etrusker beschlossen, die phokaische Flotte zu zerstören. Die Seeschlacht war für die Phokaier sehr verlustreich, und deshalb beschlossen sie, aus Korsika wegzuziehen und eine neue Siedlung in Unteritalien zu gründen. Hier verliert sich die Geschichte der Phokaier, doch ihr Ruhm hat sich noch lange halten können: Als sich die kleinasiatischen Griechen 498 v. Chr. gegen die Perser erhoben, wählten sie einen Phokaier zum Admiral der Flotte. Dieser machte noch lange als gefürchteter Freibeuter die Meere unsicher, griff aber – so die Quellen – nur etruskische, karthagische und phönikische Schiffe an.[46]

Schwarzmeergebiet und Nordafrika

Das dritte große Kolonisationsgebiet bildeten der Bosporus und die Küsten des Schwarzen Meeres. Sie wurden zum überwiegenden Teil von der kleinasiatischen Hafenstadt Milet und Megara am Saronischen Golf angelaufen. Milet lag auf einer Halbinsel und besaß einige vorgelagerte Inseln sowie Gebiete im Mäandertal. Die Halbinsel galt wie das Gebiet von Phokaia als karg, und wie dort gab es zahlreiche seefahrende Adelsfamilien, die durch ihre Handels- und Kolonisationstätigkeit entscheidend zum Aufstieg ihrer Stadt als „Venedig des Altertums" beigetragen hatten.[47]

Richtschnur der Auswanderungen ins Schwarzmeergebiet war ein viel befahrener Seehandelsweg von Rhodos und den kleinasiatischen Städten. Schon die von den Chalkidikern an der thrakischen Küste gegründeten Kolonien dürften in erster Linie wegen des Holzreichtums der Umgebung angelegt worden sein. Die von Megara zwischen 680 und 660 v. Chr. am Bosporus gegründeten Kolonien Kalchedon und Byzantion, das heutige Istanbul, entwickelten sich zu den wichtigsten Zwischenlagern für Bauholz, das nach Griechenland und in den Nahen Osten verschifft wurde. Byzantion besaß im 6. Jahrhundert v. Chr. nach Korinth und Samos die größten Werften für Kriegs- und Handelsschiffe.

Als zweiter begehrter Rohstoff galten Metalle. Das Interesse der Griechen konzentrierte sich zunächst auf die Gebirgszüge am Süd- und Westufer des Schwarzen Meeres. Das Pontosgebirge von Sinope bis Georgien ist noch heute reich an Eisen, Kupfer und silberhaltigem Blei (Eisen wurde bereits Ende des 3. Jahrtausends v. Chr. in Armenien abgebaut). So haben Mileter Apollonia Pontica an der Westküste des Schwarzen Meeres sicherlich in erster Linie gegründet, um die Suche nach den Kupferlagerstätten der nahe gelegenen Minen zu erleichtern. Metallverarbeitende Werkstätten wurden außerdem auf der Insel von Berezan, Olbia und in den Siedlungen der olbischen Chora gefunden.[48] Noch berühmter war der Goldreichtum des heutigen Georgien. Jeder Grieche kannte die Sage von Jason, der mit seinen Gefährten auf der Argo das Goldene Vlies von Kolchis zu gewinnen suchte.

Viele der am Nordufer des Schwarzen Meeres angelegten Kolonien, besonders das von Milet am Ende des 7. Jahrhunderts v. Chr. an der Vereinigung von Hypanis (Bug) und Borysthenes (Dnjpr) angelegte „glückliche" Olbia, wurden zu blühenden Handelsstädten, weil ihre Kaufleute das in den skythischen Ebenen angebaute Getreide nach Griechenland weiter vertrieben.

Die ostafrikanische Küste blieb den Griechen mit einer wichtigen Ausnahme verschlossen. Ägypten bildete schon in homerischer Zeit ein beliebtes Ziel griechischer Piraten – dies spiegelt sich in den Raubfahrten des Menelaos und Odysseus –, und das umso mehr, als im 8. und 7. Jahrhundert v. Chr. die politische Desorganisation des Landes eine wirksame Abwehr erschwerte.

Der ägyptische Pharao Psammetichos von Sais hat sich dieses Problems insofern erwehren können, indem er viele der griechischen Piraten als Söldner engagierte und mit ihrer Hilfe das Land von assyrischer Oberherrschaft befreien konnte. Vielleicht als Dank für die militärische Hilfe der Griechen, aber wohl auch aus handelspolitischen Erwägungen räumte er um 650 v. Chr. griechischen Händlern gegen eine zehnprozentige Steuerabgabe das Niederlassungsrecht auf einer Insel im Nildelta ein. Die Kaufleute gaben dieser Siedlung den Namen Naukratis („Stadt des Krates").[49] Naukratis wurde zu einem echten *port of trade*, denn es gewann eine Monopolstellung im Import- und Exporthandel zwischen Ägypten und dem griechischen Wirtschaftsraum und wurde darüber hinaus spätestens im 6. Jahrhundert v. Chr. ein Zentrum in der Herstellung hochwertiger, glasierter Töpferware (Fayence-Industrie).

Abb. 2: Innenbild einer in Sparta gefertigten Schale (ca. 560 v. Chr.): König Arkesilaos II. (links) überwacht das Abwiegen des Silphion.

Trotz dieses Erfolges blieb Naukratis die einzige Kolonie im unmittelbaren Machtbereich des Pharaonenlandes. Allein Kolonisten aus Thera gelang es um 630 v. Chr. zwischen der großen Syrte und dem Golf von Bomba Kyrene zu gründen. Der *archegetes* Aristoteles nahm daraufhin den (griechischen) Beinamen (oder den lydischen Königstitel) „Battos" an und begründete damit die Familiendynastie der Battiaden. In der Folgezeit wechselte der Name regelmäßig mit dem Namen Arkesilaos. Auf der so genannten Arkesilaos-Schale aus der Zeit um 560 v. Chr. ist Arkesilaos II., der König von Kyrene, abgebildet, der mit einem Zepter in der Linken unter einem Leinensegel auf einem verzierten Thron sitzend das Abwiegen und die Verpackung von Waren überwacht. Einer der Händler wird als *silphiomachos* bezeichnet. Dies deutet auf ein in der ganzen Welt begehrtes Produkt hin, das Silphion, aus dem Heilmittel und Gewürze hergestellt wurden. Kyrene führte die Pflanze als Münzemblem, und schon die antiken Autoren wussten, dass der Handel mit Silphion die Stadt reich machte.

Die karthagischen Expeditionen im Atlantik

In der Mitte des 6. Jahrhunderts v. Chr. flaute die Kolonisation gen Westen ab. Die phönikische Kolonie Karthago war zu einer der stärksten Seemächte geworden und nicht mehr gewillt, die phokaischen Piraten- und Handelsfahrten hinzunehmen. Dieses Ziel traf sich mit den politischen Interessen der Etrusker. Im Jahr 535 v. Chr. kam es bei Alalia zu einer Seeschlacht zwischen der verbündeten karthagischen und etruskischen Flotte und dem Aufgebot der Phokaier auf der anderen Seite. Die Verluste der Phokaier waren so groß, dass sie ihre Kolonie auf Korsika aufgeben mussten und sich nach Rhegion und dann nach Elea (Velia) in Süditalien zurückzogen. Korsika ging an die Etrusker verloren und Sardinien geriet unter karthagischen Einfluss. Da die Karthager gleichzeitig die Straße von Gibraltar in den Atlantik für alle fremden Seefahrer sperrten, verlor der atlantische Westen für die Griechen des Ostens an Anziehungskraft.

In dem Maße, wie die Karthager die maritime Expansion der Griechen gen Westen hemmten, forcierten sie ihre Forschungs- und Kolonisationsunternehmungen im Atlantik, der seit jeher für die Phöniker von großem Interesse gewesen war. Eine wichtige politische Voraussetzung hierfür war, dass die Karthager offensichtlich nicht nur gegen die Phokaier, sondern auch gegen das die Atlantikschifffahrt bislang weit gehend kontrollierende Königreich von Tartessos militärisch vorgingen und vermutlich die Hauptstadt sogar gegen Ende des Jahrhunderts zerstörten.[50] In diesem Zeitraum, wenige Jahrzehnte nach der Seeschlacht von Alalia, lichtete unter dem Admiral Hanno eine Flotte von angeblich 60 (!) Schiffen und 30 000 Männern und Frauen in Karthago die Anker, um entlang der afrikanischen Küste südwärts an geeigneten Stellen Kolonien anzulegen, den karthagischen Händlern den Zugang zu den Produkten Afrikas (besonders Gold) zu erschließen und dabei so weit wie möglich in unbekannte Gewässer vorzustoßen. Da rund 80 Jahre vorher phönikischen Seefahrern im Auftrag des ägyptischen Königs Necho (610–595 v. Chr.) die Umsegelung Afrikas vom Osten aus gelungen war, darf man vermuten, dass hierbei auch die (wegen der ungünstigen Strömungs- und Windverhältnisse) ungleich schwieriger zu realisierende Möglichkeit anvisiert werden sollte, den Kontinent vom Westen zu umsegeln. Dieses Ziel erreichte Hanno nicht, doch gelangte er immerhin bis in den Golf von Guinea, wo ihn dann Versorgungsprobleme zur Umkehr zwangen.[51]

Fast gleichzeitig (ca. 525 v. Chr.) – und vielleicht in Konkurrenz zu einer Fahrt eines massilischen Kapitäns – startete eine Expedition unter dem Karthager Himilko in entgegengesetzter Richtung auf der Suche nach den sagenumwobenen Zinninseln im nördlichen Atlantik.[52] Offensichtlich waren die Karthager bislang auf Zwischenhändler aus Tartessos angewiesen und versuchten nach dessen Zerstörung „auf dem Gipfelpunkt ihrer Macht“[53], wie Plinius sagt, die Route selbst zu befahren und damit unmittelbaren Zugriff auf das begehrte Metall zur Herstellung von Edelbronze (durch die Legierung von 90 Prozent Kupfer und zehn Prozent Zinn) zu bekommen. Das Zielgebiet dürften neben den galizischen Zinnminen im spanischen Nordwesten die Zinnlager des britischen Cornwall gewesen sein. Tatsächlich scheint Himilko neben Südengland auch Irland (vielleicht sogar die Azoren) erreicht zu haben; einer der Gründe für das machtpolitische Ausgreifen Karthagos in der Folgezeit dürfte auch die Sicherung des Zinnmonopols im Atlantik gewesen sein, die das gänzliche Fehlen von Zinn in Nordafrika ausgleichen konnte. Wie wichtig die Karthager die Kenntnis der Route nahmen, zeigen ihre auch in Griechenland kursierenden Berichte, wonach das Meer jenseits der Säulen des Herakles (Gibraltar) kaum befahrbar sei und auch sonst allerlei Schrecknisse und Ungeheuer bereithielt. Ihre Propaganda war überaus erfolgreich. Allein die Massilier, die durch die engen Kontakte zu den Händlern aus Gallien und dem Atlantik besser informiert waren, wagten in den folgenden Jahren durch die Straße von Gibraltar in den *Okeanos* vorzustoßen (siehe Seite 147).

Der griechische Saum

Insgesamt bleibt jedoch der Erfolg der griechischen Kolonien ein historisches Phänomen von eminenter Bedeutung, besonders deshalb, weil sich das Modell des griechischen Stadtstaates und seine Kultur über den gesamten Mittelmeerraum verbreiteten. Sicherlich muss man in Rechnung stellen, dass die Erinnerung der Griechen zahlreiche Rückschläge und Misserfolge weit gehend aus dem postkolonialen Diskurs verbannte, dennoch bleibt festzuhalten, dass sich viele literarisch und archäologisch belegten Kolonien über Jahrhunderte behaupteten; viele erlebten einen glanzvollen Aufstieg und entfalteten erstaunliche kulturelle Energien. Unteritalische Städte wurden zu Zentren der vorsokratischen Philosophie. Kroton war berühmt für seine Ärzteschule. Kolonien wie Lokroi oder Katane brachten Gesetzgeber hervor, die wie Zaleukos oder Charondas noch vor Drakon aus Athen ihren Gemeinden Verfassungen gaben und Teile des Rechts kodifizierten.

Die Gründe für ihren Erfolg sind mannigfaltig. Einmal sicherte ihnen die Lage an den großen Seehandelsrouten auch dann Einnahmen, wenn der militärische Erfolg einmal ausblieb. Die Rolle der Kolonie als Knotenpunkt zwischen Übersee- und Überlandhandel sowie die wachsende Nachfrage der Einheimischen nach griechischen Keramik- und Luxusprodukten förderten die Entwicklung des Handwerkes und zogen zusätzlich Händler an, die Steuern und Zollgebühren in die städtischen Kassen abführten. Schließlich verfügten viele Kolonien über erfahrene Seestreitkräfte, Syrakus sowie die korinthischen Kolonien übten eine begrenzte *Thalassokratie* aus und betrieben Subkolonisation. Ein weiterer wichtiger Grund für den Erfolg lag in der Ausstrahlungskraft der griechischen Kultur: Zunächst – so zeigt Justin (ca. 133 – 167 n. Chr.) am Beispiel der Phokaier in Massilia – hätten die Einheimischen, weil sie neidisch auf das Gedeihen der Stadt waren, die Griechen durch unablässige Kriege geplagt. Die Phokaier konnten sich dieser Angriffe erwehren und durch Anlage zusätzlicher Kolonien an Autorität gewinnen. Auf die militärische Abwehr der Barbaren folgte in einer zweiten Phase die friedliche Integration: Die Gallier würden nun von den Griechen lernen, „Ackerbau zu treiben und Städte mit Mauern zu umgeben. Damals gewöhnten sie sich auch daran, nach Gesetzen und nicht bloß mit Waffengewalt zu leben, auch Weinreben zu beschneiden und Ölbäume anzupflanzen, und bald war es um Menschen und Dinge so glanzvoll bestellt, dass nicht Griechenland nach Gallien ausgewandert, sondern Gallien nach Griechenland versetzt zu sein schien.“[54]

Alle Faktoren zusammen, der Wagemut der adligen Kolonistenführer, das Erfolgsmodell der Polis, ihre Seemacht, wirtschaftliche Anziehungskraft und kulturelle Ausstrahlungskraft haben dazu beigetragen, dass um 500 v. Chr. die Mittelmeerküste von Nordspanien bis in das Schwarzen Meeres von einer Kette blühender griechischer Städte besetzt war, oder wie es Cicero Jahrhunderte später ausdrückte, dass den „Barbarenländern gewissermaßen ein griechischer Saum angewebt zu sein scheine.“[55]

Händler, Söldner und Tyrannen

Ich zog dahin in frischer Jugendkraft, durch fremde Meere
zu der kühnsten Tat, die noch geschehn, seit Menschen sind
und denken.

JASON IN GRILLPARZERS MEDEA, I, 429 – 431

Die Errichtung von Poleis an den Küsten des Mittelmeers hat den Überseehandel befruchtet wie nie zuvor: Einerseits erhöhten die wachsende Bevölkerung und die Bautätigkeit der Kolonien den Bedarf an Rohmaterialien, Metallen und Getreide sowie nach spezialisierten Handwerkern; andererseits boten die Kolonien ein Netzwerk sicherer Häfen und Märkte und exportierten selbst Rohstoffe des Umlandes ins Barbaricum oder in andere Hafenstädte des Mittelmeerraums.

Und schließlich gab es viele Poleis im griechischen Mutterland, die das Problem der Überbevölkerung nicht durch die Entsendung von Kolonisten zu lösen versuchten und somit in hohem Maße an der Einfuhr von Getreide interessiert waren.[1] Es kam zu einer Vernetzung des Mittelmeerraums über die Seehandelswege aus dem ostmediterranen Raum in die Ägäis, von dort und dem Schwarzen Meer aus westlich über die Straße von Otranto nach Unteritalien oder Sizilien, dann durch die Straße von Messana nach Kampanien und Etrurien.

Die Träger des Überseehandels waren fast durchweg Adlige, denn nur sie verfügten über die notwendigen ‚internationalen' Verbindungen und Gastfreundschaften sowie nautisches und geographisches Spezialwissen, und sie besaßen auch materielle Ressourcen, mit denen sie fremde Produkte eintauschen konnten. Wie einzelne Überseehändler und ihre Polis von dem Aufschwung des Handels profitierten, zeigt nichts besser als der Aufschwung der Inselpolis Aigina im Saronischen Golf. Das Land der Aigineten, so der Historiker Ephoros[2], sei karg und triebe viele Existenzen in die Häfen und Handelsplätze der Ägäis und des Mittelmeerraums.

Ihre Exportprodukte bestanden aus Schmuckstücken, Parfum und Salben, typische Produkte des Fernhandels, die man *Aigineia*, „Dinge aus Aigina", nannte. Zu deren Transport benutzte man große Krüge korinthischer, später Athener Provenienz als eine Art Container. Im Gegenzug dürften die Aigineten Getreide (aus Naukratis) eingekauft und an Zwischenhändler aus den Poleis der Peloponnes weiterverkauft haben.[3]

Die größten Gewinne versprach der Überseehandel mit dem Westen. Das berühmteste Beispiel ist der Adlige Sostratos, Herodot zufolge der reichste Mann seiner Zeit. Eine Weiheinschrift des späten 6. oder 5. Jahrhundert v. Chr. aus dem etrurischen Graviscae trägt wohl seinen Namen. Eine Serie von attischen Vasen der Jahre 535 – 505 v. Chr. mit den Buchstaben SO in aiginetischer Schrift fungierte wahrscheinlich als Container für Überseetransporte, die im Auftrag des Sostratos oder seines Sohnes nach Norditalien unternommen wurden. Darüber hinaus gibt es Vasen mit der Gravur SO in etrurischen Städten. Hier kaufte Sostratos Eisen und transportierte es Gewinn bringend in die Ägäis. Einige Schiffe dürften auch die spanischen Silberproduzenten aufgesucht haben. Über ein Jahrzehnt betrieb Sostratos so einen Handel von einem Ende des Mittelmeeres bis an das andere.[5] Sostratos steht repräsentativ für eine Adelsschicht, die ihren Ruhm und ihr Selbstverständnis aus der Kunst der Seefahrt und der Größe ihrer Schiffe bezog.

Ungelöste Probleme in den Poleis

Die Vernetzung des Mittelmeerraums durch Handel und Kolonisation hatte aber nicht nur positive Effekte. Das Problem der Erbteilung blieb genauso virulent wie der Konkurrenzkampf um Macht und Einfluss. Die Chance, durch den Überseehandel in kurzer Zeit reich zu werden, hat die innenpolitischen Spannungen vielfach noch verstärkt, weil sie Aufsteigern die Chance bot, materiell mit den Adligen gleichzuziehen. Die Lyriker der Zeit warnen dementsprechend vor den ‚Neureichen', die mit ihrer Gewinnsucht alte aristokratische Ideale aushöhlen und den Frieden der Polis gefährden.[6] Solon von Athen fasste die Situation folgendermaßen zusammen: „Denn die Schändlichen lockt die Gier nach großen Gewinnen (...), und die das Unrecht verführt, machen im Handel sich reich."[7]

In den Gewinnchancen des Überseehandels lag eine große Gefährdung der Polis, weil die ‚Neureichen' Land aufkauften, die Vorrangstellung der Adligen gefährdeten und dadurch die Stabilität der Polisgesellschaft ins Wanken brachten. Vielfach kam es zu bürgerkriegsähnlichen Auseinandersetzungen mit einschneidenden sozialen Folgen: „In Scharen verlassen die Verarmten das Land, ziehn in die Fremde hinaus."[8] Unter diesen Verarmten befanden sich nicht nur Kleinbauern, sondern auch Adlige, die zu spät auf die Bedrohung der ‚Neureichen' reagiert hatten. Umgekehrt gab es Männer aus der Hoplitenschicht, die sich dem Widerstand der Altadligen beugen mussten und in ihrer Polis keine Chance für ein Weiterkommen sahen.

Söldnerdienst und Piraterie als Alternative zur Kolonisation

Viele Kolonien mussten sich einheimischer Angriffe erwehren. Kämpfe um die besten Weideplätze oder um einträgliche Gold- und Silberminen waren allgegenwärtig. Aber auch das Verhältnis zwischen Kolonisten und Heimatpolis war gespannt. Es gab wohl nichts, was eine Polis mehr fürchtete, als die Rückkehr derjenigen, deren Auszug eine soziale und agrarische Krise entschärfen sollte; die unglücklichen Kolonisten aus Kyrene wurden beim Einlaufen in den heimatlichen Hafen sogar beschossen![9] Umgekehrt versuchten sich viele Kolonien einer allzu engen Kontrolle ihrer Mutterstadt zu entziehen. Diese Spannungen führten z. B. im Fall von Korinth und seinen Kolonien im Ionischen Meer zu militärischen Auseinandersetzungen. Oft herrschte auch zwischen mehreren Kolonien und Küstenpoleis Konkurrenz um den Zugriff auf fruchtbare Ebenen oder ein goldreiches Gebiet, wie zwischen den Pariern und den Einwohnern von Naxos, Andros und Chios.[10] Im Fall von Kroton und Sybaris in Süditalien kam es zu einem regelrechten Krieg.

Diese Konflikte boten den verarmten Adligen ein ebenso attraktives Betätigungsfeld wie der Überseehandel oder die Kolonisation. Häufig war der Dienst als Söldner oder Pirat ein Ersatz für gescheiterte Kolonisationsunternehmungen. So verdingte sich der spartanische Prinz Dorieus nach einem misslungenen Kolonisationsversuch an der nordafrikanische Küste zunächst als Söldner der Stadt Kroton gegen Sybaris, dann ging er nach Sizilien und fand im Kampf gegen die Phöniker und die Einwohner von Segesta den Tod.[11]

Ein anderes Beispiel ist der Lyriker Archilochos (680 – 640 v. Chr.) von der Kykladeninsel Paros. Er war zu Beginn des 7. Jahrhunderts v. Chr. aufgrund herber Vermögensverluste gezwungen, mit einer Schar Gleichgesinnter nach neuen Gewinnmöglichkeiten Ausschau zu halten.[12] Ihr Ziel war die von seinem Großvater (oder Vater) gegründete Kolonie Thasos gegenüber der thrakischen Küste. Die Thasier befanden sich in Kämpfen mit den Thrakern, daher kam ihnen ein Söldnerführer gerade recht. Archilochos sagt von sich: „Und Söldner nennt man mich, wie einen Karier."[13] Wir dürfen deshalb vermuten, dass er sich mit seiner Truppe zunächst als Söldner und Kaperer in den Dienst der Thasier stellte.[14]

Der Konflikt mit den Thrakern war jedoch nicht das einzige lukrative Beschäftigungsfeld. Schon die Phöniker sollen Thasos auf der Suche nach Gold angesteuert haben, und auch die griechischen Kolonisten wählten die

Insel vor allem wegen ihrer Goldvorkommen. Während sich die erste Kolonistengeneration noch friedlich mit den einheimischen Thrakern arrangierte, wagten Archilochos und seine Kumpane den Übergang an die thrakische Küste, um an die Gold- und Silbererze des thrakischen Pangeiongebirges heranzukommen.[15]

Mit der Suche nach Gold verband sich die Hoffnung auf den Erwerb von Sklaven. Ein Freund des Archilochos – offenbar ein Pirat oder Sklavenhändler – kehrte mit seinem Schiff von einer Reise nach Gortyn zurück.[16] Schon im 7. Jahrhundert v. Chr. arbeiteten thrakische Sklavinnen als Prostituierte im Hafen des ägyptischen Naukratis. Das für sie verwendete Wort *ornai* („Erkaufte", „über das Meer Gebrachte") geht auf Archilochos zurück. Die Thrakerinnen wurden von Piraten geraubt oder von einheimischen Fürsten an die thasischen Kolonisten verkauft.[17] Thasos besaß einen Umschlaghafen (*emporion*) und dürfte – wie viele frühe *emporia* – zum Zweck des Sklavenerwerbs angelegt worden sein.[18] Thasische Händler beschäftigten die Sklaven in den heimischen Schürfgruben oder verkauften sie weiter an Sklaveneinkäufer von den nahen Inseln Imbros und Lemnos; von hier aus gelangten sie nach Ägypten oder Kreta. Auch Archilochos und seine Männer dürften somit ihren Söldner- und Kaperdienst mit *raids* an die thrakische Küste zum Sklavenerwerb verbunden haben.[19]

Das Leben des Archilochos steht für viele andere, die an fremden Küsten ihr Glück suchten, und wir wüssten von ihnen mehr, wenn die Quellen ihre Abenteuer bewahrt hätten. Doch auch die spärlichen Hinweise zeigen: Die unstete Wanderung von Kolonie zu Kolonie, das Leben als Söldner, Kaperer, Händler oder Kolonistenführer und die zumindest zeitweilige Loslösung vom heimatlichen *oikos*, nicht das ruhige Leben in der Polis gehörten zum Alltag der Zeit. Fast in jeder Stadt tauchten Fremde auf, die von fernen Ufern kommend Waren, Künste und Dienste anboten.[20] In Thasos – so Archilochos voller Selbstironie – versammelte sich der Abschaum ganz Griechenlands.[21] Wie junge Adlige als Führer einer Kolonistenschar Aufstiegsmöglichkeiten suchten, so befehligten adlige Söldnerführer Hoplitentruppen von etwa der gleichen Größe, um in den Krisenregionen des Mittelmeerraums reich und mächtig zu werden. Die Verteilung von Beute und Sold entsprach den Gepflogenheiten der kolonisatorischen Landnahme: Gleiche Teile standen für diejenigen bereit, denen der Führer gleichen Verdienst am gemeinsamen Erfolg zuerkannte.[22] Auch in Bezug auf die Größe handelte es sich um vergleichbare Phänomene: Meist waren es Gruppen von bis zu 100 jungen Männern, die bereits Erfahrung als Seehändler, Piraten oder Söldner gesammelt hatten.[23]

Der Aufstieg der Tyrannis in Korinth

Der Bedarf nach schlagkräftigen Söldnern entsprach der zeitweiligen Schwäche der Auftraggeber. Nicht selten nutzten deshalb angeworbene Söldnerführer die Chance, nach der Anstellung oder nach einem erfolgreichen Unternehmen die Befehlsgewalt einer Polis zu übernehmen und sich als Alleinherrscher zu etablieren. So soll z. B. Euryleon, einer der Überlebenden des unglücklichen Dorieus-Zuges, mit seiner Mannschaft die Einwohner von Selinunt von dem Tyrannen befreit und danach selbst versucht haben, sich zum Alleinherrscher aufzuschwingen.[24] Tyrannen nannten die Griechen einen Mann, der ohne göttliche Legitimation und Beauftragung städtischer Institutionen die Macht an sich gerissen hatte. Meist konnte sich ein Tyrann dort etablieren, wo agrarische Nöte Unruhen und die Einführung der Hoplitenbewaffnung den Neid der kleineren Bauern auf die Altadligen geschürt hatten. Die ersten Tyrannen etablierten sich an der kleinasiatischen Küste; danach finden wir sie auch in den küstennahen Hafenstädten des griechischen Mutterlandes und in den Kolonien der Magna Graecia. Das bekannteste Beispiel ist das des Kypselos in Korinth.

Korinth verdankte seinen Wohlstand einer fruchtbaren Küstenebene, die Wein-, Oliven- und Getreideanbau erlaubte. Dichte Baumbestände auf den nahe liegenden Hügelketten sowie die günstige Lage auf der Landbrücke (Isthmos) zwischen der Peloponnes im Süden und Attika im Nordosten wiesen den Korinthern schon früh den Weg aufs Meer. Jedes Schiff, das Waren aus dem Westen nach Griechenland liefern wollte, musste den korinthischen Hafen Lechaion anlaufen und hohe Zoll- und Liegegebühren entrichten. Umgekehrt kamen ägäische Händler mit Zielen im Westen am korinthischen Osthafen Kenchreai kaum vorbei.

Regiert wurde die Polis von der adligen Familie der Bacchiaden. Sie besetzten die höchsten Ämter jeweils für ein Jahr und sicherten der wachsenden Bevölkerung durch Koloniegründungen zusätzliches Land. Sie dürften außerdem führend an den Handelsfahrten gen Westen beteiligt gewesen sein, wo die Silbervorkommen des heutigen Albanien sowie (weiter nördlich) der Zugang zu den nordeuropäischen Bernsteinrouten lockten. All dies – die günstige Lage, der aktive Handel mit den begehrten Rohstoffen des Westens und die erfolgreiche Kolonisation – führte seit dem späten 8. Jahrhundert v. Chr. zu einem wirtschaftlichen Aufschwung und sicherte der Stadt den Ruf, zu den reichsten Poleis Griechenlands zu zählen.

Doch um 600 v. Chr. geriet die Autorität der Bacchiaden ins Wanken. Der Vergleich mit anderen Poleis sowie archäologische Indizien machen es wahrscheinlich, dass einige Großgrundbesitzer zur Erhöhung ihrer Absatzchancen den Getreideanbau auf die Anpflanzung von Ölbäumen umstellten. Die Getreideversorgung reichte deshalb schon bald nicht mehr für die gesamte Stadt aus, deren Bevölkerung am Ende des 7. Jahrhunderts v. Chr. rasch gewachsen war. Gleichzeitig geriet die einheimische Töpferindustrie durch athenische Konkurrenz unter Druck – ein ganzes Bündel von Problemen, denen sich die Bacchiaden nicht gewachsen zeigten.

Den Rest ihres Ansehens verloren sie, als sie eine herbe militärische Schlappe gegen ihre wichtigste Kolonie Kerkyra einstecken mussten und benachbarte Mächte wie Argos und Megara an Stärke gewannen. In dieser Situation engagierten die Bacchiaden einen Mann namens Kypselos mit seiner Söldnertruppe, die sich in früheren Kämpfen den Ruf militärischer Tüchtigkeit erworben hatte. Vielleicht war Kypselos aus seiner Heimat Korinth geflohen oder von den Bacchiaden vertrieben worden; vielleicht war er aber auch ein fremdstämmiger Kondottiere. In jedem Fall sollte er wohl die Position der Bacchiaden im Kampf gegen Kerkyra stärken. Kypselos erklomm den Posten des städtischen Feldherrn, nutzte den Prestigeverlust seiner Auftraggeber und schwang sich mithilfe seiner oder der städtischen Hoplitentruppe zum Alleinherrscher auf.[25]

Wirtschaftlicher Aufschwung

Sofort widmete sich der neue Herrscher den agrarischen Problemen: Die Kleinbauern erhielten Land aus dem Grundbesitz der vertriebenen Bacchiaden. Das Töpferviertel wurde modernisiert und die Keramikproduktion durch den Bau mehrerer Gebäude forciert. Parallel dazu verbesserte Kypselos die Anlegemöglichkeiten des Westhafens für Handelsschiffe. Die bedeutendste technische Leistung gelang jedoch seinem Sohn und Nachfolger Periander. Er gab den Anstoß zum Bau einer beinahe sieben Kilometer langen Überlandtrasse (*diolkos*) über die engste Stelle des Isthmos von Korinth (dem heutigen Kalamaki zur westlichen Kanalmündung). Auf dieser Schiffstrasse, deren Geleise noch heute im Fels zu erkennen sind, konnten Schiffe auf Tiefladern und von Seilwinden oder Ochsen gezogen von einem Meer zum anderen geschleppt oder die Waren der Schiffe zwischen den beiden Häfen Lechaion und Kenchreai transportiert werden.[26] Dies ersparte den Überseehändlern die durch Stürme und Piraten gefährdete lange Fahrt um die Peloponnes.

Binnen kurzer Zeit besserte sich die wirtschaftliche und finanzielle Lage der Stadt: Hohe Abgaben für die Benutzung des *diolkos* sicherten den Herrschern und der Polis regelmäßige Mehreinnahmen. Hinzu kamen die Gelder aus der Vermietung von Schiffen für diejenigen Händler, die lediglich ihre Waren über den *diolkos* zum Weitertransport in einen der beiden Häfen Korinths schaffen ließen.[27] Der Bedarf an zusätzlichen Transportschiffen zog Handwerker und Schiffsbaumeister an und machte die Häfen Korinths nicht nur zu einem bedeutenden Handelsumschlagplatz, sondern auch zu einem Zentrum des Schiffsbaus.

Archäologische Zeugnisse belegen ferner in der Zeit der Tyrannis einen enormen Aufschwung des korinthischen Handels bis nach Etrurien und zur Rhonemündung im Westen und zu den Kykladen und wohl auch in den Schwarzmeerraum im Osten.[28] Ein wichtiger Wegbereiter für diesen Aufschwung waren die außenpolitischen Kontakte Perianders: Ein Bündnis mit den Athenern diente dem Schutz des Handels im Saronischen Golf vor den Kaperern aus Aigina. Um die Getreidezufuhr zu sichern, knüpfte er freundschaftliche Beziehungen zu Psammetichos, dem Pharao von Ägypten, Thrasybulos, dem Tyrannen von Milet, sowie zu dem Lyderkönig Alyattes[29] – sämtlich Mächte, die entweder (wie Ägypten) Getreide exportierten oder (wie Milet) über Mittelsmänner und Kolonien gute Verbindungen zu den wichtigen Getreideanbaugebieten des östlichen Mittelmeerraums besaßen.

Besonders im Westen unterstützten Kolonien die außenpolitischen Ambitionen. Kypselos oder seine Söhne gründeten Leukas, Anaktorion, Ambrakia, Apollonia und Epidamnos an der Ostküste Südillyriens. Sie boten den Händlern Zwischenstationen und Anlaufplätze, Leukas lag an der Überfahrt nach Italien. Das von Periander in der nördlichen Ägäis gegründete Potideia war Anlaufpunkt für den korinthischen Handel zum und aus dem Schwarzmeergebiet.[30] Da die Söhne in den Kolonien eine ähnliche Stellung einnahmen wie ihr Vater in Korinth und selbst Potideia, die Ausnahme von dieser Regel, durch jährlich aus Korinth entsandte Beamte mit der Metropole verbunden war, entstand ein Netz von Kontrollposten und Anlaufstellen, das in Korinth sein Zentrum hatte.

Um die Verbindung zwischen den Kolonien zu wahren und vor Piraten zu schützen, bedurfte es einer schlagkräftigen Kriegsflotte. In der Mitte des 7. Jahrhunderts v. Chr. fügten Ingenieure in Sidon über die zweite Ruderreihe der Pentekontere noch eine dritte hinzu und entwickelten so den Dreiruderer (Triere). Außerdem verlängerten sie das Schiff um weitere vier bis fünf Meter, um das für die Stabilität notwendige Verhältnis zwischen den Außenbordwänden und dem Schiffsinnenraum zu wahren. Auf diese Weise wurde die Zahl der Ruderer auf bis zu 174 Männer gesteigert. Bereits um 700 v. Chr. soll es in Korinth erste Versuche gegeben haben, die neuen phönikischen Schiffe nachzubauen.[31] Zunächst scheiterte man an dem Problem, die dritte Ruderreihe über der zweiten anzubringen, denn die Verlängerung des Schiffskörpers schuf für die leichteren griechischen Zweireiher erhebliche Stabilitätsprobleme. Darüber hinaus engte eine dritte Ruderreihe den Schiffsinnenraum so ein, dass die Ruderer in ihren Aktionen behindert wurden.

Nach Aussage der archäologischen Quellen war zu Beginn des 6. Jahrhunderts v. Chr. die Lösung gefunden: Anstatt die dritte Ruderreihe direkt über der zweiten anzubringen, baute man ein nach außen ausladendes, mit Gerüsten versehenes Rudergehäuse, das sich wie ein Balkon mit einem Abstand von einem halben Meter um die Bordwände zog. Der zusätzliche Raum für die dritte Ruderreihe wurde dadurch nach außen verlegt. Außen- und Innenverstärkungen verliehen der Konstruktion Stabilität. Die Überlieferung schreibt diese Erfindung dem Baumeister Ameinokles aus Korinth zu, und Periander soll erste Trierenflotten auf Kiel gelegt haben.[32]

Trieren waren zwar in der offenen Seeschlacht den Fünfzigruderern überlegen, doch aufgrund ihrer Bauweise anfälliger und kostspieliger, ferner waren sie anders als der Fünfzigruderer angewiesen auf den ständigen Kontakt mit Versorgungs- und Landungsdepots an der Küste. Der effektive Einsatz einer Trierenflotte benötigte demnach ein Netz von Stützpunkten – diese boten die Kolonien – und gute Hafenanlagen. Deshalb ließ Periander in Lechaion eine der ersten künstlichen Hafenanlagen errichten und befahl den Bau von Hafenmolen nachweislich mindestens in einer der neuen Kolonien (Leukas). Die Polis wirkte an der Investition mit: Flotte und Hafen wurden zu einem Projekt aller Korinther – auch dies ein Phänomen, das auf die spätere Entwicklung in Athen verweist.

Der *diolkos* erlaubte eine schnelle Verlegung der Einheiten zwischen den Meeren am Isthmos; das nach der Machtübernahme Perianders gewonnene Epidauros diente als Stützpunkt am Saronischen Golf, Potideia sicherte den Zugriff auf das waldreiche Hinterland.

Die maritime Machtpolitik, der Kriegsschiffsbau, die Verbesserung der maritimen Infrastruktur und der Aufschwung des korinthischen Keramik- und Luxusartikelexportes verschafften der Stadt eine nie zuvor gekannte Blüte. Einnahmen aus den Transportgebühren des *diolkos* sowie Gewerbe- und Hafenzölle erbrachten derart große Einnahmen, dass der Tyrann auf eine Besteuerung der Mitbürger verzichten konnte. Brunnenhäuser zur Verbesserung der Wasserversorgung, monumentale Tempelbauten und der wirtschaftliche Aufschwung machten die Stadt zu einem bedeutenden Zentrum von Kunst und Kultur.

Die Peisistratiden in Athen

Rund 100 Kilometer westlich und 100 Jahre später vollzog sich in Athen eine vergleichbare Entwicklung. Wie Korinth so hatte auch Athen schon in der Archaik Schwierigkeiten, seine Bevölkerung allein mit den Erträgen Attikas zu versorgen.[33] Verschärft wurde die Situation durch die Bestrebungen der Großgrundbesitzer, ihren Landbesitz auf Kosten der Kleinbauern auszuweiten, und durch ihren Unwillen, verarmten Bauern die Möglichkeit der Kolonisation zu bieten. Solon konnte den Ausbruch eines Bürgerkrieges verhindern, indem er den Kleinbauern Rechtssicherheit und Entschuldung versprach; das grundsätzliche Agrarproblem und die Versorgungskrise der Stadt blieben jedoch ungelöst. Viele Kleinbauern gerieten erneut in existenzielle Not, denn die Adligen sahen nach dem Weggang Solons keinen Grund, ihre Politik grundlegend zu ändern.

Ähnlich wie in Korinth machte sich ein einheimischer Adliger namens Peisistratos diese Situation zu Nutze und schwang sich nach einigen gescheiterten Versuchen zum Tyrann auf. Peisistratos war als städtischer Feldherr (*polemarchos*) zu Ansehen gekommen, als er für Athen den Hafen von Megara eroberte, und wie Kypselos führte er eine privat angeworbene Truppe fremder Söldner und Athener Bürger mit sich, denen er die Hoplitenrüstung verschafft hatte.[34] Die Athener Kleinbauern erwiesen sich als loyale Anhänger, und Peisistratos machte sich daran, ihre Lage durch finanzielle Unterstützungen und die Bereitstellung von kostenlosem Saatgut zu verbessern.

Die mangelnde Getreideversorgung ließ sich jedoch nur durch regelmäßige Importe verbessern. Als Tauschobjekt bot sich attisches Öl an, dessen Export bereits Solon gezielt zu fördern gesucht hatte. Peisistratos griff diese Pläne auf und verfügte bald über einen Exportschlager, der im Getreide produzierenden Pontosgebiet reißenden Absatz fand.[35] Gleichzeitig ließ er auf der Agora Gebäude errichten, die dem Handel und Handwerk bessere Rahmenbedingungen boten und förderte – wie Kypselos – die Keramikproduktion durch die Anlage von Brunnenhäusern und Wassergräben.[36]

Wie Periander versuchte auch Peisistratos durch Koloniegründungen Zugriff auf die großen Getreidehandelsrouten zu bekommen. Zunächst eroberte er Sigeion an der Ostküste der Hellesponteinfahrt und übergab es seinem Sohn zur Herrschaft. Außerdem schickte er den jungen Adligen Miltiades mit einer Expeditionstruppe zur thrakischen Chersonnes.[37] In Sigeion wartete man auf günstige Wetterbedingungen für die Durchfahrt in den Pontos; die thrakische Chersonnes bildete eine erste Zwischenstation auf der Rückfahrt in die Ägäis. Ferner pflegte Peisistratos gute Kontakte nach Makedonien und

Thrakien, die beide bekannt waren für ihren Gold- und Holzreichtum, und setzte einen befreundeten Tyrannen auf der Kykladeninsel Naxos ein.[38] Mit der Eroberung der Insel Salamis vor den Toren Athens gewann er einen wichtigen Stützpunkt im Kampf gegen die aiginetischen Kaperer. Hierzu passt die Notiz des Polyain, wonach Hippias, der Sohn des Peisistratos, „die Seeräuberei auf dem Meer beseitigt" habe.[39]

Der Kampf gegen die Seeräuber und die Anlage und Sicherung der Kolonien und Getreidehandelsrouten aus dem Pontosgebiet erforderten genauso wie die Expansionspolitik der korinthischen Tyrannen eine Kriegsflotte. Wir sind gewohnt, diese erst mit dem Wirken des Themistokles zu verbinden, doch wir werden später sehen (siehe Seite 86 f.), dass dieser keine vollkommen neue Flotte schuf, sondern vorhandene Bestände ergänzte und staatlich neu strukturierte.[40] Tatsächlich konnten die Athener bereits vor der Zeit des Themistokles immerhin 50 Trieren gegen Aigina mobilisieren und durch 20 korinthische Dreiruderer ergänzen. Diese waren aber durchweg im Besitz der Adligen und wurden von ihnen in Form der *Naukrarien* verwaltet und dem Staat im Bedarfsfalle zur Verfügung gestellt.[41] Hippias, der nach Polyain gegen die Piraten kämpfte, begann den Bau einer Festung über dem späteren Kriegshafen Munichia, von der er die Bucht überblicken konnte.[42] Vergleicht man diese Fakten mit den maritimen Aktivitäten der anderen archaischen Tyrannen, so spricht vieles dafür, dass die Peisistratiden – vermutlich mit Unterstützung der Korinther – den Anstoß zum Bau der ersten Trierenflotte gaben.[43] Nimmt man die überseeischen Aktivitäten des Peisistratos und sein auffälliges Engagement für die Insel Delos hinzu, dann kommt man unweigerlich zu dem Schluss, dass die Tyrannen Athen zu einer achtungsgebietenden Seemacht entwickelten und damit dem attischen Seereich des 5. Jahrhunderts v. Chr. entscheidend den Weg wiesen.[44]

Polykrates von Samos

Eine andere Tyrannis, die ihre Macht dem Aufbau einer Kriegsflotte und der Kontrolle von Seehandelswegen verdankte, etablierte sich Mitte des 6. Jahrhunderts v. Chr. auf der Insel Samos vor der kleinasiatischen Küste. Wie in Korinth und Attika bot das samische Land zwar keine günstigen Bedingungen für den Getreideanbau, als Exportartikel waren dagegen Wein und Oliven begehrt. Wie Korinth und Athen lag Samos an einer viel befahrenen Seehandelsroute, nämlich der von Ägypten in die Ägäis und den Hellespont. Ferner verfügte die Stadt an der Ostseite über windgeschützte Buchten mit guten Schiffsanlegeplätzen.

Im 7. Jahrhundert v. Chr. regierte die Adelssippe der Geomoren die Stadt und dürfte mit den gleichen Krisenphänomenen – Bodenknappheit und Überbevölkerung – konfrontiert gewesen sein, die auch andere archaische Poleis kannten. Um 600 v. Chr. gründeten deshalb die Samier drei Kolonien an der Propontis vermutlich auch mit dem Ziel, näher an die Getreideanbaugebiete des Schwarzen Meeres heranzukommen und samischen Händlern den Getreideeinkauf zu erleichtern.[45] Die wenig früher gegründeten Kolonien Nagidos und Kelendris an der kilikischen Küste lagen an der Seehandelsroute aus dem Getreide exportierenden Ägypten. Im ägyptischen Naukratis unterhielten die Samier einen Tempel, und die Überlieferung weiß von samischen Händlern in Ägypten.[46]

Unzweifelhaft erkannten also die Geomoren die Chancen, die sich aus einem engeren Kontakt zu den Getreideexporteuren der Zeit ergaben, doch fehlten ihnen noch die Mittel, sie für ihre Stadt zu nutzen. Um 600 v. Chr. sahen sie sich mit Umsturzversuchen konkurrierender Adliger konfrontiert. Der Grund für den Macht- und Ansehensverlust des alten Regiments ist nicht bekannt. Möglicherweise reichten ihre Bemühungen um die Verbesserung der Getreide- und Agrarversorgung nicht aus, vielleicht waren aber auch militärische Niederlagen ausschlaggebend. In jedem Fall gingen auch diesmal die Unruhen von Adligen in hohen Kommandopositionen aus. 538 v. Chr. gelang es schließlich Polykrates mit seinen *hetairoi* und einer Söldnertruppe, die Akropolis zu besetzen und die Stadt dauerhaft in seine Gewalt zu bringen. Ähnlich wie in Korinth mussten die bis dahin führenden Adelssippen und ihre Anhänger das Land verlassen oder hohe Abgaben zahlen.[47]

Bald nach der Machtübernahme blühte die städtische Wirtschaft auf. Polykrates soll Hunde, Ziegen, Schafe und Schweine aus ganz Griechenland importiert haben, vermutlich um dem heimischen Gewerbe neue Betätigungsfelder zu eröffnen und der Stadt ein größeres Angebot an Exportartikeln zu verschaffen. Ferner zog Polykrates mit lukrativen Angeboten zahlreiche fremde Handwerker und Künstler an seinen Hof. Wie Periander und Peisistratos verbesserte er die Bedingungen der heimischen Handwerkerschaft, indem er eine mehr als einen Kilometer lange Wasserleitung durch einen Berg (Eupalinus) trieb, eine Leistung nur vergleichbar dem korinthischen *diolkos*.[48]

Eine der wichtigsten Aufgaben blieb jedoch auch in Samos die Sicherung des Getreideimports. Polykrates konnte hierbei an die alten Kontakte der samischen Adligen und die Tradition samischer Piraterie anknüpfen. Außerdem war Samos seit alters wegen seines Baumreichtums ein Zentrum des ägäischen Schiffsbaus; der Korinther Ameinokles soll in Samos bereits vor der Machtergreifung des Polykrates vier moderne Kriegsschiffe konstruiert haben.[49] Es wundert also nicht, dass Polykrates über eine vorzügliche Flotte von 100 Fünfzigruderern disponieren konnte, die er durch mindestens 40 Trieren ergänzte.[50]

Darüber hinaus konstruierten seine Ingenieure einen neuen Schiffstyp, die *Samaina*.[51] Über ihre Funktion ist viel gerätselt worden. Vielleicht sollte das Schiff Söldner nach Ägypten transportieren und im Gegenzug Getreide nach Samos schaffen.[52] Dies würde zu den engen Kontakten passen, die Polykrates mit dem ägyptischen König unterhielt, und entspräche den politischen Bedürfnissen beider Seiten. Möglicherweise benutzte er es aber auch zum Kaperkrieg: Die *Samaina* verfügte wahrscheinlich über einen unterhalb des Wasserspiegels liegenden und für den Feind nur in kürzester Entfernung sichtbaren Rammsporn. Ähnlich wie die verdeckten Kaperfahrer des 18. und 19. Jahrhunderts näherte sich die *Samaina* ihren Opfern und verwandelte sich urplötzlich aus einem harmlosen Handelsschiff in einen gefährlichen Angreifer, der sein Objekt mit dem Rammsporn zu durchbohren drohte.[53]

Diese Erklärung passt gut zu den Hinweisen der Quellen, wonach Polykrates seine Schiffe zur groß angelegten Kaperei vor der kleinasiatischen Westküste einsetzte: Herodot berichtet, wie die Flotten der Samier Handelsschiffe auf See aufbrachten oder zwangen, den Hafen von Samos anzulaufen, wo sie hohe Zoll- und Liegegebühren zu zahlen hatten. Selbst die Küstenbewohner konnten sich nur durch Tribute eine Atempause verschaffen.

Die Einnahmen aus den Tributen und dem Seeraub investierte Polykrates in die Entlohnung der Ruderer und Söldner und in den Ausbau des Hafens und der maritimen Infrastruktur. Bereits vor seiner Machtübernahme hatten die Samier wie die Korinther eine große Mole errichtet. Polykrates ließ an beiden Seiten der verkleinerten Einfahrt zwei Wehrtürme bauen. Vermutlich konnte die Einfahrt durch Ketten versperrt werden. Gleichzeitig verband er den Hafen durch Wehrmauern mit der Stadt, sodass Samos als erste Polis über einen künstlich integrierten Kriegshafen verfügte – das Vorbild für das berühmte Festungsdreieck, das später Athen mit dem Piräus verband![54]

Wiederum zeigt sich: Nicht die Athener, sondern die Tyrannen waren die Wegbereiter bedeutender technischer Innovationen, weil sie über die entsprechenden Ressourcen verfügten und ein existenzielles Interesse an dem Schutz ihrer Kriegsflotte hatten. Dies gilt auch für die Anlagen innerhalb des Hafens selbst: An den Kais entstanden moderne Schiffshäuser, deren Rampe direkt in das Wasser des Hafenbeckens ragte – die ersten und einzigen der archaischen Zeit![55] Die teuren Trieren konnten so nach jedem Einsatz aufs Trockene gezogen und vor dem Einfluss des Seewassers geschützt werden.

Auch Samos profitierte von dem Verkauf der Kaperbeute und den Getreideimporten. Polykrates wurde zu einem der begehrtesten Bündnispartner der ostmediterranen Landmächte. Und wie Periander in Korinth gelang es ihm, maritime Herrschaft *(Thalassokratie)* über einen beträchtlichen Teil der Ägäis zu errichten. Schon die Zeitgenossen haben diesen Erfolg bewundert und in der Geschichte vom Ring des Polykrates bewahrt, der eine Parabel vom unerhörten Glück eines Einzelnen darstellt.

Die maritime Bedeutung der Tyrannis

Der Aufstieg des Polykrates bestätigt das Bild, das uns die Analyse der Entwicklung in Korinth und Athen geliefert hat: Die Herrschaftsform der Tyrannis war offenbar eine unabdingbare Voraussetzung für den Versuch, Trierenflotten auf Kiel zu legen. Einerseits bestand in denjenigen Poleis, in denen die Tyrannen an die Macht kamen, ein existenzielles Interesses, Seehandelswege für den Getreideimport und zur Unterstützung der heimischen Händler zu schützen bzw. der Stadt neue Einnahmequellen zu erschließen, weil die heimische Agrarwirtschaft zur Versorgung der Bevölkerung nicht ausreichte. Die günstige Lage von Korinth, Samos, Sikyon oder Athen an viel befahrenen Seehandelsrouten begünstigte den Entschluss, die Außenpolitik auf eine Sicherung und Intensivierung des Getreidehandels zu konzentrieren. In Sizilien war es die Bedrohung durch die Karthager und in Süditalien durch die etruskischen Kaperer, die die Tyrannen von Gela und Syrakus und wohl auch von Kyme zum Bau von Trierenflotten bewogen.[56]

Andererseits waren die Tyrannen die Einzigen, die für die kostspielige und technisch anspruchsvolle Entwicklung einer modernen Kriegsflotte nötigen materiellen und menschlichen Ressourcen bündeln konnten. Wiederum darf man hierbei das aristokratische Element der Tyrannis nicht außer Acht lassen. Archaische Herrschaft beruhte in einer so stark von agonalen Elementen geprägten Gesellschaft auch auf Prestige und Ansehen. Eine große Kriegsflotte war – wie in der Neuzeit – jenseits militärischer und außenpolitischer Erwägungen immer auch ein Prestigeobjekt. Der Tyrann demonstrierte mit seiner Fähigkeit, teure Flotten auf Kiel zu legen, nicht nur seine Überlegenheit gegenüber heimischen Konkurrenten – die sich allenfalls zwei oder drei Trieren leisten konnten –, sondern auch gegenüber auswärtigen Mächten. Nach Diodor soll der syrakusanische Tyrann Dionysios sich auch deshalb zum Bau einer großen Kriegsflotte entschlossen haben, weil er hiermit seine Heimatstadt Korinth übertrumpfen wollte.[57]

Mit der Kriegsflotte, ihren Stützpunkten und außenpolitischen Verbindungen gelang es Männern wie Periander, Peisistratos und Polykrates eine begrenzte Kontrolle über maritime Räume und Handelsrouten, nach antiker Auffassung eine *Thalassokratie*, zu errichten. Natürlich war diese lückenhaft und instabil, doch ohne die Erfahrungen der Tyrannen bei dem Versuch, maritime Herrschaft auszuüben, ist der später so gerühmte Aufstieg der Athener Seemacht gar nicht denkbar. Zwischen den Tyrannen herrschte zudem ein reger ‚Technologietransfer', der durch die enge Vernetzung des Meeres und die traditionellen überregionalen Freundschaften erleichtert wurde: So soll der Korinther Ameinokles auch den Samiern vier Kriegsschiffe (offensichtlich Trieren) gebaut haben[58], und ebenso lassen sich die in Samos und Korinth fast gleichzeitig einsetzenden Modernisierungsmaßnahmen der Hafenanlagen kaum anders als durch den Austausch von Wissen und Experten erklären. Das maritime Engagement der Tyrannen war ein Katalysator technischer und organisatorischer Innovationen, die nicht unwesentlich zum Abwehrerfolg gegen die Perser zu Beginn des 5. Jahrhunderts v. Chr. beitragen sollten.

Vom Chaos zur Ordnung

Das freie Meer befreit den Geist.
GOETHE, FAUST II, 11177

Die griechische Welt war während der rund 300-jährigen ‚Wanderung' über den Mittelmeerraum nicht nur durch die Organisation von Kolonien, Handelsstützpunkten und maritimen Herrschaftsräumen geprägt, sondern auch von dem Lebensrhythmus des ruhelos über See ziehenden Söldners, Piraten und Abenteurers. Als einer der bekanntesten Vertreter dieses Typs haben wir Archilochos von Paros kennen gelernt (siehe Seite 53 ff.). Archilochos drückte sein Lebensgefühl in einer neuen Art von Dichtung aus: Anstelle des Epos trat das lyrische Gedicht, es gewährt tiefe Einblicke in die Mentalität eines adligen Abenteurers, die sich von der Lebensauffassung des polisorientierten Menschen wesentlich unterscheidet.

In mehreren Fragmenten beschreibt Archilochos, wie er und seine Gefährten im Rahmen eines *sea-raid* an der thrakischen Küste aus dem Hinterhalt mehrere Thraker töteten.[1] Im Verlauf des Gefechtes mussten die Griechen fliehen, und Archilochos war gezwungen, seinen Schild zurückzulassen, um seine Haut zu retten: „Irgendein Saier (= Thraker) prahlt mit dem Schild nun, den ich im Dickicht, / meine untadlige Wehr, ließ, und ich wollte es nicht. / Selber aber entrann ich dem tödlichen Ende. Mein Schild sei / immer dahin; ich kauf' einen nicht schlechteren mir."[2] Ähnlich dichtete der im thrakischen Abdera lebende Anakreon: „(Ich) warf meinen Schild weg an des schön flutenden Stromes Ufer".[3] Wir kennen aus der frühen Literatur nur eine Stelle, die mit diesen Passagen vergleichbar ist, nämlich die Geschichte, die Odysseus dem Eumaios über seinen Raubzug nach Ägypten erzählt.[4] Als die Ägypter zum Gegenangriff übergingen, warf Odysseus Helm, Schild und Speer beiseite, bat den König kniefällig um Gnade und rettete auf diese Weise sein Leben.

Kampf aus dem Hinterhalt – das Dickicht war die Wehr des Archilochos! –, das Zurücklassen des Schildes auf der Flucht – aus der Sicht eines Achilles oder eines spartanischen Polishopliten undenkbar! Doch für Männer wie Archilochos eine ganz selbstverständliche Option, um auf *sea-raids* zu überleben. Gefragt ist hier nicht der strahlende Held Homers, der vor dem Zweikampf auf freier Wallstatt mit seinem Gegner die Ahnenreihe austauscht, sondern lebenserfahrene Haudegen, die „krummbeinig und hässlich" sein können, wenn sie nur „sicher auf den Füßen (gehen), und voll von Herz" sind, wie Archilochos sagt.[5]

Mentalität der Abenteurer

Archilochos präsentiert die Ethik einer gesellschaftlichen Schicht, die durch das rastlose Wandern zwischen den Welten der Kolonialstädte am Rande des Barbaricum geprägt war. Ausdrücklich wendet er sich in einem Gedicht an die Heimatlosen.[6] Ihr Ethos fand seine Rechtfertigung durch die Bewährung im individuellen Überlebenskampf und gegen die Härte der Natur; es stand damit im Gegensatz und in Konkurrenz zur *oikos*- und Phalanxethik der Polisbürger. „Die Arbeit aber war mir nie lieb", erklärte schon Odysseus in der Lügengeschichte, „noch auch das Mehren des Hauses, das prangende Kinder nährt."[7] Ehefrau und Familie hatten in dieser Welt keinen Platz. Stattdessen haben Archilochos und seine Freunde ungeregelte Beziehungen zu Thrakerinnen und Hetären. Charaxos, der nach Naukratis segelnde Bruder der Sappho, sowie der von Hesiod gescholtene Perses mit seiner Verachtung bäuerlicher Arbeit vertraten das gleiche Ideal.[8]

Dementsprechend bleibt in den Gedichten des Archilochos das Gemeinwesen völlig im Hintergrund[9], und wenn es einmal Erwähnung findet, dann nur in grauen, der Realität widersprechenden Farben. Thasos war eine weltoffene und wohlhabende Kolonie inmitten einer üppiger Vegetation, empfänglich für die geistigen und kulturellen Neuerungen und mit engen Kontakten zu den wirtschaftlichen und religiösen Zentren der Zeit.[10] Bei Archilochos liest man dagegen: „Gewiss kein schöner Landstrich und auch kein entzückender / und lieblicher" – eine Beschreibung, die an Hesiods Schilderung des böotischen Askra erinnert, „einem elenden Nest, das schlimm ist im Winter, drückend im Sommer und niemals erfreulich".[11]

So wenig die Lyriker ihr Interesse der Polis widmeten, so wichtig werden diejenigen Elemente, mit denen sie täglich zu kämpfen haben: Meer und Seefahrt sind gefährlich und unheilvoll. Die See ist eine schwarze Meeresflut und schäumt „grausam wild in Purpurwogen".[12] Man ist ihrer Gewalt schutzlos ausgeliefert, ständig drohen Schiffbruch und unbestatteter Tod. „Wieder herrscht nun Poseidons Mond, / Wolken lasten vom Regen schwer, / Und die wütenden Winde wehn / Kalt mit Klappern und Klirren." – mit diesen Worten schildert Anakreon einen aufziehenden Seesturm.[13]

Das Meer ist nicht mehr nur Hintergrund für das Schicksal des Helden wie bei Homer, sondern Widerpart des Menschen, der sich im Kampf mit der Gewalt der Natur behaupten muss. Die archaische *Thalassophobie* hatte also immer auch einen agonalen Aspekt, doch vollzog sich der Wettstreit nach Regeln, die der Polis fremd waren, ja fremd sein mussten: An die Stelle der Bewährung im Kampf mit den gegnerischen Phalangiten treten Hinterhalt und klug organisierter Überfall sowie die Bewährung auf See. Hierbei reift der Mensch zum Mann, der dem in seinen Mauern und Häusern geschützten Städter überlegen ist.

Das Konzept der Koloniallegenden

Die Bürger der Poleis in Griechenland und Übersee haben durch verschiedene Strategien versucht, sich von Männern wie Archilochos abzugrenzen, deren Erfolge für sich zu vereinnahmen bzw. sich von ihren Misserfolgen zu distanzieren. Doch erst als man sich von der unmittelbaren Last des Handelns befreit und konsolidiert hatte, entwickelten die Kolonisten in Form der so genannten Gründungslegenden schriftlich fixierbare Argumentationssysteme, die zugleich Legitimationsbasis und Gegenmodell zum Leben der bindungslosen Außenseiter waren.

Alle Gründungslegenden enthalten einen festen Bestand von Erzählelementen, die einen übergreifenden, das gesamte griechische Siedlungsgebiet umfassenden kolonialen Diskurs bildeten. Zu diesen Topoi gehört zunächst die innere Krise in der Heimat. Meist kulminiert sie in einem Streit um den Königsthron und mündet in einen politischen Umsturz, als dessen Opfer oder Täter der Oikist die Heimat verlassen und sein Glück als Kolonist an fernen Gestaden suchen muss. Der Kolonist verlässt niemals freiwillig und freudig, sondern gezwungen und als Exilierter die Heimat. Danach folgt die Befragung des delphischen Orakels und – nach einem großen zeitlichen Sprung – die Gründung der Kolonie durch den Oikisten. Dieser wird nach seinem Tod als Heros verehrt, und es entsteht ein Gründerkult.[14]

Jedes dieser drei Motive – innere Krise, delphisches Orakel und Koloniegründung – ist kompositorisch und inhaltlich miteinander verklammert: Das delphische Orakel ist eine von allen akzeptierte Instanz, die in der Lage ist, die durch die innere Krise erzeugte Schuld des Kolonisten zu sühnen. Seine Heimatstadt schickt ihn in die Fremde und entledigt sich damit desjenigen, der die Schuld auf sich geladen hat. Für den Kolonisten und seine Gefährten wird der Auszug zu einer Pilgerfahrt, auf der sie sich von ihrer Schuld reinwaschen. Die Gründung einer neuen Stadt beendet den Sühnezug: Die Ausgestoßenen werden in eine neue Gemeinschaft integriert, Chaos wird in Ordnung überführt, Schuld in eine Tat, die allen zugute kommt.[15]

Eine zweite Interpretationsebene ergibt sich aus der Befragung des delphischen Orakels: Die Orakelsprüche repräsentieren ein kohärentes System kultureller Bedeutungen, das von dem Gründer interpretiert und enträtselt werden muss, wiederum ein typisch initiatorisches Element früher Seefahrt, das uns schon oft begegnet ist. Die Kolonisation ist nicht nur Sühnefahrt, sondern auch Intelligenzprobe des Kolonistenführers, der sich in der Fremde durch seine intellektuelle Überlegenheit behauptet und dadurch die Hand der fremden Königstochter gewinnt.[16]

Der dritte Aspekt verklammert die ersten beiden Bedeutungsebenen: Der Orakelspruch verlangt eine ordnende Interpretation, genauso wie der Kolonisationsakt eine Reaktion auf die durch die Krise in der Heimat hervorgerufene Unordnung ist. Die Lösung des Orakelrätsels und die erfolgreiche Kolonisation sind Metaphern für die Wiederherstellung einer gestörten Ordnung. Dieser Übergang von Unordnung zur Ordnung wird durch die Heirat mit einer einheimischen jungen Frau gekrönt; die häufig mit Gewalt verbundene Eheschließung gleicht der Überführung der Natur zur Kultur und wird deshalb häufig mit der Urbarmachung eines Feldes verglichen. Deshalb erhält das neue Land Epitheta, die mit weiblichen Idealen verbunden sind, wie Fruchtbarkeit und Schönheit. Die Gründung der Kolonie kann sogar als Ergebnis einer göttlichen Vergewaltigung gedeutet werden. Die Kolonie repräsentiert nach der Vereinigung von Oikist und fremder Königstochter die Verbindung griechischer und barbarischer Völker, wobei Gewaltakte durch die Metapher der göttlich legitimierten Heirat relativiert und idealisiert werden.[17]

Die Funktion dieser Topoi ist nach innen und außen gerichtet: Zum einen rechtfertigt sie Gewaltanwendung gegenüber den Einheimischen bei der Landnahme, zum zweiten kann sie erfolgreiche Unternehmungen adliger Freischärler im Nachhinein als eine gemeinschaftliche Disziplinierungsleistung der Polisgesellschaft umdeuten. Schließlich besitzt man ein autoritäres Interpretationsmuster, das Misserfolge rebellischer Außenseiter aus der Sicht der geordneten Polis erklären kann. Ein Mann wie Dorieus musste eben scheitern, weil er es versäumt hatte, das delphische Orakel zu befragen.

Ordnung im barbarischen Chaos

Die Kolonisten erklärten ihren Erfolg im Nachhinein als einen Akt der Ordnungsstiftung im Chaos einer barbarischen Umwelt. Während sie dabei dezidiert göttliche Instanzen als Initiatoren und Schiedsrichter bemühten, lösten ungefähr zeitgleich gebildete Männer in Milet, der bedeutendsten Mutterstadt der griechischen Welt, dieses Ziel der ordnenden und orientierenden Erklärung aus ihrem kolonialpolitischen Kontext und übertrugen es auf die gesamte Welt: Ohne Rückgriff auf eine Vielzahl von Göttern und die Erklärungen der Dichter wollten sie Ordnung in das Chaos der Natur bringen, sie wollten wissen, nach welchem Prinzip die Welt zusammengesetzt war bzw. nach welchen Gesetzen sie sich veränderte.

Wir nennen diese Männer Naturphilosophen. Ihre Überlegungen waren zwar spekulativ – genaue Messungen und chemische Analysen kannte man nicht –, doch basierten sie auf vernünftigen und logisch erscheinenden Argumenten. Deshalb gelten die milesischen Naturphilosophen als Begründer der griechischen Philosophie. Der antike Begriff *philosophia* meinte freilich keine wissenschaftliche oder theoretische Disziplin unter anderen, sondern eine umfassende „Liebe zur Weisheit“, die sich auf naturwissenschaftlich-kosmologische, religiöse, technische, politische und in diesem Sinne auch auf philosophische Bereiche der Welt bezieht. Ein Weiser gibt sich nicht mit alltäglichen und traditionellen Lehren zufrieden, er will mehr wissen über die Welt und sucht nach tiefer gehenden Erklärungen. Für dieses Suchen nach „Mehr-Wissen“ hatten die Ionier den Begriff *historie*. Warum begnügte sich die ionische *historie* jedoch nicht mit der Erklärung einzelner Phänomene (wie einer Sonnenfinsternis), sondern nahm die ganze Welt in den Blick, und warum tat sie dies gerade in Milet?

Ausgangspunkt allen Philosophierens ist – so Aristoteles – das neugierige Staunen *(thaumazein)* über die Welt und ihre Veränderungen. Dieses Staunen fand in den kleinasiatischen Küstenstädten mannigfache Objekte: Man hörte von den Kolonisationsfahrten in unerschlossene maritime Räume, lauschte den Erzählungen wagemutiger Kapitäne und staunte über die Möglichkeiten, die sich dem Menschen bei der Eroberung des so grimmigen Meeres eröffneten. Das Staunen über die eigenen maritimen Erfolge verknüpfte sich mit der Vermittlung altorientalischen Wissens: An den kleinasiatischen Küstenstädten trafen sich die Handelswege aus den östlichen Kulturreichen mit den Schifffahrtsrouten in die Ägäis und ins Schwarze Meer. Angefangen von Homer, über Hesiods *Theogonie* bis zu den naturphilosophischen Entwürfen der frühen Milesier verlief eine selten unterbrochene Linie der Adaption und Verarbeitung, was einmal mehr die enge Vernetzung der Kulturen in der Antike beweist. Milet war Teil einer „nahöstlich-mediterranen koiné“, in der uraltes Wissen des Ostens und Erfahrungen von Seefahrern des Westens aufeinander stießen und die Menschen aufgeschlossen, neugierig und tolerant machten für andere Sichtweisen.[18]

Staunen allein bewirkt jedoch noch keine „Wissenschaft", keine *theoria*. Zum Staunen müssen die hartnäckige Neugier und der Wunsch treten, neue Fragen zu stellen und neue Antworten zu formulieren und diese in ein Erklärungssystem zu bringen. Wer staunt und forscht – so sagten die Griechen –, der verlässt gedanklich die vielen kleinen und beschränkten Welten des Alltages; er durchbricht die Begrenztheit seines Blickwinkels (Horizont, von griechisch: *horizein*, „begrenzen") und erkennt das Weltganze, den *kosmos*: Für dieses Streben nach geistiger Horizonterweiterung scheint neben der Beeinflussung durch den Osten die Ausweitung des geographischen Horizontes sowie die jahrhundertelange Erfahrung maritimer Expansion ein entscheidender Stimulus gewesen zu sein. Es fehlte zwar ein auf Kapitäne, Reeder oder Kolonisten lastender ökonomischer bzw. nautischer Dauerdruck, der zu einem der frühneuzeitlichen Expansion vergleichbaren technischen Innovationsschub geführt hätte; dennoch trugen der stete Kampf mit dem Meer und die Erfahrungen langer Seefahrten wesentlich zur Ausbildung und Weiterentwicklung wissenschaftlicher und philosophischer Welterfassung bei.[19]

Fast alle Naturphilosophen stammten aus adligen Familien, unternahmen in aristokratischer Tradition in ihrer Jugend lange Seereisen und beschäftigten sich mit Geometrie, Astronomie und Navigationskunst.[20] Thales, ein Ingenieur aus Milet und angeblich Sohn phönikischer Eltern, der als Begründer der ionischen Naturphilosophie gilt, vermittelte nach übereinstimmender antiker Tradition geometrische, astronomische und meteorologische Kenntnisse, die für die Seefahrt erforderlich waren, und verfasste nach einer Seereise nach Ägypten und zum Mittleren Osten um 600 v. Chr. ein astronomisches Lehrbuch für Seeleute; er berechnete mit geometrischen Beweisen den Abstand der Schiffe von der Küste und entdeckte die Bedeutung des Kleinen Bären für die Navigation.[21]

Thales und seine Nachfolger verharrten aber nicht bei der Adaption astronomischen und technischen Wissens, sie eröffneten sich den weit größeren Horizont globaler Welterklärung. Die Weite des Meeres öffnet den Blick für die Weite der Welt und evoziert Erklärungen des Weltganzen; doch anders als der Wüstenbewohner, der wie der Seefahrer täglich mit dem Phänomen natürlicher räumlicher Weite konfrontiert wird, machte der archaische Seefahrer die stupende Erfahrung, dass man diese Weite mit technischen Hilfsmitteln, Wissen und logischer Erkenntnis bewältigen konnte. Während dadurch das Leben des Nomaden in und an der Wüste monotheistische Welterklärungen hervorbrachte, hatten die Fragen und Antworten der seefahrenden Milesier von Beginn an einen rationalen und logischen Zug, der sich vom Mythos abzugrenzen vermochte.

Geistiger Umschlagplatz und Informationsbörse

Nun waren die Milesier nicht die Einzigen, die regelmäßig zur See fuhren. Zu den geistigen, mentalen und naturbedingten Voraussetzungen traten besondere gesellschaftlich-politische Bedingungen. Da die Menschen anders als in vielen Städten Griechenlands – so erklärte Aristoteles – nicht von unmittelbarer Lebensnot belastet waren, sondern freie Zeit und Muße besaßen, begannen sie zu philosophieren.[22] Tatsächlich herrschte in Milet ein für griechische Verhältnisse erstaunlicher Wohlstand. Die Erfolge der Tyrannis schufen eine soziale und außenpolitische Sicherheit, die den Philosophen vom Tagesgeschäft entlastete.

Eine zweite Voraussetzung bildete die geringe Autorität religiöser Instanzen: Die Griechen lernten unendlich viel auf ihren weiten Fahrten über das Meer und übernahmen zentrale Wissensbereiche von ihren östlichen Nachbarn; doch sie waren frei genug, das Erlernte neu zusammenzufügen und zu deuten. Denn anders als im Orient gab es in Griechenland weder mächtige Könige noch große, wirtschaftlich autarke Tempelkomplexe mit einer einflussreichen Priesterschaft und auch keine professionelle Schreiberkaste, die die Kunst der schriftlichen Fixierung von Weisheit monopolisierte. Griechisches Denken blieb zwar nicht unbeeinflusst, vollzog sich aber weit gehend unabhängig von den Zwängen politischer oder religiöser Hierarchien. Auf der anderen Seite waren die eigene Religion und der eigene Mythos zu unverbindlich, um zufrieden stellende Antworten auf die Fragen nach der Natur der Welt und den Sinn des Lebens zu geben, den Tyrannen fehlte die Fähigkeit, religiöse Autorität auf sich zu vereinigen und mit ihrer politischen Stellung zu verbinden.

Anstelle der poliszentrierten Autorität gab es jedoch eine Instanz, die jenseits der Polis seit Urzeiten Wissens- und Erfahrungsautorität mit religiöser Autorität verband, nämlich die Priesterschaft des Orakels von Delphi. Delphi war nicht nur Informationsbörse, sondern auch ein „geistiger Umschlagplatz" von Gedanken und Ideen.[23] Und gerade in der Rolle von Delphi zeigt sich wiederum der enge Konnex, der zwischen der Kolonisationsbewegung auf der einen Seite und dem Streben nach Weisheit auf der anderen Seite bestand: Nicht ohne Grund verglichen die Koloniallegenden den Erfolg der Kolonisation – wie wir gesehen haben (siehe Seite 68) – mit der richtigen Lösung eines von der delphischen Priesterschaft vorgegebenen Rätsels als eine Art Intelligenzprobe, und nicht ohne Grund hatte Anaximander Delphi zum Zentrum der bekannten Welt erklärt.[24] Der Durchbrechung partikularer und tagtäglicher Horizonte durch die milesischen Philosophen und ihr Suchen nach weltumfassenden Erklärungen entsprach die polisübergreifende, das gesamte griechische Mittelmeer und deren Seefahrer umspannende geistige Autorität der delphischen Priesterschaft. Ähnlich wie die Kolonisation und die sich in verschiedenen Formen abspielende maritime Migration zu einer Vernetzung des Mittelmeers führten, so bildeten Seefahrt, Handel und Kolonisation die Voraussetzung für einen polis- und meerübergreifenden Austausch von Fragen, Antworten und Erklärungen, von gegenseitiger Kritik und der Suche nach neuen Lösungen auf die alle gemeinsam beschäftigenden Probleme. Milet wurde daher in der letzten Phase der Kolonisation neben Delphi und Elea in Süditalien zu einem Zentrum griechischen Denkens und griechischer Wissenschaft.[25]

Das Urprinzip der Welt

Die angeführten Faktoren bildeten wichtige Rahmenbedingungen, um das Denken der Milesier in eine Richtung zu bewegen, die sich von früheren Wegen der Weisheit unterschied. Die maritime Welterfahrung fungierte einerseits als eine Brücke zwischen dem mythischen Weltbild Homers und den rationalen Erklärungen der Philosophen, sie lieferte andererseits wichtige Vorgaben für die Theoriebildung selbst: Dass die scheibenförmig gedachte Erde wie eine Insel vom *Okeanos* umflossen wurde, ist eine für Küstenbewohner und Seefahrer nahe liegende Vorstellung; sie erklärte insbesondere anschaulich die Auf- und Untergänge der Gestirne. Thales übernahm von den Babyloniern ferner die These, dass der *Okeanos* unter der Erdscheibe hindurch laufe. Damit ließen sich die Salzlager in der Erde, die Muschelablagerungen sowie das Vorhandensein von Grundwasser erklären. Kombinierte man diese mythischen Erklärungen mit den babylonischen Thesen über die Welt und berücksichtigt man ferner die intensive lebensweltliche Konfrontation der Milesier mit dem Meer, dann lag es mehr als nahe, das Wasser als das gesuchte Urelement der Welt anzunehmen, wie es Thales tat.[26]

Auch sein jüngerer Landsmann und Schüler Anaximander maß dem Meer bei der Beobachtung und Erklärung der Natur eine zentrale Bedeutung zu. Grundlage seiner Welterklärung war die Annahme, dass alles Seiende und seine Ordnungen in einem ständigen Wandel begriffen seien. Dieses genetische Welterklärungsmodell schloss die Entwicklung aller Lebewesen ein: Die ersten Lebewesen seien im Meer entstanden, wie man aus der Existenz versteinerter Seetiere auf dem Festland erkennen könne. Auch der Mensch verdanke seine Entstehung dem Wasser, er sei anfänglich im Innern von

Fischen entstanden, weil nur so die intensive Pflegebedürftigkeit der Säuglinge erklärt werden könne.[27]

Den Urgrund alles Seienden bezeichnete Anaximander als das *apeiron*. Wörtlich übersetzt heißt es das „Unbegrenzte“, er meinte offensichtlich etwas Materielles, das quantitativ unendlich und qualitativ unbestimmt sei, ein Zustand, der anstelle von Hierarchie Unordnung und anstelle von Struktur unstrukturierte Formlosigkeit besäße.[28] Der *Okeanos* wurde als dunstig und schlammig geschildert, er war grenzenlos und bildete nach Ansicht der Epiker und Naturphilosophen das Element, aus dem alle Lebewesen entstanden seien. In den *Okeanos* hatte aber auch Zeus die vorolympischen Monsterschlange Ophioneus geworfen, nachdem diese Zeus und seine Ordnung zu zerstören versucht hatte.[29] Der *Okeanos* ist also wie das *apeiron* nicht nur Urgrund des Lebens und des Seienden, sondern auch der Inbegriff von uraltem Chaos und Unordnung gegenüber der durch die olympische Hierarchie begründeten neuen Ordnung. Indem der Philosoph dazu beiträgt, die Struktur der Welt durch die Aufdeckung des miteinander verwickelten Gegensatzes von Ordnung und Unordnung zu erkennen, schafft er selbst eine rationale Ordnung anstelle mythischer Phantasie.

Geographie und Kartographie als Ordnungsfaktoren

Wir können also auf zwei unterschiedlichen postkolonialen Diskursebenen – der Ebene der Koloniallegende und der Ebene der Naturphilosophie – das Bemühen um die Suche und die Herstellung von harmonisierenden Ordnungsmustern in einer scheinbaren Welt des Chaos als intentionales Grundkonzept konstatieren; die Tragödie wäre ein wichtiger dritter Bereich, den es weiter unten zu erörtern gilt (siehe Seite 104). Beide Ebenen verbindet ein Strukturierungsinteresse, das im Fall der Koloniallegenden den logischen, in sich schlüssigen Bau der Geschichte, im Fall der weitaus komplexeren und ambitiöseren naturphilosophischen und kosmologischen Spekulationen eine nach logischen Gesichtspunkten einwandfreie, geometrisch ausgewogene Welterklärung hervorbringt. Da sich beide Bemühungen wesentlich vor dem Hintergrund maritimer Welterfahrung und -eroberung abspielten, liegt es nahe, auch die sich im Zuge der Naturphilosophie entwickelnde Geographie in das gleiche Intentionsschema einzuordnen.

Bildliche Darstellungen der bekannten Teile der Welt (*Oikumene*) kursierten in den ionischen Küstenpoleis vermutlich schon im 7. Jahrhundert v. Chr. Doch erst Anaximander, der offenbar als junger Mann selbst eine Kolonistenschar an die Küsten des Schwarzen Meeres führte, setzte den erweiterten geographischen Horizont des 6. Jahrhunderts v. Chr. offenbar nach babylonischen Vorbildern zum Entwurf einer – vermutlich in Metall geritzten – Karte der gesamten Erdoberfläche *(ges periodos)* ein. Während das geographische Wissen der bekannten Welt für Homer und Hesiod im Westen allenfalls bis Sizilien und Unteritalien reichte, umfasste die neue Weltkarte fast sämtliche Mittelmeeranrainer bis zur Straße von Gibraltar. Hieraus ergab sich erstmals in der antiken Kulturgeschichte die Erkenntnis einer geographisch fassbaren einheitlichen Welt, die sich um das Mittelmeer lagerte. Die so konstruierte Welt wurde vom *Okeanos* umflossen, der jedoch nicht mehr wie bei Homer als Kreisstrom, sondern als ein riesiges zusammenhängendes Meer gedacht wurde. Die zylinderförmige Erde schwebte in der Mitte eines kugelförmigen Weltalls und wurde von einem Himmelsgewölbe in Form eines Halbkreises überwölbt. Zentrum der meerumströmten Erdscheibe (der Oberfläche des Zylinders) war Delphi.[30]

Entscheidend war jedoch für Anaximander nicht die Verarbeitung geographischen Erfahrungswissens in eine praktisch zu nutzende Karte; es ging ihm vielmehr darum, die Erde nach den Vorgaben der orientalisch-milesischen Geometrie und nach dem Beispiel der kosmologischen Konstruktionen als eine in sich stimmige ‚geometrische' Struktur zu erfassen. Insofern stellt seine Karte gerade angesichts des erweiterten realen geographischen Wissens eine erstaunliche Abstraktionsleistung dar, die große Widersprüche zur Realität bewusst in Kauf nahm.[31]

Sein Nachfolger Hekataios (Ende des 6. Jahrhunderts v. Chr.) hat diesen für viele beklagenswerten Widerspruch dadurch zu beheben versucht, indem er seiner gen Westen und Osten beträchtlich erweiterten Erdkarte einen erläuternden Text in zwei Büchern *(ges periegesis)* mit Angaben über Völker, Städte, Gebirge und Flüsse beifügte. Er verarbeitete dabei nicht nur die Fahrtberichte, die im Anschluss an die Expeditionen ins südliche Meer und Indien (im Auftrag der Perser) sowie der Karthager und Massilier in den Atlantik entstanden waren; zusätzlich unternahm er selbst ausgedehnte Forschungsreisen nach Ägypten, an die Küsten des Schwarzen Meeres und in die inzwischen von den Persern besetzten Gebiete des Nahen Osten und besuchte wohl auch die wichtigsten Kolonien im Westen, u. a. Massilia, wo er Kaufleute, Einheimische, Gelehrte und Staatsbeamte befragte.[32]

Auch Hekataios ging es nicht in erster Linie um einen praktischen Nutzen seiner Werke, sondern um eine wohl proportionierte Ordnung der Welt im Sinne der ionischen Naturphilosophen. Was diese für den Kosmos insgesamt erstrebten, suchte Hekataios für die bekannte Erdfläche zu erreichen, nämlich die Integration der natürlichen Begebenheiten in eine harmonische

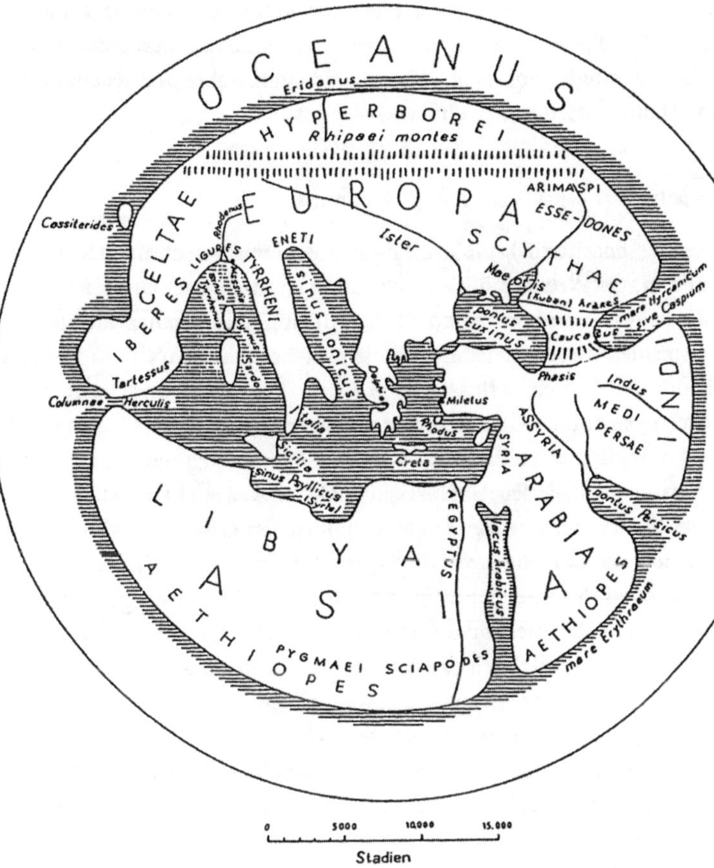

Abb. 3: Rekonstruktion der Erdkarte des Hekataios (ca. 560 – 480 v. Chr.)

Ordnung. Deshalb bemühte er sich, weit von der Küste entfernte Räume des Binnenlandes in seine Beschreibung mit aufzunehmen – was nur für den Forscher, nicht aber für den Seefahrer Sinn machte –, die bekannten Landmassen symmetrisch anzuordnen und in die Form einer kreisrunden Scheibe zu bannen. Dies hat ihm später die hämische Kritik des Herodot eingebracht, die jedoch an dem Selbstverständnis der Ionier vorbeigeht: Sie mussten bei der Integration des neuen Wissens von der Realität abstrahieren, um ihr Ziel – nämlich die Herstellung einer harmonischen Ordnung gegenüber dem ungeregelten Chaos – zu erreichen: Wenn für Anaximander der *Okeanos* das Sinnbild des Unbegrenzten war, dann musste es auch durch eine geometrisch orientierte Darstellung des bekannten Erdraums geschieden und an den Rand gedrängt werden.[33] Philosophische und geographische Welterklärungen gingen vor dem Hintergrund archaischer Meereserfahrung Hand in Hand und bedingten einander.

Der politische Aspekt des geistigen Aufbruchs

Die allen wissenschaftlich-philosophischen Bemühungen zu Grunde liegende Intention, die Welt durch die Anwendung harmonischer Ordnungskriterien zu erklären, hatte von Beginn an auch einen politischen Aspekt, der wiederum von der wissenschaftlich-philosophischen Ebene nicht zu trennen ist.[34] In der späten Archaik flossen die von den Philosophen und Geographen entwickelten Ordnungs- und Erklärungsmuster erstmals direkt in eine auch praktisch verwertbare politische Theorie ein. Voraussetzung hierfür war die selbst von den blühenden Hafenstädten Kleinasiens nicht vollständig beherrschte Agrarkrise, die meist mit einer politischen Krise einherging. Da die griechischen Poleis nicht großflächig, sondern nur punktuell neues Land eroberten, blieb die agrarische Not trotz des kolonisatorischen Ventils ein permanenter Unsicherheitsfaktor, der in der innenpolitischen Debatte stets allgegenwärtig war und durch das gering ausgeprägte Verantwortungsgefühl der Großgrundbesitzer gegenüber den Kleinbauern verstärkt wurde. Kamen außenpolitische Gefahren hinzu, konnten sich Tyrannen etablieren.

Es gab aber noch einen zweiten Weg, auf dem die Bürgerschaft die Probleme zu meistern trachtete, indem man nämlich „weise Männer“ als Schlichter berief und ihnen den Auftrag gab, die verfahrene Situation „wieder ins Lot zu bringen“. Es handelte sich durchweg um Leute, die engen Kontakt zu den philosophischen Intellektuellen der Zeit pflegten, lange Erfahrung im Seehandel oder in der Kolonisation gewonnen hatten und diese Erfahrung mit der Rückendeckung des delphischen Orakels zur Lösung der anstehenden Probleme einbrachten.[35]

Ihre Lösungen wiesen deshalb auch strukturell auffällige Parallelen zu dem Denken der Naturphilosophen auf. Anstelle partikularer ‚Notlösungen‘ richtete sich ihr Blick auf das Polisganze: Wie die Milesier nach Erklärungsformeln für die Welt fragten, so suchten die Schlichter Lösungen, die die Polis und ihre Bürgerschaft insgesamt betrafen. Beide verbannten zwar nicht die Götter aus dem Geschehen, doch sie beriefen sich nicht auf deren Hilfe oder Willkür, sondern sprachen offen ihre Überzeugung aus, dass die Menschen selbst für ihre Krise verantwortlich wären. Deshalb waren nicht religiöse oder dem Mythos entlehnte Heilmittel, sondern rationale, die gesamte Bürgerschaft in die Pflicht nehmende Lösungen vonnöten, die den Göttern gefielen.

Dies war angesichts der verwickelten Adelskämpfe um Land und Einfluss, dem Aufbegehren der Hoplitenbauern und der Not der Kleinbauern nicht einfach. Während die Philosophen die partikularen Horizonte des Lebens auf der Suche nach einer allumfassenden Formel für die Welt durchbrachen, mussten die politischen Schlichter von den Einzelinteressen der sich befehdenden Parteien abstrahieren, um eine Formel zur Meisterung der agrarisch-sozialen Krise zu finden. Solon und mit ihm einige andere Intellektuelle fanden diese Formel in der Vorstellung des allumfassenden Rechtes *(dike)* und des aus dem Recht fließenden, gemeinsamen öffentlichen Gesetzes *(nomos)*, das – vergleichbar der Vorstellung von der Gesetzmäßigkeit der Welt der Philosophen – als einzige Instanz in der Lage war, die Gesamtheit der Polis gegenüber den Partikularinteressen in eine „rechte Ordnung" *(eunomia)* einzubinden.[36]

Natürlich hatten diese abstrakten Gedankengänge in der Praxis nur Erfolg, wenn sie auf ein entsprechendes Bedürfnis und auf die Aufnahmebereitschaft eines weiten Teils der Bürgerschaft trafen. Und hier kommt nun wieder die maritime Expansion in ihren vielfältigen Formen ins Spiel. Der Aufbau von Trierenflotten, der Ausbau der Häfen und die Kolonisation selbst waren von Beginn an rationale Unternehmen, die durch die Einführung der Geldwirtschaft im 6. Jahrhundert v. Chr. in den kleinasiatischen Hafenstädten nicht nur breitere Schichten an sich zog, sondern die Menschen noch aufgeschlossener für die planbare Organisierbarkeit von Erfolg machte. Dieser war zumindest im Fall der Kolonisation immer auch das Ergebnis von politischen Problemlösungen, und er beruhte zu einem großen Teil auf der Gleichbehandlung der Kolonisten ungeachtet ihrer Herkunft. Rationalität und Praxisnähe verband sich mit der Erfahrung größerer Chancengleichheit.[37] Der Weg von der Chancengleichheit zur gleichen Teilhabe an politischen Rechten ist erfahrungsgemäß nicht weit, und er wurde durch die Herausbildung der Hoplitenphalanx und der Kolonisation verkürzt: Die Kolonisation betonte spätestens bei der Zuteilung der Grundstücke im neuen Land die prinzipielle Gleichberechtigung der Kolonisten (mit Ausnahme des Kolonistenführers) und bemaß deren politischen Wert nach ihrer Tüchtigkeit als Ruderer und Soldat bei der Verteidigung der neuen Siedlung. Die Anlage der Kolonie und die Zusammenführung von Menschen verschiedener Herkunft waren Akte rationaler Planung, die sich häufig erst im Nachhinein der Zustimmung der Götter bediente.[38] Auch wenn der Kolonistenführer eine besondere Stellung genoss, so bildete doch die an vielen Küsten so erfolgreiche Kombination von rationaler Planung und relativer politischer Gleichberechtigung eine entscheidende Voraussetzung dafür, dass Schlichter wie Solon mit ihren Maßnahmen Akzeptanz bei der Mehrheit des Volkes, zumindest aber bei den Bauernhopliten, fand.

Natürlich war diese Akzeptanz noch nicht so stabil und das politische Selbstbewusstsein nichtadliger Schichten nicht so stark, dass sie das Aufkommen von Tyrannen verhindern konnten, doch entscheidend für den mittelfristigen Erfolg der Schlichter war, dass selbst die Tyrannen an den Gesetzen und Institutionen formal nichts änderten und damit indirekt die Gültigkeit von Rechtsinstitutionen anerkannten. Dennoch genügte die Herrschaft der Tyrannen nicht der Forderung nach Gerechtigkeit, die sich im Zuge der ionischen Rationalisierungsbestrebungen als Grundlage einer guten Polisordnung in das Bewusstsein vieler Bürger eingeprägt hatte; adliger Neid sowie außenpolitische Misserfolge taten ihr Übriges und führten im griechischen Mutterland nach ein oder zwei Generationen zum Sturz der Tyrannen. In vielen Gemeinden etablierte sich danach auf adlige Initiative eine Verfassung, die offiziell den breiteren Schichten der Bürgerschaft größere politische Rechte in der Volksversammlung und (in beschränkterem Umfang) bei der Besetzung von Beamtenstellen zusicherte. Man nannte diese Ordnung *isonomia.* Die meisten Gemeinden erreichten damit ihr institutionelles Endstadium. Nur Athen entwickelte sich zu einer besonderen Staatsform weiter, der Demokratie. Wie häufig war für solche exzeptionelle Entwicklungen eine besondere innen- und außenpolitische Konstellation verantwortlich.

Die maritime Expansion der Perser

Doch nunmehr haben sie (die Perser) gelernt, / das Heiligtum des Meeres zu schauen, der weithin befahrenen See, die unter dem scharfen Winde aufschäumt.
DER CHOR IN AISCHYLOS' TRAGÖDIE DIE PERSER, 107–110

„Wie viele Jahre zählst Du, mein Bester, wie alt warst Du, als der Meder (= Perser) kam“, auf diese Weise begannen griechische Adlige seit der Mitte des 6. Jahrhunderts v. Chr. häufig ein Gespräch.[1] Sie spielten an auf ein Ereignis, das die Geschichte Griechenlands von Grund auf verändern sollte: So weit ihre Erinnerung reichte, waren die Griechen von einer äußeren Bedrohung verschont geblieben. Nun erreichten die Vorboten einer expandierenden Großmacht aus dem fernen Osten die Ägäis: die Perser.

547 v. Chr. hatte Kyros II. den medischen Königsthron usurpiert und das Perserreich begründet. Kaum an der Macht startete er einen atemberaubenden Eroberungszug, der ihn auch gen Westen führte. Er unterwarf das Lyderreich des Kroisos und besiegte die griechischen Poleis der kleinasiatischen Küste. Nur Milet, das sich von den Kämpfen fernhielt, behielt den Status eines Bündners, den die Stadt bereits unter Kroisos besessen hatte.

Die Situation in den übrigen Poleis war für die Perser schwer überschaubar. Die meisten Städte hatten oligarchische Verfassungen, in vielen Poleis herrschte – anders als im griechischen Mutterland – eine Familie oder ein einziger Adliger als Tyrann, andere waren in aristokratische Machtkämpfe verstrickt. Die Perser griffen in diese Verhältnisse kaum ein. Nur in den strategisch bedeutsamen Hafenstädten der Küste und auf den großen Inseln förderten sie adlige Einzelherrscher durch Geld- und Landgeschenke. Denn die Tyrannen erschienen die geeigneten Ansprechpartner, wenn es darum ging, einerseits die Bevölkerung zu kontrollieren und andererseits die Eroberungen der Perser zur See zu unterstützen, denn gerade bei den adligen Tyrannen konzentrierte sich die ganze Erfahrung, die die Griechen im Bereich des Seekrieges gesammelt hatten.

Expansion der Perser

Wie unsicher die Unterstützung der Griechen jedoch war, musste bereits Kambyses, der Nachfolger des im Jahr 538 v. Chr. verstorbenen Kyros, erfahren. Sein Angriffsziel war das Pharaonenreich in Ägypten. Zu diesem Zweck sandte er an den Tyrannen Polykrates von Samos und bat um maritime Unterstützung.

Polykrates hatte in der Zwischenzeit das Bündnis mit dem ägyptischen König Amasis gekündigt und schickte 40 Trieren; doch anstatt die Schiffe mit zuverlässigen Ruderern und Kapitänen zu bemannen, ließ er zum großen Teil samische Oppositionelle einschiffen.[2] Diese kehrten nach kurzer Fahrt nach Samos zurück, wurden jetzt jedoch von Polykrates zurückgewiesen und flüchteten übers Meer nach Sparta. Die Spartaner starteten daraufhin mit den Korinthern eine Expedition gegen Polykrates, um die Handelsrouten von seiner Kaperflotte zu befreien. Ihre Expedition scheiterte jedoch bei dem Versuch, die von Polykrates errichteten Stadtmauern zu erstürmen.

Lange konnte sich Polykrates jedoch seines Erfolges nicht erfreuen, denn mit seiner halbherzigen Hilfe in Ägypten hatte er sich endgültig den Zorn der Perser zugezogen. Der neue persische Satrap von Sardes lockte Polykrates unter dem Angebot eines Bündnisses gegen den Perserkönig nach Magnesia, nahm ihn gefangen und ließ ihn – wie bei Piraten üblich – ans Kreuz schlagen. Ein zuverlässiger Tyrann trat an seine Stelle.

Kambyses hatte inzwischen seinen Ägyptenfeldzug erfolgreich beendet. Als er jedoch zur Unterdrückung eines Aufstandes im persischen Zentralland gen Norden zog, verstarb er überraschend an einer Verletzung. Sein Nachfolger wurde Dareios I. aus einer Nebenlinie der persischen Königsdynastie. Nach der Niederwerfung der Aufständischen knüpfte er an die großräumige Eroberungspolitik seines Vorgängers an, verlieh ihr aber zusätzlich eine globale maritime Komponente: Kyros und Kambyses hatten den gesamten Raum der orientalischen Kulturreiche erobert; Kambyses plante nach dem Ägyptenfeldzug mithilfe der phönikisch-persischen Flotte in das westliche Mittelmeer vorzustoßen. Dareios nahm erstmals konsequent die maritimen Räume und Halbinseln der bekannten Welt ins Visier mit dem Ziel, den *Okeanos* zu erreichen.[3]

Zur Vorbereitung ließ er zunächst im Osten eine Flotte unter dem karischen Kapitän Skylax aus Karyanda vom Kabultal aus den Indus hinabfahren und danach in das Rote Meer und um die arabische Halbinsel zurücksegeln. Diese Expedition gehört zu den bedeutendsten Entdeckungsfahrten der Antike und hat die Griechen erstmals mit den westindischen Gewässern vertraut gemacht, denn von Skylax stammt ein Fahrtbericht in Form einer Küstenbeschreibung, der über Hekataios auch Herodot bekannt wurde. Nach Herodot kam er mit seinen Schiffen genau an der Stelle wieder an, „wo der König von Ägypten die Phöniker zur Umschiffung von Libyen (= Afrika) ausgesandt hatte."[4]

Darüber hinaus befahl Dareios, an der Landenge von Suez einen von den Pharaonen begonnenen Kanalbau vom Roten Meer zum Nil zu vollenden, der Schiffsbewegungen von Ost nach West und umgekehrt erleichtern sollte. Zu Lande verband er seine neue Residenz Susa mit dem Meer, errichtete ein Schloss im Meer und ließ das südliche Zweistromland (Elam) zur ‚Seeprovinz' ausbauen und die Küste mit Kolonien besetzen.[5] Am Mündungsgebiet von Euphrat und Tigris entstanden Werften und Hafenanlagen. Hier legten die seekriegserfahrenen Griechen aus Kleinasien und Karien Kriegsschiffe auf Kiel, die den Kern einer großen Angriffsflotte bildeten. Die neue Königsstraße von Susa nach Sardes verband das Aufmarschgebiet im Südosten mit jenem im Westen. Auch dort erkundeten Expeditionen die Lage auf den Ägäisinseln und in Griechenland. Zwei Dreiruderer und ein großes phönikisches Frachtschiff aus Sidon fuhren nach Griechenland, „hielten sich nahe an der hellenischen Küste, betrachteten sie und zeichneten sie auf."[6] Offensichtlich bedienten sich also die Perser auch im Westen der von den Griechen entwickelten Kunst der Küstenbeschreibung in Form des *periplus* (siehe Seite 40 f.).

513/12 v. Chr. unterwarf Dareios mithilfe ionischer Schiffe das strategisch wichtige Gebiet am Bosporus, stieß unter Führung milesischer Kapitäne bis in die Donaumündung vor und errichtete in Thrakien einen ersten Brückenkopf auf europäischem Boden. Außerdem brachte er das Königreich Makedonien in politische Abhängigkeit. Wie in Elam verpflichtete Dareios die Tyrannen der Hafenstädte zum Bau von Schiffen. Diese begleiteten das persische Landheer an der Küste und sicherten die Versorgung.

Der Ionische Aufstand

Das von den Persern privilegierte Milet bildete das Zentrum der Rüstungen. Von hier aus war Dareios in das Schwarze Meer vorgestoßen, und von hier aus plante er auch die Offensive gen Westen über die Inseln der Ägäis. Im Jahr 500 v. Chr. startete eine erste persisch-milesische Expeditionsflotte von angeblich 200 Schiffen zur Eroberung von Naxos. Die Insel lag genau auf halber Strecke zwischen der kleinasiatischen Küste und dem griechischen Festland. Das Unternehmen scheiterte jedoch an der hartnäckigen Verteidigung der Naxier und an Streitigkeiten zwischen dem milesischen Tyrannen Aristagoras und dem persischen Befehlshaber. Aristagoras war schon vorher nicht sonderlich sorgsam mit den persischen Rüstungsgeldern umgegangen und befürchtete, Dareios würde ihn nun seiner Herrschaftsstellung in Milet entheben. Der Misserfolg gefährdete zudem seine Reputation in Milet. So sah er keinen anderen Ausweg, als seinen Mitbürgern die Niederlegung der Tyrannis zu versprechen, und rief auf zur Rebellion gegen die Weltmacht.[7]

Über die Ursachen des Ionischen Aufstandes wird in der Forschung viel diskutiert. Häufig erklärt man ihn mit dem Streben der ionischen Städte nach politischer Unabhängigkeit und der Unzufriedenheit mit der wirtschaftlichen Situation unter der persischen Herrschaft. Tatsächlich ging es jedoch den meisten Poleis politisch und wirtschaftlich nicht schlechter als unter der Herrschaft des Lyderkönigs Kroisos: Die neue politische Stabilität, die für den Schiffsbau forcierte Ausbeutung der thrakischen Silberminen, die Flottenrüstung in den Hafenstädten und nicht zuletzt der Bedarf der Satrapen an Bauarbeitern und Rohstoffen ließen Handel und Handwerk im kleinasiatischen und nordägäischen Raum erblühen.

Die griechischen Tyrannen sahen sich dagegen durch die maritime Expansionspolitik des Dareios und die starke Konkurrenz phönikischer und persischer Händler zunehmend in ihrem Aktionsspielraum eingeengt. Die meisten Tyrannen waren als Piraten, Händler oder Söldnerführer wohlhabend geworden. Während sie früher mit ihren Privatflotten nach Belieben die Küsten der nördlichen Agäis brandschatzten, Getreide- und Sklavenmärkte belieferten und damit auch ihre Heimatpoleis bereicherten, mussten sie nun ihre Aktivitäten in den Dienst der Perser stellen: Sie waren für den Einsatz persischer Gelder in den Werften und den Bau der Kriegsschiffe verantwortlich und unterstellten sie dem persischen Oberkommando. Private Eroberungszüge bedurften fortan der Zustimmung des Satrapen bzw. des Großkönigs.

Es überrascht somit nicht, dass sich dem Aufruf des Aristagoras zur Rebellion ausschließlich diejenigen Küsten- und Inselstädte anschlossen, die – wie Milet – von den maritimen Rüstungen der Perser betroffen waren und deren Stadtoberhäupter sich von den Schiffs- und Mannschaftsstellungen zu befreien und so ihre alten maritimen Handlungsspielräume zurückzugewinnen hofften. Auch das griechische Mutterland hielt sich bedeckt. Nur Athen sandte 20 Kriegsschiffe – immerhin fast die Hälfte seiner wohl um die 50 Einheiten umfassenden Flotte[8] –, Eretria folgte mit fünf Schiffen. Beide fühlten sich seit dem Naxosfeldzug von der maritimen Eroberungspolitik der Perser unmittelbar bedroht und – dies war wohl noch wichtiger – versprachen sich offenbar von der Plünderung persischer Stellungen in Kleinasien schnelle Beute. Die beiden mächtigsten Poleis Sparta sowie Korinth sahen dagegen keinen Anlass zu einem militärischen Engagement.

Die Aufständischen nutzten den Überraschungseffekt. Die persische Militärorganisation war nicht auf Verteidigung, sondern auf eine Offensive in der Ägäis eingestellt. Ungehindert marschierten die Verbündeten auf Sardes, setzten die Stadt in Brand und belagerten die Burg des Satrapen. Ein Gegenangriff der Belagerten und die Nachricht vom Anrücken eines persischen Entsatzheeres schlugen die Belagerer jedoch in die Flucht. Bei Ephesos erlitten sie eine schwere Niederlage. Die Athener waren schon vorher nach Hause gesegelt; von einem Kampf gegen eine gut gerüstete Landarmee war nie die Rede gewesen.

Inzwischen erhoben sich immerhin die Griechen der karischen Küste und Zyperns.[9] Auch bei ihnen handelte es sich wohl ausschließlich um Poleis, die Schiffe und Mannschaften für die neuen Angriffsflotten des Dareios stellen mussten; doch anders als die Ionier behielten sie die Tyrannis als Regierungsform während des Aufstandes bei, was erneut zeigt, wie gering die Zugkraft der Parole von innenpolitischer Freiheit war. Die Vorstöße der Rebellen richteten sich bezeichnenderweise zunächst gegen die phönikischen Küstenprovinzen. Erst jetzt nahm der Ionische Aufstand für die Perser gefährliche Dimensionen an: Das gesamte östliche Mittelmeer drohte, ihrer Kontrolle zu entgleiten.

Dareios reagierte auf breiter Front.[10] Große Truppenverbände rollten die Positionen der Aufständischen vom Lande systematisch auf. Parallel dazu drängte die phönikisch-persische Flotte die Griechen zurück. In der Entscheidungsschlacht im Jahr 494 v. Chr. in den Küstengewässern Milets bei der Insel Lade standen sich an die 350 Schiffe gegenüber. Fatal wirkte sich jetzt die mangelnde Planung und Koordination der Griechen aus: Sie waren nicht auf einen längeren Seekrieg, sondern nur auf schnelle Überfälle eingerichtet. Viele Schiffe zogen sich nach anfänglichen Gefechten zurück, die von den Persern bestochenen Samier wechselten sogar die Front, und am Ende verloren die Rebellen die Schlacht. Die Sieger eroberten Milet, töteten die Einwohner oder verkauften sie in die Sklaverei und machten die Stadt dem Erdboden gleich. Nach der Einnahme der übrigen an der Rebellion beteiligten Poleis setzte Dareios die schwer zu kontrollierenden Tyrannen als die eigentlichen Urheber des Aufstandes ab und reorganisierte das Steuersystem, um die Finanzierung der folgenden Unternehmungen auf eine sichere Basis zu stellen.

Der persische Angriff auf Griechenland

Zwei Jahre nach der Seeschlacht von Lade nahm Dareios die Eroberungspläne gen Westen wieder auf. Unerwartet zerschellte jedoch die Flotte seines Feldherrn Mardonios bei stürmischer See am Berg Athos – offensichtlich hatte er nach der Niederschlagung des Ionischen Aufstands und der Absetzung der seekriegserfahrenen Tyrannen zu wenig griechische Kapitäne an Bord seiner Schiffe.[11] Bereits 490 v. Chr. nahm eine neue Flotte Kurs auf das griechische Festland; sie bestand größtenteils aus Verbänden der kleinasiatischen Griechen und segelte über die gleiche Route, die seinerzeit die persisch-milesische Expedition genommen hatte. An Bord waren viele eretreische und athenische Exilanten. Sie sollten in ihrer Heimat eine propersische Regierung errichten. Der persische Feldherr Datis unterwarf zunächst Naxos und die Kykladen, zerstörte dann Eretria und landete auf Anraten des ehemaligen Athener Tyrannen Hippias in der Bucht von Marathon.

An die Spitze des Athener Widerstandes trat Miltiades aus der angesehenen Adelsfamilie der Philaiden. Er war nach dem Sturz der Tyrannis zurückgekehrt und setzte alles daran, die wiedergewonnene Freiheit gegen die Perser und deren Gefolgsmann Hippias zu verteidigen. 490 v. Chr. konnte er als Stratege (Feldherr) einen Beschluss der Volksversammlung durchsetzen, wonach sich das Bürgeraufgebot den persischen Angreifern bei deren Landung zur Wehr setzen sollte.

Der persischen Heeresleitung standen zwei Optionen zur Wahl: Falls sich die Athener durch die persischen Erfolge beeindrucken ließen und nur einen Teil ihrer Truppen mobilisierten, dann wollte man diese sofort bei Marathon schlagen und direkt nach Athen marschieren. Wenn die Athener aber wider Erwarten ihr gesamtes Bürgeraufgebot nach Marathon schickten, würde die persische Invasionsarmee nach Aigina segeln und von der Seeseite aus die von Verteidigern entblößte Stadt angreifen.

Unerwartet trat die zweite Möglichkeit ein. Als die persischen Heerführer beim Anblick des athenischen Hoplitenheeres ihre Truppen zum Abmarsch umgruppierten, griffen die Athener an. Sie siegten auf beiden Flügeln über die ungenügend bewaffneten Hilfstruppen der Perser. Als die Gefahr einer Einkreisung drohte, ließ der persische Oberbefehlshaber zum Rückzug blasen. Der Großteil der Truppen gelangte geordnet auf die Schiffe. Noch in der Nacht kehrten die Athener in ihre Heimatstadt zurück und vereitelten so den Angriff der Perser auf die ungeschützte Stadt. Erst jetzt zog sich die persische Invasionsflotte nach Kleinasien zurück.

Für die Perser war die Schlacht von Marathon militärisch unbedeutend, doch sie hatte eine gefährliche Signalwirkung: Um jede weitere griechische Aufstandshoffnung im Keime zu ersticken und die Eroberung des Westens zu realisieren, plante der Großkönig, nun selbst an der Spitze eines Reichsheeres nach Griechenland zu ziehen und die gesamte Halbinsel systematisch von Norden zu Lande und zu Wasser aufzurollen. Dareios starb, bevor er seinen Plan verwirklichen konnte, doch sein Sohn Xerxes verfolgte die Ziele seines Vaters mit unvermindertem Einsatz. Er legte große Versorgungsdepots an den Küsten Thrakiens und Makedoniens an und erneuerte die maritime Hochrüstung in den ionischen und karischen Häfen.

Die Eroberung Griechenlands dürfte jedoch ganz in persischer Tradition auch diesmal nur ein Teil der globalen maritimen Expansionspläne des Dareios gewesen sein. Wir wissen nämlich aus einer kurzen Notiz des Herodot, dass in seiner Regierungszeit ein Achämenidenprinz namens Sataspes den offiziellen Auftrag erhielt, gen Westen durch die Säulen des Herakles und südlich um Afrika herum wieder in den arabischen Golf zu fahren; vermutlich war er nicht der einzige Perser, der in dieser Zeit ein solches Kommando erhielt.[12] Der Plan und die Durchführung dieses Unternehmens – an dessen Authentizität in jüngerer Zeit kaum noch gezweifelt wird – setzten die Zustimmung der Karthager voraus, was angesichts der aus Phönikien rekrutierten Flotte unschwer verständlich ist. Auch wenn Sataspes scheiterte, so knüpfte der Plan der Umsegelung doch unmittelbar an die großen maritimen Pläne an, die Dareios im Südosten der *Oikumene* umzusetzen begonnen hatte, nämlich die Erschließung und Eroberung der gesamten bekannten Welt durch vorbereitende Seeexpeditionen auch auf dem *Okeanos*.[13] In Bezug auf das Angriffsziel Griechenland ergab sich zudem die Möglichkeit, die Griechen Siziliens durch einen Angriff der Perser zu binden; denn nach den Erfahrungen des Ionischen Aufstandes war es nicht ausgeschlossen, dass, wie seinerzeit die Ionier durch Athen und Eretria, so nun die mutterländischen Griechen zumindest in Einzelfällen von den sizilischen Kolonien – an der Spitze Syrakus – Hilfe erhalten würden.[14]

Der Aufstieg des Themistokles

Den Griechen des Mutterlandes blieben die persischen Rüstungen nicht verborgen. Viele zogen ein sicheres Dasein unter persischer Oberhoheit dem sinnlos scheinenden Kampf vor. Den Athenern stand dagegen das Schicksal Milets vor Augen. Eine Unterwerfung hätte den Erfolg bei Marathon zunichte gemacht und die Aufgabe der kleisthenischen Isonomie bedeutet: Redefreiheit und Gleichheit vor dem Gesetz waren Privilegien, die die Mehrheit gegen die Perser verteidigen wollte. Auch die Spartaner hatten einiges zu verlieren: Ein persischer Vormarsch nach Griechenland hätte ihre Hegemonie auf der Peloponnes ebenso erschüttert wie ihr elitäres Leben als Herren über die Heloten, die von Sparta versklavten Urbewohner Lakoniens und Messeniens.

Sparta und Athen standen an der Spitze nicht besonders zahlreicher abwehrwilliger Poleis. Auf Athener Seite nahm Themistokles an den Verhandlungen in Korinth über die einzuschlagende Strategie teil. Er war ein Adliger, verfügte jedoch anders als die führenden Häuser weder über nennenswerten ererbten Reichtum noch über starken familiären Rückhalt. Das eherne Gesetz des adligen Aristiedenkens zwang ihn geradezu zum Handeln: Themistokles war, berichtet Plutarch, „derart besessen von seiner Gier nach Ruhm, sein Ehrgeiz sehnte sich mit solcher Leidenschaft nach großen Taten, dass er, so jung er damals war, nach der Schlacht bei Marathon, als Miltiades' Feldherrntat weitherum gepriesen wurde, ganz in sich gekehrt und in Gedanken verloren herumging".[15]

Dies ist das Psychogramm eines typischen Aufsteigers, der nach einem Betätigungsfeld sucht, um sich im engeren Kreis der ersten Adelsfamilien zu etablieren. Erneut bot das Meer das Objekt zur Befriedigung des Ehrgeizes: Athen besaß zwar bereits – wie wir gesehen haben (siehe Seite 60) – eine ansehnliche Flotte von rund 50 Fünfzigruderern und einigen Trieren, doch war ihr Einsatz als Schlachtflotte mit dem Sturz der Tyrannis in Verruf geraten. Schon die Teilnahme am Ionischen Aufstand wies deutliche Parallelen zu den adligen Raubfahrten der archaischen Zeit auf. Auch der Krieg mit Aigina verlief wie ein Kaperkrieg mit gegenseitigen Raubzügen und Plünderungen. Während dieses Krieges hatte sich Athen zusätzlich 20 Schiffe aus Korinth erbeten.[16] Der Marathonsieger Miltiades war selbst über seinen Onkel mit den Kypseliden in Korinth verwandt. Ein Jahr nach der Schlacht von Marathon segelte er auf private Initiative – ohne ein städtisches Amt inne zu haben – mit 70 Schiffen nach Paros, um die Stadt zu erobern; offiziell tat er dies für Athen, doch zweifellos plante er auch den Aufbau einer eigenen Machtbasis ganz nach Art der archaischen Abenteurer.[17] Das Unternehmen scheiterte jedoch, und erstmals war damit die adlige Seekriegsführung in den Augen vieler Athener derart kompromittiert, dass sie Miltiades mithilfe adliger Konkurrenten verklagten; wenige Wochen später verstarb er an einer Wunde, die er sich bei der Belagerung von Paros zugezogen hatte.

Damit war der erfolgreichste Vertreter der traditionellen adligen Seekriegsführung ausgefallen; gleichzeitig fühlten sich die Athener seit dem Sturz der Tyrannis stärker von den perserfreundlichen Kriegsschiffen der Insel Aigina bedroht – beste Voraussetzungen also für einen Mann wie Themistokles, der den Seekrieg für das eigene Fortkommen zu nutzen trachtete und bereit war, alte adlige Privilegien für eine stärkere Integration der Seekriegsführung in die Kompetenz der Gesamtgemeinde zu opfern: Miltiades hatte ohne Amt eine Athener Kaperflotte geführt; Themistokles beantragte nun als Beamter (Archont), eine Trierenflotte auf Kiel zu legen, und tatsächlich „fiel es (ihm) nicht schwer, die Athener für den Plan zu gewinnen".[18]

Abb. 4 : Rekonstruktion einer athenischen Kampftriere (5. Jahrhundert v. Chr.) vom Bug mit dreifächrigem Rammsporn und der Anordnung der Ruder.

Damit – so Plutarch – habe er seine Vaterstadt Schritt für Schritt dem Meer zugeführt.[19] Tatsächlich entstand jedoch Athens Seemacht keineswegs aus dem Nichts, wie viele moderne Forscher den Themistokles-freundlichen Quellen nachsprechen.[20] Nach Herodot habe Themistokles zwar anfangs die Athener dazu bewogen, 200 Schiffe gegen Aigina zu bauen, tatsächlich kam jedoch am Ende nur ein Beschluss zustande, der vorsah, „zu den bereits vorhandenen Schiffen noch weitere zu bauen."[21] Ohnehin war der Bau von Trieren für die Athener Ingenieure nichts Neues, konnten sie doch auf die Erfahrungen der Peisistratiden zurückgreifen.

Bereits Mitte der 80er-Jahre liefen die ersten Baumaßnahmen an.[22] Anstelle der offenen Phaleronbucht ließ Themistokles – wie Periander in Korinth und Polykrates in Samos – den Piräus als Kriegshafen ausbauen und moderne Schiffshäuser, Arsenale und Werften errichten. Binnen weniger Jahre liefen rund 100 Trieren vom Stapel. Private Spenden der Reichen und Überschüsse aus der Verpachtung der Silberminen von Laureion finanzierten die Kraftanstrengung mit Erfolg: Athen verfügte jetzt über die mit Abstand stärkste Flotte der griechischen Welt.

Der von Themistokles initiierte Flottenbau diktierte die Rollenverteilung der führenden Mächte. Von Anfang an setzte man auf ein enges Zusammenspiel zwischen der Landarmee, die unter dem Kommando der Spartaner stand, und den Seestreitkräften der Verbündeten inklusive der neuen Athener Flotte, die zwar ebenfalls offiziell spartanischem Befehl gehorchte, aber in der Praxis von Themistokles maßgeblich geführt wurde. Im Jahr 480 v. Chr. einigte man sich darauf, den persischen See- und Landstreitkräften zu Lande auf der Höhe des Thermopylenpasses und zu Wasser am Kap Artemision entgegenzutreten. Fiel diese erste Abwehrlinie, wollte man sich auf den Isthmos zwischen Attika und der Peloponnes zurückziehen. Daraufhin verschanzten sich 300 Spartiaten unter König Leonidas mit 1000 Phokern am Engpass der Thermopylen. Nach drei Tagen umgingen persische Abteilungen die Abwehrstellung, fielen den Spartanern in den Rücken und töteten sie bis auf den letzten Mann. Auf die Nachricht von der Niederlage zogen sich die griechischen Schiffe in den Saronischen Golf zurück.

Die Seeschlacht von Salamis

Themistokles verfolgte nun einen Plan, der vielen modernen Forschern als revolutionär erscheint, tatsächlich aber seit der Kolonisation mehrfach erprobt war – nicht ohne Grund hatte sich Themistokles aus Delphi Rat geholt! – und somit mehr als nahe lag: Für jede Kolonie bestand die letzte Option gegen einen übermächtigen Aggressor von Land aus, sich mit Mann und Maus auf die Schiffe zu begeben und dem Gegner zur See solange Widerstand zu leisten, bis dieser entmutigt abzog. Nach dem Vorbild der Kolonien bzw. ihrer Mutterstädte handelten nun auch die Athener. Sie evakuierten Frauen und Kinder auf die nahe liegenden Inseln und räumten ihre Stadt bis auf eine kleine Garnison. Die Männer besetzten die Ruderbänke ihrer Kriegsschiffe und bezogen mit den verbündeten Einheiten in der Meerenge von Salamis Stellung. Kampflos rückten die Truppen der Perser ein und zerstörten große Teile der Tempelbauten auf der Akropolis. Am 28. September des Jahres 480 v. Chr. erschien ihre Flotte. Die Schiffe der Griechen warteten im Windschatten am südlichen Ufer auf den geeigneten Augenblick zum Angriff. Als ein Großteil der persischen Flotte in den Sund eingelaufen war, stießen die griechischen Trieren in die Flanke der gegnerischen Schiffe. Die Perser konnten sich in der Enge der Bucht kaum formieren und gerieten in die Defensive. Den Rückzug versperrten die eindringenden restlichen persischen Schiffe selbst.

Dennoch kann man keineswegs von einem vollständigen Sieg der Griechen über eine zahlenmäßig weit überlegene Flotte sprechen, wie es später die Athener Tradition propagierte und die moderne Literatur bis heute vielfach nachspricht. Schon der Historiker Eduard Meyer hatte zu Beginn des 20. Jahrhunderts nach einer kritischen Revision der antiken Berichte herausgestellt, dass nach den Verlusten bei Artemision „in Wirklichkeit die persische Flotte bei Salamis nicht viel stärker als die griechische gewesen sein" kann.[23] Die jüngsten Berechnungen des Nahrungsmittelverbrauches von Heer und Flotte der Perser durch den amerikanischen Gelehrten Jack Martin Balcer erhärten die These Meyers[24]: Tatsächlich standen sich bei Salamis nicht griechischer David und persischer Goliath gegenüber, sondern zwei in etwa gleich starke Flotten, von denen die persische eine Entscheidungsschlacht suchte, weil die Schifffahrtssaison sich dem Ende zuneigte und ein nochmaliges Anlaufen im folgenden Jahr immense Kosten verursacht hätte. Und in Wirklichkeit hatten die Griechen nach zwölfstündigem Kampf selbst rund 40 Einheiten verloren, die Perser nur einige mehr.

Von Bedeutung war die Schlacht also allein deshalb, weil die Perser nicht gesiegt hatten und deshalb ihre Besetzung Athens aufgeben mussten. Xerxes ließ die dezimierte Flotte nach Kleinasien segeln und die unbesiegte Landarmee in Thessalien überwintern. Im folgenden Frühjahr besetzte jedoch Mardonios erneut Athen und trieb die Athener abermals auf ihre Schiffe. Diesmal ließen sich jedoch die Perser nicht auf einen Seekampf ein. Deshalb marschierten die griechischen Verbündeten nach Norden und formierten sich bei Plataiai zur Landschlacht. Mardonios drängte auf eine schnelle Entscheidung. Xerxes wurde ungeduldig, denn in der Ägäis drohte ein Aufruhr. Unmittelbar vor Beginn der Schlacht zog sich überraschend der Satrap Artabazos mit seinen Truppen nach Kleinasien zurück. Doch Mardonios konnte nicht mehr zurück. Nach hartem Kampf verlor er Leben und Schlacht.

Etwa gleichzeitig zerstörte die griechische Flotte das persische Schiffslager bei Mykale an der kleinasiatischen Küste. Erst jetzt erhoben sich erneut die kleinasiatischen Griechen und vertrieben die persischen Stadtbesatzungen. 478 v. Chr. eroberte der spartanische Feldherr Pausanias Byzantion und befreite die zyprischen Griechen. Die Ägäis war zwei Jahre nach Salamis in der Hand der griechischen Eidgenossenschaft.

Athens Seereich und die Demokratie

Herr des Meeres zu sein ist etwas Großes.
PERIKLES NACH THUKYDIDES 1, 143

Athen gehörte zu Beginn der Perserkriege zu den nicht wenigen Poleis Griechenlands, die eine isonome Verfassung besaßen. Der Adlige Kleisthenes hatte die Isonomie nach dem Sieg über seinen politischen Konkurrenten Isagoras mit einer Reform der innenpolitischen Binnenorganisation verbunden. Vergleichbare Reformen kennen wir inzwischen auch aus anderen Poleis (Eretria, Kamarina).

In Athen verfolgte Kleisthenes zwei Ziele: Erstens sollte die lokale Macht konkurrierender Adelsfamilien (und potenzieller Tyrannen) geschwächt und zweitens die Wehrkraft Athens angesichts der stets akuten militärischen Bedrohung Spartas gestärkt werden, indem die Rekrutierung der Miliz auf die gleichen Organisationseinheiten *(Demen)* zurückgeführt wurde wie die Bestellung des Volksrates. Wie fast immer in der griechischen Geschichte verbanden sich also innen- und außenpolitische Motive zu einer Veränderung des verfassungsrechtlichen Systems.

Isonomie und maritime Erfolge

Dieser Trend setzte sich während des Krieges gegen die Perser fort: 487 v. Chr. – drei Jahre nach Marathon – veränderte man den Bestellungsmodus der höchsten Beamten, indem man anstelle der Wahl das Losverfahren (aus einem vorher gewählten Kandidatenpool) einführte. Da man gleichzeitig an der Volkswahl der obersten Feldherren festhielt, bedeutete dies eine Aufwertung der Heereskommanden zu Ungunsten der zivilen Ämter und gleichzeitig eine Stärkung der Kompetenz der Volksversammlung im militärischen Bereich. Im gleichen Jahr erhielt die Volksversammlung das Recht, mit dem Volksrat das von Kleisthenes geschaffene Scherbengericht durchzuführen, das nun jederzeit gegen einen der Tyrannis verdächtigen adligen Politiker eingesetzt werden konnte. Wieder zeigt sich also: Maßnahmen zur Schwächung aristokratischer Machtgelüste (der Tyrann Hippias war mit den Persern bei Salamis gelandet) und institutionelle Verbesserungen der militärischen Organisation gingen angesichts äußerer Bedrohungen Hand in Hand und bedingten einander.

Der zweite große Schub in diese Richtung war vom Aufbau der Kriegsflotte unter Themistokles zu erwarten. Immerhin hatte die Volksversammlung den Bau genehmigt und Themistokles zum Strategen gewählt. Als Ruderer dienten (neben fremden Freiwilligen) Athener Bürger ohne Landbesitz (Theten); ferner waren die Kriegsschiffe offiziell in den Besitz und in die Verfügungsgewalt der gesamten (männlichen) Bürgerschaft übergegangen. Dennoch scheint zunächst von all diesen Veränderungen kein unmittelbarer Impuls zu weiteren verfassungsrechtlichen Veränderungen ausgegangen zu sein. Dies hatte mehrere Gründe: Der Seekrieg galt aufgrund seiner technischen und strategischen Anforderungen – anders als der Kampf der Hopliten in der Phalanx – selbst nach der Verstaatlichung der Flotte als ein Reservat altadliger Kompetenz; an dieser Auffassung hat auch die Volksversammlung nicht gerüttelt, und wir werden sehen, dass es auch nach Salamis ausschließlich reiche Adlige waren, die den Seekrieg weiterführten und neue außenpolitische bzw. maritime Organisationsformen schufen. Außerdem überstrahlte der Landsieg bei Marathon noch lange den (angeblichen) Erfolg zur See bei Salamis. Erst die weitere außenpolitische Entwicklung veränderte die Gewichte.

Seebund und Demokratie

Während Sparta nach der Eroberung von Byzantion keine Veranlassung mehr für weitere Kämpfe sah, drängten viele Athener Adlige auf eine Weiterführung des Seekrieges, der ihnen Ruhm und Beute versprach. Unterstützt wurden sie von den kleinasiatischen Griechen, die sich von einer Flottenpräsenz Schutz vor persischen Revanchegelüsten erhofften. Im Winter 478/77 v. Chr. wechselte der Oberbefehl des Hellenenbundes von Pausanias auf den Athener Aristeides. Er schloss mit den kleinasiatischen Griechen Verträge, die den Grundstock einer neuen Bündnisorganisation bildeten, des Delisch-attischen Seebundes. Athen fiel die politische und militärische Führung (*hegemonia*) zu. Deshalb bezeichneten die Athener die Gesamtheit des Bundes als „Die Athener und ihre Bundesgenossen“, d. h. die Athener standen der Masse der namentlich nicht genannten Bündner gegenüber.[1]

Während alle bisherigen Bündnisverträge die Führung eines Landkrieges vorsahen, legten die nun geschlossenen Verträge den Partnern Verpflichtungen auf, die den Seekrieg betrafen – deshalb auch die moderne Bezeichnung „Seebund“. Die Bündner verpflichteten sich, Schiffe, Soldaten oder die entsprechenden Geldsummen nach einem bestimmten Schlüssel bereitzustellen. Diese Gelder (*phoroi*) flossen in eine Bundeskasse, die bis zum Jahr 454

v. Chr. im Tempel des Apoll und der Artemis auf Delos deponiert wurde. Hier tagte auch die Bundesversammlung *(synhedrion)*, in der jedes Mitglied eine Stimme hatte.

Dennoch nahm Athen die unbestrittene Führungsposition ein: Athener Feldherren kommandierten die Flotte, und athenische Beamte verwalteten die eingehenden Beiträge, was auch anfangs auf wenig Widerstand stieß, denn es waren vorwiegend athenische Trieren gewesen, die den persischen Angriff bei Salamis und Mykale abgewehrt hatten.

Offizielles Ziel des Bundes war die Fortsetzung des Kampfes gegen Persien. Unumstrittener Führer der Offensive war der Athener Kimon, der Sohn des Miltiades und einer thrakischen Prinzessin. Den Auftakt bildete die Eroberung von Eion an der thrakischen Küste, einer der letzten persischen Bastionen, die den Zugriff auf die Gold- und Silberminen des Pangeion versperrte. 468 v. Chr. vernichtete Kimon an der Mündung des Eurymedon in Pamphylien das persische Schiffslager und 200 Kriegsschiffe.[2] Athen war endgültig zur ersten Seemacht des ostmediterranen Raumes aufgestiegen.

Parallel zu den Unternehmungen gegen die Perser bauten die Athener ihren Einfluss in der Ägäis aus. Kimon eroberte 475 v. Chr. die Insel Skyros östlich von Euböa. Fünf Jahre später zwangen die Athener die im Süden Euböas gelegene Stadt Karystos in den Seebund. 467 v. Chr. musste man Naxos und zwei Jahre später das rebellierende Thasos mit Gewalt wieder in den Seebund eingliedern.[3] Das Ziel all dieser Aktionen war die Sicherung der für den Bau und Unterhalt der Flotte so wichtigen materiellen Ressourcen der Nordägäis (Gold des Pangeion, Holz aus Makedonien und Thrakien) sowie die Kontrolle der für die Getreideversorgung lebensnotwendigen Seehandelswege aus dem Schwarzmeergebiet.[4]

Doch wiederum darf man bei diesen strategischen Überlegungen nicht die adlige Komponente der athenischen Seekriegspolitik außer Acht lassen. Maritime Expeditionen in der Nordägäis gehörten seit der Zeit der Peisistratiden zur adligen Tradition. Zahlreiche aristokratische Familien im Areopag unterstützten Kimons Politik, weil viele der aus ihren Reihen stammenden Strategen in der Ausweitung der maritimen Operationen die Chance erblickten, persönlichen Ruhm zu ernten und ihren innenpolitischen Einfluss auszubauen.

Nach dem Sieg am Eurymedon begannen sich jedoch die Rahmenbedingungen der kimonischen Außenpolitik zu ändern. Die persische Gefahr schien gebannt und die von Kimon propagierte Partnerschaft mit Sparta hatte Risse bekommen, als bekannt wurde, dass die Spartaner den rebellierenden

Thasiern militärischen Beistand versprochen hatten. Die auf den Schiffen rudernden Theten fühlten sich um die Früchte ihrer Mühen betrogen. Ein Mann namens Ephialtes und der 25-jährige Perikles, der mütterlicherseits aus der hochadligen Familie der Alkmeoniden stammte, nahmen ihren Unmut auf: Sie befürworteten zwar wie Kimon eine Ausweitung des Seebundes, aber auch gegen den Willen und auf Kosten Spartas. Ein unerwartetes Ereignis kam ihnen zu Hilfe: 464 v. Chr. baten die Spartaner nach einem schweren Erdbeben und einem Aufstand der messenischen Heloten die Athener um Unterstützung, weil diese seit ihrem Vorgehen gegen unloyale Bundesgenossen ihr Geschick bei der Erstürmung befestigter Orte bewiesen hatten. Als Kimon zwei Jahre später mit 4000 Hopliten in Lakonien sein Können bewies, argwöhnten die Spartaner, ihre Helfer könnten die eigene Not ausnutzen, und schickten Kimon und seine Hopliten wieder nach Hause.

Die öffentliche Meinung in Athen reagierte mit Empörung und erblickte in Kimon den Schuldigen. Ein Scherbengericht schickte ihn in die Verbannung. Obwohl auch Ephialtes kurze Zeit später Opfer eines Anschlages wurde, waren seine Reformen bereits durch Volksbeschluss bestätigt: Der Rat der 500, die Volksversammlung und die Volksgerichte übernahmen fortan anstelle des Areopag die Überprüfung der Qualifikation und Amtsführung der Beamten sowie etwaige Anklagen. In den Gerichtshöfen fungierten erloste Laien als Richter. Ein Sold garantierte, dass auch die ärmsten Bürger mitbestimmen konnten.

Die Flotte als Pfeiler der Demokratie

Die moderne Literatur sieht in diesen Reformen den Durchbruch zur direkten Demokratie. Als eine conditio sine qua non wird vielfach nicht nur der Bau der Kriegsflotte gegen die Perser, sondern insbesondere der Ausbau des Seebundes angesehen: Während in anderen Poleis die Agenda politischer Themen begrenzt blieb, ergab sich für die Athener durch Flottenoperationen und die Organisation des Seebundes ein ständig komplexer werdender Entscheidungs- und Handlungsbedarf, auf den Rat, Volksversammlung und Gerichte reagieren mussten. Nur Athen verfügte ferner mit den Laureionminen über die materiellen Ressourcen, um sich eine stehende Flotte leisten zu können, die permanent im Einsatz war und – dies ist ganz entscheidend – Erfolg an Erfolg reihte.

Da sich diese Erfolge innerhalb eines für griechische Verhältnisse komplexen militärischen Organisationsrahmens, nämlich des Seebundes, abspielten, war die Volksversammlung durch ihre Entscheidungskompetenz nicht zuletzt bei der Besetzung der Strategenposten mit Aufgaben betreut, die andere Volksversammlungen nicht kannten.

Verstärkt wurde dieses Partizipationsniveau an den militärischen Siegen zur See dadurch, dass viele der in der Volksversammlung vertretenen Bürger der untersten Vermögensklasse, der Theten, auf den Kriegsschiffen ruderten. Das taten natürlich auch Bürger anderer Poleis, doch im Gegensatz zu ihnen dienten die Athener Theten fast ohne Unterbrechung, sie wurden das, was die Spartiaten zu Lande waren, nämlich professionelle Spezialisten im Bereich des Seekrieges. Ihnen bot sich auf diese Weise auch die Gelegenheit permanenter Bewährung und da sie diese Bewährungsprobe erfolgreich gegen die nach wie vor größte Macht der damals bekannten Welt bestanden, wuchs ihr Selbstbewusstsein.

Demokratie und Führungsanspruch der Adligen

Ob allerdings die Theten aus diesem Selbstbewusstsein zu diesem Zeitpunkt bereits den Anspruch auf größere politische Mitsprache ableiteten, ist mehr als zweifelhaft. Denn dazu hätte es eines gemeinsamen politischen Bewusstseins sowie eines einheitlichen Zieles bedurft. Beides ist den Quellen nicht zu entnehmen und historisch unrealistisch. Alle entscheidenden innenpolitischen Veränderungen gingen nach wie vor von adligen Politikern wie Ephialtes und Perikles aus, die in der Kooperation mit den Besitzlosen eine Chance für ihre eigene Karriere und einen Vorteil im Kampf gegen ihre Konkurrenten erblickten. Sie nutzten eine bestimmte außenpolitische Konstellation, um die Theten zu gewinnen und zu diesem Zweck die Gewichte der innenpolitischen Institutionen zu verändern, ohne ihren Führungsanspruch aufzugeben. Die Athener Demokratie war – wie der Seebund und die Flotte – somit das Werk ehrgeiziger Aristokraten und nicht das Ergebnis eines irgendwie gearteten „demokratischen Gedankens“. Offiziell priesen die Redner zwar die Gleichheit aller Bürger in der Volksversammlung und vor dem Gesetz, tatsächlich war es jedoch bis in die Zeit des Peloponnesischen Krieges nur eine kleine Schicht adliger Politiker, die in der Volksversammlung das große Wort führten, die Posten der Strategen besetzten und die innere und auswärtige Politik bestimmten.

Auf Widerstand der breiten Volksschichten trafen sie selten. Aus der Zeit von 478 – 433 v. Chr. ist nur ein Fall eines vom Volksgericht verklagten Strategen (Kimon)bekannt, während umgekehrt viele Adlige als Strategen Ruhm und Einfluss gewannen. Denn in dem Maße, wie die übrigen Ämter – außer denen der Strategen und hohen Finanzbeamten – durch Los vergeben und in ihrem politischen Gewicht geschwächt wurden, gewann der durch Wahl zu besetzende Posten des Strategen an Bedeutung: Das Losverfahren ist somit nur vordergründig ein „Sieg des *demos*", in Wirklichkeit stärkte es den aristokratische Führungsanspruch.

Dies bedeutet nicht, dass die Athener Adligen schalten und walten konnten, wie sie wollten. Stets mussten sie ihre Pläne und Entscheidungen vor dem Volk präsentieren und rechtfertigen, und dies war im Vergleich zu der „Kabinettspolitik" der spartanischen Adelsfamilien schon sehr viel. Außerdem waren sie verpflichtet, einen wesentlichen Teil der Ausgaben für die Flotte und das staatlich-kulturelle Leben zu finanzieren. Dies bewahrte die Adligen schon aus Eigeninteresse in der Regel vor allzu riskanten außenpolitischen Abenteuern, denn immerhin stand nicht nur ihre Reputation, sondern auch ein Teil ihres Vermögens auf dem Spiel.

Doch am wichtigsten war und blieb der außenpolitische Erfolg: Nur er garantierte Ansehen und Autorität, und nur er ermöglichte die Finanzierung der innenpolitischen Institutionen und der militärischen Instrumentarien, mit denen die Feldherren sich und ihrer Stadt zu höchstem Ruhm verhalfen. Er verschaffte den Theten sowie der breiten Volksmasse größeren Wohlstand und sicherte damit zusätzlich die Akzeptanz der adligen Führungsposition und den Zusammenhalt der Bürger.

Die maritime Außenpolitik der Demokratie

Aus diesem Grund besaß die Demokratie eine höchst aggressive außenpolitische Komponente. Nicht das angeblich so hoch militarisierte Sparta schickte seine Soldaten Jahr für Jahr in die Ferne, um Beute und Siege zu erringen, sondern die Athener rüsteten immer neue Flotten und Mannschaften aus, um ihren Admirälen ruhmreiche Siege zu ermöglichen und ihre Verfassung zu finanzieren. Es gab seit Salamis praktisch kein Jahr, in dem die Athener nicht irgendwo in der Ägäis oder im ostmediterranen Raum Inseln eroberten, persische Heere und Flotten bekämpften oder unzuverlässige Bundesgenossen mit Gewalt wieder zur Raison brachten. So etwas hatte es vorher nicht gegeben! Die Demokratie lebte vom militärischen Erfolg auf See und drängte auf maritime Machterweiterung; die Seesiege verbanden sich umgekehrt immer stärker mit der Verfassung, die genauso ungewöhnlich war wie der Erfolg der Flotte. Wenn also ein Zusammenhang evident ist, dann der zwischen Demokratie und aggressiver Machtausdehnung – man wundert sich vor diesem Hintergrund, dass alle modernen Demokratien sich so ungeniert auf die Athener Demokratie als ihre gemeinsame Mutter berufen.

Deshalb änderten die Reformen des Ephialtes auch wenig an der maritimen Machtpolitik, nur verfolgte sie jetzt neben der Orientierung gen Osten eine neue Stoßrichtung gen Westen: Ein besonderes Interesse richtete sich auf das wirtschaftliche Kraftzentrum am Saronischen und Korinthischen Golf. Ephialtes hatte vor seinem Tod Verträge mit Argos und den Thessaliern absegnen lassen. Kurze Zeit später schlossen die Athener ein Bündnis mit Megara und halfen der Stadt, ihre Häfen Pagai (am Korinthischen Golf) und Nisaia (am Saronischen Golf) durch lange Mauern mit der Polis zu verbinden. Korinth schien so – nimmt man das Bündnis mit Argos hinzu – von allen Seiten eingeschlossen. 459 v. Chr. gingen die Athener daran, auch ihre Häfen durch (jeweils 7200 und 6300 Meter) lange Mauern mit der Stadt zu verbinden und das gesamte Areal zu einer uneinnehmbaren Festung auszubauen.[5] 457/56 v. Chr. wurde Aigina unter harten Bedingungen in den Seebund eingegliedert.

Eine zweite Stoßrichtung richtete sich auf den Korinthischen Golf. 460/59 v. Chr. hatten die aufständischen Heloten in Messene unter der Gewährung freien Abzugs kapituliert. Athen bot ihnen Wohnsitze in Naupaktos am Ausgang des Golfes an. Von hier aus kontrollierten fortan athenische Kriegsschiffe die Einfahrt in den Korinthischen Golf und die Kornzufuhr nach Korinth. Zusätzlich waren Athener Schiffe in Megaras Hafen Pagai am östlichen Ende des Golfes stationiert.

Gekrönt wurden die Bemühungen um die Kontrolle der griechischen Gewässer durch die Flottenfahrt des Tolmides um die Peloponnes nach Nordwestgriechenland. Hierbei zerstörte er das spartanische Flottenarsenal in Gytheion, gewann die korinthische Kolonie Chalkis am Nordufer des Golfes und integrierte wohl auch die vorgelagerten Inseln Kephallenia und Zakynthos in den Seebund.[6] Als die Athener im Jahr 457 v. Chr. eine Schlappe gegen die spartanische Armee hinnehmen mussten, ihrerseits aber durch einen Sieg über das böotische Heer ihre Hegemonie in Böotien festigten[7], kontrollierte die Stadt den gesamten maritimen Raum von der Ägäis, dem Saronischen Golf, dem Isthmos von Korinth bis zum Malischen Golf im Westen.

Doch erneut strebten die Strategen nach mehr: Ein Hilferuf des ägyptischen Königs, der sich Anfang der 460er-Jahre v. Chr. von Persien befreien konnte, war Anlass genug, eine große Flotte in das Nildelta zu schicken, wohl auch um sich den Zugriff auf die ägyptischen Getreideexporte zu sichern. Der persische Gegenschlag führte jedoch 454 v. Chr. zum Verlust von über 100 Trieren und 10 000 Mann Besatzung. Aus Sicherheitsgründen wurde die Seebundskasse von Delos nach Athen verlegt. Erst 449 v. Chr. konnte der aus dem Exil zurückgekehrte Kimon bei Salamis (auf Zypern) eine große persische Flotte versenken, musste seinen Erfolg jedoch mit dem Tod bezahlen. Mit seinem Dahinscheiden endet die Offensive gegen Persien. 448 v. Chr. einigte man sich ohne formellen Friedensschluss darauf, dass Athen auf Expeditionen an die östlich der Ägäis gelegenen Küstengebiete verzichtete und die Perser sich von der Ägäis fernhielten und den Beitritt der kleinasiatischen Städte in den Seebund akzeptierten: Der Großkönig hatte damit Athen als ostmediterrane Großmacht anerkannt.

Sparta konnte in der Zwischenzeit durch einen Frieden mit Argos seine Position auf der Peloponnes stärken und drei Jahre später das mittelgriechische Phokis der athenischen Suprematie entreißen. Wenige Jahre später besiegte ein Heer des oligarchischen Regiments in Böotien eine attische Armee bei Koroneia. 446/45 v. Chr. fielen Megara und Euböa vom Seebund ab; nur die megarischen Hafenstädte Pagai und Nisaia wurden von athenischen Garnisonen gehalten. Im gleichen Jahr sandte Sparta ein Heer nach Attika. Die Peloponnesier standen wenige Stunden vor Athen, als es Perikles gelang, den spartanischen König zur Rückkehr zu bewegen und einen Frieden auf 30 Jahre zu schließen. Der Vertrag beließ den Athenern die Kontrolle über Naupaktos und Aigina, verlangte aber die Freigabe von Nisaia, Pagai, Troizen und Achaia auf der Peloponnes. Es war beiden Parteien verboten, abtrünnige Bündner der Gegenseite aufzunehmen oder zu unterstützen. Die bündnisfreien Poleis konnten sich einer der beiden Mächte anschließen.[8]

Perikles und der Seebund

Perikles zog aus dieser Entwicklung seine Lehren: Athen hatte seine Kräfte nach Westen und Osten überdehnt. Alle militärischen oder diplomatischen Erfolge halfen zudem wenig, wenn unzufriedene Bündner wie Eretria oder Chalkis Athens Stellung innerhalb des Seebundes gefährdeten. Perikles setzte deshalb alles daran, die Kontrolle über die Bündner zu verstärken und die maritime Hegemonie Athens im ägäischen Raum zu konsolidieren.

454/53 v. Chr. war mit der Verlegung der Bundeskasse nach Athen auch die Bundesversammlung aufgelöst worden. Fortan entschied allein die Athener Volksversammlung *(ekklesia)* über alle Seebundsangelegenheiten. Die Athener gewannen damit direkten Zugriff auf die *phoroi*.

Seit dem Erlass des Kleiniasdekretes (wohl um 443 v. Chr.) überwachten ferner athenische Beamte die Einziehung der Abgaben in den Bundesstädten selbst. In Athen kontrollierte der Rat die Eingänge, stellte Belege aus und veranlagte ausstehende Rückstände. Nach der Feier der Dionysien verkündeten die Verwalter der Bundeskasse *(hellenotamiai)* dem Volk *(demos)*, welche Poleis die Beträge abgeliefert und welche sich Zahlungsverzüge geleistet hatten. Danach reisten athenische Beamte in die Bundesstädte und nahmen Rückstände in Empfang. Verstöße wurden in Athen gerichtlich verfolgt.

Ende der 450er-Jahre v. Chr. begann die Volksversammlung, zahlreiche Dekrete zu verabschieden, die auf eine straffere Kontrolle der Bündner zielten. So verpflichtete ein Beschluss die von Perikles wieder eingegliederten Poleis Eretria und Chalkis zu militärischem Beistand und erlaubte dagegen den Athenern, sofort militärisch einzugreifen, wenn sich die Städte auch nur die kleinsten Versäumnisse zu schulden kommen ließen. Um die Athenerfreunde in Chalkis und Eretria vor Übergriffen zu schützen und einer laxen Behandlung von athenfeindlichen Elementen entgegenzuwirken, konnten derartige Fälle im Bereich der politisch wichtigen Kapitalstrafsachen an ein Athener Volksgericht verwiesen werden. Diese Klausel nahm offenbar ein (vorausgegangenes) Generaldekret auf, das die Aburteilung von Kapitalsachen durch Athen im gesamten Bundesgebiet regelte.[9] Ferner begannen die Athener auch diejenigen Delikte (wie Verrat, Verweigerung des Treueeides, Vergehen bei der Tributzahlung) an sich zu ziehen, die ihre Herrschaft gefährdeten. Verbesserung der Kontrolle und Steigerung der organisatorischen Effizienz gingen dabei Hand in Hand.

Dieser Grundsatz gilt auch für Eingriffe in die Verfassung rebellierender Bündnerstädte: Die Athener wandelten in Erythrai, Chalkis und wahrscheinlich in Eretria und Samos die bestehende Oligarchie in eine Demokratie um. Blieben dagegen die Verhältnisse stabil und kamen die Bündner ihren Verpflichtungen nach, dann akzeptierte man – wie in Mytilene (bis 427 v. Chr.), Chios und Milet – oligarchische Verfassungen und sogar dynastisch regierte Poleis (in Karien). Auch die Demokratisierung entsprang keinem globalen Herrschaftsplan oder einem ideologisch-weltanschaulichen Programm; sie war vielmehr eine Antwort auf eine akute Krise und in der Regel von pragmatischen Erwägungen geleitet. Denn nur eine demokratische Staatsform verschaffte den athenfreundlichen Gruppen innerhalb der abgefallenen Bündnerstädte eine solide Basis zur Aufrechterhaltung ihrer Macht und damit dem Seebund Stabilität.

Zur Durchsetzung ihrer Forderungen und zur Kontrolle der Bundesgenossen richteten die Athener neue Beamtenstellen ein – nach Aristoteles sollen es über 700 gewesen sein.[10] Sie übernahmen Zug um Zug wichtige Hoheitsfunktionen in den Poleis des Seebundes und degradierten deren einheimische Beamtenschaft zu Vollzugsorganen Athens.[11]

Um den Beamtenapparat herum lagerte sich ein Geflecht privater oder offizieller Kontakte zwischen Bündnern und der athenischen Hegemonialmacht. Eine wichtige Rolle spielten die so genannten ‚Gastfreunde' *(proxenoi)*. Es war in Griechenland üblich, dass eine Stadt dem Bürger einer fremden Polis den Titel und Status eines Gastfreundes verlieh, damit dieser – vergleichbar einem modernen Konsul – im Gegenzug den eigenen Bürgern mit Rat und Tat zur Seite stand, wenn diese sich in seiner Heimat aufhielten. Mit dem Ausbau des Seebundes nahm die Zahl der in Athen und in den Bündnerstädten ansässigen *proxenoi* stetig zu. Sie vertraten ihre Landsleute vor Gericht, halfen bei der Abwicklung des Handels und dienten als Informanten. Athen hat deshalb die Ernennung von *proxenoi* in den Bundesstädten energisch vorangetrieben und sie mit Privilegien ausgestattet, die sie vor Übergriffen schützten.

Eine wichtige Ergänzung der Kontrollen durch Beamte und *proxenoi* bildete die seit der Mitte des 5. Jahrhunderts v. Chr. intensivierte Kolonisationstätigkeit. In den etwa 20 Jahren seit dem Kalliasfrieden zogen rund 10 000 Bürger Attikas in neue überseeische Siedlungen des Ägäisraums und des Schwarzmeergebietes. Sie wählten meist Gebiete der Seebundsmitglieder, die als unzuverlässig galten oder abtrünnig geworden waren: 448 v. Chr. erhielt Naxos eine Militärkolonie *(Kleruchie)*, die sich aus athenischen Bürgern zusammensetzte, ein Jahr später Andros und wieder ein Jahr später richtete man *Kleruchien* in Chalkis und Eretria ein; weitere Ansiedlungen werden in Karystos, Lemnos, Imbros, Naxos und Lesbos erwähnt. Einen zweiten Schwerpunkt bildeten die nördliche Ägäis und die Hellespontregion. Perikles führte 447 v. Chr. eine *Kleruchie* an die thrakische Chersonnes. Zwei Jahre später zogen attische Siedler nach Brea an der thrakischen Küste, 437/36 v. Chr. gründete der Stratege Hagnon am Mündungsgebiet des Strymon Amphipolis, zwei Jahre später schickte Perikles Kolonisten nach Astakos an der Propontis. Nach der Rückkehr erwirkte er einen Beschluss, wonach sich athenische *Kleruchen* in Sinope niederlassen konnten.

Kontrolle über die Bundesgenossen

Anders als die Kolonien der archaischen Zeit verfolgten fast alle athenischen überseeischen Ansiedlungen klassischer Zeit machtpolitische und strategische Ziele: Eine erste Gruppe sollte wieder eingegliederte oder politisch unsichere Bundesgenossen einschüchtern und von künftigen Rebellionen abhalten. Die zweite Gruppe der an der Nordägäis und in der Hellespontregion angelegten Kolonien sicherte die Kornzufuhr sowie den Zugriff auf andere, für die Wahrung der Seeherrschaft zentrale Ressourcen. Die dritte Gruppe umfasste die im Schwarzmeerraum angelegten Kolonien, die *Kleru-*

chien an den Meerengen, den thrakischen Küsten und der Chersonnes. Sie dienten der militärischen Absicherung des Herrschaftsraums nach außen sowie der Machtdemonstration in einem strategisch bedeutsamen Gebiet. Und wieder verbanden sich staatliche Machtinteressen mit adligem Ehrgeiz: Perikles präsentierte sich und seine Stadt während einer spektakulären Pontosexpedition (ca. 453 v. Chr.) als Schutzherren der Griechen vor barbarischen Stämmen und als Befreier von Tyrannen. Er verlieh damit der Ausweitung athenischer Macht eine ideologische Grundlage und seinem Tatendrang eine Rechtfertigung, die unverhohlen an frühere Expeditionen adliger Herren anknüpfte.[12]

Einerseits konnte man von den neuen Stützpunkten aus bei günstiger Gelegenheit über das Gebiet des Seebundes hinaus vorstoßen, andererseits erhielt die Flotte Anlaufpunkte, von denen aus sie Nachschub, Ruderer und Materialien aufnehmen und damit in der Ägäis aktiv werden konnte. Die Flotte selbst bildete die Grundlage der athenischen Herrschaft: Sie war mit bis zu 300 Schlachtschiffen das mächtigste Kriegsinstrument, das die griechische Welt bis dahin kannte, und die Athener haben sie konsequent zum Machterhalt und zur Machterweiterung eingesetzt: Jedes Jahr wurden 20 neue Trieren gebaut; jedes Jahr kreuzten für acht Monate 60 Schiffe in der Ägäis.[13] Die Athener demonstrierten durch diese Flottenpräsenz ihren Machtanspruch, sie konnten schneller als jede Landmacht an jedem Ort des Bundes aktiv werden und effektiver Städte blockieren oder erobern. Angestrebt wurde nichts weniger als die konkurrenzlose *Thalassokratie* in der Ägäis: Deshalb ist seit der Gründung des Bundes der Kreis der Schiffe stellenden Bündner nicht mehr erweitert worden, jedem neuen Mitglied wurde der Unterhalt einer Flotte verboten, wieder eingegliederte Poleis mussten ihre Schiffe abgeben. 440 v. Chr. war nach einer neunmonatigen Belagerung von Samos die letzte konkurrenzfähige Seemacht in die Knie gezwungen.

Nach der Wiedereingliederung rebellierender Bündner übernahmen die Athener die Kontrolle über deren Häfen und überwachten zusammen mit ihren *Kleruchien* und Kolonien die wichtigsten Anlaufpunkte und Seewege der Ägäis. Am Hellespont überwachten *Hellespontophylakes* („Wächter des Hellespont") den Schiffsverkehr aus den Getreide produzierenden Ländern der Schwarzmeerregion. Inschriftliche Zeugnisse[14] bestätigen, dass Athen Poleis oder Einzelpersonen vertraglich die Einfuhr von Getreide durch den Hellespont erlaubte. Demnach muss anderen dieses Recht verweigert worden sein. Im Krisenfall konnte man rebellierende Bundesgenossen von der Zufuhr wichtiger Importgüter abschneiden sowie die Handelströme in den Piräus konzentrieren. So verpflichtete sich König Perdikkas II. von Makedonien, Ruderholz nur an Athen oder an dessen Bundesgenossen auszuführen, wenn diese es an Athen lieferten.[15] Pseudo-Xenophon berichtet:

> Aber den Überfluss der Griechen und Nichtgriechen vermögen allein die Athener an sich zu ziehen. Denn wenn irgendeine Stadt Überfluss hat an Schiffsbauholz, wo wird sie es absetzen, wenn sie nicht den Herrn des Meeres dafür gewinnt? (...) Überdies werden sie gar nicht erlauben, es anderswohin zu verfrachten, oder unsere Widersacher werden nicht mehr die Meere befahren dürfen. Und so habe ich, ohne einen Finger zu rühren, alle Erzeugnisse des Landes über das Meer zur Verfügung.[16]

Dieses Konzept des *mare clausum* bildet eines der zentralen Prinzipien athenischer Außenpolitik: Der gesamte Ägäisraum sollte durch die Inbesitznahme der wichtigsten Küsten und Häfen und durch die Kontrolle der für den Schiffsbau notwendigen Materialien zu einem athenischen Binnenmeer werden, in dem allen Versuchen zum Aufbau fremder Seestreitkräfte der Boden entzogen war.

Perikles hat dieses Ziel nahezu erreicht. Nicht Themistokles, sondern Perikles – resümierten bereits die Athener – war der eigentliche Gründungsvater der Athener Seemacht, und er war es wohl auch, der bewusst den Ausbau der inneren Verfassung mit der maritimen Machtentfaltung verknüpfte und propagierte. Die gesamte Gesellschaft – von den Adligen über die Bauern, deren Söhne zumindest saisonweise zusätzliches Geld im Hafen oder in der Flotte verdienten, bis zu den Theten – war von diesem Drang aufs Meer betroffen, und es erhebt sich daher die Frage, welchen Einfluss das maritime Engagement auf Leben und Gesellschaft der Athener hatte.

Das Leben im Hafenviertel

Das eindrucksvollste äußere Indiz für die Machtentfaltung Athens war die Verschönerung der Akropolis durch monumentale Prachtbauten, die Verbindung von Stadt und Hafen durch die langen Mauern und der Ausbau des Piräus. Der Piräus entwickelte sich binnen 50 Jahren von einem mittleren Dorf zur modernsten Hafenstadt des östlichen Mittelmeerraums: Der berühmte Architekt Hippodamos von Milet entwarf den Grundriss mit rechtwinklig angelegten Quartieren und Straßen, während bereits Themistokles die Dreiteilung der Hafenbecken für Kriegs- und Handelsschiffe konzipiert hatte: Lange Reihen von Schiffshäusern säumten die Ufer der Kriegshäfen Munichia und Zea im Osten der Piräushalbinsel Akte. Große Arsenale nahmen die Ausrüstung der Trieren während der Liegezeit besonders im Winter auf. Der westliche Teil des Piräus, das *emporion*, war für den Seehandel reserviert. An dessen Seeseite ankerten Handelsschiffe aus aller Welt. Fünf Säulenhallen dienten als Lagerhäuser und Verkaufszentren. Eine war für den Getreidehandel reserviert, eine zweite, das *deigma*, diente den Händlern und Bankiers als Standort für ihre Verkaufsstände und Wechselstuben. Nah am Hafenbecken lag das Grab des Themistokles, dem man als Begründer von Flotte und Hafen die gebührende Ehre erwies.[17]

Der Ausbau des Piräus, der Unterhalt einer stehenden Flotte und die Konzentration des Überseehandels ließen Handel, Handwerk und Wirtschaft in einem Ausmaß erblühen, wie wir dies annäherungsweise nur aus der Zeit der Tyrannen in Korinth und Samos kennen. Seit der Mitte des 5. Jahrhunderts v. Chr. konzentrierten sich die wichtigen Seehandelswege aus dem Schwarzen Meer, dem ostmediterranen Raum und Westgriechenland im Piräus, während Aigina und Megara offenbar Einbußen erlitten. Im Sog des Getreidehandels importierten Händler makedonisches Bauholz, Tierhäute für die Lederwarenherstellung sowie Lebensmittel, die in Athen nicht verfügbar waren. Athen hatte sich zum nahezu einzigen Absatzmarkt für Schiffsbauholz, Eisen, Kupfer, Flachs und Wachs entwickelt. Im Gegenzug exportierte die Stadt Keramik, Waffen, Brustpanzer, Möbel sowie aus importierten Tierhäuten gegerbte Lederwaren wie Schuhe, Ruderriemen und die Polsterungen der Hoplitenrüstungen.

Viele Händler stammten nicht aus der Athener Bürgerschaft, sondern aus dem Ausland. Sie ließen sich als Metöken („Mitbewohner") im Hafenviertel oder in der Stadt nieder. Ihre beruflichen Tätigkeiten unterlagen keinerlei Beschränkungen, doch hatten sie für das Wohnrecht eine Steuer zu zahlen, sie mussten bei der Verteidigung der Stadt mitwirken und sich durch einen Athener vor Gericht vertreten lassen. Ihre Zahl belief sich mit ihren Familien auf bis zu 40 000, das war mehr als ein Zehntel der Gesamtbevölkerung Athens und Attikas. Um ihre Waren zu vertreiben, mussten sie Schiffe mieten und Geld bei wohlhabenden Kollegen oder Bürgern borgen. Auf diese Weise entwickelte sich eine Wirtschaft auf monetärer Basis, die allen Bevölkerungsschichten zugute kam: den Adligen, die durch Seedarlehen satte Gewinne einstrichen, den Bauern, die Überschüsse auf den Markt brachten, den Mittellosen, die als Ruderer dienten oder sich als Lohnarbeiter verdingten, und den Metöken, die im Handel, als Handwerker, als Schankwirte, Zuhälter oder Sklavenhändler ihr Brot verdienten.

Der Bedarf der Flotte an Ruderern und die Arbeit am Hafen zogen ferner zahlreiche Theten sowie Söhne kleinerer Bauern in die Stadt und den Piräus. Viele fanden Beschäftigung in den Docks, mieteten einen kleinen Laden oder heuerten als Matrosen an. Langjähriger Ruderdienst ermöglichte den Aufstieg in die Klasse der Bodenbesitzer (*Zeugiten*) und den Erwerb von billigem Grundbesitz in den *Kleruchien* (siehe Seite 99). Im Zuge dieser Wanderung vom Land in die Stadt und dem Dienst in der Flotte nahmen die Theten eine urbane und selbstbewusste Lebenseinstellung an, die durch die Partizipation an der Demokratie stetig verstärkt wurde.

Leidenschaft für Fisch

Die Entlohnung der Theten und die Einführung der Richterdiäten ließen erhebliche Kapitalmengen in die städtische Wirtschaft fließen. Der Piräus wurde zum pulsierenden Zentrum eines Hafenlebens, wie wir es von den berühmten Häfen der frühen Neuzeit kennen: Die *entertainment industry* des Hafenviertels zog Touristen, Seeleute und Händler von überall an. Berühmt und berüchtigt waren die Bordelle und Straßenstriche beiderlei Geschlechts, mit denen allenfalls die Vergnügungsmeile Korinths – auch hierin Rivale Athens – konkurrieren konnte.[18] Im Schutz der Dunkelheit machten Banden und Schmuggler die Gassen des Piräus unsicher, und es fehlten auch nicht die aus den Seefahrerromanen des 18. Jahrhunderts bekannten Hafenkneipen mit ihrer zwielichtigen Gesellschaft – kurzum: Der Piräus war um 450 v. Chr. ein Schmelztiegel unterschiedlichster Nationalitäten und Charaktere, ein Tor zur Welt und ein Treffpunkt von Seefahrern und Abenteurern, die Erfahrungen und Schicksale austauschten und der Athener Gesellschaft Impulse verliehen, die die Stadt vor geistiger Erstarrung bewahrten.

Auch die Zahl der Sklaven war nach den Perserkriegen und in Folge der in die Stadt fließenden Seebundsgelder enorm angestiegen. Mitte des Jahrhunderts gab es nach modernen Schätzungen zwischen 80 000 und 120 000, d. h. mindestens doppelt so viele Sklaven und Sklavinnen wie männliche Bürger in Athen! Sie kamen meist aus den entfernteren Küsten der Ägäis und des Schwarzmeerraums und wurden nicht nur auf dem Lande, sondern auch in den Läden am Hafen, in den Markthallen oder als Dockarbeiter eingesetzt, ohne die Sklaven hätten die Athener sich nie den Luxus einer stehenden Flotte leisten können, ohne die Sklaven hätte aber auch die Demokratie nicht funktioniert. Denn die Sklaven verschafften den Bürgern den Freiraum für ihr zeitaufwändiges politisches Engagement.

Leider können wir nur an wenigen Phänomenen erahnen, wie sehr der Kontakt zum Meer das Leben der Athener Bürger prägte. Eines war die Leidenschaft für Fisch, die sie mit anderen maritim ausgerichteten Poleis (besonders der Kolonialgebiete) teilten. Immer wieder begegnen uns in der (Neueren) Komödie Szenen, in denen ein Akteur zum Hafen geht, um Fisch einzukaufen, oder vom Piräus in die Stadt mit frischem Fisch zurückkehrt. Es war eine Leidenschaft, die mitunter Züge sexueller Begierde annahm und dem Kenner sogar ungeahnte Erfolge bei der Eroberung des weiblichen Geschlechts versprach. Der Komödiendichter Anaxandrides lobt im 4. Jahrhundert v. Chr.:

> Welch andere Kunst lässt junge Lippen brennen, ihre Finger grapschen, ihre Lungen keuchen in der Hast des Verschlingens? Und bringt die Agora nicht Verbindungen nur dann zustande, wenn sie mit Fisch wohl versorgt ist? Was soll einem Sterblichen eine Verabredung zum Essen, wenn er an den Verkaufsständen nur Fischstäbchen, Panzerkrebs und Brasse findet? Und wenn es an die Verführung einer wirklichen Schönheit geht, mit welchen Zauberworten, mit welchen geschwätzigen Versen wolltest du denn ohne die Kunst der Fischer ihr Sträuben überwinden? Denn er besitzt die Gabe, die mit den bezwingenden Augen der Sternguckerpastete zu erobern weiß, die das Arsenal des Mahles aufmarschieren lässt, um des Leibes Verteidigung zu untergraben; er kennt das Geheimnis, das den Schnorrer zur Ruhe bringt, unfähig, seinen Weg weiterzuverfolgen.[19]

Das Staatsschiff auf unruhiger See

Wie sehr die Athener durch den engen Kontakt zum Meer geprägt waren, zeigt auch die zeitgenössische Tragödie. Ähnlich wie die Küstenbewohner des Atlantiks moderner Zeitrechnung eine mit maritimen Fachausdrücken gespickte Alltagssprache pflegen, so verwendeten die attischen Tragiker Metaphern aus der Welt des Meeres: Der Wanderer wirft am Abend Anker im gastlichen Hause, ein Plan wird gerudert und eine Rede wie ein Segel gerafft.[20] Zahlreich sind die Bilder aus dem technischen Bereich der Seefahrt, immer wieder wird von Steuern und Ruder, von Hissen und Reffen der Segel, vom Nachlassen der Schoten und dem Ausschöpfen des Brackwassers erzählt.[21] Das ganze menschliche Leben wird zur Seefahrt: „Fahr hin", ruft Hekabe in den *Troerinnen* des Euripides, „Fahr hin, dem Daimon gemäß, / und niemals stemme das Schiff des Lebens / stromaufwärts segelnd, dem Schicksal entgegen."[22]

Abb. 5: Dionysos auf dem Schiffskarren begleitet von zwei Flöten blasenden Satyrn. Attische Vase des frühen 5. Jahrhunderts v. Chr.

Das auffälligste und wohl am häufigsten verwendete Bild ist das des Staatsschiffes, das durch das unruhige Meer gesteuert werden muss. Wir finden es bereits bei den archaischen Lyrikern, doch nirgendwo war es so heimisch wie bei den attischen Tragikern. Aischylos lässt die *Hiketiden* von dem König von Argos Achtung fordern „vor dem Staatsschiff, das so reich bekränzt".[23] In den Tragödien wird das Staatsschiff zum Symbol für die Schicksalsgemeinschaft der Polis; die Aufgabe des Staatsmannes ist es, als Steuermann am Heck des Schiffes die Fahrt durch das Meer des Schicksals zu überwachen. Staatskunst ist Seemannskunst, und die größte Gefahr für das Schiff ist der Sturm, für den Staat der Krieg. Die Wogen im Sturm des Kriegsgottes Ares drohen das Schiff der Polis zu verschlingen.[24]

Dass die bildhafte Verbindung des Meeres mit dem Leben des Atheners und dem Schicksal des Staates zu einem wesentlichen Teil auf die Erfahrung des maritimen Machtaufstieges der Stadt zurückzuführen ist, scheint außer Zweifel. Doch es waren nicht nur die Sprache und der Alltag, sondern auch die städtischen Institutionen, die diese Meerverbundenheit durch ihre kultische Wiederholung im Bewusstsein der Athener verankerten.

Eine wichtige Rolle spielte das Fest der städtischen Dionysien zu Ehren des Gottes Dionysos. Es fiel in die Zeit, in der üblicherweise die Schifffahrt einsetzte, nämlich Mitte März. Während dieser Zeit fanden die großen Theateraufführungen im Dionysostheater am Südhang der Akropolis statt. Am Hauptag eines anderen, im Februar stattfindenden Dionysosfestes *(Anthesteria)* wurde der Gott bzw. stellvertretend sein Priester inmitten der Prozession auf einem Karren mitgeführt, der wie ein Schiff gestaltet war.

Dieser Schiffskarren symbolisierte offenbar den Weg des Dionysoskultes über See nach Attika.[25] Nach einer anderen Erklärung stellten der Zug und das Schiff die mythische Fahrt des Dionysos zur Hochzeit mit der Minostochter Ariadne dar.[26]

Doch es gab noch weitere Verbindungen des Dionysos zum Meer, die nicht nur den Athenern, sondern auch anderen Poleis, in denen man ähnliche Prozessionen veranstaltete[27], bekannt waren. Mit Dionysos verband man während der Dionysien auch die ‚beschwingte Seefahrt': Ihr Kennzeichen war der Konsum großer Mengen Weins. Pindar verglich die Stimmung der weinseligen Zecher mit einer heiteren Seefahrt.[28] Timaios von Tauromenion schildert eine Episode, wonach sich die beschwingten Trinker auf wellenbewegter See wähnen und in ihrem Rausch zur Belustigung der Mitbürger Geräte und Decken auf die Straße werfen, um ihr gefährdetes Schiff von unnötigem Ballast zu befreien.[29] Auf den *Anthesteria* veranstaltete man ein regelrechtes Wetttrinken, und auch sonst war die enge Verbindung von Wein und Meer im Kontext des Dionysosmythos allgegenwärtig.[30]

Ein Segel für Athene

Doch Dionysos stand auch für die abenteuerliche Seefahrt. Einer der ältesten Mythen erzählt, wie tyrsenische (etruskische) Piraten den jungen Dionysos am Strand raubten und sich von dem vermeintlichen Königssohn ein stattliches Lösegeld erhofften. Nur der Steuermann erkannte den Gott. Der Rest der Mannschaft hörte nicht auf seine Warnungen, stellte den Mast auf und spannte bereits die Segel, als das Schiff nach Ambrosia zu duften begann, Weinreben den Mast und die Ruder umrankten und der zornige Gott wie ein Löwe brüllte. Aus Furcht sprangen die Seeräuber über Bord und wurden, kaum in der Salzflut, in Delphine verwandelt. Nur dem reuigen Steuermann gewährte der Gott Gnade und Lob ob seiner Einsicht.[31] Natürlich lagen diese Geschichten nicht dem religiösen Kult des Dionysosfestes zu Grunde, doch dürften die Teilnehmer sie bei der Prozession in irgendeiner Form assoziiert haben, zumal ihre weite Verbreitung durch Vasenbildnisse gesichert ist.[32] Vielleicht spielte in der Vorstellung vieler Athener der mit Weinreben umrankte Schiffskarren auf das von Dionysos ‚eroberte' Piratenschiff an; dessen Sieg über die Piraten ließ sich wiederum als Symbol für den Sieg der Athener Seemacht über die Seeräuber der Ägäis verstehen, auf den alle Athener stolz waren.

Eine solche Deutung gewinnt an Wahrscheinlichkeit, wenn man bedenkt, dass gerade das Dionysosfest mit seinen symbolträchtigen Handlungen nicht nur zur Stärkung der Identität und des Selbstwertgefühls der Athener beitrug, sondern auch zur Machtdemonstration gegenüber den Seebündnern diente[33], die den Sinn solcher Anspielungen unschwer erkannten. Seit 450 v. Chr. brachten die Abgesandten der Bündner während der städtischen Dionysien ihre Abgaben nach Athen, wo sie die *Hellanotamiai* in einem feierlichen Akt auf der Bühne des Dionysostheaters dem Volk zeigten.[34] In diesem Rahmen wurde auch der Mythos vom Sieg des Dionysos über die Piraten in einen propagandistischen Kontext eingeordnet, der den Stolz der Athener auf ihre maritimen Erfolge in einem feierlichen Ambiente voller Symbolkraft spiegelte.

Das Gleiche gilt, wenn auch in geringerem Maße, für das Hauptfest der Athener, die Panathenäen zu Ehren der Stadtgottheit Athene. Nach der Verlegung der Bundeskasse von Delos nach Athen hatte die Athener Stadtgöttin die Rolle einer Schutzgottheit des gesamten Bundes übernommen. Nicht ohne Grund mussten zunächst die Städte Attikas und die Kolonien ein Opferrind, und später während des Peloponnesischen Krieges die Bundesgenossen Rind und Rüstung für die Panathenäen stellen.[35]

Das kultische Zentrum der Feier bildete die Übergabe eines neuen Gewandes (*Peplos*) an und ein Opfer für die Göttin. Der *Peplos* wurde im Rahmen einer großen Prozession aufgespannt wie ein Segel und auf einem dem dionysischen Schiffskarren ähnlichen Wagen vom Kerameikos bis zum Eleusinion am Fuße der Akropolis gebracht. Vermutlich sang man dabei das berühmte Lied des Chorlyrikers Simonides (ca. 557/56 – 468 v. Chr.) über die Schlacht von Salamis.[36] Athene selbst hatte als Schutzherrin des Seebundes eine enge Beziehung zur Seefahrt. Schon in der *Ilias* verdankt der Schiffsbauer seine Kunst der Inspiration Athenes.[37] Athene war ferner die Begleiterin und Schutzpatronin junger Helden wie Telemach bei ihren ersten Erkundungsfahrten auf dem Meer und ganz besonders die Helferin des athenischen Nationalheroen Theseus, der die Athener während seiner Fahrt nach Kreta von der Bürde befreite, jährlich zehn junge Mädchen und Jungen dem Minotaurus als Opfer darzubringen. Wie im Fall des Dionysos verbanden sich also auch bei den Panathenäen alte kultische Riten mit einem dezidierten politischen Führungsanspruch Athens über den Seebund.

Das architektonische Ambiente bot dieser Funktion den passenden Rahmen: Alle Feste endeten oder spielten sich in der Nähe der Akropolis ab. Der Parthenon bildete funktionell und architektonisch als Aufbewahrungsort der Bundeskasse und als Haus der Bundesgöttin Athene das Zentrum des Seereiches, und die monumentale Statue der Speer tragenden Göttin in vollem Kriegsornat zeigte jedem Besucher schon vom Piräus aus, dass die Athener sich ihrer militärischen Stärke vollauf bewusst waren und ihre *hegemonia* gegenüber jedem Konkurrenten zu verteidigen trachteten.

Gründungsmythos einer maritimen Staatsideologie

Das Selbstbewusstsein Athens wurde mit einer staatlichen Ideologie unterlegt, deren Ausgangspunkt die Seeschlachten am Artemision und von Salamis bildete. Die Ausgestaltung der kollektiven Erinnerung begann nach der Schlacht auf allen künstlerischen Ebenen. Teile der erbeuteten Schiffe und deren Verzierungen kündeten auf der Akropolis vom Sieg über die Barbaren. Ein Heiligtum am Ilissos für den Nordwind Boreas erinnerte an den Sturm, der Teile der persischen Flotte zerstört hatte.[38] Pindar rühmte den Anteil der Aigineten bei der Schlacht von Salamis, vergaß aber auch nicht die Schlacht bei Artemision zu erwähnen, „wo die Söhne der Athener den glänzendsten Sockel der Freiheit aufstellten".[39] Auf einer Säule des Tempels der Artemis Proseoa an der Küste waren Plutarch zufolge die Verse zu lesen: „Über die zahllos-bunten Scharen aus Asiens Landen / siegten in diesem Meer tapfere Söhne Athens / und zerschmetterten Persiens Flotte. Freudigen Herzens / weihten sie, Artemis, Dir dann diesen Tempel zum Dank."[40]

Wir haben gesehen, dass die Schlacht von Salamis kein durchschlagender militärischer, sondern ein strategischer Erfolg gegen eine zahlenmäßig in etwa gleich starke gegnerische Flotte war (siehe Seite 89). Die Athener machten im Laufe der Jahre aus diesem strategischen Erfolg einen gewaltigen Sieg über einen mehrfach überlegenen Feind, und in dieser Form bildete der Sieg von Salamis den Gründungsmythos der athenischen Kriegsflotte und der von ihr erkämpften Hegemonie bis weit hinein ins 4. Jahrhundert v. Chr.

Angefangen hatte alles im Jahr 472 v. Chr., sechs Jahre nach der Schlacht, als der Dramatiker Aischylos seine Tragödie *Die Perser* auf die Bühne brachte. Er konzentrierte den gesamten Abwehrerfolg der Griechen in der Seeschlacht bei Salamis, während die übrigen militärischen Auseinandersetzungen eine untergeordnete Rolle spielten; er behandelte das Thema dennoch nicht aus der Sicht seiner Mitbürger, sondern aus der Perspektive des unterlegenen Gegeners. Schauplatz ist ein Platz vor den Toren des persischen Königshofes von Susa, der für die meisten Athener schon damals Inbegriff fabulöser Pracht und orientalischen Luxus, aber auch despotischer Alleinherrschaft war. Hier wartet die Königsmutter Atossa voll düsterer Ahnungen auf die Botschaft vom Ausgang der Schlacht. Als die Niederlage offenbar wird, verfällt sie in tiefe Trauer: Nicht der Spott oder die Häme über den besiegten Gegner bestimmten die Atmosphäre, sondern das Mitgefühl mit dem Leiden der Mutter und der geschlagenen Nation, und immer schwingt zwischen den Versen die Überzeugung mit, dass jeder Mensch und jeder Staat von solchen Schicksalsschlägen getroffen werden können.

Strafe für den barbarischen Hochmut

Die Begründung, die Aischylos für den Sieg der Athener liefert, ist durchdacht und differenziert: Anders als die Perser waren die Griechen motiviert, um ihre Freiheit und ihre Heimat zu kämpfen; ihnen half ferner die geographische Konstellation im Sund von Salamis: sie behinderte die Entertaktik der persischen Schiffe, begünstigte dagegen die Rammstöße der griechischen Einheiten. Aischylos deutet darüber hinaus auf die schlechte Versorgungslage im persischen Heer hin, die Kampfkraft und Motivation schwächte.

Die aber wohl wichtigste Erklärung entnimmt Aischylos der religiösen Sphäre, und er verleiht damit dem Seesieg eine über das Menschliche hinausgehende, kosmische Dimension[41]: Die Niederlage bei Salamis – so klärt der Geist des toten Dareios die Königsmutter Atossa auf – sei die gerechte Strafe dafür gewesen, dass Xerxes in menschlicher Hybris die von den Göttern gesetzten Grenzen zwischen Asien und Griechenland/Europa missachtet und dazu auch noch bei der Überquerung des Hellesponts das Meer als göttliches Element beim Bau der Pontons gefesselt habe.[42] Wieder treffen wir auf die Überzeugung vom Primat der kosmischen Ordnung. Die Naturphilosophen hatten die Prinzipien der kosmischen Ordnung aufgedeckt, die Geographen sie auf die Konstruktion der Erde übertragen und die politischen Weisen den Status der Polis in eine „gute Ordnung" überführt – nun sind es alle Athener, die als Vollzugsorgan eines göttlichen Strafgerichtes die von den Perser gestörte Weltordnung wiederherstellten, und bezeichnenderweise tun sie dies auf dem Meer. Der Seesieg bei Salamis als Strafe für den Hochmut der Barbaren – welcher Begründungszusammenhang lieferte eine bessere Grundlage, um aus einer unentschiedenen Seeschlacht den Gründungsmythos einer nationalen außenpolitischen Aufgabe zu formen? Um den dramatischen Effekt des unerwarteten Sieges und die Bedeutung des göttlichen Willens zu steigern, operiert ferner Aischylos mit unglaubwürdigen Zahlenangaben: Angeblich hätten nur 300 Schiffe 1000 persische Einheiten besiegt: Nur ein Daimon, ein göttliches Wesen, und der eiserne Wille der Athener konnten einer solch zahlenmäßig unterlegenen Flotte zum Sieg verhelfen.

Die in dieser Form angedeutete Identitätsbildung lässt sich auch am Stil des Aischylos beobachten.[43] Während noch bei Homer das Meer als unbelebtes Element den Hintergrund für die Taten der Helden bildet und die Lyriker den Kampf des Menschen mit dem Meer als individuelle Herausforderung thematisieren, versteht die Tragödie das Meer als Sinnbild menschlicher Not schlechthin; Aischylos benutzt auffällig oft das oben erörterte Bild des Staatsschiffes, das kluge Staatsmänner durch die Wirren des Schicksals lenken:

Nicht mehr das Individuum, sondern die Gemeinschaft der Polisbürger muss sich auf dem Meer des Lebens bewähren, dementsprechend sind Seeschlachten nicht mehr allein Erfahrungen des Einzelnen, sondern Bewährungsproben der staatlichen Gemeinschaft. Diese Kollektivierung maritimer Handlungs- und Bewährungsmuster ermöglichte es, dem Seesieg bei Salamis den Rang eines staatlichen Vollzugs göttlicher Weisung zuzuerkennen und ihn damit zum Gründungsmythos einer imperialen Herrschaft über das Meer zu erheben.

Wir wissen im Einzelnen nicht, wie die Athener in den folgenden Jahren diesen Gründungsmythos in ihrem kollektiven Gedächtnis verankerten, welche neuen Akzentuierungen und Wandlungen er dabei erfuhr. Sicher ist jedenfalls, dass schon Aischylos die Schlacht bei Salamis als einen exklusiven Sieg der Athener verstand, während man im Gegenzug Plataiai und den Mythos der entscheidenden Landschlacht den Spartanern überließ.[42] Der vertraute Antagonismus zwischen der ‚Seemacht Athen versus Landmacht Sparta' nimmt hier seinen Ausgangspunkt.

In der Folgezeit wich die religiöse Begründung des Aischylos zunehmend der Auffassung, die Athener hätten aus eigener Kraft und mithilfe ihrer unvergleichlichen Tapferkeit und Tüchtigkeit den Sieg errungen. In gleichem Maße traten Athener Feldherren, insbesondere der bei Aischylos noch nicht genannte Themistokles, in den Vordergrund. Offensichtlich drängten im Zuge der großen Erfolge Kimons adlige Ideale und Erklärungsmuster den religiösen Wirkungszusammenhang an den Rand, ohne ihn gänzlich aufzuheben: Das wohlwollende Lächeln der Gottheit blieb notwendiger Hintergrund, vor dem sich nun aber die *areté* („Tüchtigkeit") der Athener Bürgerschaft und die Heldentaten ihrer Feldherrn entfalteten.

Seefahrt als Teil menschlicher techné

Gefördert wurde diese Entwicklung durch eine Veränderung innerhalb der griechischen Geisteswelt, die sich in der Mentalität der Athener in besonderem Maße einprägte. Der aus griechischer Sicht sensationelle Sieg gegen die Perser hatte den Griechen bewusst gemacht, zu welchen Leistungen der Mensch selbst angesichts eines schier unlösbaren Problems (wie der persischen Invasion) imstande ist, wenn seine Fähigkeiten auf richtige Weise geweckt, geschult und fachgerecht gebündelt werden. Die Auslegung des delphischen Orakels, der Bau einer Kriegsflotte, die Schulung der Ruderer, das geschickte Ausnutzen von Meeresströmungen und Winden (vor Salamis) waren „Künste" *(technai)*, die den Menschen vor allen anderen Lebewesen auszeichneten.[44] Der Seekrieg gegen die Perser, die Organisation des Seebundes und die Herrschaft über das Meer führten insbesondere bei den Athenern zu einem grenzenlosen Leistungsoptimismus, der durch zeitweilige Niederlagen kaum beeinträchtigt wurde.

Dieser Optimismus wurde von einer Gruppe von „Weisheitslehrern" (Sophisten) aus verschiedenen Teilen der griechischen Welt vorbereitet und verbreitet. Sie gehörten zu der großen Gruppe der zwischen den Poleis über See wandernden Griechen und setzten eine Tradition fort, die in der Archaik begonnen hatte. Wie der Sänger Arion auf seiner Tournee durch die Kolonialgebiete reich belohnt wurde, so reisten nun Sophisten wie Gorgias aus dem sizilischen Leontinoi oder Protagoras aus dem thrakischen Abdera durch die Poleis des Mutterlandes, um gegen Honorar Unterricht in allen menschlichen Wissensgebieten, angefangen von den Naturwissenschaften über Geschichte bis zur Politik, anzubieten; Protagoras soll als 90-Jähriger auf einer solchen Schiffsreise nach Sizilien den Tod gefunden haben.[45]

Gemeinsam war ihnen allen, dass sie den Menschen, seine Bedürfnisse und Fähigkeiten in den Mittelpunkt ihres Interesses rückten und nach der praktischen Anwendbarkeit, der Technik und Nützlichkeit des vermittelten Stoffes fragten. Der viel zitierte *homo-mensura*-Satz, dass der Mensch das Maß aller Dinge sei, stammt von Protagoras, könnte aber als Motto über den Lehren fast aller Sophisten stehen. Athen bot ihnen hervorragende Arbeits- und Diskussionsmöglichkeiten. Die Politiker und Redner suchten Techniken, mit denen sie ihre Zuhörer in der Volksversammlung am besten beeinflussen könnten, die Strategen wollten mehr über die Natur der Macht wissen und Vorhersagen über die Reaktionen ihrer Gegner treffen; viele verlangten nach Erklärungen für die maritimen Erfolge.

Die Sophisten nahmen dabei alte Überlegungen auf: Seefahrt galt schon Homer als Kriterium menschlicher Zivilisation gegenüber barbarischer Primitivität.[46] Hatte Hesiod noch die Erfindung von Schiffen und Seefahrt als Frevel der Menschen und als Einbruch in göttliche Sphären verstanden, so wagte der von der sophistischen Aufklärung beeinflusste Sophokles durch den Mund der Antigone bereits die Aussage, dass die Seefahrt zu den großen Leistungen der Menschen gehörte.[47] Um die Seefahrt des Menschen mit dem Missfallen der Götter auszusöhnen, erklärte man, die Götter hätten selbst den Menschen die Schifffahrt gebracht.[48] Für die Athener nahm ihre Stadtgöttin Athene eine prominente Rolle ein, denn sie soll Jason die Bauanweisungen für die Argo, das erste Schiff der Menschen, gegeben haben.[49] Damit war der Weg frei, der Seefahrt einen moralisch unbelasteten ersten Rang unter den menschlichen Kulturleistungen einzuräumen.

Die in der Mitte des Jahrhunderts aufkommenden Kulturentstehungslehren waren aber nur eine Form rationaler Sinnordnung: Seit den 440er-Jahren v. Chr. hielt Herodot in Athen öffentliche Vorlesungen aus seiner *Darlegung der Erkundung*. Dieses Werk bildet den Beginn der abendländischen Geschichtsschreibung und es ist in vielerlei Hinsicht ein Kind des geistigen Klimas der Sophistik: Herodot beschäftigte sich mit Menschheitsgeschichte, und zwar mit den großen Taten der Griechen und Barbaren, die im Konflikt der Griechen mit den Persern kulminierten und deren Ursachen es zu erforschen galt. Mythen und alte Epen sollten dabei keinen eigenständigen historischen Erkenntniswert mehr besitzen. Die Rekonstruktion konzentrierte sich vielmehr auf Personen und Völker in einer historisch fassbaren Zeit. Deshalb bedurfte es ausgedehnter Forschungsreisen, der Kenntnis der geographischen und ethnographischen Rahmenbedingungen, der Befragung von Zeitzeugen sowie der Auswertung von Quellen.

Retter von ganz Hellas

Die Konzentrierung auf die Geschichte des Menschen beeinflusste auch die Deutung der Seeschlacht von Salamis. Herodot weist im Sinne des Aischylos darauf hin, dass die Gottheit die Hybris des Perserkönigs bestraft habe, der das Meer peitschte und über sein Herrschaftsgebiet in Asien frevelhaft hinausgriff.[50] Doch mindestens ebenso großes Gewicht besitzen der Wille, der Charakter und die Fähigkeit des Menschen selbst, im Fall des Xerxes das Verlangen nach Ruhm und Machterweiterung, im Fall der Athener bzw. des Themistokles der eiserne Wille, die Heimat vor dem Ansturm der Perser zu bewahren und die Fähigkeit, hierzu alle Techniken und Tricks anzuwenden, die dem Menschen qua seiner Natur anheim gegeben sind. Diese Fähigkeit, so fügt Herodot hinzu, entfaltet sich in einer freiheitlichen Bürgerverfassung leichter als in einem monarchischen Staat, in dem die servile Furcht gegenüber dem Despoten individuelles Können und individuellen Ehrgeiz erstickt. Da Athen nach Meinung Herodots die freiheitlichste und fortschrittlichste Verfassung hatte, sei auch der Erfolg der Athener verständlich und so rühmenswert, dass die Stadt sogar als Retter von ganz Hellas bezeichnet werden könne.[51]

Diese Überzeugung setzte sich in den Herzen und Köpfen der Athener unausrottbar fest, und von ihr bezogen sie auch ihre Argumente, wenn es galt, Forderungen gegenüber außenpolitischen Kontrahenten zu begründen oder neue Flottenunternehmungen zu initiieren – Thukydides wird wenige Jahre später die Athener gegenüber den Spartanern erklären lassen, dass sie die

Seeschlacht bei Salamis deshalb gewonnen hätten, weil sie die meisten Schiffe, die klügsten Feldherren und die mutigste Mannschaft beigesteuert hätten, dass die Griechen den Persern hilflos unterlegen wären, wenn die Athener nicht gewesen wären. Deshalb beanspruchten die Athener auch ganz zu Recht die Führung in Hellas und könnten sich eine besondere Behandlung der Bundesgenossen herausnehmen.[52] Erstmals diente ein Seesieg der Legitimation außenpolitischen Handelns und machtpolitischer Ansprüche: Die durch die „Rettung von Hellas" erworbene Sonderstellung verschaffte einen Verhaltensbonus, der Rücksichtnahmen obsolet erscheinen ließ – ein gefährliches Selbstverständnis, wie wir im Folgenden sehen werden.

Der Historiker Thukydides bildet aber noch in anderer Hinsicht den Endpunkt einer seit den Perserkriegen und dem Aufkommen der Sophistik angelegten Entwicklung. Während die traditionelle Auffassung am Beginn der Geschichte ein Goldenes Zeitalter harmonischen Zusammenlebens konstruiert, von dem der Mensch sich im Laufe der Zeit immer weiter entfernt, dreht Thukydides den Spieß konsequent um[53]: Für ihn war das Leben der Frühzeit roh, verkommen und barbarisch-gewalttätig, durch eine hohes Maß von Instabilität gekennzeichnet. Durch die Adaption neuer Techniken entfernte sich die Menschheit allmählich von diesem Zustand, doch erst der Aufbau von Kriegsflotten und das erfolgreiche Streben nach *Thalassokratie* schufen politische Sicherheit. Maritime Herrschaft bildet Thukydides zufolge nicht nur einen politischen Ordnungsfaktor, sondern den entscheidenden Schlüssel für politische Macht schlechthin – eine sensationelle Aussage, die sich aus einer speziellen Analyse des Athener Machtaufstieges ergab.

Und Thukydides weiß auch einen wesentlichen Antriebsfaktor maritimer Herrschaft zu benennen, nämlich das Streben nach Profit. Was in verschiedenen Einzelaussagen der Archaik immer wieder angeklungen war, wird nun von Thukydides zu einem historischen Entwicklungsgesetz verdichtet, das ohne moralische Wertungen auskommt. Das war neu und in dieser Form einmalig. Es bleibt zu prüfen, ob die weitere historische Entwicklung seine These bestätigt.

Der Peloponnesische Krieg

Darum schärfte er (Themistokles) den Athenern ein: Wenn sie einmal zu Lande arg bedrängt würden, sollten sie sich nach dem Piräus zurückziehen und von den Schiffen aus der ganzen Welt die Stirn bieten.
THEMISTOKLES NACH THUKYDIDES 1, 93

In den 440er-Jahren v. Chr. beobachten wir ein bedeutsames Phänomen: Viele Poleis, die noch außerhalb der großen Bünde standen und an viel befahrenen Schifffahrtswegen lagen, begannen ihre Kriegsflotten zu modernisieren und auszubauen. Eines der folgenreichsten Beispiele ist Korinth. Während der Konsolidierungspolitik des Perikles in Athen versuchten die Korinther verloren gegangenen Einfluss in den Gewässern am Golf von Ambrakia wiederzugewinnen, doch diesen Versuch vereitelte die ehemalige Kolonie Kerkyra: Kerkyra kontrollierte mit einer Flotte von 100 Trieren den Seeverkehr in die nördliche Adria.

Als sich zwei Bürgerkriegsparteien aus Epidamnos (Durazzo) jeweils an Korinth und Kerkyra mit der Bitte wandten, sie militärisch zu unterstützen, sagten die Korinther zu, in der Hoffnung, der einstigen Kolonie einen entscheidenden Schlag versetzen zu können. Nach einigen misslungenen Expeditionen wurde binnen weniger Monate ein Flottenbauprogramm von mindestens 100 Trieren aufgelegt, umfangreiche Holzlieferungen organisiert sowie Schiffsbaumeister und Ruderer aus ganz Griechenland und den Poleis des attischen Seebundes angeworben.

Nach einem Jahr verfügte die Stadt über 150 Einheiten – die größte Flotte, die je eine einzelne Polis außer Athen auf Kiel gelegt hatte. Sie veränderte mit einem Schlag nicht nur das Machtgleichgewicht in den ionischen Gewässern, sondern bedrohte auch die athenische Seeherrschaft, die auf die Ruderer und Ressourcen der Ägäis angewiesen war.[1]

Athens Konflikt mit Korinth

Es lag daher aus Sicht der Kerkyräer nahe, die Athener um Unterstützung zu bitten. Nach einem ersten negativen Bescheid ratifizierte die Athener Volksversammlung ein Defensivbündnis. Die kerkyräischen Gesandten hatten nicht nur auf die Rüstungen Korinths hingewiesen, die der Athener Flotte Mannschaften und Ressourcen entzogen. Ferner – so Thukydides –

„lag Kerkyra (...) bequem an der Fahrtstraße nach Italien und Sizilien". Der Tyrann von Syrakus hatte wenige Jahre zuvor ähnlich wie Korinth 100 Trieren bauen lassen, die angesichts der traditionellen Verbindungen der Syrakusaner mit Sparta als Verstärkung des Peloponnesischen Bundes interpretiert werden konnten. Von Kerkyra aus ließen sich Übergriffe der neuen syrakusanischen Flotte abwenden sowie Holzlieferungen für den Bau der korinthischen Kriegsschiffe stören, gleichzeitig konnten athenische Schiffe selbst im Westen aktiv werden.[2]

Athen hatte rund zehn Jahre zuvor Bündnisse mit Leontinoi – dem ertragreichsten Getreideanbaugebiet Siziliens – und Rhegion – dem traditionellen Knotenpunkt des Seehandels von Sizilien nach Griechenland – an der Straße von Messana geschlossen. 444/43 v. Chr. rief Perikles Siedler aus Griechenland zur Teilnahme an der Gründung der panhellenischen Kolonie Thurioi an der Stelle des zerstörten Sybaris auf. Fast zeitgleich schloss der Stratege Phormio mehrere Bündnisse mit den Gemeinden Akarnaniens, um die Schifffahrtsrouten in die Adria und nach Italien zu kontrollieren.

Kurz nach Abschluss des Bündnisses mit Kerkyra folgte ein zweiter Schlag. Er richtete sich gegen die Handelsstadt Megara. Sie hatte Korinth mit Schiffen unterstützt und besaß zahlreiche Kolonien im Bereich der Nordägäis und des Schwarzmeergebietes, also dort, wohin Perikles in den 440er-Jahren v. Chr. die athenische Macht zur Sicherung der Getreidehandelswege ausgeweitet hatte. Wenn demnach Megara die Korinther mit Schiffen unterstützte, dann dürfte es auch mitgeholfen haben, Matrosen für die korinthische Flotte anzuwerben. Als Objekte boten sich ihre seekriegserfahrenen Kolonien in der nördlichen Ägäis wie von selbst an. Um diese Eingriffe in maritime Ressourcen des Seebundes zu verhindern und jede weitere Unterstützung des korinthischen Flottenbaues zu unterbinden, erließ die Athener Volksversammlung auf Antrag des Perikles ein Dekret, wonach die Megarer von den Häfen und Märkten des Seebundes ausgeschlossen werden sollten (das megarische Psephisma).[3] Im Klartext hieß dies: Die Megarer durften ihre Kolonien in der Nordägäis nicht mehr zur Anwerbung von Ruderern sowie zur Einfuhr von Getreide und Holz benutzen.

Fast folgerichtig entwickelte sich ein dritter Konflikt: Perdikkas, der König von Makedonien und Herrscher über die wichtigsten Holzvorkommen der Ägäiswelt, hatte den Korinthern Unterstützung versprochen, falls sich ihre Kolonie Potideia auf der Chalkidike gegen Athen erheben würde. Diese war – wie die nordägäischen Kolonien Megaras – auch Mitglied des delisch-attischen Seebundes und bildete für die Athener einen „überaus günstigen Standort für Unternehmungen in Thrakien"[4], also Ausgangspunkt für ein

Ausgreifen in die thrakischen Wald- und Mineralreichtümer. Ferner eröffneten die Korinther später den Spartanern, dass Potideia „den Peloponnesiern eine gewaltige Flotte hätte liefern können". Konsequent verlangten die Athener von den Potideiern, korinthische Beamte auszuweisen, die Mauern auf der Seeseite zu schleifen und Geiseln zu stellen. Dadurch hielten sie sich die Möglichkeit offen, die Stadt militärisch unter Druck zu setzen.

Die Potideier weigerten sich und baten Korinth und Sparta um Unterstützung. Korinth schickte eine Expeditionstruppe von rund 2000 Mann; Sparta versprach – wie seinerzeit gegenüber Thasos (siehe Seite 92 f.) – bei einem Angriff Athens in Attika einzumarschieren. Daraufhin erklärten die Potideier ihren Austritt aus dem Seebund. Athen reagierte mit der Entsendung von 40 Schiffen mit 2000 Hopliten und konnte die Stadt und das korinthische Hilfskorps einschließen. Im Sommer 432 v. Chr. gelang es Abgesandten aus Korinth, Megara und Aigina vor der spartanischen Volksversammlung einen Beschluss durchzusetzen, der Athen beschuldigte, den Dreißigjährigen Frieden gebrochen zu haben. Der Peloponnesische Bund selbst erklärte wenig später Athen offiziell den Krieg.

Die Kriegsbereitschaft der Athener

Ein Jahr lang versuchten spartanische Unterhändler, die Athener noch zu einer Revision ihrer Beschlüsse gegen Megara und Potideia zu veranlassen, doch vergeblich. Die Athener Volksversammlung wies unter dem Einfluss des Perikles alle Minimalforderungen zurück: Vielleicht war der Krieg für Perikles eine Flucht vor einer sich verstärkenden innenpolitischen Opposition. Vielleicht benötigte seine Außenpolitik aber auch nach über zehn Jahren der Konsolidierung neue Perspektiven. Viele Bundesgenossen hatten sich zwar an die Hegemonie Athens und ihre Vorteile gewöhnt. Doch diejenigen Poleis, die umfangreichere Gelder zu überweisen hatten, dürften spätestens nach der Überführung der Bundeskasse nach Athen daran gezweifelt haben, ob ihre materielle und politische Abhängigkeit noch zeitgemäß war. Die einzige Möglichkeit, diese Bündner angesichts korinthischer Verlockungen bei der Stange zu halten, bestand in der Präsentation eines glaubwürdigen Feindbildes und der Notwendigkeit eines aufgezwungenen Krieges. Als neuer Gegner boten sich die Korinther und die Peloponnesier von selbst an, als diese daran gingen, die Ressourcen der Athener Flotte abzuzweigen, und als Operationsziel hatte sich der Westen hinreichend profiliert.

Überzeugt von der Berechtigung eines Krieges war aber auch ein Großteil der Athener selbst, besonders die auf den Schiffen rudernden Theten.[5] Denn die korinthische Flottenrüstung bedrohte Athens Vormachtstellung im Seebund und gefährdete damit auch die regelmäßigen Einkünfte, an die man sich gewöhnt hatte. Nicht geringer als die materiellen Einbußen wog der Prestigeverlust, der mit einer passiven Haltung angesichts der korinthischen Ambitionen verbunden gewesen wäre. Es war die Eroberung des Meeres, die ihre Stadt groß gemacht und ihre unvergleichliche Stellung in der Welt begründet hatte. Deshalb musste man auch gegenüber Korinth und Megara Stärke zeigen und durfte das megarische Psephisma nicht zurücknehmen. „Wenn ihr hierin nachgebt“, drohte Perikles in der Volksversammlung, „dann wird man euch bald Größeres zumuten in dem Glauben, ihr werdet aus Furcht auch darin gehorchen. Durch feste Zurückweisung aber werdet ihr sie belehren, euch künftig mehr wie ihresgleichen zu behandeln.“[6]

Bei vielen Athenern hatte sich die Überzeugung verfestigt, dass die geringste Beeinträchtigung ihrer maritimen Herrschaft alle Erfolge der Vergangenheit aufs Spiel setzen und einen desaströsen Einfluss auf das Schicksal der Stadt haben müsse.[7] Dieser Sorge lag ein realer Zwang zu Grunde: Athen war angesichts seiner großen Bevölkerung aus existenziellen Gründen wie kaum eine andere Stadt auf eine Sicherung der Getreiderouten angewiesen. Deshalb reagierten die Athener auf alle Versuche fremder Mächte wie Korinth oder Megara, in der Nordägäis ihre Herrschaft auch nur anzutasten.

Ausgangsposition und Strategien

Der nun einsetzende Krieg dauerte über 30 Jahre, und er hat im Laufe der Zeit fast sämtliche Staaten auch außerhalb Griechenlands in seinen Bann gezogen. Der Verlauf war und ist für viele Historiker ein Lehrbeispiel für den Konflikt zwischen einer großen Landmacht – Sparta – und der größten Seemacht – Athen. Diese Einschätzung geht auf Thukydides zurück, der an einer Stelle seines Werkes sagt: „Bestand doch damals der Hauptruhm der Lakedaimonier (die Spartaner) darin, Landbewohner und die Ersten im Landkrieg zu sein, und der Athener darin, Meerbewohner und die Tüchtigsten im Seekrieg zu sein.“[8]

Thukydides folgt damit dem für die griechische Kultur typischen Bemühen, die Welt binär zu verstehen, d. h. die Strukturen der menschlichen Gesellschaft, ihrer Kultur und Politik in Polaritäten (Mann – Frau, Leben – Tod, Grieche – Barbar) aufzulösen. Derartige Denkkonstrukte lassen sich mit der Realität selten gänzlich in Deckung bringen: Es ist zwar richtig, dass die Macht Spartas auf seiner Hoplitenarmee und den Kontingenten der peloponnesischen Bündner beruhte; immerhin hatte sich jedoch Korinth als einer der vornehmsten Gegner Athens gerade den Bau einer großen Trierenflotte geleistet, und auch die Spartaner selbst verfügten über ca. 100 Einheiten und einen ausgebauten Kriegshafen in Gytheion. Außerdem konnte man im Notfall auf die Unterstützung der neu erbauten syrakusanischen Schlachtflotte hoffen.

Das eigentliche Problem des Peloponnesischen Bundes bestand weniger in der Quantität der Schiffe und der mangelnden Erfahrung im Seekrieg – die Korinther gehörten ja zu den Wegbereitern des Trierenbaus – als vielmehr in der über Jahre nicht sonderlich geförderten Ausbildung der Ruderer. Die Korinther und Spartaner benutzten einen robuster gebauten Schiffstyp, der anstelle schwieriger Manöver für den Nahkampf durch die Wucht des einmaligen Rammstoßes konzipiert war.[9] Eine solche Taktik war jedoch nur dort erfolgreich, wo sich die überlegene Manövrierkunst der Athener nicht entfalten konnte. Ein weiteres Handicap bestand in der ungünstigen Verteilung der Seestreitkräfte. Die Vereinigung der korinthischen und spartanischen Schiffe war nur im Saronischen oder im Korinthischen Golf möglich. In beiden Gebieten aber hatten die Athener die Seeherrschaft inne, und es war daher sehr schwierig, die geballte maritime Kraft des Bundes zum Einsatz zu bringen.

Den Athenern war diese Konstellation vollauf bewusst. Nicht von ungefähr bestand eines ihrer wesentlichen strategischen Ziele darin, sich nicht nur die *Thalassokratie* über den Saronischen Golf, sondern auch über die Ausfahrt des Korinthischen Golfes zu sichern. Sie setzten deshalb zu Kriegsbeginn auf die erprobte Strategie der Defensive zu Land und der Offensive zur See. Das uneinnehmbare Festungsdreieck zwischen der Stadt und dem Piräus bot genügend Platz, wohin sich im Angriffsfalle die Bevölkerung zurückziehen konnte. Die als unangreifbar geltende Flotte sorgte für den Nachschub an Getreide und sollte die Küsten der Peloponnes „ringsum mit Krieg überziehen“[10] sowie den Gegner von Getreidezufuhren abschneiden.

Athens Erfolge und Spartas Reaktion

Die athenische Strategie erwies sich zunächst als erfolgreich und hat die Stadt vor einer frühen Niederlage bewahrt, als eine im Sommer 430 v. Chr. aus dem Osten eingeschleppte Seuche einem Drittel der Athener Bevölkerung – unter ihnen auch Perikles – das Leben kostete. Die Athener Seekriegspolitik bewahrte dennoch ihre globale Ausrichtung: Im Herbst 429 v. Chr. besiegte der Stratege Phormio an der Einfahrt in den Golf von Korinth eine zahlenmäßig überlegene peloponnesische Flotte und konnte danach die Kornzufuhr von Sizilien nach Korinth und auf die Peloponnes so weit unterbinden, dass die

Getreidepreise im Gebiet des Peloponnesischen Bundes stiegen. Zwei Jahre später schlugen die Athener einen Aufstand in Kerkyra nieder und hatten endlich die Schlüsselposition im Westen gewonnen, die für einen Versorgungskrieg gegen Sparta unentbehrlich erschien.

Im Herbst stach eine athenische Expeditionsflotte nach Sizilien in See, um Thukydides zufolge „die Getreidezufuhr von Sizilien nach der Peloponnes zu unterbinden und um einen vorläufigen Versuch zu machen, ob sie in Sizilien nicht das Heft in die Hand bekommen könnten." [11] Im April 425 v. Chr. folgte der dritte Schlag, als der Stratege Demosthenes mit 40 Trieren in die Bucht von Navarino einfuhr und die Festung des unbewohnten Pylos besetzte, um die Spartaner an ihrer verwundbarsten Stelle zu bedrohen: Pylos lag nur wenige Kilometer vom Berg Ithome entfernt, auf dem sich seinerzeit die rebellierenden messenischen Heloten verschanzt hatten. Als er auch noch ein spartanisches Entsatzheer auf der Insel Sphakteria einschließen, eine Flotte des Bundes besiegen und im folgenden Jahr mit dem neuen Strategen Kleon die spartanischen Hopliten zur Kapitulation zwingen konnte, stand Athen kurz vor dem endgültigen Gewinn des Krieges.

In Sparta sahen nun die jüngeren Mitglieder der führenden Familien ihre Chance gekommen, die traditionelle engräumige und landorientierte Politik zu korrigieren. Einer dieser Männer war Brasidas, der bereits früher als Berater zweier spartanischer Flottenkommandeure gedient hatte.[12] Nur der Aufbau einer starken Flotte konnte nach seiner Überzeugung Sparta aus der Umklammerung der Athener befreien. Diese Flotte müsste dort gebaut und eingesetzt werden, wo ein direkter Zugriff auf die notwendigen Ressourcen möglich und politische Rückendeckung zu erwarten war. Der nordägäische Raum entsprach genau diesen Voraussetzungen, und so marschierte Brasidas mit einem aus Söldnern, freigelassenen Heloten und Spartiaten gebildeten Expeditionsheer über den Isthmos quer durch Böotien und Thessalien nach Norden. Dort schloss er ein Bündnis mit dem Makedonenkönig Perdikkas II., eroberte das für den Holzexport so wichtige Amphipolis und gewann wenige Zeit später Zugriff auf die Goldminen des Pangeiongebirges: Mit diesen Ressourcen begann er am Strymon den Bau einer Flotte, die die nordägäische *Thalassokratie* Athens ins Wanken bringen sollte.

In Sparta verweigerte man jedoch dem Brasidas die nötigen Verstärkungen. Einflussreiche Kreise fürchteten um die spartanischen Gefangenen in Athen, aber nicht minder wog nach Aussage des Thukydides der Neid auf den genialen Offizier, der sich nur noch schwer in die Gleichheit der Spartiaten einreihen lassen würde – ein Phänomen, das wir schon bei dem Regenten Pausanias in der Endphase der Perserkriege beobachtet haben und später im

Fall des Lysander eine wichtige Rolle spielen wird (siehe Seite 129).[13] Brasidas fiel kurze Zeit später in einer Feldschlacht gegen den Athener Kleon, der ebenfalls starb. Der Weg war nun, im Jahr 421 v. Chr., frei für einen Frieden. Der Nikiasfrieden legte den Status quo vor Ausbruch des Krieges fest.

Die große sizilische Expedition

Lange hielt der Friede nicht. Denn die Unzufriedenheit über den fehlenden Erfolg des zehnjährigen Kampfes war auf beiden Seiten zu groß. Wieder ging die entscheidende Initiative von einem ehrgeizigen Athener Adligen, dem später so berühmten Alkibiades, aus. Auch er richtete seinen Blick gen Westen. Der willkommene Anlass war die Bitte der sizilischen Stadt Segesta um militärische Unterstützung gegen Leontinoi und Syrakus. In langwierigen Verhandlungen gelang es Alkibiades, die Volksversammlung zu dem Beschluss zu bewegen, 143 Trieren sowie zahlreiche Transportschiffe mit über 25 000 Ruderern und 6400 Landungstruppen nach Sizilien zu schicken. Es war die größte Invasionsflotte, die jemals eine griechische Polis über diese Entfernung ausgesandt hatte – der Höhepunkt der globalen Seestrategie Athens des 5. Jahrhunderts v. Chr.

Alkibiades konnte die Athener Thukydides zufolge mit zwei machtpolitischen Argumenten überzeugen: Nur ein Präventivschlag werde die aufstrebende Seemacht der Syrakusaner so weit schwächen, dass sie als Verbündete der Spartaner ausfielen. Ferner würden es viele Bundesgenossen als Schwäche auslegen, wenn die stärkste Seemacht des griechischen Raumes einem ihrer Bündner in Sizilien nicht zu Hilfe kommen würde. Doch die Pläne des Alkibiades gingen offenbar weit über die Hilfe für Segesta hinaus. Nach Thukydides und Plutarch hätten Alkibiades und die Athener nicht nur Sizilien, sondern auch Karthago, Italien und die Küstengebiete des Westens zu erobern geplant, um schließlich mit dem geballten Potenzial des westlichen Mittelmeerraums Sparta endgültig niederzuringen.[14] Die Pläne des Alkibiades erinnern an die maritime Expansionsideolgie der Perser, und sie waren eine Folge der neuen Seekriegspolitik, die seit dem Aufbau der Athener Flotte keine räumlichen Grenzen kannte. Perikles hatte den Mitbürgern in seiner letzten Rede zugerufen:

> Ihr denkt, ihr gebietet nur über die Bundesgenossen; ich aber will euch beweisen, dass ihr über einen der beiden Bereiche, die dem Menschen zur Benutzung offenliegen, nämlich Land und Meer, ohne jede Schranke gebietet, so weit ihr ihn heute für euch in Besitz habt und so sehr ihr ihn noch erweitern

möget, und es gibt niemanden, der euch, wenn ihr mit der verfügbaren Flottenmacht in See geht, in den Weg treten könnte, weder der Großkönig noch ein anderes der jetzigen Völker.[15]

Die strategischen Zielprojektionen wurden durch handfeste materielle Motive gestützt. Sizilien galt wegen seines Reichtums an Getreide und Vieh sowie der Ausstattung seiner Tempel als ‚Goldener Westen'. Viele Ruderer und Hopliten hofften auf schnelle Gewinne und leichte Beute, die sie seit dem informellen Ende des Krieges gegen Persien sehnlichst vermissten; die Theten mussten ferner daran interessiert sein, durch maritime Großtaten ihren unverzichtbaren Wert für ihre Polis unter Beweis zu stellen.

Unter den Ruderern befanden sich ferner viele Metöken und Freiwillige der Bündnerstädte. Sie verhielten sich während des gesamten Unternehmens loyal. Offensichtlich sollte die Sizilienexpedition also auch den Bündnern die Chance bieten, sich unter Athens Führung zu bereichern, und das Zusammengehörigkeitsgefühl stärken. Der Zug gen Westen gab dem Seebund eine neue außenpolitische Perspektive, die man seit längerem vermisst hatte.

Erweiterung des Horizonts

Hinter all diesen Motiven stand schließlich das Streben der Hauptakteure nach Ruhm, Anerkennung und Machtgewinn. Alkibiades war der herausragende Vertreter einer Adelsschicht, die in der Sizilienexpedition eine Chance erblickte, fern von der Heimat und den Kontrollen der Demokratie rühmenswerte Großtaten zu vollbringen. Seit dem Frieden von 421 v. Chr. fehlte für diesen Drang ein adäquates Objekt, doch nun eröffnete sich im Westen ein Handlungsspielraum, der nicht nur reiche Beute, sondern auch große Eroberungen versprach und nicht zuletzt den faszinierenden Reiz der Ferne besaß. Plutarch und Thukydides sprechen vom *eros* und *pathos*, die Alkibiades bei den jungen Athenern entfachte: Diese hatte „die Sehnsucht ergriffen, die Fremde zu schauen und kennen zu lernen" und sie „hingen einer unheilvollen Liebe zu dem Entfernten nach".[16]

Die jungen Athener sollen Plutarch zufolge den Erzählungen der Älteren gelauscht haben, die „viel Merkwürdiges von dem Kriegsschauplatz zu berichten wussten" und danach „den Umriss der Insel und wie Libyen und Karthago dazu gelegen sei, in den Sand gezeichnet haben".[17] Diese Welt durch Eroberungen in die Realität des eigenen Kosmos einzubinden, war ein faszinierendes Ziel, das zur Probe männlicher Tapferkeit und aristokratischer

Tugenden wurde: Wer zögerte, wurde als Feigling und schlechter Bürger verachtet – wie Thukydides erzählt –, bis niemand mehr Widerspruch zu äußern wagte.[18] Auf diese Weise fanden aristokratische Motive Eingang in den Entscheidungsprozess der Demokratie und vermischten sich mit machtpolitischen und materiellen Erwägungen.

Als die hoch gerüstete Flotte im Jahr 415 v. Chr. aus dem Piräus in See stach, überwog deshalb die Zuversicht. Doch von Beginn an lähmte der Streit der Kommandeure über die Strategie und das Ziel der Expedition die Schlagkraft der Flotte. Die Abberufung des Alkibiades, des wohl fähigsten Kommandeurs, änderte hieran wenig. Er flüchtete nach Sparta und eröffnete dort wichtige Details des Unternehmens. Hinzu kamen militärisch-technische Versäumnisse: Eigentlich waren Trieren nicht für eine so raumgreifende Operation und den zu erwartenden amphibischen Einsätzen in Sizilien geeignet, viele wurden offenbar zu Transportern umgebaut, verloren damit aber ihre militärische Effektivität.[19] Ferner machte sich vor den Mauern von Syrakus das Fehlen einer gut ausgebildeten Reiterei ebenso negativ bemerkbar wie das von Leichtbewaffneten und Belagerungsmaschinen. So gelang es zwar, die syrakusanischen Flotte in einem ersten Gefecht zu schlagen, die Stadt selbst ließ sich jedoch nicht einnehmen.

Die endgültige Wende zu Gunsten der Syrakusaner brachte das Eingreifen einer Entsatzarmee unter Führung des Gylippos, des Sohnes eines Spartaners und einer Helotin, und eines Mannes, der aus demselben Holz geschnitzt war wie Brasidas und sich in den sizilischen Verhältnissen bestens auskannte.[20] Gylippos reorganisierte die Verteidigung der Syrakusaner und veranlasste sie, die von den Korinthern bevorzugte robustere Bauart der Kriegsschiffe zu übernehmen. Der entscheidende Unterschied gegenüber den Athener Trieren bestand nach Thukydides darin, dass die Innenwände der syrakusanischen Schiffe mit zusätzlichen Stützbalken und Planken verstärkt worden waren, um dem Rammstoß auf kürzerer Distanz eine größere Wucht zu verleihen, während die grazileren Athener Trieren auf das kunstvolle Manöver des Umfahrens gedrillt waren, die Ruderreihen der gegnerischen Schiffe zerstörten und erst dann auf den manövrierunfähigen Gegner Rammstöße ansetzten.[21] Eine solche Taktik konnte sich dagegen im engen Hafen von Syrakus schwer entfalten. Tatsächlich gewannen in den folgenden Gefechten die Stabilität und die Wucht der größeren Kriegsschiffe gegen die Wendigkeit und Schnelligkeit der Athener Trieren allmählich die Oberhand.

Als mehrere Durchbruchsversuche scheiterten, gaben die Athener Generäle den Befehl, alle restlichen Schiffe zu verbrennen, um sie nicht in die Hände der Syrakusaner fallen zu lassen. Die stolze Armada wurde bis auf das letzte Schiff zerstört. Der Rest der Athener wählte den Rückzug über Land. Die ausgemergelten Hopliten und Ruderer sahen sich ständigen Angriffen ausgesetzt und mussten schließlich kapitulieren. Athen hatte im Jahr 413 v. Chr. die größte Niederlage seit dem Verlust seiner Flotte im Nildelta gegen die Perser Mitte der 50er-Jahre v. Chr. erlebt.[22]

Sieg über Athen

Die Niederlage in Sizilien hat weniger die Zuversicht der Athener auf einen günstigen Kriegsverlauf erschüttert als vielmehr die Spartaner und Korinther endgültig davon überzeugt, dass unter günstigen Umständen ein Sieg über die als unbezwingbar geltenden athenischen Schiffe möglich sei. Was fehlte, waren die nötigen finanziellen Mittel.[23] Die persischen Satrapen Kleinasiens waren über diese Situation bestens informiert und sahen in ihr eine große Chance, Athen zu schwächen und dadurch wieder in den Besitz der ionischen Küstengebiete zu kommen. Sie boten den Spartanern gegen die Preisgabe der kleinasiatischen Küste große Geldmengen zum Flottenbau an. Die Spartaner nahmen das Angebot vertraglich an und konnten in der Folgezeit mit der athenischen Flotte mindestens gleichziehen. Der Krieg verlagerte sich fast vollständig auf das Meer – eine in der spartanischen Geschichte einmalige Entwicklung.

Initiator und Exponent der neuen spartanischen Flottenpolitik wurde Lysander, wie Brasidas ein Admiral offenbar nicht aus der ersten Riege der spartanischen Adelsfamilien. Seine Freundschaft mit dem persischen Prinz Kyros, dem neuen Oberbefehlshaber der persischen Truppen in Kleinasien, sicherte einen steten Geldzufluss, und er war es auch, der wie Brasidas das Operationsgebiet der Flotte in die nordöstliche Ägäis verlegte, um Athen von der Getreideversorgung abzuschneiden. Trotz einiger spektakulärer Erfolge der Athener unter dem inzwischen rehabilitierten Alkibiades ging sein Plan auf. 405 v. Chr. verlor die letzte athenische Flotte ein entscheidendes Gefecht bei Aigospotamoi. Ein Jahr später schlossen spartanische Schiffe und Landtruppen Athen ein. Nach einem halben Jahr kapitulierte die Stadt. Sparta setzte gegen den Protest Korinths, Thebens und anderer Poleis, die die vollständige Zerstörung Athens forderten, durch, dass Athen seine noch verbliebenen Schiffe bis auf zwölf ausliefern, die Stadtmauern schleifen und alle auswärtigen Besitzungen außerhalb Attikas freigeben und sich in den Peloponnesischen Bund eingliedern lassen musste. In der Stadt wurde ein spartafreundliches oligarchisches Regiment installiert und mit einer spartanischen Besatzung verstärkt.

Athen erholt sich

Trotz der Niederlage hatte der Überseehandel in Athen im 5. Jahrhundert v. Chr. eine sich selbst tragende Eigendynamik auf so hohem Niveau entwickelt, dass er sich nach dem Verlust der Seeherrschaft schnell erholen konnte. Bereits in den ersten Nachkriegsjahren belief sich der im Piräus gehandelte Warenwert auf 2000 Talente, die doppelte Summe der Einnahmen, die das siegreiche Sparta über Tribute erzielte! Als nicht weniger resistent erwies sich die Verfassung: Nach einem kurzen Bürgerkrieg wurde die oligarchische Partei vertrieben und die Demokratie wiederhergestellt. Doch noch war die Verteidigungsfähigkeit der Stadt nicht reaktiviert. Ohne wirksamen Schutz gegen Piraten und Kaperer hätte der Piräus seine Anziehungskraft auf ausländische Händler verloren.

Einmal mehr kam den Athenern die außenpolitische Lage zugute. Wenige Jahre nach Ende des Peloponnesischen Krieges intervenierten die Spartaner gegen die seinerzeit geschlossenen Verträge mit Persien zu Gunsten der kleinasiatischen Küstenstädte und entfachten einen langjährigen Krieg jenseits der Ägäis. 395 v. Chr. schloss sich Athen einer antispartanischen Koalition in Griechenland an und führte acht Jahre nach der Kapitulation den so genannten Korinthischen Krieg gegen den alten Gegner. Um ein Gegengewicht gegen Sparta in Griechenland zu schaffen, ließ der persische Satrap Pharnabazos im Sommer 393 v. Chr. den Athener Exil-Admiral Konon mit 80 Schiffen nach Athen zurückkehren. Dieser übergab der Stadt 50 Talente zum Wiederaufbau der Piräusbefestigungen sowie zur Verstärkung der athenischen Truppen.[24] Demosthenes[25] feierte den Wiederaufbau der Wälle als die schönste Tat von allen, und Plutarch resümiert, dass „Konon die Athener wieder aufs Meer geführt hat".[26]

Tatsächlich trugen die persischen Gelder erheblich dazu bei, den Piräushandel weiter anzukurbeln. Mitte der 380er-Jahre v. Chr. war der Hafen der zentrale Warenumschlagplatz der Ägäis. Besonders intensiv waren die staatlichen Bemühungen, die Getreideimporte im Piräus zu konzentrieren. Kriegsschiffe eskortierten Getreidekonvois. Ausländische Fürsten erhielten das Bürgerrecht, um sie zu veranlassen, Getreideladungen in den Piräus zu dirigieren. Im Gegenzug untersagte man es den in Athen ansässigen Händlern, Getreide in einen anderen Hafen als den Piräus zu schaffen oder Geld dafür zur Verfügung zu stellen. Im Piräus überwachten Beamte das Löschen des Getreides. Schnell arbeitende Handelsgerichtshöfe schützten Bürger und Fremde vor Übervorteilung.[27] Doch nicht nur der Handel mit Getreide, sondern auch mit anderen traditionellen Waren (Wein, Oliven,

Keramik, Holz) begann wieder zu florieren. Die Quellen erlauben uns nun auch einen recht guten Einblick in die Mechanismen des Überseehandels. Ein entscheidendes Merkmal war seine Individualität und Internationalität. In der Regel musste ein Händler sich zunächst in Form eines Seedarlehens bei mehreren Gläubigern Geld zu hohen Zinsen leihen, um ein Schiff zu mieten oder mit seinen Waren auf einem Schiff mitzufahren. In einem Fall vergaben ein Athener und ein Mann aus Karystos (auf der Insel Euböa) ein Darlehen an zwei Händler aus Phaselis (Kleinasien), als Zeugen traten ein Bankier aus dem Piräus, ein Böoter und ein weiterer Athener auf – also ein ‚internationales Konsortium', das auf aktuelle politische Konflikte keine Rücksicht nahm.

Auf den Handelsschiffen versammelten sich bis zu 300 (!) Händler und Reisende unterschiedlicher Herkunft. Der Verlauf der Fahrt war nur grob festgelegt und richtete sich nach den aktuellen Bedürfnissen der potenziellen Abnehmer. Xenophon gibt in seiner *Ökonomik* eine plastische Beschreibung der Händler:

> Sie fahren dorthin, wo sie hören, dass es die größten Mengen Getreide gibt (der Marktpreis des Getreides also am niedrigsten ist, R. S.), ins Ägäische, Pontische oder Sizilische Meer, und nehmen dann so viel ein, wie sie können (...). Wenn sie nun Geld benötigen, so setzen sie es nicht an jedem Ort ab, wo sie sich gerade befinden; sondern, wo sie hören, dass es am höchsten im Preise steht und die Leute es am meisten schätzen, dorthin bringen sie es und setzen es ab.[28]

Häufig ist diese Form des Handels mit dem Etikett „primitiv" belegt worden. Primitiv war er jedoch nur im rein technischen Sinn. Tatsächlich setzte er weit reichende, überregionale Kontakte und Informationskanäle voraus, die über Generation gewachsen an den großen mediterranen Hafenstädten zusammenliefen. Über solche Informationsnetze verfügte nicht nur der Händler, sondern auch der Darlehensgeber, der abschätzen musste, ob sein Geld in einem Handelsgeschäft gut angelegt war: So verfügte z. B. Kleomenes aus Naukratis über ein die gesamte griechische Welt umspannendes Agentensystem, das sich aus Händlern, Bankiers und Erzeugern in den zentralen Häfen zusammensetzte und ihm aktuelle Warenbedürfnisse übermittelte sowie die mit seinem Geld reisenden Händler überwachte.[29] Ein Mann wie der berühmte Athener Pasion, der eine Schildfabrik besaß, als Bankier tätig war und eigene Handelsschiffe laufen ließ, dürfte vergleichbare Kontakte besessen haben.

Diese polisübergreifende Konstellation des Großhandels ist uns bereits aus der Zeit der Archaik bekannt; sie nahm nach dem Wegfall der militärischen Zwänge des Peloponnesischen Krieges einen neuen Aufschwung und ist für das Verständnis der Athener Entwicklung im 4. Jahrhundert v. Chr. von grundlegender Bedeutung: Die Stadt blieb selbst nach großen militärischen Niederlagen eingebunden in ein Netz von Handelskontakten und konnte hieraus neue Energien beziehen, weil viele Händler auf den Piräus als Warenumschlagplatz nicht verzichten wollten. Die Konzentration auf den Überseehandel blieb auf diese Weise ein Garant des Überlebens in Zeiten militärischer und politischer Krisen. Der nach dem Krieg einsetzende Aufschwung war gleichzeitig die entscheidende materielle Basis, um bei günstiger Gelegenheit auch wieder an die alte maritime Machtpolitik anzuknüpfen, was einmal mehr beweist, wie eng die Herrschaft auf dem Meer mit dem Selbstverständnis der Stadt und ihrer Bürgerschaft verknüpft war: Flotte und Seeherrschaft blieben auch nach der Niederlage Werte, an denen sich das geschlagene Athen aufrichten konnte. Sophokles feierte bereits drei Jahre nach der Niederlage in seinem Stück *Ödipus auf Kolonos* den Ruhm der Seeherrschaft mit folgenden Versen:

> Endlich hab ich noch ein / Lob für Athen, / Schöner als alles; / Nennen will ich's, verliehen / hat es der Meergott, der gewalt'ge: / Ihm verdank ich / Das starke Ross / und die starke Seemacht,/ den Stolz des Landes – den hast du, / Poseidon, uns / Als Geschenk gegeben. (...) Und schön / Wunderbar schön / Fliegen die Ruder, / Von den Fäusten regiert, vorbei, / jagend neben unzähligen / Nereiden der Wellen.[30]

Xenophon lässt den Gesandten Prokles von Phleios die Voraussetzungen der maritimen Erfolge noch einmal zusammenfassen:

> Erstens ist eure Lage von Natur aus am besten zur Seeherrschaft geeignet, da zahlreiche Städte, die auf das Meer angewiesen sind, im Umkreis Eurer Stadt liegen, und zwar handelt es sich ausnahmslos um solche, deren Bedeutung mit der Euren nicht vergleichbar ist. Dazu verfügt ihr über Häfen, ohne die eine Seemacht ja unmöglich ist. Weiter seid ihr im Besitz einer großen Zahl von Trieren, und die Vergrößerung eurer Flotte ist bei Euch seit Generationen eine vornehmliche Pflicht. Daher erklärt es sich leicht, dass auch alle mit dem Seewesen zusammenhängenden handwerklichen Fähigkeiten bei euch heimisch sind, und ebenso natürlich ist es, dass ihr an Erfahrung in allem, was die Flotte betrifft, vor allen anderen einen weiten Vorsprung habt; denn die meisten

von euch beziehen ihren Lebensunterhalt vom Meer, woraus es sich von selbst ergibt, dass ihr, wenn ihr euch mit euren eigenen Angelegenheiten befasst, zugleich Erfahrung gewinnt für die Kämpfe, die auf dem Meer ausgetragen werden.[31]

Thalassokratie als Pfeiler der Demokratie?

Selten ist der enge Zusammenhang zwischen dem Meer und dem staatlichen Leben der Athener so klar herausgestellt worden. Doch erneut wird mit keinem Wort ein Konnex zwischen der Seeherrschaft und der Demokratie angedeutet. Dieser Befund gilt auch für die große Mehrheit der zeitgenössischen Reden und politischen Flugschriften des 4. Jahrhunderts.[32] Damit bestätigt sich indirekt der schon geäußerte Verdacht, dass es in erster Linie aristokratische Kräfte waren, die im 5. Jahrhundert v. Chr. Athens Weg auf das Meer und zur Demokratie bahnten (siehe Seite 94). Nur Platon, Aristoteles, der Verfasser der *Athenaion Politeia* sowie Isokrates behaupteten – nach der Niederlage Athens! –, die Demokratie sei das Ergebnis der Abhängigkeit der Athener von den Ruderern der Trieren. Nach ihrer Auffassung würde die Nähe zum Meer und der Seehandel die Sitten der Polisgemeinschaft untergraben, deshalb sei der maritime Machtaufstieg der Athener in Wirklichkeit eine Entwicklung zum Schlechteren gewesen, die in die Herrschaft des Pöbels und der Demagogen münde.[33] Hieraus spricht einerseits die nach exkulpierenden Erklärungen suchende Frustration der Philosophen über das militärische Scheitern der Demokratie, andererseits die, wenn auch überzeichnete, so doch im Kern richtige Erkenntnis, dass die ursprünglich von Aristokraten dominierte Demokratie sich durch das Aufkommen nichtaristokratischer Politiker und Strategen während des Peloponnesischen Krieges strukturell gewandelt hatte – und zwar zum Schlechteren aus aristokratisch-philosophischer Sicht.

Die Mehrheit der Athener wollte und konnte eine solche Sichtweise nicht teilen, weil sie sich dadurch die Schuld an der Niederlage aufgeladen und sich zumal in einer Zeit der Krise einer ihrer wesentlichen Identitätselemente beraubt hätte. Entscheidend war und blieb die Überzeugung: Die Ausrichtung der Stadt auf das Meer, eine starke Flotte und die großen Siege zur See waren nicht nur entscheidende Grundlagen bürgerlichen Wohlstandes; auf ihnen beruhten auch das Prestige der Stadt und ihr Ruhm in der Welt. Ohne die Sicherung der ostmediterranen Getreiderouten war Athen ein Spielball äußerer Mächte – Schlimmeres konnte sich ein Grieche, ob Demokrat oder Oligarch, kaum ausmalen.

Schon 393 v. Chr. ratifizierte deshalb die Volksversammlung Bündnisse mit mehreren alten Mitgliedern des Seebundes, u. a. Chios, Mytilene, Kos, Knidos und richtete die *Kleruchien* Lemnos, Imbros und Skyros ein, um den Getreidehandel aus dem Bosporus zu sichern. Drei Jahre später schloss Athen ein Dreierbündnis mit dem zyprischen König Euagoras und dem ägyptischen König Akoris. Dieser gebot über eines der größten Getreide produzierenden Länder des Mittelmeeres, Zypern lag an der Getreidehandelsroute in die Ägäis. 390/89 v. Chr. stieß Thrasybulos mit 40 Trieren zur Sicherung der Getreidezufuhr in die Nordägäis vor und schloss mehrere Verträge mit den thrakischen Königen sowie mit den Poleis Thasos, Samothrake, der thrakischen Chersonnes, Byzantion und Kalchedon. Eine Athener Zollstation am Hellespont erhob eine Gebühr von zehn Prozent auf die Waren aus dem Schwarzen Meer. Athen hatte die Kontrolle über die Getreidezufuhr zurückgewonnen.

Noch waren die Athener jedoch nicht in der Lage, größere maritime Kräfte zu mobilisieren. Deshalb konnten sich die Spartaner dem athenischen Ausgreifen noch einmal erfolgreich widersetzen. Die kleinasiatischen Satrapen stellten auf die Nachricht von den Erfolgen des Thrasybulos den Spartanern 80 Schiffe zur Verfügung, mit denen der spartanische Flottenbefehlshaber Antialkidas am Hellespont die Getreidezufuhr aus dem Schwarzmeergebiet blockierte. Da die Spartaner gleichzeitig von Aigina aus den Piräus bedrohten, geriet Athen in ernste Versorgungsprobleme. Wie am Ende des Peloponnesischen Krieges zwang auch diesmal der Verlust der Kontrolle über die Seehandelsrouten die Athener zur Aufgabe.

Der Wiederaufstieg der persischen Seemacht

Die persischen Satrapen des Westens hatten bereits in den letzten Jahrzehnten des Peloponnesischen Krieges begonnen, ihre Seestreitkräfte wieder aufzubauen. Wenige Jahre nach der Kapitulation Athens legten die Perser ein großes Flottenbauprogramm auf. Initiator war der kleinasiatische Satrap Pharnabazos, der bereits 412 v. Chr. den Spartanern angeblich 300 Schiffe aus den phönikischen Häfen zu stellen geplant hatte. Das Rückgrat der persischen Flotte bildeten traditionell neben den westlichen Küstensatrapien die Hafenstädte Kariens und Lydiens sowie die phönikischen Städte auf Zypern und der Levante, und auch diesmal dürften sie das Gros der Ingenieure und Baumeister gestellt haben. Die neue Armada sollte bis zu 300 Einheiten umfassen und bei Kition auf Zypern stationiert werden. Zypern verfügte über reiche Kupfer- und Erzvorkommen und bot Zugang zu den Holzreserven und

Rohstoffen Kilikiens. Außerdem konnten die Schiffe wie von einer Drehscheibe aus in die Ägäis oder in die – abtrünnige – Satrapie Ägypten vorstoßen.[34]

396 v. Chr. ernannte der persische König den Athener Ex-Strategen Konon neben Pharnabazos zum Admiral der Flotte. Als nach einem Jahr die wichtige spartanische Marinebasis Rhodos auf die Seite Persiens trat und Konon mit einer 80 Einheiten umfassenden Trierenflotte ägyptische Getreideschiffe abfangen konnte, befand sich das Meer zwischen Kilikien und Zypern so weit unter persischer Kontrolle, dass die spartanischen Truppen in Kleinasien von der Versorgung über See abgeschnitten wurden. Im August 394 v. Chr. gelang es Konon und Pharnabazos, die spartanische Armada bei Knidos zum Entscheidungskampf zu stellen und bis auf wenige Einheiten zu vernichten. Kurz danach stieß die persische Flotte in die Ägäis vor, gewann die Kykladen sowie Kythera und segelte nach Korinth – eine eindrucksvolle Flottendemonstration, die zum ersten Mal unter Beweis stellte, wer der eigentliche Sieger des Peloponnesischen Krieges war.[35]

388 v. Chr. ließ der Großkönig alle Teilnehmer des Korinthischen Krieges – Athen, Korinth, Theben und Sparta – nach Sardes kommen und ein Schreiben verlesen, in dem er den Frieden sowie die Besitzverhältnisse festschrieb und jedem mit Krieg drohte, der sich widersetzte.[36] Während der Perserkönig die Griechenstädte Kleinasiens, dazu Klazomenai und Zypern zurückgewann, erklärte er alle Poleis des Mutterlandes mit Ausnahme von Lemnos, Imbros und Skyros, die an Athen fielen, für autonom. Konkret bedeutete dies, dass sie nicht mehr Mitglied eines Bundes werden sollten; vermutlich enthielt der so genannte Friede des Antialkidas (Königsfriede) ferner eine Klausel, die maritime Rüstungen untersagte.

Damit schien jeder Machtkonzentration in der Ägäis ein Riegel vorgeschoben. Auch die Spartaner zeigten sich weder fähig noch willens, eine stabilisierende Führungsrolle zu übernehmen. Materielle Defizite sowie der Rückgang der Zahl der Spartiaten waren wichtige Gründe; ein entscheidendes Manko bildete aber auch das Misstrauen gegenüber den Flottenbefehlshabern, die häufig weit von den Kontrollen der Heimat entfernt – wie Aristoteles sagt – „beinahe eine zweite Königsherrschaft bildeten".[37] Deshalb konnten sich Männer wie Brasidas, Gylippos oder Lysander mit ihren Bemühungen um eine Ausweitung der spartanischen Hegemonie und langfristige Verlagerung spartanischer Ressourcen auf das Meer nie durchsetzen. Die Sorge um eine Destabilisierung der inneren Machtverhältnisse, nicht eine angeborene Meeresfeindschaft, hielt die führenden Adelsfamilien ab, ihren Ratschlägen zu folgen.

Karrieren als Seeräuber

Die Perser zogen sich nach dem Königsfrieden 387 v. Chr. zurück und hinterließen eine Welt ohne klare machtpolitische Konturen, ein Chaos besonders für diejenigen, die an die stabilisierende Dualität der beiden großen Bündnisse, des Pelopennesischen und des attischen Bundes, gewöhnt waren. Isokrates fasst die Lage sieben Jahre nach dem Ende des Korinthischen Krieges folgendermaßen zusammen:

> Wer wird sich eine Lage wünschen, in der Piraten das Meer unter ihrer Kontrolle haben und leichtbewaffnete Söldnertruppen die Städte besetzen? Anstatt für ihr Land gegen andere zu kämpfen, kämpfen die Bürger innerhalb der Stadtmauer gegeneinander. Mehr Städte sind Gefangene geworden als vor dem Frieden. Umstürze sind so häufig, dass diejenigen, die in ihren Städten leben, viel verzagter sind als die mit Verbannung Bestraften.[38]

Isokrates überzeichnete die Lage – doch der Kern seiner Aussagen trifft zu: Die langen Kampfhandlungen hatten in vielen Poleis zu Spannungen unter den führenden Adligen und deren Anhängerschaften geführt. Die einen neigten je nach Kriegsverlauf und äußerem Druck Athen, die anderen Sparta zu. Wurde nun eine Polis durch die Gegenseite erobert oder auf andere Weise zum Frontwechsel veranlasst, dann gerieten diejenigen Adelskreise unter Druck, die unter der alten Verfassung und deren außenpolitischen Repräsentanten an die Macht gekommen waren. Das Ergebnis waren Vertreibungen, Vermögenskonfiskationen sowie Bürgerkriege. Die angespannte finanzielle Lage tat ihr Übriges und schuf ein Heer von Vertriebenen, die als „outsiders in the Greek cities“[39] in den Hafenstädten arbeiteten, als Söldner in den Dienst persischer Satrapen oder thrakischer Könige traten oder – wie traditionell in der Antike – ihr Glück in der Piraterie suchten.

Bürgerkriege waren jedoch nicht die einzige Quelle der Piraterie. Wie jede große militärische Auseinandersetzung des Mittelmeerraums räumte auch schon der Peloponnesische Krieg Abenteurern und Seeräubern ein sicheres Beschäftigungsfeld ein. Nach dem Untergang der athenischen Armada bot das Meer vielen beschäftigungslosen Soldaten ein lukratives Auskommen. Während des Korinthischen Krieges verlegten sich die spartanischen Flottenbefehlshaber selbst auf den Kaperkrieg und ihre Athener Kollegen waren aufgrund der notorischen Unterfinanzierung ihrer Unternehmungen regelmäßig gezwungen, die Kosten für die Bezahlung ihrer Ruderer durch Kaperfahrten und Überfälle auf ungeschützte Küstenpoleis wieder hereinzuholen.[40] In besonderen Krisenzeiten genierte sich die Athener Volksversammlung auch nicht, fremde Piraten und Söldnerführer zu engagieren. Ein eindrucksvolles Beispiel für die Karrieremöglichkeiten eines solchen Kondottiere ist die ‚Laufbahn' des Charidemos aus Oreos auf Euböa. Als junger Mann hatte er sich und seine ‚Kompanie' dem athenischen General Iphikrates zur Verfügung gestellt, was ihn nicht daran hinderte, während des Krieges die Fronten zu wechseln und „Kaperei gegen die Bundesgenossen zu treiben".[41] Nach Kriegsende nahm er einfach athenische Schiffe in Beschlag und wandte sich wie viele seiner adligen Vorgänger nach Thrakien, trat dort in die Dienste des einheimischen Königs und heiratete dessen Schwester. Während dieser Zeit muss er seinen Ruf als rücksichtsloser Kaperer und Söldnerführer weiter gepflegt haben, sodass er nach dem Tod seines Auftraggebers zunächst von der Polis Olynth auf der Chalkidike und danach von den Athenern angeheuert wurde, die einen in den nördlichen Gewässern kundigen Mann gut brauchen konnten. Offiziell als Stratege Athens scheint er seine Sache gut gemacht zu haben und erhielt sogar neben dem Bürgerrecht einen Ehrenkranz. Nach dem Kampf gegen Alexander von Makedonien flüchtete er – auch hierin vielen Abenteurern früherer Zeit nicht unähnlich – ins Perserreich, wo er schließlich wegen allzu freimütiger Kritik an der Kriegsstrategie des Großkönigs hingerichtet wurde.[42]

Charidemos repräsentiert den auch im 4. Jahrhundert v. Chr. nicht ausgestorbenen Typ des adligen Abenteurers, „der nirgendwo zu Hause ist" – wie Demosthenes sagt[43] –, und ähnlich wie manche Söldnerführer der Archaik es zu hohen Kommandopositionen brachte. Was Charidemos nicht gelang, nämlich die Errichtung einer eigenen lokalen Herrschaft, glückte anderen. Zahlreiche lokale Machthaber wie der von den Persern eingesetzte Tyrann von Methymna oder die Tyrannen Agonippos und Eurysilaos von Eresos betrieben entweder selbst Piraterie – um ihre Söldner zu bezahlen – oder kooperierten mit den Seeräubern der Ägäis.[44] Der berühmteste war der thessalische Piratenfürst Alexander, der von seinem Heimathafen Pherai und der Halbinsel Magnesia aus in den 360er-Jahren v. Chr. große Teile der Ägäis unsicher machte. Auf dem Höhepunkt seiner Macht überfiel seine gefürchtete Kaperflotte sogar den Piräus und zog mit reicher Beute ab.[45]

Ein Lokalfürst, der mithilfe seiner Kaperflotte sogar die Perser herauszufordern wagte, war der zyprische Dynast Euagoras. Er hatte im Schatten des Korinthischen Krieges seine Herrschaft auf fast ganz Zypern ausdehnen und seine Residenz Salamis zu einem blühenden Seehandelszentrum mit einem Kriegshafen für bis zu 90 Trieren ausbauen können. Die finanzielle Unterstützung des karischen Fürsten Hekatomnos und das technische Wissen griechischer Flüchtlinge und karischer Piraten halfen ihm, eine Kaperflotte auf Kiel zu legen, die besonders phönikische Handelsschiffe in seinen Hafen lancierten. Bei der Eroberung von Soloi, Anathus und Kition gelang es ihm, zusätzlich phönikische Kriegsschiffe aufzubringen und in seine Flotte einzureihen. Nun bedrohte er sogar die kilikischen Küstenstädte, und vielleicht gelang ihm überdies ein Handstreich auf Tyros.[46] Auch wenn die Perser mit einer starken Flotte 380 v. Chr. dem Spuk auf Zypern ein schnelles Ende bereiteten – Missstimmigkeiten unter den persischen Feldherrn verschafften Euagoras einen glimpflichen Frieden –, so zeigt doch dieses Beispiel, welche Möglichkeiten sich einem ehrgeizigen lokalen Herrscher boten, wenn er bereit war, die neue politische Lage auf dem Meer durch den Einsatz von Söldnern und Kaperern zu nutzen.

Die Entwicklung des Kriegschiffsbaus

Eine zweite folgenreiche Entwicklung hatte sich etwa zeitgleich an den östlichen und westlichen Randgebieten der griechischen Welt vollzogen. Bis in die 20er-Jahre des 5. Jahrhunderts v. Chr. war es den Athenern gelungen, durch ihre geschulten Ruderer und kunstvollen taktischen Manöver selbst zahlenmäßig überlegene Flotten zu besiegen.

Doch mit der Niederlage der Athener im Hafen von Syrakus 413 v. Chr. setzte ein gegenläufiger Trend ein. Die Syrakusaner hatten bewiesen, dass unter bestimmten Umständen robuster gebaute Kriegsschiffe mit einer weniger geschulten Besatzung die Athener Trieren im Enterkampf überwinden konnten. Fortan zählten Robustheit und Masse sowie technische Ausrüstung und Kampfkraft der Seesoldaten mehr als taktisches Training und Manövrierkunst. Diese Entwicklung begünstigte diejenigen Mächte, die zwar geringe Erfahrung im Seekrieg besaßen und wenig Zeit auf das Einüben der Rudermannschaften verwenden konnten, aber über ausreichende materielle Ressourcen, Geld und Mannschaften verfügten.

Diese Entwicklung machte sich zunächst Syrakus selbst zu Nutze: Im Jahr 406 v. Chr. ernannte die Volksversammlung einen gewissen Dionysios zum Oberbefehlshaber der Streitkräfte gegen Karthago. Dieser konnte sich in der angespannten Lage zum Tyrannen aufschwingen und begann unverzüglich, gewaltige Rüstungen zu organisieren. Der Zeitdruck ließ ihn nach technischen Innovationen Ausschau halten, die in kurzer Zeit effektiv umgesetzt werden konnten. Wieder kamen diese aus dem phönikischen Bereich: Nach Aussage des Historikers Diodor besaßen die phönikischen Metropolen Sidon und Tyros Vier- oder Fünfruderer, die gegenüber der Triere über ein bis zwei weitere Ruderreihen an jeder Seite verfügten und somit noch voluminöser als die syrakusanischen Schiffe waren.[47] Für Dionysios war ein solcher Schiffstyp ideal, ließen sich doch angeworbene Söldner schnell und mit geringem Trainingsaufwand auf den neuen Schiffen einsetzen. Der Technologietransfer verlief in den üblichen Bahnen mediterraner Kommunikation: Xenophon berichtet von einem gewissen Herodas aus Syrakus, der zu Beginn des Jahrhunderts mit einem Reeder in den phönikischen Küstenstädten weilte und sich für den Aufbau der phönizischen Kriegsflotten interessierte.[48] Kurze Zeit später – im Jahr 399 v. Chr. – begannen die Ingenieure des Dionysios eine Flotte von bis zu 200 Vier- und Fünfruderern auf Kiel zu legen und mit Katapulten zu bestücken. Gleichzeitig wurden die Hafenanlagen und die Festung auf der Halbinsel Ortygia ausgebaut.[49] Der Schiffsbau, die Konstruktion der Torsionsgeschütze, die Herstellung von Waffen für die Söldner und der Aufbau zentraler Waffenmanufakturen machten Syrakus zum unbestrittenen Zentrum der griechischen Ingenieurskunst, des Handels und der Metallverarbeitung im westlichen Mittelmeer.

Doch all dies hätte vermutlich wenig Eindruck auf das mutterländische Griechenland gemacht, wenn Dionysios mit der neuen Kriegsmaschinerie erfolglos geblieben wäre. Tatsächlich gelang es ihm aber nicht nur, die Karthager auf ein kleines Gebiet Westsiziliens zurückzudrängen, sondern auch eine weiträumige, koloniengestützte *Thalassokratie* zu errichten, die über Süditalien und die Straße von Otranto bis weit in die Adria und das tyrrhenische Meer reichte und ihm zeitweilig den Anschluss an den lukrativen Zinnhandel sicherte.[50]

Die Nachrichten über die Erfolge des Dionysios verbreiteten sich in Griechenland wie ein Lauffeuer. Die Kenntnis der neuen Torsionsgeschütze gelangte über Sparta, das sich desinteressiert zeigte, und Thessalien bis nach Makedonien. Dionysios hatte demonstriert, welche Macht man auf dem Meer gewinnen konnte, wenn man die heimischen Energien bündelte, sich für technische Innovationen aufgeschlossen zeigte und es einem gelang, direkten und längerfristigen Zugriff auf größere Söldnerverbände und natürliche Ressourcen (Holz, Metalle) zu gewinnen. Dies alles schien wichtiger als die hohe Schule taktischer Manövrierkunst, wie sie die Athener beherrschten. Es eröffnete den Randgebieten des Nordens, die nahe den klassischen Söldnerrekrutierungsgebieten lagen, ungeahnte Aufstiegsmöglichkeiten.

Die thessalischen Tyrannen und Theben

Einer der ersten Machthaber, der sich diese Entwicklungen zu Nutze machte, war der Dynast Jason aus Pherai in Thessalien. Thessalien gehörte zu den reichsten Gegenden Griechenlands, war aber durch die notorischen Konkurrenzkämpfe der Adelssippen bisher an einer politischen Konzentrierung der Ressourcen gescheitert. Ende der 80er-Jahre des 4. Jahrhunderts v. Chr. gelang es einem gewissen Lykophron, eine stabile Familienherrschaft in Pherai und Pagasai zu errichten. Unter seinem Sohn Jason entwickelte sich Pherai, wie Syrakus im Westen, zu einem Zentrum des Ingenieurwesens. Jason investierte große Teile seines Vermögens in ein 20000 Mann starkes Söldnerheer mit 8000 Reitern und trug sich mit dem Gedanken, eine große Kriegsflotte auf Kiel zu legen. Als Ruderer kamen die in einer sklavenähnlichen Abhängigkeit befindlichen Penesten in Frage, das Bauholz lieferten die nahen makedonischen Wälder. Bereits nach kurzer Zeit lief eine stattliche Zahl von Kriegsschiffen vom Stapel.[51] Offensichtlich gelang es Jason jedoch nicht, das Engagement der Thessalier für seine Pläne zu gewinnen, da – anders als in Syrakus – ein Gegner fehlte, der das Land unmittelbar bedrohte. Die Flotte blieb daher im Verständnis der Bevölkerung und der übrigen Adligen ein Produkt des persönlichen Machtstrebens, und es wundert daher nicht, dass nach der Ermordung Jasons durch adlige Konkurrenten seine Nachfolger zum bewährten Kaperkrieg zurückkehrten.

Etwas anders gestaltete sich die Lage in Böotien und seiner bedeutendsten Polis Theben. Nach der Vertreibung der Spartaner reorganisierten die führenden Staatsmänner Armee und Flotte. 371 v. Chr. vernichtete das thebanische Heer unter Epaminondas das Aufgebot der Spartaner bei Leuktra. Fünf Jahre später setzte Epaminondas ein Flottenprogramm von 100 Trieren mit den notwendigen Hafenanlagen in Aulis durch. Kurz nach der Fertigstellung der Flotte segelte er in die Ägäis, um Rhodos, Chios und Byzantion für eine antiathenische Allianz zu gewinnen und die Kontrolle über die Seehandelsroute von Rhodos nordwestlich in das Marmarameer zu erringen. Der eiligst ausgesandte athenische Admiral Laches ließ die Thebaner gewähren, was man als Indiz für die Stärke der böotischen Flotte werten kann. Danach stellten die Perser wegen des Aufstandes des Satrapen Ariobarzanes offenbar ihre Zahlungen für die Ruderbesoldung ein.[52] Doch selbst die kurze Flottendemonstration Thebens verfehlte ihre Wirkung nicht: Die strategisch wichtige Polis Byzantion wurde für ein thebanisches Bündnissystem gewonnen, die nicht weniger bedeutsamen Inselstädte Chios, Knidos und Rhodos zu Sympathiebekundungen veranlasst, in Keos ein Aufstand gegen Athen ausgelöst.

Athen und Makedonien

Die Athener schienen auf die Bedrohung gut vorbereitet. 378 v. Chr. – 100 Jahre nach der Gründung des 1. Seebundes – war es ihnen gelungen, mehrere Bündnisse zu einem neuen Seebund zu formen. Im Frühjahr des folgenden Jahres forderte die Volksversammlung alle Griechen und Barbaren, die nicht Untertanen des Großkönigs waren, zum Beitritt auf. Neben den wichtigsten Poleis der Ägäis trat das mit Sparta verfeindete Theben dem Bündnis bei.

Die Organisation des Bundes knüpfte an den alten Seebund an, versuchte aber diejenigen Einrichtungen zu vermeiden, die den Athenern den Ruf herrschaftlicher Arroganz eingebracht hatten. So gab es einen Bundesrat in Athen, in dem alle Mitglieder unabhängig von ihrer Größe eine Stimme besaßen, der Gastgeber Athen selbst jedoch nicht vertreten war. Die Beschlüsse des Bundesrates mussten in der Athener Volksversammlung beraten und bestätigt werden. Es entstand dadurch ein merkwürdiger organisatorischer Dualismus, der den Bundesgenossen ein von jeglicher Dominanz Athens unabhängiges Gremium sichern sollte, den Athenern aber die organisatorischen Freiheiten beließ, die militärischen Pläne durchzusetzen. Denn erneut stellte allein Athen die Bundesflotte, doch anstelle der als Tribute verhassten *phoroi* zahlten die Bündner nun Matrikularbeiträge, deren Höhe vom Bundesrat festgelegt wurde. Die Beiträge flossen nicht mehr in eine Bundeskasse, sondern standen Athener Beratern direkt zur Verfügung. Um jedoch der Wiedererrichtung einer athenischen Herrschaft vorzubeugen, wurde es den Athenern untersagt, Beamte, *Kleruchien* und Besatzungen in die Bundesstädte auszusenden oder Grundbesitz im Bundesgebiet zu erwerben.

Offiziell war der Bund gegen die selbstherrlichen Hegemoniebestrebungen der Spartaner nach dem Königsfrieden gerichtet, doch nach deren Niederlage bei Leuktra und der wachsenden Bedrohung der durch die Perser unterstützten Piratenpoleis Kleinasiens und der Ägäisinseln entwickelte sich das Bündnis binnen weniger Jahre wieder zu einem Instrument der Athener Hegemonie. Man begann erneut Tribute einzutreiben und *Kleruchien* zu errichten. Im Jahr 457 v. Chr. schoss daraufhin der unter persischer Oberhoheit residierende karische Dynast Mausollos den Inselpoleis Chios, Rhodos, Byzantion und Kos – wohl zumindest mit stillschweigender Duldung der persischen Zentralmacht – genügend Geld zu, dass diese eine Flotte von annähernd 150 Trieren gegen Athen mobilisieren konnten und aus dem Seebund austraten. Obwohl die Athener die Zahl ihrer Schiffe erhöhten, verloren sie die entscheidende Seeschlacht gegen die abgefallenen Bündner. Diese Niederlage im so genannten Bundesgenossenkrieg schwächte Athens

Stellung auf dem Meer erheblich und trieb die Stadt an den Rand des Staatsbankrotts. Auch Athen hatte sich so den Gesetzen des Krieges beugen müssen, der nur mit großem Kapitaleinsatz zu führen war. Erst Eubulos gelang es 354 – 350 v. Chr., die Staatsfinanzen zu sanieren, indem er die Ausbeutung der Minen forcierte und eine maßvolle Außenpolitik betrieb. Die Zahl der Kriegsschiffe wurde nominell erhöht, doch nahm man Abstand von kostenintensiven Feldzügen, die militärische Komplikationen heraufbeschworen. Der Traum einer Hegemonie über einen mächtigen Seebund war unwiderruflich vorbei.

Mitte der 50er-Jahre des 4. Jahrhunderts v. Chr. betrat schließlich eine Macht die Bühne des ‚Großen Spiels' in der Ägäis, die traditionell über ausgezeichnete Ressourcen für den Schiffsbau sowie guten Zugang zu den thrakischen Söldnern besaß, nämlich Makedonien. König Philipp II. von Makedonien hatte die abtrünnigen Bundesgenossen finanziell und politisch unterstützt. Er war zudem ein Meister in der Kunst, Piraten und Söldner für seine Ziele einzuspannen. Mit ihrer Hilfe betrieb er seit der Mitte des Jahrhunderts eine Expansionspolitik, die sich darauf richtete, Makedonien Zugang zum Meer zu verschaffen.

354 v. Chr. erfolgte der erste Schlag, als Philipp das für den Holzexport so wichtige Amphipolis eroberte. In dem folgenden Jahrzehnt gelang es ihm dann, den gesamten Küstensaum dem makedonischen Reich einzugliedern, die Chalkidike unter seine Kontrolle zu bringen und sogar Thrakien bis zum Hellespont zu erobern. Nach der Eingliederung Thrakiens in den makedonischen Herrschaftsraum standen ihm die Minen des Pangeiongebirges zur Verfügung. In den späten 50er-Jahren ließ Philipp eine Kaperflotte von rund 100 Einheiten auf Kiel legen, die – wie seinerzeit die Spartaner unter Lysander – am Ausgang des Hellespont auf die Getreideschiffe lauerten und den Seeweg durch den Euripos kontrollieren sollten.[53] Indem er die Landarmee parallel mit den Kriegsschiffen auf der inneren Linie operieren ließ, war er jedem Gegner aus dem Süden an Schnelligkeit überlegen.

Ende der 340er-Jahre v. Chr. beherrschte Philipp fast die gesamte nördliche Ägäis, konnte eine beinahe 100 Schiffe umfassende athenische Getreideflotte kapern und wandte sich dann südwärts nach Zentralgriechenland. 344 v. Chr. war er im Besitz Thessaliens, und am 2. August 338 v. Chr. besiegten seine Berufssoldaten das Aufgebot der griechischen Poleis unter Führung Athens und Thebens bei Chaironeia.

Seefahrt im Zeitalter des Hellenismus

Von hier aus brach Alexander auf, um den Ozean kennen zu lernen.
PLUTARCH, ALEXANDER 63

Nach der Schlacht von Chaironeia ließ Philipp die Griechen mit Ausnahme Spartas in Korinth einen ‚allgemeinen Frieden' beschließen. Bestandteil des Friedens war ein unbefristetes Bündnis zwischen den griechischen Einzelstaaten und Philipp. Ein Jahr später beantragte er auf der ersten Sitzung des Bundes, als bevollmächtigter Stratege die Führung im Krieg gegen die Perser zu übernehmen, um Rache für die Zerstörung der Heiligtümer Griechenlands durch Xerxes zu üben. Wenige Monate später fiel er jedoch einem Anschlag zum Opfer. Nach einigen Tagen der Verwirrung wählte die Heeresversammlung Alexander, den 20-jährigen Sohn Philipps, zum Thronnachfolger. 336 v. Chr. übertrug ihm der Korinthische Bund das vakante Kommando gegen die Perser. Die Motive des Perserfeldzuges und der spektakulären Wendung Makedoniens gen Osten auf das Perserreich sind weithin unbestritten: Handfeste finanzielle Zwänge (infolge der teuren, vielfach mit Söldnern betriebenen Landkriege) und materielle Verlockungen und Träume spielten eine ebenso wesentliche Rolle wie politisch-ideologische Gründe, die Philipp und seinen Sohn bewogen, den von dem Sophisten Gorgias wohl erstmals entwickelten Gedanken des panhellenischen Rachefeldzuges endlich in die Tat umzusetzen. Der so genannte Rachefeldzug übertraf jedoch unter der Führung Alexanders alles bisher Dagewesene und wurde spätestens nach der Einnahme der persischen Residenzen auch und ganz wesentlich zu einem persönlich motivierten Vorstoß an die Grenzen der bekannten Welt. Für das Verständnis dieses Vorganges ist deshalb eine Kenntnis der geographischen Wissensentwicklung von fundamentaler Bedeutung.

Die geographischen Vorstellungen der Zeit

Athen blieb im 4. Jahrhundert v. Chr. das Zentrum des geistigen Lebens in Griechenland, nur die Geographie wurde traditionell stiefmütterlich behandelt. Woran dies lag, ist nicht einfach zu erkennen. Denn eigentlich hätten gerade die Athener mit ihren raumgreifenden maritimen Strategien ein besonderes Bedürfnis nach einer verbesserten geographischen Erfassung der Welt entwickeln müssen, doch erneut bestätigt sich der Verdacht, dass Militärs und Strategen auf die kartographischen Produkte der Intellektuellen weit gehend verzichteten, weil sie für die Praxis wenig hergaben. Ferner gilt es im Fall der Athener zu bedenken, dass sich ihr Interesse auf die Kontrolle der Ägäis und der großen Handelsrouten sowie der politischen Kraftzentren im östlichen und westlichen Mittelmeerraum richtete. Exploratorische Entdeckungsfahrten kamen daher kaum in Betracht, weil man alle Energien auf die Beherrschung der unmittelbar zugänglichen Seeräume konzentrierte. Vielleicht erklärt dies auch die mangelnde Vorbereitung der Sizilienexpedition und die geringe Aufnahmebereitschaft militärtechnischer Innovationen aus Sizilien und der Levante. Wenn ein Adliger wie Alkibiades ‚große Pläne' schmiedete, die über den üblichen Horizont der Athener Kriegs- und Außenpolitik hinausgingen, so besaßen diese doch keine exploratorischen, sondern militärische und machtpolitische Funktionen. Von dem Geist ionischer *historie* war in Athen wenig zu spüren.

Insofern wundert es nicht, dass erst mit der Verlagerung maritimer und politischer Macht an die Randgebiete dieses alte ionische Interesse an der Welt um ihrer selbst willen seit der Mitte des Jahrhunderts wieder auflebte. Zahlreiche ionische Gelehrte hatten nach der Zerstörung Milets die Erdkarte des Hekataios aktualisiert, ohne sich grundsätzlich von der Kreisform zu trennen.[1] Die bedeutendste Erkenntnis bezog sich nicht auf die Abbildung der *Oikumene*, sondern auf die Gestalt der Erde. Anaximander und Hekataios hatten wie Herodot an der alten Vorstellung von der Scheibenform der Erde festgehalten; Anaximander nahm immerhin eine frei schwebende, sich zylinderförmig nach unten fortsetzende Scheibe an (siehe Seite 74). Damit war die sphärische Form der Erde als Denkmodell zumindest insofern vorgebildet, als er das Weltall oder den Kosmos kugelförmig konstruierte. Der Analogieschluss von der Kugelgestalt des Himmels auf die der im Zentrum ruhenden Erde lag somit nahe.[2]

Diese These von der Kugelgestalt der Erde wurde vermutlich erstmals in der unteritalischen Hafenstadt Elea zu Beginn des 5. Jahrhunderts v. Chr. unter den Schülern des aus Samos ausgewanderten Pythagoras aufgrund philosophischer Spekulation entwickelt.[3] Der erste sicher verbürgte Vertreter der Erdkugellehre ist der um 450 v. Chr. verstorbene Philosoph Parmenides von Elea[4], doch erst rund 70 Jahre später fand sie Eingang in die wissenschaftliche Geographie, als der Universalgelehrte Eudoxos (ca. 391 – 338 v. Chr.) aus der kleinasiatischen Hafenstadt Knidos sie zur Grundlage seiner Arbeiten machte. Er übernahm und präzisierte auch die von Parmenides entwickelte Zonenlehre: Demnach müsse die Erde aufgrund der unterschiedlichen Sonneneinstrahlung in fünf Zonen eingeteilt werden, von denen die beiden äußersten an den Polen wegen ihres extremen Klimas für Menschen als unbewohnbar galten. Eudoxos präzisierte diese Einteilungen, indem er die Kreisbahnen der Himmelskugel auf die Erde projizierte und so den Begriff *Äquator* („Gleichmacher") adäquat verwendete.

Seine Karte der bewohnbaren *Oikumene* war als rechteckiger Ausschnitt der Kugeloberfläche konzipiert, dessen Länge doppelt so groß war wie seine Breite. Als Randgebiete fungierten Spanien im Westen, Indien im Osten sowie Skythien und Äthiopien im Norden und Süden. Südlich erstreckte sich eine Landmasse, die dem Kontinent Afrika entsprach und sich mit einer Gegen*oikumene* verband: Sie war nach Meinung des Eudoxos bewohnbar, Platon hat auf ihr die *Antipoden* („Gegenfüßler") angesiedelt, die in der geographischen Lehre bis zur neuzeitlichen Expansion eine bedeutende Rolle spielen sollten. Insgesamt waren Erdkugel und bekannte und bewohnte *Oikumene* relativ klein (Aristoteles gibt die auf Eudoxos zurückgehende Umfangsmessung von 400 000 Stadien = 65 000 Kilometer an), was ein Ausgreifen aus dem griechischen Raum gen Osten umso realistischer erscheinen ließ.[5]

Alexanders Eroberung des östlichen Mittelmeerraums

Die geographischen Vorstellungen und Zielprojektionen beeinflussten von Beginn an das militärische Vorgehen Alexanders. Wir sind gewohnt, in Alexander den genialen Feldherrn raumgreifender Strategien und großer Landschlachten zu sehen. Tatsächlich bietet dieses Bild jedoch nur die halbe Wahrheit. Seine Seestreitkräfte bestanden zu Beginn des Perserfeldzuges immerhin aus 160 Schiffen, für deren Aufbau Philipp wesentlich verantwortlich war. Ihnen war es zu einem nicht geringen Teil zu verdanken, dass Alexander nach dem Tod seines tüchtigen Gegenspielers Memnon von Rhodos, der die persische Mittelmeerflotte unmittelbar nach Kriegsbeginn in die Ägäis geführt hatte[6], und der ersten siegreichen Landschlacht am Granikos die kleinasiatischen und nach dem Sieg bei Issos (Syrien) die levantinischen Basen der persischen Mittelmeerarmada Arados, Byblos und Sidon der Reihe nach einnehmen konnte. Zugute kam ihm freilich, dass die phönikischen Städte rund 15 Jahre vorher einen Aufstand gegen die Perser gewagt hatten. Nur Tyros – das Zentrum der persisch-phönikischen Mittelmeerflotte – hielt stand und konnte erst mit gewaltigem Aufwand an Materialien und Schiffen aus Rhodos, Lykien, Kilikien, Zypern und den phönikischen Hafenstädten 333 v. Chr. nach siebenmonatiger Belagerung zur Kapitulation gezwungen werden. Welche Bedeutung Alexander bereits zu diesem Zeitpunkt seinen Seestreitkräften zumaß, zeigt die Tatsache, dass er vor Tyros auch die modernen Vierruderer

(Tetreren) und Fünfruderer (Penteren) einsetzte. Dies war die Geburtsstunde einer neuen makedonischen Seemacht, die nun anstelle der persischen Flotte fast konkurrenzlos den östlichen Mittelmeerraum kontrollierte.[7]

Nach der Einnahme von Tyros (332 v. Chr.) begrüßte Ägypten – das letzte Rückzugsgebiet der persischen Seestreitkräfte – Alexander als Befreier. Epoche machend war die Gründung der Hafenstadt Alexandria an der einzigen vom Nilschlamm freien Stelle des Deltas. Als Ersatz für das zerstörte Tyros konzipiert, sollte die Stadt Athen als eine der reichsten und größten Hafenmetropolen der *Oikumene* ablösen. Im Frühjahr 331 v. Chr. zog das makedonische Hauptheer endlich in die Kernlande des Perserreiches. Nach dem Sieg über Dareios bei Gaugamela und der Zerstörung von Susa und Persepolis war das Ziel des panhellenischen Rachefeldzuges erreicht; die griechischen Truppen wurden entlassen.

Bereits nach der Schlacht bei Issos hatte Alexander den Anspruch auf das gesamte Perserreich erhoben, nach der Schlacht von Gaugamela ließ er sich zum König von Asien ausrufen. Dies schloss die Übernahme der persischen Weltherrschaftsideologie mit ein, die die gesamte *Oikumene* umfasste und am *Okeanos* nicht haltmachte (siehe Seite 80).[8] Deshalb stieß Alexander zwischen 333 und 327 v. Chr. mit den Makedonen und einigen Söldnertruppen durch die östlichen Satrapien zunächst bis zum Kaspischen Meer und danach gen Osten bis nach Indien vor. Aristoteles zufolge reichte die bewohnte *Oikumene* im Osten nur wenig über den Indus hinaus.[9] Der Fahrt des Skylax, die der griechischen Welt die Ausdehnung der östlichen Landmassen bis Indien und die südlichen Gewässer erschlossen hatte (siehe Seite 80), wurde wenig Glauben geschenkt. Alexanders Wunsch, das Ende der Welt kennen zu lernen, erschien faszinierend und realistisch.

Als seine Truppen am Hyphasis einen Weitermarsch verweigerten, ließ Alexander eine Flotte von angeblich 800 Kriegs- und Transportschiffen bauen, um mit ihr in das (südliche) Weltmeer vorzustoßen.[10] Den Oberbefehl über die Schiffe erhielt Alexanders Freund, der aus Amphipolis stammende Nearchos. Teilweise zu Schiff, teilweise zu Land nahm das Heer die Route gen Süden, vom Hyphasis zum Indus und dann stromabwärts bis nach Pattalos, dem heutigen Haiderabad. Am Persischen Golf erlebten die Seeleute Alexanders nach Aussage des kaiserzeitlichen Autors Arrian (ca. 96 – 175 n. Chr.) erstmals das Phänomen von Ebbe und Flut, was zumindest im Fall der phönikischen, karischen und ägyptischen Matrosen wenig glaubhaft erscheint.[11] Schon hier beginnen die ersten Früchte alexandrinischer Propaganda zu sprießen, die vieles als neu herauszustellen suchte, was tatsächlich bereits bekannt war.

Die Suche nach dem östlichen Okeanos

Immerhin bewies das Gezeitenproblem, dass man sich wirklich am großen *Okeanos* befand. Sofort fuhr Alexander mit seiner Flotte auf die hohe See „wie er sagte, um nachzusehen, ob in der Nähe ein anderes Land über dem Meere aufsteige, hauptsächlich aber, wie mir (sc. Arrian) scheint, um sich zu rühmen, (als Erster) auf dem großen Meer hinter Indien gefahren zu sein".[12] Arrian benennt zwei für die Folgezeit typische Motive: Erstens die Suche nach möglichen neuen Landmassen im riesigen *Okeanos* und zweitens das agonale Streben, allen Konkurrenten bei der Eroberung fremder Meere zuvorgekommen zu sein.

Die Erkundung und Bezwingung des *Okeanos* gehörte fortan zu den zentralen Zielen des Landeroberers, und er hatte mit seinem Freund Nearchos einen Mann in seinen Reihen, der ganz in der Tradition der ionischen Forschungsreisen bereit und begierig war, neue Seewege und ihre Küsten zu erforschen. Zu diesem Zweck teilte Alexander das Heer. Nearchos erhielt den Befehl, mit der Flotte längs der Küste den Seeweg vom Indusdelta zurück in den Persischen Golf zum Zweistromland zu finden, eine zweite Marschsäule war gen Nordwesten abgeschwenkt, während die dritte Gruppe unter Alexander selbst den Rückmarsch durch die berüchtigte gedrosische Wüste (Wüste von Makran, Belutschistan) antrat.

Die Fahrt vom Indus zum Tigris dauerte 130 Tage, Nearchos hatte die Fahrtstrecke auf 2700 Meilen geschätzt, während die reale Route gerade einmal halb so lang war. Nicht die Länge und die Route an sich machten die Fahrt zu einem bedeutenden Unternehmen, sondern die Beschreibung der für die Griechen neuen Völker und Landschaften der Küste. Von sonderbaren Fischfressern ist genauso die Rede wie von freundlichen Inselbewohnern, die den Ankömmlingen Schafe und Fische als Willkommensgeschenk präsentieren. Es fehlt auch nicht die Geschichte einer wundersamen, von einer Nereide bewohnten Zauberinsel, die der Admiral persönlich als Phantasterei entlarvt.[13]

Ein organisatorisches Meisterwerk war das Zusammentreffen der Flotte mit der Marschsäule Alexanders im Dezember 325 v. Chr. in der Nähe von Hormuz – auch dies ein Indiz dafür, dass diese Gegenden den Experten Alexanders keineswegs so unbekannt waren, wie die Quellen später behaupteten. Im Frühjahr 324 v. Chr. zog Alexander nach über fünf Jahren wieder in der alten Königsstadt Pasargadai ein, und in Susa konnte er die triumphale Einfahrt seines Admirals Nearchos feiern.

Die Ausdehnung der Nearchosfahrt blieb hinter der des Skylax zurück, und es stellt sich daher die Frage, was eigentlich das Motiv der Expedition war.[14] Nach dem von Nearchos angefertigten und in überarbeiteter Form überlieferten Schiffstagebuch soll Alexander „von einer Sehnsucht erfasst worden (sein), das Meer von Indien bis zum Persischen Golf ganz und gar zu umfahren“, ihn habe das Verlangen getrieben, „etwas Neues und Unerhörtes zu vollbringen“.[15] Dies spricht dafür, dass er entweder die Skylaxfahrt nicht kannte oder einfach ignorierte. Das Letztere scheint wahrscheinlicher, zumal der Seeweg vom Indus in den persischen Golf eine der meist befahrenen Routen des Altertums war. Selbst wenn Alexanders griechische Gelehrten den Skylaxbericht nicht kannten, könnte er doch in dem großköniglichen Archiv auf ihn gestoßen sein. Es ging also Alexander nur vordergründig um eine echte Entdeckerleistung, eher um eine Überprüfung und Bestätigung der von vielen als unglaubwürdig gebrandmarkten Fahrt des Skylax.[16] Eine solche Bestätigung oder Überprüfung atmete den ionischen Geist der *historie*, doch mindestens ebenso wichtig war das ideologisch-politische Motiv, auch auf dem Meer in der Nachfolge der Perser zu wandeln, die bereits den südlichen *Okeanos* erschlossen hatten. Tatsächlich war die Nearchosfahrt die notwendige Voraussetzung und der Auftakt zu einer viel größeren maritimen Expansion, die an die Pläne der Perser anknüpfte und sie verwirklichen sollte.

Die ‚großen Pläne‘ Alexanders

Alexander hatte schon während seines Rückmarsches die Statthalter von Mesopotamien und dem Libanon angewiesen, für den Bau einer neuen Flotte Bauholz zu schlagen und die neu erbauten Kriegsschiffe den Euphrat hinauf nach Babylon fahren zu lassen. In Babylon wurde ein Hafen gebaut und Matrosen aus der Levante zusammengezogen. Das neue Ziel war die Umschiffung Arabiens unter dem Kommando Nearchos’, um eine Verbindung zwischen dem Persischen Golf und dem Roten Meer herzustellen. Den Persern war auch diese Verbindung durch Skylax bekannt, doch Alexander wollte sie nun noch einmal erschließen. Als die große Flotte über den Golf von Hormus südwärts vorstoßen sollte, starb jedoch der große Eroberer.

Aus seinen privaten Aufzeichnungen in der königlichen Kanzlei ging hervor, dass auch Alexanders Arabienpläne eine weit reichende Perspektive verfolgten: Voraussetzung für diese Pläne war die alte ionische Auffassung, dass die *Oikumene* vollständig vom *Okeanos* umflossen werde und dementsprechend jeder Punkt auf dem äußeren Rand der bekannten Welt über den *Okeanos* zu erreichen sei. Wenn nun Alexander die Umschiffung Arabiens glücken sollte, dann war es nur folgerichtig, die Umsegelung der *Oikumene* gen Südwesten fortzusetzen. Tatsächlich sollte nach Arrian die Arabienflotte unter persönlicher Leitung Alexanders vom Roten Meer aus Afrika umfahren – auch dies ein alter persischer bzw. ägyptischer Plan![17]

Doch damit nicht genug. An der Straße von Gibraltar sollte sich die Afrikaflotte mit einer zweiten noch gewaltigeren Armada treffen.[18] Diese Mittelmeerflotte umfasste 1000 Kriegsschiffe des neuesten Typs und sollte von Kilikien und Syrien gen Westen vorstoßen, Karthago unterwerfen und bis an die Säulen des Herakles vordringen. Auf dem Rückweg waren Spanien und Italien zu erobern. All dies erinnert an die ‚großen Pläne' des Alkibiades (siehe Seite 120), was nicht gegen ihre Historizität spricht. Alexander knüpfte wie Alkibiades an eine Expansionstradition an, die sich von ihrem persischen Ursprung zu Beginn des 5. Jahrhunderts v. Chr. in Griechenland verbreitet hatte und unter den Adligen Anklang fand. Die Authentizität dieser Pläne ist in der Forschung umstritten. Doch gilt es bei aller Skepsis zu bedenken, dass Alexander nach der Erfahrung einer riesigen Expansion gen Osten und dem Entschluss, die Grenzen der Welt zu erreichen, bewusst die alte ‚grenzenlose' persische Weltherrschaftsideologie auch für sich beanspruchte. Zudem standen ihm die Finanzkraft und das technische Wissen des Ostens inklusive der mutterländischen Ressourcen zur Verfügung – eine in der Geschichte des Orients bisher einmalige Ausgangslage und die letzte Chance, die Perser zu übertreffen und ihren alten Traum der *Okeanos* umfassenden Weltherrschaft zu verwirklichen.[19]

Alexander repräsentiert den Höhepunkt antiker Eroberungs- und Entdeckungsdynamik auf dem Meer. Er diente allen nachfolgenden Feldherren und Konquistadoren bis in die Neuzeit als Vorbild. Nach seinem Tod stellte sich jedoch zunächst die Frage, wie das Eroberte zu sichern sei und wer für die Nachfolge in Frage käme. Alexander selbst hatte sich hierum nicht gekümmert, und so kam es schon in Babylon zu schwierigen Verhandlungen zwischen den alten Generälen, die für sich die Macht beanspruchten. Formal einigte man sich zunächst darauf, den schwachsinnigen Sohn Philipps II. mit Namen Arrhidaios sowie den Nachkommen, den Alexander mit der baktrischen Prinzessin Roxane gezeugt hatte, zu Königen zu küren. Doch die Generäle ließen sich dadurch nicht beirren: 13 Jahre nach dem Tod Alexanders waren die jungen Könige sowie deren Mütter ermordet und das Geschlecht Alexanders ausgelöscht. Von nun an bestimmten die Machtkämpfe der Generäle die Geschichte.

Drei große Machtkomplexe entstanden in den folgenden Jahrzehnten. Das stabilste Reich bildete sich in Ägypten, wo sich der bewährte General Ptolemaios 323 v. Chr. als Herrscher festsetzte und Alexandria zur Residenz seiner Dynastie erkor, die bis zu Kleopatras Selbstmord im Jahr 30 v. Chr. andauerte. Zehn Jahre später etablierte sich in den alten vorderasiatischen Ländern des Perserreiches bis zum Indus die Dynastie der Seleukiden unter Seleukos. Im makedonischen Kernland, dem kleinsten Teil des Gesamtreiches, setzte sich Antigonos Monophtalmos (der „Einäugige") durch und begründete das Reich der Antigoniden.

Seemachtspolitik der Diadochen

Die drei großen Machtzentren versuchten von Beginn an, Zugriff auf die wichtigsten mediterranen Seehandelsrouten und Meeresräume zu gewinnen. Am erfolgreichsten waren die Ptolemaier. Der Begründer der Dynastie übernahm einen Großteil der Flotte Alexanders, verfügte mit Alexandria über einen herausragenden Hafen und konnte über die alten pharaonischen Stützpunkte am Roten Meer disponieren. 280 v. Chr. ließ Ptolemaios Philadelphos den Pharaonenkanal wieder ausheben, der den Nil mit dem Roten Meer verband. Ferner gründete er Kolonien an der westlichen Küste des Roten Meeres bis zum Kap Guardafui und fand Anschluss an den Indienhandel, der sich in Alexandria mit dem ostmediterranen Seehandel traf. Alexandria wurde zur führenden Seehandelsstadt des östlichen Mittelmeers. Mit einer Kriegsflotte, die zum großen Teil aus den größeren Vier- und Fünfruderern bestand, kontrollierten die Ptolemaier die Levante, gewannen Zypern und besetzten wichtige Inseln der Ägäis.

Die maritime Machtpolitik der Ptolemaier traf auf den Widerstand der Antigoniden in Makedonien, die früh die Bedeutung maritimer Herrschaft im ostmediterranen Raum erkannten. Voraussetzung ihrer Seeherrschaft bildete der ein Jahr nach Alexanders Tod errungene Seesieg der makedonischen Reichsflotte über die Athener bei Amorgos (Kykladen). Beide Seiten boten mit den Tetreren und Penteren die modernsten Schlachtschiffe der Zeit auf, doch hatten sich die Athener zu spät auf den neuen Schiffstyp eingestellt und unterlagen der größeren Zahl und raumgreifenden Strategie des makedonischen Admirals Kleitos. Dieser war sich der Bedeutung seines Sieges wohl bewusst, legte sich in einer pompösen Siegesfeier den Beinamen Poseidon zu und begründete eine Form der maritimen Machtverherrlichung, die bis in die Zeit der Römischen Republik häufig aufgenommen wurde. Ferner erhielt Kleitos von den übrigen Generälen Alexanders 321 v. Chr. die wichtige Satrapie Lydien als Verwaltungsbezirk. Erstmals begründete somit ein Seesieg eine anerkannte politische Herrschaft eines Einzelnen.[20]

Lange konnte sich der tüchtige Admiral freilich nicht halten, und wieder war es eine Seeschlacht, die diesmal zu seinem Niedergang beitrug. Zwischenzeitlich nahm nämlich der nach der Gesamtherrschaft im Reich strebende makedonische Feldherr Antigonos Monophtalmos mit einer neuen schlagkräftigen Flotte den Kampf gegen die übrigen Generäle Alexanders auf und besiegte schließlich 318 v. Chr. am Bosporus die Reichsflotte des Kleitos, der kurze Zeit später ermordet wurde. Danach wollte Antigonos – so die Überlieferung – die *Thalassokratie*, also offensichtlich die Kontrolle der Seehandelsrouten und Inseln des östlichen Mittelmeers, erringen. Zusammen mit seinem Sohn Demetrios Poliorketes (der „Städtezerstörer") ließ er deshalb in den phönikischen Häfen der Levante eine Armada von fast 500 Einheiten des neuen mehrreihigen Schlachtschifftyps bauen.[21]

Der Hang zum Technisch-monumentalen, der später z. B. im Bau des berühmten Kolosses von Rhodos oder in den großen Palastanlagen der hellenistischen Herrscher zum Ausdruck kam, übertrug sich nun auch auf das Meer und den Seekrieg, verlor aber nie den Kontakt zu den traditionellen Methoden maritimen Erfolges: Außerdem gewann nämlich Antigonos ganz in der Tradition Philipps und Alexanders durch Beuteversprechen die ägäischen Piraten als Helfer.[22] 306 v. Chr. konnte die neue Flotte 140 ptolemaische Kriegschiffe bei Salamis vernichtend schlagen. Danach nahmen Antigonos und Demetrios den Königstitel an, was erneut zeigt, wie wichtig maritime Erfolge für die Legitimation der Herrschaft waren.

Trotz ihrer gewaltigen Marinerüstungen gelang es jedoch weder Antigonos noch seinem Sohn Demetrios, den Traum einer ostmediterranen *Thalassokratie* zu verwirklichen. Zum einen verschlangen der Aufbau und Unterhalt der Flotte Unsummen, ferner mussten die Antigoniden mehrere Niederlagen zu Lande gegen die anderen Diadochen hinnehmen und schließlich gab es neben der ptolemaischen Flotte eine weitere Seemacht, die während des 4. und 3. Jahrhunderts v. Chr. ihre Unabhängigkeit in den griechischen Gewässern behaupten konnte: die Inselrepublik Rhodos.

Rhodos hatte schon im 4. Jahrhundert v. Chr. tüchtige Kapitäne hervorgebracht und war durch ihre Lage an der Seehandelsroute von Ägypten in die Ägäis reich geworden.[23] Der ganze Stolz der Rhodier war ihre stehende Kriegsflotte von rund 40 Einheiten.[24] Auch für die Aristokratie der Stadt war der Dienst in der Flotte eine ehrenvolle Aufgabe. Mit ihr geleiteten sie Handelsschiffe (gegen Bezahlung) in ihren Hafen und erhoben seit der Mitte des 3. Jahrhunderts v. Chr. den Anspruch, die griechischen Seefahrer gegen die Piraterie zu schützen. Dieser Anspruch wurde selten konsequent in die Tat umgesetzt und diente häufiger dazu, machtpolitische Konkurrenten als Seeräuber zu diffamieren und den Kampf gegen sie zu legimitieren. Immerhin gelang es den Rhodiern lange, zwischen den hellenistischen Großmächten zu lavieren, sich zeitweilig Herrschaftsgebiete in Karien zu sichern sowie in der ersten Hälfte des 2. Jahrhundert v. Chr. in Form eines Seebundes sogar die Hegemonie über die Kykladen auszuüben.

Das Ausgreifen in den Okeanos

Die Kämpfe um die Hegemonie im östlichen Mittelmeerraum haben erstaunlicherweise nicht verhindert, dass zumindest die Seleukiden und Ptolemaier in der Nachfolge Alexanders, angespornt durch den Geist ionischer *historie* und die Aussicht auf Handelsgewinne, erneut in den *Okeanos* vorstießen. Der seleukidische Admiral Androsthenes erforschte den Persischen Golf, Seleukos stationierte dort eine Flotte und kolonisierte die Gegenden am unteren Tigris.[25]

Einen anderen Brennpunkt des geographischen Interesses bildete der nördliche Rand der *Oikumene*. Schon Alexander hatte geplant, eine Forschungsexpedition ins Kaspische Meer segeln zu lassen, um die alte Frage zu klären, ob es ein Binnenmeer oder – wie die meisten annahmen – eine Ausbuchtung des *Okeanos* sei.[26] Der Tod Alexanders vereitelte die Ausführung des Unternehmens, erst Seleukos I. Nikator entsandte 285 – 282 v. Chr. den Geographen Patrokles ins Kaspische Meer, um dessen Küsten zu erforschen und die geographischen Zweifel zu klären. Vermutlich sollte er auch erkunden, ob es einen nördlichen Seeweg nach Indien gäbe – Plinius erzählt die wundersame Fabel, Patrokles sei zusammen mit den Diadochenkönigen mit dem Schiff von Indien ins Kaspische Meer gesegelt.[27]

Patrokles dürfte kaum eine vollständige Umrundung der Küsten gelungen sein, denn anders ist schwer verständlich, warum er seinem Herrn die falsche Erkenntnis vermittelte, dass es tatsächlich eine Verbindung zum *Okeanos* gebe; vielleicht wollte er auch nicht die Hoffnungen des Königs auf einen direkten Seeweg nach Indien enttäuschen. Tatsächlich war der Seleukidenherrscher von der maritimen Verbindung nach Indien so überzeugt, dass er nördlich des Kaukasus einen Kanal vom Schwarzen zum Kaspischen Meer bauen wollte, um die Seehandelsroten aus der Ägäis ins Kaspische Meer zu verlängern und sich einträgliche Durchgangszölle zu sichern. In jedem Fall hat sich dieser Fehler seitdem unausrottbar in der antiken Geographie eingenistet und wurde bis ins 16. Jahrhundert tradiert.[28]

Ptolemaios setzte dagegen die Erforschung und Erschließung des Roten Meeres einschließlich der südarabischen und ostafrikanischen Küsten fort. Zahlreiche blühende Kolonien wie Arsinoe und Berenike am Golf von Elath und Myos Hormos (Mussel) bei Kosseir dienten zunächst als Handelsstützpunkte und Ausgangsbasen für weitere Expeditionen, entwickelten sich aber bald zu wichtigen Anlaufpunkten des Indien- und Afrikahandels über See, der durch eine stehende Flotte der Ptolemaier vor Piraten geschützt wurde.[29]

In etwa dem gleichen Zeitraum, in dem Entdeckungsfahrten der hellenistischen Könige den Osten erforschten, wurde Massilia im Westen aktiv. Die alte phokaische Kolonie hatte sich im Laufe der Zeit ein eigenes kleines Seereich geschaffen, verfügte über bedeutende Seestreitkräfte und setzte diese – vergleichbar den rhodischen Bemühungen gegen die ägäische Piraterie – gegen die Seeräuber der ligurischen Küste ein. Auch Massilia profitierte von seiner günstigen Lage an der Rhonemündung und war Anziehungspunkt für zahlreiche Kaufleute, die den lukrativen Handel mit den nördlichen Ländern und ihren Produkten, in erster Linie Fellen, Sklaven und wertvollen Mineralien wie Zinn, pflegten.

Ein gewisser Euthymenes unternahm vermutlich in der zweiten Hälfte des 4. Jahrhunderts v. Chr. eine Fahrt entlang der afrikanischen Küste bis zur Mündung des Senegal.[30] Ungefähr in der Zeit, als Alexander zum Indischen Ozean zog, brach Pytheas mit seinem Schiff zu einer Entdeckungsfahrt in eine Welt auf, von der die griechischen Mittelmeerkulturen nur vage Ahnungen hatten, nämlich in den nördlichen *Okeanos*. Pytheas dokumentierte seine abenteuerliche Fahrt in einer Schrift *Über den Ozean*. Leider ist sie nur bruchstückhaft überliefert, sodass seine Fahrtroute bis heute Gegenstand heftiger Kontroversen und Spekulationen ist. Unklar ist bereits, ob Pytheas die übliche Route nach Norden durch die Säulen des Herakles an Tartessos vorbei über die Biscaya in die Nordsee genommen hat oder – was wahrscheinlicher ist – vom Rhonetal über die Seine und Loire in die Biscaya reiste, um erst dort das Schiff zu besteigen.[31] In jedem Fall gelangte er über die bretonische Küste und den Kanal nach Long's End in Cornwall an der Südspitze Englands, wo er den Zinnbergbau kennen lernte. Von hier aus segelte er wahrscheinlich entlang der Westküste und setzte am äußersten Norden Britanniens in sechs Tagesreisen zu einer Insel über, der er den Namen Thule gab. Die Römer glaubten, Pytheas habe die Shetlandinseln entdeckt, später wurde Thule sogar mit Island gleichgesetzt, wieder andere denken an die Küste Norwegens oder andere vorgelagerte Inseln Skandinaviens.

Von Thule segelte er dann an der Ostküste gen Süden wahrscheinlich in den Kanal, fuhr am Wattenmeer der friesischen Inseln entlang zur Elbemündung und traf erstmals auf die Germanen in ihrer Heimat. Vermutlich gelangte er dann zunächst zum Bernsteingebiet an der Südwestküste Jütlands. Hier – so berichtet er – habe er in einem Segeltag vom Festland aus die rätselhafte Insel Abalus aufgesucht, an deren Strand die Wellen Bernstein angespült hätten. Viele meinen, in dieser Insel Helgoland erkennen zu können. Weiter erzählt er von einer Gegend, „in der nicht mehr Erde für sich, noch Meer, noch Luft zu finden sei, sondern nur ein Gemisch aus diesen, einer Meereslunge ähnlich, in welcher Erde und Meer und alles in der Schwebe gehalten werde".[32] Vielleicht beschrieb Pytheas hiermit das Nordlicht oder das Wattenmeer oder schlicht die Nebelbänke der Nordsee vor Jütland. Von der Helgoländer Bucht ging dann die Fahrt wieder zurück durch den Kanal bis in die Biscaya.

Die Motivation für Pytheas' Expedition wird in der Regel nicht aus handelspolitischen oder wirtschaftlichen Gründen, sondern aus wissenschaftlichen Interessen abgeleitet – u. a. gelang es ihm, die Theorie des Eudoxos (siehe Seite 138 f.) über den Nordpol zu korrigieren, und er versuchte, das seit der Erdkugelthese zur Diskussion stehende Phänomen der Mitternachtssonne empirisch zu bestätigen.[33] Dies schließt allerdings nicht aus, dass Pytheas wissenschaftliche Ambitionen mit der Suche etwa nach den Zinnabbaugebieten und dem Ursprung des begehrten Bernsteins verband. Er steht damit durchaus in einer Tradition, die von den Ioniern über Nearchos reicht und die sich etwa zeitgleich mit den hellenistischen Geographen und Expeditionen im Osten fortsetzte.

Pytheas Schrift *Über den Ozean* enthielt – wie die des Nearchos – nicht nur Angaben über seine Route, sondern auch wichtige ethnographische Informationen und darüber hinaus astronomische Messungen. Auch wenn die Authentizität seines Berichtes bald umstritten war, erlangte er für die aufblühende wissenschaftlich-mathematische Geographie des Hellenismus große Bedeutung. Sie fand in Alexandria, dem neuen wissenschaftlich-geistigen Zentrum der griechischen Welt nach Delphi, Milet und Athen, ihre Heimstatt und in der berühmten Bibliothek ideale Arbeitsbedingungen.

Hier verarbeitete der 276 v. Chr. in Nordafrika geborene Gelehrte Eratosthenes den durch Alexanders Eroberungen erweiterten Erfahrungs- und Kenntnistand mit den Entdeckungs- und Forschungsreisen seiner Nachfolger in den Persischen Golf, das Südmeer und das Kaspische Meer sowie den Ergebnissen des Pytheas zu einer neuen kartographischen Erfassung der Welt (*Geographiká*) auf der Basis der Kugelgestalt der Erde. Ihm gelang es, durch Messungen der Sonnenhöhe bei Sommersonnenwende den Erdumfang auf 252 000 Stadien (= 39 690 Kilometer; real 40 076 Kilometer) verblüffend genau zu berechnen und die Erdkarte in ein Koordinatennetz von Längen und Breitengraden einzuzeichnen – „ein Quantensprung in der Geschichte der Naturwissenschaft"[34] und der Höhepunkt der wissenschaftlichen Geographie der Antike.

Roms langer Weg zum Meer

Wie hätte Romulus (...) die Vorteile einer Seelage erfassen (...) können, als dadurch, dass er die Stadt an dem Ufer eines (...) Flusses, der breit ins Meer mündete, anlegte.
CICERO, ÜBER DEN STAAT 5, 10

Die Römer waren bodenständige Bauern und Viehzüchter, selbstgenügsam und echte Landratten – dies ist das Bild, das uns die römischen Historiker in immer neuen Farben vermitteln und bis heute gegenwärtig ist.[1] An ihm ist einiges richtig, vieles falsch, und vor allem hat es wenig mit einem typisch römischen Volkscharakter zu tun. Selbstgenügsamkeit, Bescheidenheit und Fixierung auf das Überleben auf dem eigenen Acker war kein römisches Lebensgesetz, sondern das Schicksal des Mittelmeeranrainers bis weit hinein in die Neuzeit.

Die Römer haben dieses Lebensgesetz in einer bestimmten Phase ihrer Entwicklung so erfolgreich in ihre Staatsideologie integriert, dass wir noch heute in seinem Bann stehen. Weshalb das so war und welche Rolle das Meer tatsächlich gespielt hat, ist das Thema der folgenden Seiten.

Rom gehört zur mittelitalischen Landschaft Latium und war Teil des Stammesgebietes der Latiner. Latium lag zwischen dem etruskischen Siedlungsgebiet im Norden und den von griechischen Kolonien besiedelten Küsten Kampaniens und Süditaliens.

Der frührömisch-latinische Adel

Im Laufe des 8. Jahrhunderts v. Chr. etablierte sich in den Siedlungen auf dem Palatin und dem Quirinal eine aristokratische Oberschicht, die in vielem dem archaischen Adel Griechenlands glich. Ihre großzügig ausgebauten Gräber enthielten eine große Zahl wertvoller Luxus- und Prestigegüter auch aus entfernten Mittelmeerregionen.[2]

Ähnlich wie im homerischen Griechenland dürften Luxuswaren dazu gedient haben, sich durch einen aristokratischen Lebensstil gegenüber der Masse der Bevölkerung abzugrenzen. Einen Teil der Luxuswaren empfingen die Aristokraten als Geschenke von ihren griechischen Gastfreunden Kampaniens und der unteritalischen Küsten.

Eine zweite Quelle bot der Handel, der sich nicht nur zu Lande von Etrurien in die kampanischen Küstenebenen und nach Süditalien erstreckte, sondern auch über See abgewickelt wurde. Ursprünglich lag dieser Seehandel in den Händen der Phöniker, doch seit Beginn der griechischen Westexpansion übernahmen die Griechen aus Chalkis und Euböa die Handelskontakte (siehe Seite 41 ff.). Ihre wichtigsten Handelspartner wurden die Etrusker, die Erze anboten, Handelswaren aus dem nördlichen Europa nach Mittelitalien lieferten und parallel zur griechischen Westkolonisation Siedlungen in Küstennähe anlegten.[3]

Roms geographische Lage begünstigte eine Teilnahme am griechisch-etruskischen Handelsaustausch. Die Stadt lag ungefähr 24 Kilometer von der Küste entfernt an der Schifffahrtsgrenze des Tibers. Über eine Furt am Tiber führten eine Salzstraße aus dem Sabinerland im Norden sowie die Landroute zwischen dem nördlichen Etrurien und dem südlichen Kampanien.

Griechische, karthagische und etruskische Händler aus Nordafrika, den tyrrhenischen Inseln und den Mittelmeerküsten Spaniens und Frankreichs fanden am Portus Tiberinus einen Anlegeplatz und am Forum Boarium einen Absatzmarkt ihrer Produkte; einige dürften sich dort niedergelassen haben. Im 7. Jahrhundert v. Chr. konnten am Tiberhafen Fernhandelsschiffe ihre Waren löschen.[4]

Im Gegenzug für die importierten Luxuswaren boten die Römer einheimische Rohmaterialien (Metalle, Wolle, Holz) und Sklaven aus den westlichen Küstengebieten. Der Name des Forum Boariums (von *bos*, „Rind“) weist ferner darauf hin, dass hier ein durch die Lage begünstigter Viehmarkt bestand, den die reicheren latinisch-römischen Adligen betrieben.[5]

Die weitere Entwicklung ist umstritten. Eine These besagt, dass sich einzelne Adlige im Verlauf schwerer Auseinandersetzungen eine tyrannenähnliche Stellung erobern konnten.

Nach einer anderen – wohl wahrscheinlicheren – Rekonstruktion hatte ein etruskischer Kondottiere namens Tarquinius Priscus – vergleichbar den griechischen Abenteurern der Archaik – auf der Suche nach neuen Herrschaftsmöglichkeiten die Siedlung am Tiber erobert. Er nannte sich *rex* („König“) und begann bedeutende städtebauliche Aktivitäten, z.B. die Pflasterung des Siedlungsareals, die es erlauben, von einer etruskischen Städtegründung zu sprechen.

Ein mithilfe etruskischer und wohl auch griechisch-ionischer Handwerker errichteter Tempel am Forum Boarium und ein großer Altar des Herkules zeigten auswärtigen Kaufleuten, dass sie hier Sicherheit genossen, und demonstrierten die Bedeutung, die die etruskischen Könige dem Handelsverkehr zumaßen.[6]

Getreidehandel und Piraterie

Am Ende des 5. Jahrhunderts v. Chr. bedrohten die aus Mitteleuropa einwandernden Kelten die etruskischen Kerngebiete. Gleichzeitig griffen italische Bergstämme die etruskischen Städte in Kampanien an. Im Jahr 474 v. Chr. erlitten mehrere etruskische Stadtherren bei Kyme eine vernichtende Niederlage gegen die unteritalischen Griechen. In dem Maße, wie in der Folgezeit die etruskische Herrschaft in Kampanien und Latium bröckelte, verlor auch der König in Rom an Autorität und musste schließlich den einheimischen Adelsgeschlechtern weichen. Diese wandelten das Königtum in einen Jahresbeamten um – der Beginn der römischen Republik.

Die junge Republik hatte sich zwar der Königsherrschaft entledigt, verlor damit aber auch den Rückhalt der Etrusker und sah sich gegen die Stämme der Äquer, Volsker und Sabiner in die Defensive gedrängt. Die Plünderung etruskischer Häfen durch die Flotte von Syrakus und die Eroberung latinischer Küstenstädte durch die Volsker ließen die Handelskontakte mit dem griechischen Raum erlahmen und führten zu periodischen Hungersnöten.[7] Gerade in solchen Situationen war man auf Kornimporte aus dem südlichen Etrurien, Kampanien und Sizilien angewiesen. Das Getreide gelangte über See an den Hafen von Puteoli (Pozzuoli), von dort entlang der Küste an die Tibermündung und wurde dann von Flussbarken *(naves codicaria)* den Fluss hinauf nach Rom transportiert.[8]

Der Getreideimport lag vornehmlich in den Händen unteritalischer und sizilischer Lieferanten und kampanischer Zwischenhändler; doch dürften sich bald auch römische Kaufleute mit eigenen Schiffen am Kornhandel sowie am Tausch und Verkauf anderer Produkte beteiligt haben. Wir können dies dem Vertrag entnehmen, den die Republik in der ersten Hälfte des 4. Jahrhunderts v. Chr. mit Karthago vereinbarte. Er legte fest, „dass die Römer und ihre Bundesgenossen nicht über das Schöne Vorgebirge (Cap Bon in Tunesien) in westlicher Richtung fahren sollten, es sei denn dass sie durch Sturm oder Feinde dazu gezwungen werden."[9] Die Karthager rechneten also mit römischen Schiffen, die bis nach Nordafrika und Spanien segelten! Polybios kommentiert den Vertragspassus mit den Worten, dass die Karthager „ein für alle mal verhindern wollten, dass die Römer mit *makrois nausi* über das Schöne Vorgebirge hinausführen".[10] *Makrois nausi* (Langschiffe) stehen in der Terminologie der Zeit für Kriegs- oder Piratenschiffe! Der wenig später 348 v. Chr. geschlossene Folgevertrag mit Karthago unterscheidet bereits deutlich zwischen römischer Kaperei und friedlicher Handelsschifffahrt.[11]

Wir sehen also erneut, wie das lieb gewonnene Bild der römischen Landratten deutliche Risse bekommt: Schon die Etrusker waren als Seehändler und Piraten berüchtigt, und es lag somit nahe, dass die römischen Adligen auch diese Tradition von ihren einstigen etruskischen Herren übernahmen, um mit ihren Klienten Ruhm und Beute zu gewinnen. Nicht nur die offiziellen Verträge bestätigen diesen Eindruck: So wurde nach Plutarch zu Beginn des 4. Jahrhunderts v. Chr. ein auf diplomatischer Mission befindliches römisches Kriegsschiff auf der Höhe der Liparischen Inseln von den Liparern aufgegriffen, weil diese die Römer für Seeräuber hielten.[12]

Diese maritimen Aktivitäten der Römer verstärkten sich, als die Republik seit ca. 350 v. Chr. zu Lande die Gallier und Etrusker zurückgeschlagen sowie die Samniten vertraglich gebunden hatten. Der erwähnte zweite Vertrag mit Karthago präzisiert die in Nordafrika einzuhaltenden Verkehrsgrenzen, ein sicheres Indiz dafür, dass römische Schiffe sich an die alten Bestimmungen nicht gehalten hatten.[13] Darüber hinaus wird den Römern verboten, eine Stadt in dem von Karthago beanspruchten Gebiet innerhalb der Demarkationslinie zu gründen. Dass eine solche überseeische Kolonisationstätigkeit im Bereich des Möglichen lag, bestätigen griechische Schriftsteller. So schreibt der griechische Philosoph Theophrast (4. Jahrhundert v. Chr.) in seiner *Geschichte der Pflanzen*: „Denn es heißt, dass die Römer einst mit 25 Schiffen zu jener Insel (= Korsika) fuhren, um dort eine Stadt zu gründen (...). Und allgemein heißt es, diese Insel sei dicht bewaldet, ein einziger Urwald; deshalb hätten die Römer den Plan aufgegeben, dort eine Stadt zu gründen; einige von ihnen seien immerhin tiefer eingedrungen und hätten eine kleine Lichtung geschlagen, indem sie zahlreiche Bäume fällten, aus denen man ein Floß mit 50 Segeln bauen könnte."[14] Auch wenn es zu erfolgreichen Kolonisationstätigkeiten nicht gekommen ist, hatten Karthager und Griechen ein gutes Gespür für die potenziellen Expansionsgelüste der Römer, die bereits jetzt über Italien hinausgriffen.

Herrscher und gleichzeitig Räuber

Voraussetzung aller maritimen Aktivitäten war die Kontrolle der latinischen Küste. Auch in dieser Richtung lassen die Karthagerverträge keinen Zweifel an den aggressiven Absichten der Republik. Die Karthager verpflichteten sich im ersten Vertrag, mehrere latinische Städte, die den Römern untertan waren, nicht anzugreifen[15] – ein unverdächtiger Beleg für eine römische Vormachtstellung über den größten Teil Latiums, die bis an die Küste reichte. Des Weiteren waren die Karthager aber auch verpflichtet, sich von den Städ-

Abb. 6: Eine der ältesten römischen Münzen (4./3. Jahrhundert v. Chr.): Die Vorderseite zeigt den doppelköpfigen Gott Janus, die Rückseite das Vorderteil eines Schiffes.

ten und Gemeinden fernzuhalten, die nicht unter römischer Vorherrschaft standen. Wenn sie es aber doch tun – so der Vertrag –, dann sollten sie die Städte nach der Eroberung und Plünderung den Römern übergeben[16], mit anderen Worten: Die Karthager sollten den Römern gegen Bezahlung (in Form der Beute) die Eroberung widerspenstiger Küstenstädte abnehmen. Die Römer erweiterten auf ‚elegante' Weise ihr Territorium, ohne militärisch aktiv zu werden.

Das Verhältnis zwischen den Römer und ihren latinischen Verbünden verschlechterte sich nicht zuletzt nach Bekanntwerden dieses Vertragspassus merklich. Das Misstrauen wuchs, und so kam es fast folgerichtig zum Krieg, den die Republik 340 v. Chr. siegreich beendete. 334 v. Chr. eroberte der Konsul Gaius Maenius das wichtige Piratenstädtchen Antium (Anzio) und wandelte es wie andere Küstenstädte in eine Kolonie um.

Die Schnäbel der hierbei zerstörten Kriegsschiffe brachte Gaius Maenius an der Rednerbühne auf dem Forum an. Die Rednerbühne erhielt von diesen Schiffsschnäbeln den Namen *Rostra* (*rostrum* = Schiffsschnabel). Ihre öffentliche Präsentation zeugt von dem Stolz, die gefährliche Konkurrentin auf See bezwungen zu haben.[17] In dieser Zeit begann wohl auch die Prägung von Bronzemünzen mit einem Schiffsvorderteil auf der einen Seite. Die antiatischen Schiffe bildeten den Kern der ersten staatlichen Küstenflottille Roms, die 311 v. Chr. mindestens 20 Einheiten umfasste. Ihre Ausstattung, Bemannung und Führung oblag zwei Sonderbeamten (*duumviri navales*). Sie unternahmen Plünderungsfahrten gegen Pompeii und Nuceria. Zeitgleich begann der Bau der Via Appia, die den kampanischen Küstensaum noch enger an das Zentrum in Rom anschloss.

Die Kampaner gehörten zu den erfahrensten Kapitänen des tyrrhenischen Meeres und betrieben wie die Karier im Osten Piraterie und Seehandel je nach Bedarf. Die Aufhebung der Schuldknechtschaft nach Beilegung der Ständekämpfe ließ den Bedarf römischer Adliger nach Sklaven wachsen, wie wir aus einer 357 v. Chr. eingeführten Freilassungsgebühr schließen können, und so intensivierten sich spätestens nach dem Sieg über die Samniten (290 v. Chr.) die Handelsbeziehungen zwischen Rom und Kampanien: Zahlreiche kampanische Piraten und Seehändler traten sogar in die Klientel römischer Familien ein.[18] Da Kampanien Teil des römischen Staats geworden war, galt der Senat nun auch gegenüber dem Ausland als Repräsentant der kampanischen Kaperer. Alexander der Molosser beschwerte sich Strabon zufolge bei den Römern bereits im 4. Jahrhundert v. Chr. über die Kaperfahrten der Antiaten. „Später", berichtet Strabon weiter, „ließ Demetrios, als er den Römern die gefangenen Seeräuber zurückschickte, ihnen sagen, er schenke ihnen zwar diese Leute wegen der Verwandtschaft mit den Hellenen, finde es aber unwürdig, dass dieselben Männer Italien beherrschten und doch zugleich Raubschiffe aussendeten."[19]

Seit geraumer Zeit suchten kampanische Söldner und Piraten auch in Sizilien ihr Glück. So kämpfte z. B. ein Tiberius Claudius aus Antium als Söldner im 4. Jahrhundert v. Chr. in Sizilien. 339 v. Chr. bot der kampanische Korsar Postumius mit zwölf Schiffen seine Dienste dem Söldnerführer Timoleon in Syrakus an. Wenige Jahrzehnte später nahm der syrakusanische Tyrann Agathokles kampanische Söldner in Lohn. Sie errichteten nach seinem Tod in Messana einen Korsarenstaat, der die Meerenge kontrollierte und seine Raubzüge bis an die italische Küste ausdehnte. Das bedrohte Rhegion erhielt darauf aus Rom eine Schutztruppe aus 1200 kampanischen Söldnern. Diese folgten allerdings dem Beispiel ihrer Kollegen in Messana und plünderten die Umgebung nach Strich und Faden.

Schwer vorstellbar ist, dass die Römer diese Entwicklung nicht vorausgesehen hätten. Ganz im Gegenteil dürften sie durch die Abkommandierung der raublustigen Kampaner bewusst eine Destabilisierung der Region an der Meerenge forciert haben, um ohne größeren Kraftanstrengung bei günstiger Gelegenheit einzugreifen. Gegen ausdrückliche Vertragsbestimmungen drang im gleichen Jahr (282 oder 281 v. Chr.), als die kampanische Besatzung in Rhegion Quartier nahm, eine römische Flotte in den Hafen Tarents ein und provozierte den offenen Krieg – ein erneuter Beweis, dass Rom über eine konkurrenzfähige Kriegsflotte verfügte, denn sonst wären die im Vertrag mit Tarent genannten Verkehrsbeschränkungen unnötig gewesen.[20] Die in der Folgezeit von den Kampanern in Rhegion und Messana unternommenen Raubfahrten bedeuteten eine empfindliche Störung des Seehandels, von dem die reiche Hafenstadt Tarent in besonderem Maße abhängig war.

Darüber hinaus leisteten die Piraten den Römern im Kampf gegen den Molosserkönig Pyrrhus wichtige Dienste, indem sie dessen Nachschub über See behinderten und ihm bei dessen Angriff auf Rhegion bedeutende Verluste beibrachten. Erst als Pyrrhus abgezogen war und Tarent 272 v. Chr. den Römern die Tore geöffnet hatte, war aus römischer Sicht die Aufgabe der Kampaner in Rhegion erfüllt. Folgerichtig begannen die Römer die Stadt mit Unterstützung einer Flotte Hierons von Syrakus zu belagern. 270 v. Chr. nahmen sie die Kapitulation Rhegions entgegen und hatten damit einen der strategisch bedeutendsten Hafenplätze Süditaliens erobert.[21]

Ausgreifen nach Sizilien

Die nächste Gelegenheit zur Intervention ergab sich vier Jahre später. Rom hatte in der Zwischenzeit ganz Süditalien durch Kolonien und Straßen gesichert und verfügte mit den Schiffen der griechischen Bündner und dem Holz des Silawaldes über die Mittel, erstmals auch den Schritt über die Meerengen zu wagen. Anlass bot das nach wie vor ungelöste Problem der kampanischen Söldner von Messana. Wieder war abzusehen, dass sich Hieron von Syrakus, der sich bei der Einnahme Rhegions beteiligt hatte, nun auch gegen die Kampaner in Messana wenden würde. Als die Mamertiner, von Hieron im offenen Felde geschlagen, zunächst die Karthager und danach den römischen Senat um Hilfe baten, war die Mehrheit im römischen Senat offenbar zunächst gegen eine Intervention.[22]

Adelsrivalitäten um einen kurz vorher beendeten Krieg hatten jedoch den Drang nach neuen Unternehmungen unter den Konsuln verschärft. Sie sahen in einem lukrativen Kommando im Osten Siziliens eine überaus günstige Gelegenheit, besonders reiche Beute zu gewinnen (Ähnliche Überlegungen hatten ja bereits die Athener zu ihrer Sizilienexpedition bewogen.). Mit diesem Argument gelang es ihnen auch, die Volksversammlung zur Annahme des mamertinischen Hilfegesuches sowie zur Vergabe eines entsprechenden Kommandobereiches an einen der beiden Konsuln zu bewegen. Die langjährigen Erfahrungen kampanischer Abenteurer in Sizilien dürften hierbei von nicht unerheblichem Gewicht gewesen sein. So ist auch zu erklären, dass man zunächst einen Kriegstribun namens Gaius Claudius in einem gewagten Kommandounternehmen nach Messana schickte. Mit sich führte er Schiffe aus Neapel, Elea, Locri und Tarent – sämtlich Fünfzigruderer, das klassische Schiff der Piraten und Kaperer.[23]

Das Übergreifen Roms nach Sizilien war also keineswegs so überraschend, wie es die römische Tradition nach Polybios glauben machen wollte; es handelte sich nicht um einen Bruch oder eine Zäsur in der bisherigen Außenpolitik, sondern um die folgerichtige Fortsetzung der italischen Expansion, die bereits mindestens 100 Jahre zuvor das Meer ins Visier genommen hatte, und dessen adlige Vertreter – wie das Alter zahlreicher von den Griechen übernommener nautischer Fachtermini der lateinischen Sprache belegen – mit der Seefahrt bestens vertraut waren.[24] Vielleicht wollten diese sich durch das Übergreifen nach Sizilien die Kontrolle über die wichtigen Seehandelsrouten und den Getreidereichtum Siziliens für die wachsende Bevölkerung Roms sichern. Nicht minder bedeutsam waren das Streben der römischen Generäle nach Ruhm und Beute sowie die Vorbilder der kampanischen Söldner, die in Sizilien ein lukratives Betätigungsfeld verhießen.

Der Kampf um Sizilien

O armes Karthago! Beweinenswerte Stadt.
GUSTAVE FLAUBERT, SALAMBO

Noch bevor der römische Kriegstribun Gaius Claudius mir seiner Expeditionstruppe die Meerenge überquerte, versuchte eine kathagische Gesandtschaft den drohenden Konflikt diplomatisch zu lösen; doch Claudius ließ sich nicht beirren und schaffte es trotz einer Niederlage zur See, die karthagische Besatzung zum Abzug zu zwingen. Danach schlossen die Kathager mit Hieron, dem Tyrannen von Syrakus, ein Bündnis und belagerten gemeinsam mit dessen Söldnern Messana.

Im Sommer 264 v. Chr. landete ein konsularisches Heer unter Appius Claudius Caudex vor Messana und erklärte den Karthagern den Krieg. Danach vertrieb es die Syrakusaner, während sich eine karthagische Abteilung vor Messana halten konnte.[1]

Im folgenden Jahr befreiten die beiden neuen nach Sizilien beorderten Konsuln Messana endgültig. Außerdem gelang es ihnen, viele sizilische Städte zu erobern bzw. zur Kapitulation und zum Übertritt auf die römische Seite zu bewegen. Beeindruckt bat Hieron von Syrakus um Frieden. Ein überraschender Vorstoß der römischen Verbände bis nach Westsizilien und die Eroberung Agrigents veranlassten die Karthager schließlich, starke Entsatztruppen zu mobilisieren und eine große Flotte nach Sizilien zu entsenden. Als 261 v. Chr. der karthagische Oberkommandierende Hamilkar große Erfolge in Sizilien erzielen konnte, entschloss man sich in Rom zum Bau einer schlagkräftigen Kriegsflotte.

Polybios hat diesen für ihn Epoche machenden Schritt mit zahlreichen Legenden verwoben, und die moderne Forschung ist ihm hierbei meist gefolgt.[2] Diese Geschichten sollten den Eindruck vermitteln, die Römer seien völlig unvorbereitet in den Krieg gezogen und deshalb auch nicht die treibende Kraft bei dessen Ausbruch gewesen.

Der Seekrieg und sein letztendlicher Erfolg ließen sich so leichter als Sieg der „römischen Kollektivmoral" werten[3], und dieser erschien umso bedeutender, wenn er auf einem Element – nämlich dem Meer – ausgefochten wurde, das den Römern angeblich fremd und feindlich war – ähnliche Intentionen begleiteten ja schon den Flottenbau der Athener vor Salamis (siehe Seite 109 ff.). Polybios fasst zusammen:

> Eben hieran aber kann man wohl am besten den hohen Sinn und den Wagemut erkennen, der den Römern eigen ist. Denn obwohl hinlängliche Voraussetzungen, ja überhaupt alle Voraussetzungen fehlten und sie ihre Gedanken bisher noch niemals auf das Meer gerichtet hatten, sondern ihnen dies damals zum ersten Mal in den Sinn kam, nahmen sie die Sache mit solcher Kühnheit in Angriff, dass sie, noch ehe sie sich darin versucht hatten, sogleich mit den Karthagern zur See zu kämpfen wagten.[4]

Jüngere Forschungen haben den Quellenwert des Polybios in Bezug auf die Darstellung des 1. Punischen Krieges erheblich relativiert.[5] Polybios musste ausgehend von den Darstellungen des prorömischen Fabius Pictor und des prokarthagischen Philonos den Aufstieg Roms zur Hegemonialmacht mit dem Gewinn großer Seeschlachten verbinden und deshalb den Übergang von der Land- zur Seemacht besonders stark akzentuieren, um den Vorbildern und Vergleichskategorien der historiographischen Tradition des 4. Jahrhunderts v. Chr. zu genügen. Langfristige Entwicklungen und Phänomene wie die Piraterie und Kaperfahrten jenseits dieser globalen Sinnkategorien wurden dagegen ausgeblendet bzw. auf einmalige, spektakuläre Entscheidungen (Bau der Kriegsflotte im Jahre 260 v. Chr.) und Ereignisse (Seeschlachten) konzentriert.

Dementsprechend ist auch das Urteil des Polybios in Bezug auf den Bau der römischen Kriegsflotte zu relativieren. Ähnlich wie zwischen der Expansion der Römer und deren Übergreifen nach Sizilien „keine wirkliche Zäsur festzustellen" ist[6], so war auch die Entscheidung zum Bau der Flotte kein „revolutionärer" Neuanfang, sondern der Endpunkt einer Entwicklung seit der Mitte des 4. Jahrhunderts v. Chr. Seit dem Sieg über Pyrrhus und der Eingliederung der unteritalischen Griechenstädte stand den Römern mit dem Silawald das beste Schiffsbaumaterial der italischen Halbinsel sowie die erfahrenen Ingenieure und Kapitäne der griechischen und kampanischen Küstenstädte zur Verfügung. Nicht ohne Grund hatte man drei Jahre vor dem Ausbruch des Krieges vier Flottenquästoren eingesetzt, die in Ostia, Cales (Cagli) und Ariminum (Rimini) – der vierte Ort ist nicht bekannt – die maritimen Kräfte der Bundesgenossen koordinieren und Neubauten einleiten sollten. Traditionell verfügten die unteritalischen Städte jedoch nur über Dreiruderer.[7] Die Flotte Karthagos bestand dagegen aus den modernen vier- und fünfreihigen Großkampfschiffen.

Der Mythos der Enterbrücken

Rom musste reagieren. Angeblich soll den Römern beim Bau der neuen Kriegsschiffe ein gestrandetes karthagisches Linienschiff als Vorbild gedient haben[8] – eine Aussage, auf deren Absurdität bereits vor 100 Jahren der italienische Gelehrte Gaetano De Sanctis aufmerksam gemacht hat, die aber leider immer noch durch zahllose moderne Werke geistert.[9]

Tatsächlich handelt es sich um eine weitere Legende, die erneut die maritime ‚Hilflosigkeit' der Römer unter Beweis stellen sollte. Warum sollten die sonst so kühl rechnenden *nobiles* sich vom Zufall eines Schiffswracks abhängig machen? Sicherlich hat man solche Funde inspiziert und ausgewertet, sie jedoch zur Grundlage des eigenen Flottenprogramms zu machen, widerspricht aller historischen Wahrscheinlichkeit. Viel näher lag es, sich an Syrakus zu wenden, das – wie wir oben (siehe Seite 133) gesehen haben – eine lange Erfahrung im Bau und Einsatz von Fünf- und Vierruderern zumal gegen Karthago hatte; das letzte Gefecht mit einer karthagischen Flotte lag gerade einmal 15 Jahre zurück![10] Dass Syrakus den Römern die entscheidenden Ratschläge gab, würde auch erklären, weshalb der römische Flottenbau erst drei Jahre nach Beginn des Krieges einsetzte. Denn erst 262 v. Chr. schloss man mit Hieron von Syrakus ein Bündnis, und erst seit diesem Zeitpunkt konnte man dessen Ingenieure für den Aufbau einer zeitgemäßen Flotte von Großkampfschiffen einsetzen.[11]

Die syrakusanischen Baumeister geizten nicht mit den neuesten Erfindungen der hellenistischen Kriegstechnik. Zu ihnen zählte die so genannte Enterbrücke (griechisch: *korax;* lateinisch: *corvus*, „Rabe").[12] Polybios zufolge wäre es mit ihr den „römischen Landratten" gelungen, den Landkrieg auf die See zu übertragen und die maritime Unterlegenheit gegenüber den Karthagern auszugleichen. Der einzige, der die Enterbrücken beschreibt, ist Polybios[13], während Cassius Dio lediglich von „Wurfankern, d. h. Enterhaken an langen Balken" spricht, die von den Römern auf die feindlichen Schiffe geworfen wurden, um diese an sich zu ziehen und im Enterkampf zu erobern.[14] Mit der Rehabilitierung der durch Cassius Dio repräsentierten Überlieferungstradition gegenüber der des Polybios gewinnt die bereits in den 30er-Jahren des vergangenen Jahrhunderts aufgestellte These von William W. Tarn wieder an Gewicht, wonach die Römer in Wirklichkeit Enterhaken und nicht Enterbrücken benutzten. Doch selbst wenn man der polybianischen Tradition Glauben schenkt, dann kann von einer kriegsentscheidenden Bedeutung der „Raben" kaum die Rede sein: Der Einsatz der Enterbrücken war ein äußerst riskantes Unternehmen und nur bei sehr ruhiger See möglich, weil die Schiffe durch das Gewicht der Brücken topplastig wurden. Nur der kleinste Fehler beim Schwenken und Einrammen des Sporns hätte bei unruhiger See das Schiff an den Rand des Kenterns gebracht. Auch die ‚Wunderwaffe' Enterbrücke reiht sich damit ein in den Mythos von der meeresfeindlichen Einstellung des bodenständigen Römers, der durch technische Tricks gegen die Seemacht Karthago bestehen kann.

Richtig ist: Die Römer integrierten von Beginn an die Instrumentarien der hellenistischen Seekriegstechnik in den Aufbau ihrer Flotte und passten sich der in dieser Zeit maßgeblichen Enterkriegstaktik an, um die überlegene Zahl ihrer Soldaten am effektivsten zur Wirkung zu bringen. Rom ist demnach weder überstürzt noch unvorbereitet in den Seekrieg eingetreten, sondern hat den günstigsten Zeitpunkt abgewartet und die besten Bedingungen gewählt, um dem Gegner Paroli bieten zu können.

Versorgung der Besatzung

Ein weiteres Indiz für die Erfahrungen Roms im Bau wenn auch kleinerer Kriegsflotten ist die relativ kurze Bauzeit von angeblich 60 Tagen (ab dem Zuschneiden des Holzes). Die spätestens im Jahr 260 v. Chr. fertig gestellte Flotte bestand aus 100 Fünfruderern und 20 Trieren. Sie blieb damit zahlenmäßig hinter den Großflotten des Dionysios und der Diadochen zurück. Insofern ist auch in dieser Hinsicht das Urteil des Polybios kritisch zu bewerten, wonach „niemals so große Streitkräfte zur See einander gegenüber gestanden haben" wie im 1. Punischen Krieg.[15]

Neben den unteritalischen Bündnern dürften die römischen Küstenkolonien ihre Söhne auf die Ruderbänke geschickt haben. Die Römer stellten das Gros der Matrosen und der Marinesoldaten vermutlich aus den untersten Vermögensklassen der *proletarii*.[16] Sie mussten – so Polybios – zunächst durch Trockenübungen und Manöver in die Kunst des Ruderns eingeübt werden; erneut versucht der griechische Historiker hiermit den Eindruck zu erwecken, als ob nur so die römischen Bauernsöhne mit dem Meer vertraut gemacht werden konnten. Tatsächlich handelte es sich um ein Verfahren, das selbst im seekriegserfahrenen griechischen Raum üblich war.[17]

30 000 Ruderer mussten regelmäßig mit Trinkwasser und Nahrung versorgt werden, und gleichzeitig sollten die Schiffe auch die Logistik der Landtruppen übernehmen. Die römischen Konsuln hatten demnach genau zu überlegen, ob sie ihre Schiffe für einen Kampfeinsatz ohne Proviant an Bord einsetzten – was die Flotte abhängig von befestigten Nahrungsmitteldepots an der Küste machte und ihren Operationsradius einschränkte – oder ob sie

Nahrungsmittel und Wasser mitführten, was den Aktionsbereich erweiterte, die Flotte aber im Fall einer Schlacht schwerfällig machte.

Um dieses Problem zu lösen, unternahmen die römischen Flottenbefehlshaber – wie die athenischen Strategen des 4. Jahrhunderts v. Chr. – vor ihren offiziellen Einsätzen ausgedehnte Plünderungszüge; diese hielten zudem die Ruderer bei Laune. Ferner wurden die römischen Kriegsflotten im Fall größerer Operationen (wie bei Eknomos, siehe Seite 162) von Transportkonvois begleitet, die große Getreidemengen aus Kampanien und dem syrakusanischen Machtbereich mitführten.[18] Vermutlich spielten erneut die im Getreidehandel erfahrenen kampanischen Seefahrer bei der Organisation der Transporte und Plünderungsfahrten eine wichtige Rolle. Die Römer haben es mit ihrer Unterstützung immer wieder verstanden, während des 20-jährigen Ringens um Syrakus die gegnerische Flotte um mindestens 30 Einheiten zu übertreffen.

Der Weg nach Afrika

Im Jahr 260 v. Chr. erhielt der gut vorbereitete Gaius Duillius den Oberbefehl über das Gros der Flotte. Er konnte in der ersten Seeschlacht bei Mylae dem gegnerischen Angriff Karthagos standhalten und in einer zweiten Phase (angeblich mithilfe der Enterbrücken) 30 Schiffe erobern sowie 20 weitere versenken. Der Rest der karthagischen Flotte zog sich zurück und hinterließ den Römern die Kontrolle über das Meer zwischen den Liparischen Inseln und der Nordostküste Siziliens.

Von hier aus konnten die Römer wie von einer Drehscheibe die sizilische Nordküste, die sardische Südostküste und die Durchfahrt durch die Meerenge von Messana anlaufen. In letzter Minute gelang es ihnen, das von der Landseite belagerte Segesta zu entsetzen und im Norden Siziliens einen wichtigen Brückenkopf zu gewinnen. In den Folgejahren setzten dann die ersten Invasionsversuche über Meer nach Sardinien und Korsika ein, die nach kleineren erfolgreichen Seegefechten mit reicher Beute endeten. Wenn man auch keine feste Landbasis eroberte, so wurden doch die an die italischen Küsten vorstoßenden karthagischen Kaperer in ihrem Aktionsradius erheblich behindert.[20]

Wie ein Paukenschlag wirkte die Offensive, die der Konsul Marcus Atilius Regulus 256 v. Chr. bis ins Herz des Gegners nach Afrika führte – für Polybios der große Wendepunkt des Krieges. Tatsächlich hatte schon 258 v. Chr. der Konsul Gaius Sulpicius Paterculus das Gleiche geplant. Das Übergreifen von den Inseln des tyrrhenischen Meeres nach Afrika war eine konsequente Weiterführung der bisherigen römischen Flottenpolitik[21], und sie dürfte im

Jahr 256 v. Chr. durch die Verbindungen des Regulus, dessen Familie aus Kampanien stammte, zu den Kampanern wesentlich befördert worden sein: Diese hatten unter Agathokles gedient, der 50 Jahre früher eine berühmte Expedition nach Karthago geführt hatte. In den Folgejahren plünderten kampanische Kaperer mit Billigung des Senats die afrikanischen Küsten.[22]

Während des Winters 257/56 liefen die Rüstungen der italischen und syrakusanischen Werften auf Hochtouren. Im Frühjahr standen 230 Penteren mit 100 Transportschiffen bereit – die größte Flotte, die das westliche Mittelmeer gesehen hatte! Dies zeigt, in welchen Dimensionen der Senat zu denken und zu planen gelernt hatte: Es ging jetzt nicht mehr um die Sicherung von Küstengewässern, sondern um die Fahrt einer großen Flotte in maritime und territoriale Räume, die bislang nur von Piraten und Händlern angesteuert worden waren.

Man kann all dies nicht mit dem Hinweis abtun, es handelte sich um eine schnell zusammengezimmerte Flotte, die allein durch ihre Quantität den Gegner beeindrucken sollte. Den Gegenbeweis liefert das erste Gefecht: Auf dem Weg von der Tibermündung über Messana und die Südküste Siziliens traf die neue Flotte westlich des Vorgebirges Eknomos auf 200 karthagische Kriegschiffe. Das nautische Geschick der römischen Kapitäne, die Manövrierfähigkeit und Stabilität ihrer Schiffe und die taktische Übersicht der Konsuln bereiteten ihren Gegnern eine katastrophale Niederlage. Die Karthager verloren die Hälfte ihrer Flotte. Der Weg nach Afrika war frei![23]

Schnell gelang die Eroberung der nordafrikanischen Hafenstadt Aspis (Kelibia). Plünderungszüge erbrachten mehr als 20 000 Gefangene, eine große Zahl an Vieh und sonstiger Beute. Noch vor dem Herbst entschieden die Konsuln, einen Großteil ihrer Schiffe zum Rücktransport der Beute nach Rom zu schicken. Regulus bereitete mit zwei Legionen den Angriff auf Karthago vor. Schnell zeigte sich, dass die Römer hierfür nicht hinreichend gerüstet waren – schnelle Siege und Beute beherrschten nach wie vor ihr Denken. Karthago war eine der bestbefestigten Metropolen der Antike und verfügte über moderne Verteidigungswaffen.

Zusätzlich gelang es den Karthagern, den spartanischen Söldneroffizier Xanthippos mit dessen Truppen anzuheuern. Wie seinerzeit der spartanische Feldherr Gylippos die Moral der Syrakusaner gegen die Athener wieder aufrichtete und ihre Flotte und Verteidigung reorganisierte, so stellte Xanthippos jetzt die karthagischen Truppen auf die Kampforganisation der Legionen ein und konnte schließlich das römische Expeditionsheer unter Regulus im Frühjahr 255 v. Chr. in den Ebenen vor Karthago vernichtend schlagen. Unter den Gefangenen befand sich Regulus selbst.

Angeblich soll nun Regulus als Kriegsgefangener mit der eidlichen Verpflichtung, wieder nach Karthago zurückzukehren, nach Rom gesandt worden sein, um einen Frieden auszuhandeln. In Rom habe er aber sich selbst für die Fortsetzung des Krieges ausgesprochen, worauf ihn die Karthager nach seiner Rückkehr getötet hätten. Leicht ist der Zweck dieser Legende zu durchschauen: Sie sollte das Versagen des Feldherrn ex eventu verklären. Tatsächlich schickte der Senat im Frühsommer die Konsuln mit einer großen Flotte nach Afrika, wo sie erneut die karthagische Heimatflotte schlagen und die überlebenden Legionäre aufnehmen konnten. Auf der Rückfahrt gerieten die römischen Schiffe jedoch in einen der gefürchteten Sommerstürme. Angeblich fanden 100 000 Mann den Seemannstod.

Die letzten Kriegsjahre

Dennoch ergibt sich nach rund zehn Jahren Krieg eine erstaunliche Bilanz: Rom hat während der ersten fünf Jahre nach dem Bau der Flotte sämtliche Gefechte für sich entschieden und eine Großexpedition gewagt, die vorher nur den Griechen unter Agathokles gelungen war. Dieses Phänomen lässt sich nicht nur mit der Seekriegserfahrung der unteritalischen Bündner erklären, denn ihr Potenzial reichte bei weitem nicht aus, um Großflotten wie die des Jahres 255 v. Chr. zu bemannen. Selbst Athen setzte in seiner Blüte kaum mehr als 200 Trieren ein, und jetzt handelte es sich um Vier- und Fünfruderer!

Dieser Vergleich erklärt, weshalb die Niederlage des Regulus – anders als das athenische Desaster in Sizilien – nicht zum Wendepunkt des Krieges wurde. Außerdem muss die politische Zustimmung zur römischen Führung in Italien groß gewesen sein, denn von Desertionen hören wir nichts. Demgegenüber war Karthago auf das afrikanische Hinterland angewiesen und konnte – anders als die Spartaner während des Peloponnesischen Krieges – nicht mit der finanziellen Unterstützung einer fremden Großmacht rechnen.

Bereits 254 v. Chr. eroberten die Konsuln mit 220 neu gebauten Schiffen die wichtige karthagische Festung Panormos (das heutige Palermo). Unter dem Eindruck des Sieges traten sämtliche Städte der Nordküste mit Ausnahme von Thermai auf die Seite Roms über. Im Westen konnte dagegen der neue karthagische General Hasdrubal die Gebiete um Lilybaeum (Marsala) und Selinus unter seiner Kontrolle halten. Lilybaeum hielt sogar einem Angriff von rund 120 Schiffen stand, weil die Römer am Sturm der starken Verteidigungsmauern scheiterten und weil eine karthagische Entsatzflotte unter Führung Hannibals des Rhodiers – nicht zu verwechseln mit dem später so berühmten gleichnamigen Feldherrn – den Belagerten Nachschub über See zuführen konnte.[24]

Bei Drepanum (Trapani) mussten die Römer zu allem Übel noch eine schwere und einzige Niederlage zur See hinnehmen. Die Karthager hatten – wie seinerzeit die Syrakusaner während des Peloponnesischen Krieges – im Zuge der Regulusexpedition die Bauart ihrer Schiffe verändert und stützten sich zunehmend auf die Erfahrung ihrer Kaperer.[25] Das Schiff des vor Lilybaeum erfolgreichen Hannibal zeichnete sich durch außergewöhnliche Schnelligkeit aus, und auch bei Drepanum war die Schnelligkeit, die Bauart der karthagischen Schiffe und die Schulung der Rudermannschaften für den Sieg verantwortlich, während Polybios die römischen Schiffe als schwerfällig und die Rudermannschaft als unerfahren schildert.[26] Was also in der ersten Kriegshälfte für die Römer noch von Vorteil war – die schwere Bauart der Schiffe –, erwies sich nun als Nachteil. Zu allem Unglück wurde im folgenden Jahr eine Flotte unter dem Konsul Lucius Iunius Pullus durch einen Sturm an der Südküste Siziliens vernichtet.[27]

Erstmals machte sich unter dem Volk Unzufriedenheit mit der römischen Seekriegsführung breit. Eine erfolgreiche Gesetzesinitiative untersagte 247 v. Chr. den Flottenkrieg, was jedoch nicht das Ende der maritimen Operationen bedeutete. Stattdessen verlegten sich die Römer auf den Kaperkrieg. Dieser hatte immer eine wichtige Rolle gespielt (siehe Seite 152), da es den römischen Aristokraten leicht fiel, für ihre Raubzüge Klienten zu mobilisieren; nun ersetzte der Kaperkrieg für eine gewisse Zeit den offenen staatlichen Seekrieg: Während Hamilkar seine Plünderungszüge an die Küsten Italiens intensivierte, stießen römische und kampanische Korsaren bis nach Afrika vor.[28]

Wesentliche Ergebnisse erbrachten diese Aktionen nicht. Da die Lage auch zu Lande unentschieden stand, raffte sich der Senat ein letztes Mal zum Bau einer großen Kriegsflotte von 200 Penteren auf. Sie wurde mit den Privatgeldern führender Adelsfamilien finanziert.[29]

Auch die Römer orientierten sich nun beim Bau an dem Vorbild der Pentere Hannibals des Rhodiers, doch hatten sie einen entscheidenden zusätzlichen Vorteil: Während die Karthager ihre Kriegsschiffe mit Getreide aus Afrika und „sonstigem Bedarf" schwer beladen mussten, konnten die Römer ihre Ruderer nach der Eroberung von Panormos von Sizilien aus verpflegen und ihre Kriegsschiffe Polybios zufolge ohne Versorgungsaufgaben ausschließlich für die Schlacht einsetzen: „Und da die beiderseitige Ausrüstung im umgekehrten Verhältnis stand wie bei der Schlacht von Drepanum, musste auch der Ausgang der Schlachten ein entgegengesetzter sein."[30] Bei Ägusa

(Favignana) wurden 50 karthagische Schiffe versenkt und 70 Einheiten erobert. Zu einem Neubau besaßen die Karthager nicht mehr die Kraft. So leitete man Friedensverhandlungen ein, die im Jahr 241 v. Chr. den Seekrieg beendeten. Karthago musste Sizilien räumen und eine Kriegskontribution von sofort 1000 und weiteren 2200 euböischen Talenten in zehn Jahren zahlen. Über die Flottenstärke des besiegten Gegners sagte der Vertrag nichts.[31]

Das Meer und die Nobilität

Der Sieg hinterließ bei den Römern tiefe Spuren. Der Stolz, das wilde Element bezwungen und eine der renommiertesten Seemächte der damaligen Welt besiegt zu haben, verschaffte sich schon während des Krieges in den Triumphen der großen Seehelden und ihren Denkmälern Ausdruck. An der Spitze standen die Ehrungen für Duillius: Er feierte einen glanzvollen Seetriumph, erhielt in der Nähe der *Rostra* auf dem Forum eine mit den Schnäbeln der erbeuteten Schiffe geschmückte Ehrensäule *(columna rostrata)* und die Ehre, bei der Rückkehr vom Mahl nach Hause von einem Fackelträger und Flötenspieler geleitet zu werden.[32] Die prächtige Siegestafel der *columna* beschrieb seine Taten bei Mylai, nannte die Zahl der erbeuteten und versenkten Schiffe und vergaß nicht, die Beutemengen an Kupfer, Silber und Goldbarren hinzuzufügen.[33]

Dies alles zeigt, welche zentrale Rolle Beute und materielle Bereicherungsmöglichkeiten im Denken der römischen Adelselite und ihrer Admiräle spielten, und beweist einmal mehr, dass Plünderungsfahrten zur See auch in der römischen Adelsgesellschaft eine lange Tradition hatten. Bei allen Unterschieden zwischen römischem und griechischem Adel einte sie die zentrale Rolle, die Reichtum und individueller Ruhm für den aristokratischen Staat spielte. Die Ehrung für Duillius demonstriert aber auch unmissverständlich, welche Bedeutung die angeblich so landverbundene römische Aristokratie maritimen Erfolgen zumaß: Hinter den Ehrungen steht nicht die Mentalität eines scheuen Bauernvolkes, sondern das Selbstbewusstsein einer Elite, die das Meer zu beherrschen gelernt hat und ihren Stolz dem Volk präsentiert.

Als Dank ließ Duillius einen Tempel des Janus auf dem Forum Holitorium errichten und inaugurierte damit wohl Janus als den Schutzgott römischer Seefahrt. 242 v. Chr. erhielten der Konsul Gaius Lutatius Catulus und der Prätor Quintus Valerius Falto für ihren Sieg bei den Ägatischen Inseln einen *triumphus navalis*, einen „Seetriumph“; Lutatius errichtete wie Duillius einen Tempel, diesmal für die Wassergottheit Juturna in der Nähe der Schiffdocks *(navalia)*, der die aus- und einlaufenden Schiffer begrüßte. Die Tabula Valeria auf dem Forum zeigte Bilder von Episoden aus dem 1. Punischen Krieg.[34]

Die Bedeutung großer Seesiege wurde täglich der Öffentlichkeit als zentraler Bestandteil römischer Tüchtigkeit vor Augen geführt, und auch die sich im Zuge des Krieges entwickelnde Literatur erhielt vom Geschehen auf dem Meer nicht unwesentliche Anregungen. Nicht zufällig steht am Beginn der römischen Literatur die *Odyssee*-Übersetzung des Livius Andronicus. Natürlich spielte bei der Auswahl des Stoffes auch die mythisch-geographische Nähe der Fahrten des Helden zu Italien und Sizilien eine Rolle, denn diese Nähe gab dem Verfasser die Möglichkeit, den Mythos mit dem geographischen Raum seiner Zuhörer zu verbinden und die Herkunft der Römer zu erklären. Gleichzeitig präsentierte Livius seinem Publikum einen Helden, der viele seiner Taten als Pirat, Abenteurer und Entdecker vollbrachte. Naevius, der zweite Pionier der römischen Literatur, stammte aus Kampanien, einer Gegend, die den Weg Roms aufs Meer vorbereitet und mit ihrer seemännischen Erfahrung wesentlich unterstützt hatte. Naevius hatte an den Kämpfen gegen Karthago teilgenommen.

Beide Autoren trugen zusätzlich dazu bei, das Kriegsethos der römischen Führungsschicht auf das Meer und den Seekrieg zu lenken; in den Generationen nach dem 1. Punischen Krieg bis zur Mitte des 2. Jahrhunderts v. Chr. wurden Operationen zur See als gleichrangig mit territorialen Erfolgen angesehen. Selbst der für seine altrömischen Ideale so bekannte ältere Cato rühmte sich, dass er entgegen der allgemeinen Erwartung so „viele Schiffe, ein so großes Heer, so viel Ausrüstung zusammenbringen konnte", wobei die Schiffe an erster Stelle genannt werden![35] Ausführlich schildert er den Weg seiner Flotte und ein erstes Aufeinandertreffen mit Piraten.[36] Das Meer hat dabei schon in der frühen römischen Literatur entgegen weit verbreiteter Ansicht jeglichen Schrecken verloren. Cato prägte das schöne Bild vom „Meer, das von Segeln blühte" *(mare velis florere)*.[37] Ennius spricht in den Annalen von bläulichen Wiesen und formuliert die schönen Verse: „Schmeichlerich sanft hatte das Meer mit seinen Wellen das Schiff hierher getrieben."[38]

Misstrauen gegenüber den Admirälen

Stolz und Ruhm waren aber nur die eine Seite, Kontrolle die andere: Man hätte angesichts des großen Erfolges erwarten müssen, dass ein gefeierter Seekriegsheld wie Duillius wenn nicht mit der Verlängerung seines Konsulats und der Führung der Flotte, so doch mit der Leitung des Seekriegskommandos betraut worden wäre. Tatsächlich bekleidete jedoch Duillius während des gesamten Krieges keinen weiteren höheren Militärposten. Erst 231 v. Chr. wurde er Diktator. Der Grund für dieses Phänomen, das uns im weiteren Verlauf der römischen Geschichte des Öfteren begegnen wird, liegt in dem Misstrauen der Nobilität gegenüber Männern, die auf dem Meer große Erfolge erzielen konnten – ein vergleichbares Verhalten haben wir im Fall der Spartaner kennen gelernt (siehe Seite 129). Ein erfolgreicher Admiral wie Duillius drohte den Gleichheitsgrundsatz des Adels zu unterminieren, indem er seine innenpolitische Macht durch die Aufnahme der Ruderer und Offiziere seiner Flotte in seine Klientel in gefährlichem Ausmaß vergrößerte.

Deshalb dürften die aristokratischen Familien ein zweites Kommando des Duillius verhindert haben. Ihr Verhalten ist repräsentativ für eine Adelsgesellschaft, die durch massive Konkurrenzkämpfe geprägt war. Der Seekrieg bot den Kommandeuren die Aussicht auf schnellere, spektakulärere und eindeutigere Erfolge als der langwierige Belagerungskrieg, und er hat dadurch eine dermaßen große Dynamik entfaltet. Der Senat versuchte dem Ehrgeiz der Konsuln entgegenzuwirken, indem er den Ruhm ihrer Erfolge in den Gesamtrahmen der *Res publica* einordnete. Hieraus ergibt sich für uns häufig der Eindruck, der Seekrieg habe im Leben der Römer eine geringe Rolle gespielt. Tatsächlich war dies nicht der Fall.

Eroberung, Handel und Piraterie

Unsere Vorfahren führten oft ganze Kriege,
wenn römische Kaufleute oder Schiffseigner beleidigt wurden.
CICERO, REDE ÜBER DEN OBERBEFEHL DES GNAEUS POMPEIUS 11

Geschürt wurde der Konkurrenzkampf der Adligen durch die Bereicherungsmöglichkeiten, die der sich im Zuge des Krieges intensivierende Überseehandel bot. 218 v. Chr. untersagte die *lex Claudia de nave Senatorum* jedem Senator und dessen Sohn jegliche Handels- oder Reedereigeschäfte mit größeren Schiffen.[1] Ein solches Gesetz ist nur sinnvoll, wenn es auf einen vorher weit verbreiteten Usus zielte.

Bereits vor dem Krieg hatte der Senat zu Rhodos und zu Ägypten, dem wichtigsten Getreideex- und Sklavenimporteur der Zeit, freundschaftliche Beziehungen geknüpft. Plutarch zufolge gab es römische Handelsschiffe, die bis nach Syrien segelten, offensichtlich um die phönikischen Hafenstädte aufzusuchen.[2] Während des Krieges erledigten die Feldherren mit ihren kampanischen Klienten die Getreideversorgung der Truppen sowie den Verkauf der Kriegsgefangenen in Eigenregie. Einige Adelsfamilien müssen dabei so gut verdient haben, dass sie im letzten Kriegsjahr aus ihren Privatmitteln 200 Penteren bauen und ausrüsten lassen konnten.[3] Nach dem Friedensschluss wurden sie für ihr Engagement mit Geldern aus der Kriegsbeute und den karthagischen Kriegskontributionen belohnt. Da mit den Transportflotten des Krieges ausreichende Schiffstonnage zur Verfügung stand, lag es nahe, die Gelder nicht nur in Landbesitz, sondern in den Überseehandel zu investieren.

Lange Zeit hielt man in der modernen Literatur an der Überzeugung fest, wonach die Expansion der Römer ungeplant verlaufen und die Außenpolitik des Senats von handelspolitischen Erwägungen weit gehend unbeeinflusst gewesen sei. Tatsächlich galten jedoch Handelsgeschäfte im 3. und 2. Jahrhundert v. Chr. für die Adligen keineswegs als unehrenhaft – die gegenteilige Behauptung beruht auf einer Erfindung senatorischer Kreise der späten Republik, die ihre Standesgenossen disziplinieren wollten.[4] Ein unvoreingenommener Blick auf die außenpolitischen Entwicklungen nach dem 1. Punischen Krieg deutet denn auch daraufhin, dass das kaufmännische Engagement der Aristokraten verbunden mit dem Ehrgeiz nach Ruhm und Reichtum die globale geopolitische Perspektive der römischen Führung im Senat wesentlich mitgeprägt hat.

Fast alle militärischen und diplomatischen Maßnahmen der Nachkriegszeit richteten sich nach einer gewissen Phase der Erholung auf die Sicherung der Getreide produzierenden Inseln sowie der großen Seehandelsrouten im westlichen Mittelmeerraum vor einer Revanche der Karthager und der nach wie vor gefährlichen Piraterie. 229 v. Chr. ging eine Kriegsflotte im Interesse unteritalischer Kaufleute und ihrer griechischen Handelspartner gegen die illyrischen Seeräuber der Königin Teuta vor und eroberte den größten Teil ihres Königreiches an der Adria.[5] Im Westen sollte das ein Jahr später geschlossene Bündnis mit Massilia und die Freundschaft mit Sagunt karthagische Operationen überwachen sowie die Seehandelsrouten nach Spanien gegen die ligurischen Piraten verteidigen. Die Provinzialisierung Siziliens und Sardiniens 228–227 (bzw. 205) v. Chr. schuf zusammen mit Korsika ein vorgelagertes Glacis, das Italien vor einer karthagischen Revanche und seine Kaufleute vor den Plünderungsfahrten karthagischer Kaperer schützte. Nicht ohne Grund tauchten in dieser Zeit vermehrt italische Getreidehändler in Sardinien auf. Marcus Valerius Laevinus, der erste Statthalter Siziliens, kümmerte sich intensiv um den agrarischen Wiederaufbau der Insel. Zwischen 227 und 225 v. Chr. wurden zwei Legionen nach Tarent und Sizilien zum Schutz der Meerenge verlegt.[6]

Die außen- und militärpolitische Fixierung auf die Inseln, Küsten und Seehandelsrouten des westlichen Mittelmeeres erklärt – neben anderen Faktoren –, weshalb der Einmarsch Hannibals über die Alpen nach Italien die Römer zu Beginn des 2. Punischen Krieges so unvorbereitet traf. Vermutlich hat der Antragssteller der im gleichen Jahr (218 v. Chr.) beschlossenen *lex Claudia* auch hierauf reagieren wollen, indem er das ausufernde kommerzielle Engagement der *nobiles* wieder auf den Landbesitz lenken und die Geschlossenheit des Standes angesichts der drohenden Gefahr stärken wollte.

Die maritime Überlegenheit der Römer blieb hiervon unbeeinflusst; sie erlaubte im Laufe der Kampfhandlungen die schnelle Verlegung von Truppen nach Spanien, die Blockierung der Getreidezufuhr des in Italien stehenden Gegners sowie raumgreifende Operationen über See, die Karthago selbst bedrohten und Hannibal schließlich zum Abzug aus Italien veranlassten. Als dieser bei Zama die letzte Landschlacht verlor und der Friedensvertrag Karthagos Herrschaft auf das nordafrikanische Gebiet reduzierte, war Rom endgültig zur Herrin des westlichen Meeres aufgestiegen.

Überseehandel und Krieg im Osten

Der Handel mit Getreide und Sklaven hatte sich während des Krieges trotz der hohen Verluste auf beiden Seiten und der Verwüstungen unteritalischer Gebiete prächtig entwickelt, doch nun beteiligten sich immer mehr Geschäftsleute aus dem Ritterstand, die durch die *lex Claudia* nicht betroffen waren, häufig in Form von Pachtgesellschaften auch an der Getreideversorgung der römischen Truppen.[7] Dieses Engagement der Ritter hat jedoch weder zu einer vollständigen Verdrängung der Adligen aus dem Überseehandel noch zu einer grundsätzlich veränderten Optik der römischen Außenpolitik geführt. Kaum ein Jahr nach Ende des Hannibalkrieges führte die Republik erneut Krieg, und wieder entwickelte sich der Konflikt an einer der viel befahrenen Getreidehandelsrouten des Mittelmeers: Philipp V. von Makedonien hatte in der Endphase des 2. Punischen Krieges mit Rom Frieden geschlossen und eroberte in der Folgezeit die ptolemaischen Außenbesitzungen in der Ägäis und die Griechenstädte am Hellespont und an der Propontis. Damit drohte er den Kornhandel aus dem Schwarzmeerraum zu kontrollieren. Pergamon und Rhodos sowie wenig später Athen baten darauf den Senat um Unterstützung. Die Senatoren sagten zu. Im gleichen Jahr erließ die Volksversammlung einen Kriegsbeschluss gegen Philipp.[8]

Rom übertrug in den sich anschließenden Kriegen gegen Philipp und den Seleukidenkönig Antiochos die Last der maritimen Operationen – mit Ausnahme des Truppentransportes – seinen griechischen Bündnern. Diese hatten Erfahrung im Seekrieg gegen die Antigoniden sowie gegen die mit ihnen kooperierenden Piraten, während für die Römer der notwendige Bau neuer Schlachtschiffe zu kostspielig und deren Verlegung um die Peloponnes in die Ägäis zu riskant und zeitaufwändig war.[9]

Der militärische Erfolg gegen Philipp (197 v. Chr.), gegen Antiochos (188 v. Chr.) und gegen Philipps Sohn Perseus (168 v. Chr.) gab der Arbeitsteilung recht: Rom hatte rund 40 Jahre nach dem Hannibalkrieg auch im Osten keinen Gegner mehr zu fürchten; der politische Preis, den man hierfür zahlte, erwies sich jedoch schon bald als zu hoch: Da der Senat zögerte, so weit von Italien entfernt direkte Herrschaft (in Form von Provinzen) auszuüben, nutzten die von Rom geförderten Bündner Rhodos und Pergamon das Machtvakuum, ohne sich eindeutig zu ihren Förderern zu bekennen. Rom reagierte diesmal politisch: 167 v. Chr. verbot der Senat den Holzexport aus Makedonien und eröffnete den Freihafen in Delos. In kürzester Zeit verlagerten sich insbesondere der Zwischenhandel mit Sklaven aus dem Osten nach Delos, weil die Händler dort weder Hafengebühren noch Zölle zu zahlen hatten. Rhodos verlor den Zugang zu den makedonischen Schiffsbauhölzern sowie wichtige Einnahmen, die zum Erhalt der Kriegsflotte unentbehrlich waren. Die Schwächung der rhodischen Kriegsmarine kam besonders der Piraterie zugute. Sie versetzte den ägäischen Raum in einen von Rom geförderten Zustand politischer Instabilität. 133 v. Chr. gab der pergamenische König Attalos auf und vererbte sein Reich den Römern. Zwei Jahre später richtete der Senat mit der Provinz *Asia* das erste Untertanengebiet östlich der Ägäis ein.

Der Handel mit dem Osten

Es waren aber nicht nur die Piraten, die den Königreichen des Ostens zusetzten. Zahlreiche italische Händler folgten den Legionsadlern und machten gute Profite beim Verkauf der Kriegsbeute, von Waffen und Getreide. Andere exportierten makedonische Schiffshölzer und investierten in die Ausbeutung der Goldvorkommen des thrakischen Pangeiongebirges.[10]

All diese Aktivitäten verlangten große Mengen an Bargeld, und es wundert insofern nicht, dass italische und römische Bankiers in immer größerer Zahl in den Osten strömten. Viele von ihnen hatten Dependancen auf Delos und ließen sich in Hafenstädten wie Patrai, Ephesos und Korinth, auf Ägäisinseln oder in Landschaften wie Epirus nieder, die an zentralen Routen des Überseehandels lagen. Hier erwarben sie Grundbesitz, der nach dem Ruin griechischer Eigentümer billig zu erwerben war, heirateten Töchter lokaler Honoratioren und schalteten sich auf diese Weise in die Geschäftsverbindungen der einheimischen Kaufleute ein.

Zu den Kunden der *negotiatores* zählten nicht nur römische Adlige in Italien und verschuldete Einheimische. Als die ersten Statthalter in Thessalonike und in Ephesos Quartier bezogen, entstand ein großer Bedarf an Baumaterialien, Luxuswaren, Nahrungsmitteln und anderen Verbrauchsgütern. Die Residenzen lagen durchweg an der Küste und in bedeutenden Hafenstädten. Die benötigten Güter und Rohmaterialien konnten dadurch zum großen Teil über See aus dem Ägäisraum, Griechenland und Kleinasien herangeschafft werden. Den Import und Weiterverkauf übernahmen häufig italische Kaufleute mit eigenen Schiffen. In Thessalonike war die Familie der Apustii ansässig; ein gewisser Caius Apustius und sein Sohn Publius erhielten von Abdera zwei Ehreninschriften, weil sie sich offenbar bei der Rückforderung von Schulden generös gezeigt hatten. Als Lohn wurden sie wohl zusätzlich mit städtischen Magistratstellen betraut; ähnliche Beziehungen hatten die Apustii zu Perinth. Familien wie die Apustii, die Aufidii Bassi auf Tenos und

Delos, die berühmte Bankiersfamilie der Pandusini in Tenos, *negotiatores* wie Curius aus Patrai oder die in *Asia* tätigen Laenius und Curius Mithes verfügten so ähnlich wie die großen italienischen Kaufmannsfamilien des 14. Jahrhunderts über weit gespannte Geschäftsverbindungen, die sich aus dem griechischen Raum über Sizilien bis nach Rom erstreckten, wo sie römischen Beamten Geld für die steigenden Wahlkampfkosten vorstreckten.[11]

Die Handelsgeschäfte des älteren Cato

Lange meinte man, jede senatorische Beteiligung an dem Überseehandel mit Verweis auf die *lex Claudia de nave Senatorum* (siehe Seite 168) leugnen zu müssen, doch eingehende prosopographische Analysen deuten auf das Gegenteil.[12] Das berühmteste Beispiel ist das des älteren Cato, eines Aufsteigers aus dem Ritterstand, der aber spätestens mit dem Eintritt in seine politische Laufbahn die Werte der *nobiles* resoluter vertrat als die Adligen selbst. Plutarch beschreibt ihn folgendermaßen:

> Auch erlaubte er sich den verpönten Wucher mit Schiffshypotheken; wollte jemand bei ihm eine Hypothek aufnehmen, so riet er ihm, sich mit vielen anderen zusammenzutun. Wenn dann 50 Leute mit ebenso vielen Schiffen beisammen waren, nahm er auf die Gesamtheit der Schiffe einen einzigen Anteil, übrigens auf den Namen seines Freigelassenen Quinctio, der dann die Schuldner auf ihrer beschwerlichen, gefahrvollen Reise begleitete.[13]

Plutarch nennt zwei Geschäftsbereiche. Zunächst gab Cato einer Gesellschaft von 50 Mann Geld als Seedarlehen. In der handelsrechtlichen Fachsprache der Neuzeit heißt dieser Vorgang Bodmerei. Um in finanziellen Notfällen ein Darlehen zu bekommen, verpfändete ein Kapitän sein Schiff oder dessen Fracht an den Darlehensgeber. Darüber hinaus beteiligte sich Cato als Aktionär an der gleichen Handelsgesellschaft, wobei er als Strohmann seinen Freigelassenen Quinctio das Geschäft abwickeln ließ, um die Bestimmungen der *lex Claudia* zu umgehen. Cato war demnach Gläubiger und Miteigentümer bzw. Anteilseigner eines Handelsschiffes und seiner Ware. „Auf diese Weise trug Cato nicht das ganze Risiko, steckte aber trotz des geringen Einsatzes einen Reingewinn ein." Moralische Bedenken kamen ihm nicht. „Es mag mitunter vorteilhafter sein", schreibt Cato in seiner Schrift *de agricultura*, „durch Handelsgeschäfte Vermögen zu erwerben, wenn es nicht so riskant wäre", und weiter: „Den Kaufmann halte ich für einen wackeren und erwerbstüchtigen Mann, aber sein Geschäft ist (...) riskant und verlustreich."[14] Vorbehalt gegenüber Handel und Kaufleuten ist nirgends zu spüren, ganz im Gegenteil: Gewinn durch Handel ist rühmenswert, wenn er nicht so riskant wäre.

Catos spätere Äußerungen zur Verwaltung eines Großgutes deuten darauf hin, dass er u. a. Sklaven billig einkaufte, die er dann auf seinem Gut großzog und ausbildete, um sie später Gewinn bringend zu veräußern. Traditionell wurden Sklaven häufig zusammen mit Getreide nach Puteoli transportiert, sodass auch der Getreideimport Teil des Geschäftes gewesen sein dürfte. Getreide und Sklaven verweisen auf den griechischen Osten. Eine der meist befahrenen Seehandelsrouten lief von Alexandria über Rhodos nach Puteoli. Alexandria war der wichtigste Exporthafen für ägyptisches Getreide und Rhodos bis zur Erklärung von Delos als Freihafen die zentrale Zwischenstation für den östlichen Getreide- und Sklavenhandel. Dass römische Geldgeber und Bankiers an dem Handel beteiligt waren, beweist ein auf Papyrus aufgezeichneter Vertrag zwischen fünf Kaufleuten, die ähnlich wie die *socii* („Mitinhaber", „Geschäftsgenossen") des Cato eine Kompanie gegründet sowie ein Seedarlehen aufgenommen hatten, um mit ihrem Schiff eine Handelsfahrt auf dem Roten Meer zu den Weihrauchländern zu unternehmen. Weitere fünf *socii* garantierten die Rückzahlung des Darlehens und dürften an den Gewinnen des Handelsunternehmens beteiligt gewesen sein. Die Abwicklung des gesamten Geschäftes übernahm ein römischer Bankier.[15]

Spätrepublikanische Quellen belegen hinreichend, dass derartige Seehandelsgeschäfte mit der Beteiligung von Senatoren kein Einzelfall waren und auch keineswegs dem aristokratischen Komment widersprachen. Cicero hält zwar Handel im kleinen Rahmen für unehrenhaft, lobt dagegen wie Cato das große Gewinn bringende Geschäft über See und zählt die Schifffahrt sowie künstliche Häfen zu den positiven Errungenschaften des Menschen.[16] Er selbst lieh sich ganz ungeniert von dem befreundeten Prätor Lucius Cornelius Lentulus Niger eine kleine Privatflotte, um Statuen aus Griechenland nach Italien zu transportieren.[17] Ein weiterer Bekannter von Cicero und dem Bankier Atticus namens Gaius Vestorius führte in Puteoli eine Fabrik, die die Farbe Stahlblau nach ägyptischem Vorbild herstellte. Vestorius war zusammen mit Marcus Tuccius außerdem Gläubiger des Senators Gaius Sempronius Rufus, der im Geschäftsviertel von Puteoli an verschiedenen Transaktionen beteiligt war. Der Mitgläubiger Tuccius handelte wahrscheinlich mit *Terra sigillata*, meist reliefverziertes, tönernes Tafelgeschirr, aus Brundisium; *Terra sigillata* mit dem Stempel seines Namens lagen in einem römischen Schiffswrack südwestlich von Marseille das ebenfalls das von Vestorius produzierte Stahlblau enthielt. Vermutlich hatte demnach Sempronius Rufus beiden Geschäftsleuten ein Seedarlehen mit finanzieller Sicherheit gegeben und weigerte sich, die im Fall eines Schiffbruches fällige Summe an die beiden Partner zu zahlen. Sempronius dürfte also Geldverleiher und Mitbesitzer mehrerer Schiffe gewesen sein und war mit den Händlern eine *societas* („Handelsgesellschaft") eingegangen.[18]

Handelsinteressen und Außenpolitik

Wenn demnach nicht daran zu zweifeln ist, dass Senatoren direkt oder indirekt am Überseehandel beteiligt waren, dann stellt sich die Frage, inwieweit ihre Interessen die römische Außenpolitik auch im Osten beeinflusst haben. Diese Frage ist deshalb so schwer zu beantworten, weil die antiken Historiker und Biographen sich kaum für handelspolitische Themen interessierten und offizielle Handelsarchive nicht überliefert sind. Wir sind auf die Auswertung vager Hinweise und auf deren Kombination mit den historischen, politischen und wirtschaftlichen Rahmenbedingungen angewiesen. Es geht dabei nie um die Frage des Entweder-oder, also um die Alternative wirtschaftliches oder politisches Interesse, sondern um ein Sowohl-als-auch. Politisches und militärisches Kalkül vermischte sich mit finanziellen und kaufmännischen Interessen.

Vor diesem Hintergrund fällt Catos Einsatz für die Rhodier nach dem Sieg über Perseus auf. Während die Mehrheit der Senatoren eine harte Bestrafung für das zwielichtige Verhalten der Inselrepublik im Krieg gegen Perseus und sogar einen militärischen Vergeltungsschlag forderten, widersprach Cato mit dem Hinweis, dass man es den Rhodiern nicht verübeln könne, in ihrem Interesse gehandelt zu haben, und man doch in Erinnerung an die Vorfahren Milde und Gnade walten lassen sollte. Ein politisches Argument nennt Cato nicht – weil es keines gab; offensichtlich wollte er seine rhodischen Geschäftspartner schützen und ein unabhängiges Rhodos erhalten, weil es die einzige Macht war, die dem Getreidehandel einen sicheren Hafen bot und ihn gegen die Piraten schützte.

Solche geschäftlichen Schutzverhältnisse waren kaum Einzelfälle: Cicero bekennt, dass die Vorfahren sogar Kriege für Kaufleute und Reeder geführt hätten[19], und es besteht kein Grund, zumindest das hierin ausgedrückte Verpflichtungsverhältnis als rhetorische Floskel oder Übertreibung abzutun, zumal wir die engen Verbindungen zwischen *nobiles* und süditalischen und kampanischen *mercatores* („Kaufmännern") zur Genüge kennen. So würden wir auch verstehen, weshalb der Senat den Einwohnern der Stadt Ambrakia an der Westküste Griechenlands offiziell erlaubte, Zölle zu Wasser und zu Lande zu erheben, wovon ausdrücklich die Römer, die Bundesgenossen und

Latiner ausgenommen werden sollten.[20] Wir haben ferner gesehen, dass römische Bankiers Handelsfahrten sogar von Ägypten gen Süden mitfinanzierten bzw. organisierten. Was spricht also dagegen, römisches Interesse nicht nur am Export ägyptischer Güter in den Mittelmeerraum, sondern auch am Fernhandel im Indischen Ozean anzunehmen? Dies würde erklären, warum der Senat sich seit dem 3. Jahrhundert v. Chr. in so auffälliger Weise immer wieder zu Gunsten des Ptolemaierreiches eingesetzt hat.

Sicherlich spielte hierbei auch eine Rolle, dass die ptolemaische Flotte ein Gegengewicht zu den Makedonen bildete und die Getreidehandelswege sicherte; doch auch den Römern war bekannt, welche Profitchancen der Import indischer Waren bot. Wohl nicht zufällig unternahm zu Beginn des 1. Jahrhunderts v. Chr. der Senator Lucius Memmius eine Besichtigungstour von Alexandria zum Arsinoitischen Gau. Seitdem spielte Ägypten eine wichtige Rolle für römische Politiker und Bankiers, die durch zinsträchtige Darlehen an die notorisch verschuldeten Ptolemaierherrscher günstige Handelsprivilegien zu erlangen suchten.

Der Höhepunkt dieser – der neuzeitlichen Kolonialgeschichte nicht unbekannten – Entwicklung sind die Transaktionen des römischen Großbankiers Gaius Rabirius Postumus. Er gehörte nicht zum Adel, repräsentierte aber das Selbstbewusstsein eines Händlers, auf den der von Diodor überlieferte Sinnspruch zutraf: „Man mag mich einen schlechten Menschen nennen, so lange ich Profit mache."[21] Es ist das gleiche Ethos, das den griechischen Neureichen der Archaik antrieb und dem sich nun unter den gewandelten politischen Verhältnissen ganz neue Entfaltungsspielräume eröffneten. Postumus war Chef eines Finanzimperiums, das sich über fast alle östlichen Provinzen des Reiches erstreckte. Einer seiner Freigelassenen leitete eine Dependance in der kleinasiatischen Hafenstadt Ephesos und wurde im Jahr 46 v. Chr. von Cicero dem zuständigen Statthalter Servilius Isauricus empfohlen. Postumus hatte Anteilsscheine an den Pachtgesellschaften und war als Geldverleiher in fast allen Provinzen berüchtigt. Als Krönung seiner Laufbahn reiste er im Jahr 57 v. Chr. im Gefolge des Feldherrn Aulus Gabinius nach Ägypten und übernahm das Amt des Finanzministers. In dieser Position konnte er die Schulden seiner Gläubiger eintreiben und das gesamte Königreich nach allen Regeln der Kunst ausplündern. Seine eigene Handelsflotte transportierte die Waren gen Westen und erregte beim Einlaufen in Puteoli großes Aufsehen. Sie war u. a. mit Papier, Leinen und Glas beladen.[22]

Das Vorgehen des Rabirius in Ägypten beantwortet auch die Frage, weshalb sich der römische Senat – wenn denn einige seiner Mitglieder finanzielle Interessen im östlichen Mittelmeer hatten – nicht oder erst so spät zur

Einrichtung von direkten Herrschaftsgebieten im Osten durchringen konnte. Die Levanteküste wurde von Pompeius in der Mitte des 1. Jahrhunderts v. Chr. provinzialisiert, Ägypten erst unter Augustus. Das System der indirekten Herrschaft enthob nicht nur den Senat der politischen Verantwortlichkeit, sondern eröffnete auch den Bankiers und Kaufleuten größere Handlungsspielräume. Denn die Einrichtung einer Provinz führte selten zu einer Erholung des Landes, weil die Untertanen nicht nur dem Statthalter, sondern auch den Steuerpächtern jährlich hohe Summen zu zahlen hatten. Die Konkurrenz der Steuerpächter war anfangs für die *nobiles* ein finanzielles Problem – deshalb hat sich Cato für die Schließung der Pangeionminen eingesetzt. Seit der Übertragung der Steuerpacht von der Provinz *Asia* und der Politisierung der Ritter durch die Gracchen stellten die Steuerpächter ein politisches Gefahrenpotenzial dar, und man wollte ihnen mit der Einrichtung neuer Provinzen keine zusätzlichen Bereicherungsmöglichkeiten eröffnen.

Aufblühen der Piraterie

Wie häufig in der Geschichte des Mittelmeerraums, so ging auch diesmal mit dem Aufblühen des Überseehandels eine verstärkte Aktivität der Piraterie einher, doch wurde deren Aufschwung diesmal zusätzlich durch politische Umstände in einem Ausmaß begünstigt wie nie zuvor. Im Osten hatte bereits der Kampf der Diadochen um eine maritime Hegemonie die Seeräuberei enorm gefördert. Sie zog erneut zahlreiche adlige Glücksritter und Abenteurer an. Seit dem letzten Drittel des 2. Jahrhunderts v. Chr. sahen zudem viele Küstenstädte, Honoratioren und Klientelfürsten in der Kooperation mit den Piraten eine Chance, den römischen Finanzleuten einen Teil der erpressten Gelder wieder abzunehmen: Nach Plutarch schlossen sich Angehörige vornehmer und wohlhabender Schichten, also städtische Honoratioren, den Piraten an[23]; im pamphylischen Side erhielten sie Ankerplätze, Werften und einen Sklavenmarkt. Landungs- und Marktplätze boten ferner die Bosporaner und das lykische Phaselis; sogar die Könige Zyperns und Syriens unterstützten die Seeräuber. Selbst die lokalen Händler erkannten in den Seeräubern Partner gegen die Zollpächter, die mit hohen Hafenzöllen den provinzialen Handel drangsalierten und den lukrativen Sklavenhandel an sich rissen.[24]

Die Unfähigkeit der römischen Amtsmacht, dem aggressiven Geschäftsgebaren der Finanzleute Einhalt zu gebieten, trieb nicht nur weite Kreise der provinzialen Bevölkerung in die Arme der Piraten; sie schuf auch ein einigendes Feindbild und ein Gewinn bringendes Angriffsziel, das die zersplitterte Piraterie zu einem globalen Machtfaktor werden ließ. Ausgangspunkt dieser

Entwicklung war das Küstengebiet des „rauen Kilikien" *(Cilicia Aspera)*. Dieser Landstrich war holz- und rohstoffreich, schwer zugänglich und ein Sammelgebiet für Söldner, die nach der erzwungenen Abrüstung der östlichen Landarmeen beschäftigungslos geworden waren. Mit ihrer Hilfe konnten die Piraten ihre Plünderungszüge auch ins Landesinnere lenken und dabei die in den Tempeln deponierten Gelder der Bankiers und Steuerpächter erbeuten. Viele Honoratioren stellten ihre überregionalen Verbindungen zur Verfügung, sodass sich eine breite Front gegen die römische Ausbeutung und ihre Vertreter zu formieren begann.[25]

Dennoch war die römische Führung lange nicht von der Notwendigkeit militärischer Gegenmaßnahmen überzeugt und scheute die politischen Risiken, die mit der Vergabe entsprechender Kommanden verbunden waren. Anders dachten jüngere Aufsteiger, die nach den Misserfolgen der adligen Feldherren gegen Iugurtha und gegen die Kimbern und Teutonen eine neue Aufstiegschance witterten. Erfolgreiche Schläge gegen die Piraten erforderten nach ihrer Einschätzung zunächst neue Landbasen und die Unterstützung der Küstenstädte. Dem ersten Ziel kam man in den Jahren 102–100 v. Chr. näher, als der Prätor Marcus Antonius Orator, der Großvater des Triumvirn, einen Militärbezirk in Kilikien einrichten und zwei Jahre später der Konsul Titus Didius die Halbinsel der Caeni am Bosporus erobern konnte. Im Jahr 100 v. Chr. erhielten die Statthalter von *Asia* und der neu eingerichteten Provinz Kilikien die Anweisung, gegen die Piraten des „rauen Kilikien" vorzugehen. Der makedonische Statthalter sollte den nördlichen Fluchtweg über die Dardanellen sperren. Im Süden wurde den Königen von Syrien sowie den Ptolemaiern in Ägypten, Zypern und Kyrene untersagt, den Piraten Asyl zu gewähren. Der amtierende Konsul koordinierte das Gesamtunternehmen und hatte vermutlich über See den Hauptangriff zu führen.[26]

Piraten und Politiker

Das raumgreifende Konzept der nie in Kraft getretenen *lex de piratis* war richtungweisend, aber es schuf ein von der Reichszentrale nur schwer zu kontrollierendes Aktionsfeld mit großen Möglichkeiten der Machtakkumulation.

Wie eng die Piraterie bereits mit der römischen Politik verknüpft war, zeigten der Bundesgenossenkrieg und die Auseinandersetzungen zwischen Marius und Sulla. Der Senat ehrte im Jahr 78 v. Chr. drei griechische Kapitäne für deren Einsatz im italischen Krieg.[27] Offensichtlich waren sie gegen die mit den aufständischen Italikern oder Marianern kooperierenden Piraten eingesetzt. Marius kaperte mit einer eigenen Flotte Handelsschiffe, blockierte die Getreideversorgung Roms und eroberte zahlreiche Küstenstädte Kampaniens. Außerdem kooperierte der Marianer Quintus Sertorius in Spanien mit den Piraten, die in ihm – wie ihre östlichen Kollegen in Mithridates – einen geeigneten Partner gefunden hatten, um sich gegen die römische Ausbeutung zur Wehr zu setzen.[28]

War die Piraterie bisher ein außenpolitisches Problem gewesen, so wirkte sie nun in den innenpolitischen Raum hinein. Die blutigen Wirren der Bürgerkriege und die unklare Situation in Rom verhinderten jedoch erneut wirksame Gegenschläge und verschafften den Seeräubern weitere Entfaltungsmöglichkeiten. Die kilikischen Piraten begannen, ganze Waffenfabriken, Arsenale und Werftanlagen zu errichten, die den Bau mehrerer stehender, sogar im Winter operierender Kriegsflotten erlaubten – ein Vorteil von großer strategischer Bedeutung: Während die Römer für jede Operation Neubauten anordneten, waren die Piraten mit mehreren Flottenverbänden auf allen Meeren präsent, kontrollierten die wichtigsten Seehandelsrouten und vermochten ihre Streifzüge durch die Anlage befestigter Signalstationen mit den Seeräubern des Westens zu koordinieren. Piratenverbände tauchten in den 70er-Jahren v. Chr. an der mauretanischen und levantinischen Küste auf, wo sie in die Thronstreitigkeiten der einheimischen Königshäuser eingriffen, an der Straße von Messana, wo sie mit Spartacus Kontakt aufnahmen, und in den spanischen Gewässern, um eine Verbindung zwischen Sertorius und Mithridates herzustellen. Diese Verbindungen wurden in der Folgezeit zu einem beispiellosen Versorgungskrieg genutzt: In Absprache mit den Getreideproduzenten, die von einer zeitweiligen Blockierung des Seehandels aufgrund der damit einhergehenden Verteuerung ihrer Produkte profitierten, wurden die Legionen in den Provinzen und Italien von der überseeischen Getreideversorgung abgeschnitten.

Pompeius und Caesar

(Caesars) Zug gegen die Britannier ist wegen seiner Kühnheit berühmt. Denn er war der erste, der sich hier im Westen mit einer Kriegsflotte aufs Meer wagte und mit einem Heer über den Atlantischen Ozean fuhr.

Plutarch in seiner Biographie über Caesar 23

Im ersten Drittel des letzten Jahrhunderts v. Chr. gewann in Gestalt der Piraterie die Schreckensvision eines Gegners Realität, der den Widerstand in allen Küstenprovinzen koordinieren und Italien von mehreren Seiten über See aus bedrohen konnte. Die Nobilität musste reagieren. Der erste Schritt war eine gezielte Erweiterung des mediterranen Provinzialgebietes. Die in den Jahren 75/74 v. Chr. eingerichteten Provinzen Bithynien und Kyrenaika sollten die Bewegungsfreiheit der Seeräuber an den Routen durch die Dardanellen, in die Ägäis und nach Afrika einschränken. Der Konsul Quintus Caecilius Metellus eroberte in den Jahren 69–67 v. Chr. Kreta, das zweite Zentrum der östlichen Piraterie, und schuf damit eine Verbindung zwischen der Süd- und der Nordküste des Mittelmeeres. Syrien und Zypern kamen hinzu, sodass in den 60er-Jahren bis auf Ägypten alle Rückzugsgebiete der Piraten unter direkter römischer Herrschaft standen. Erst der Kampf gegen die Piraterie hat der Republik den Weg zur Beherrschung des gesamten Mittelmeerraums eröffnet.

Als Nächstes galt es, die Kommandostrukturen den neuen Bedingungen der großräumigen Kriegführung anzupassen. Zu diesem Zweck wurde 74 v. Chr. eine provinzübergreifende Kommandoebene eingerichtet, die dem Feldherrn einen unbeschränkten Befehlsbereich über die Küsten des Mittelmeeres bis zu 75 Kilometern ins Landesinnere hinein verschaffte. Die Angst vor dem Machtpotenzial eines solchen Kommandos hat den Senat zunächst bewogen, nicht einen der ehrgeizigen Konsuln, sondern den Prätor Marcus Antonius, Sohn des Marcus Antonius Orator und Vater des berühmten Namensvetters, mit der Aufgabe zu betrauen und seine finanziellen Mittel auf ein Mindestmaß zu beschränken. Der Erfolg war dementsprechend gering. Erst das sieben Jahre später dem Pompeius übertragene Kommando korrigierte die Beschränkungen. Nun standen dem Feldherrn die Provinzialkassen, das *aerarium* (die römische Staatskasse) und die Zolleinnahmen der Steuerpächter zur Verfügung; ferner hatte Pompeius das Recht, 15, später sogar 24 Legaten mit „prätorischem Imperium“ einzusetzen. Danach teilte er

„den ganzen Raum des Mittelmeers mit seinen Teilen in 13 Bezirke ein und bestimmte für jeden eine gewisse Anzahl von Schiffen unter einem besonderen Befehlshaber“.[1] Auch wenn Pompeius hierbei auf ältere Vorbilder wie etwa die Einteilung der istrischen Küstengewässer im Krieg gegen die Piraten 178 v. Chr. zurückgriff[2], war dies doch ein revolutionärer Schritt in der militärisch-organisatorischen Erfassung maritimer Räume. Denn bisher hatte man das Meer für nautische und militärische Zwecke küstengebunden und linear, also von Punkt zu Punkt entlang der Seefahrtrouten zu bestimmen versucht, nun verlängerte Pompeius territoriale Einteilungslinien von der Küste auf und über das Meer und schuf dadurch zumindest ansatzweise ein zweidimensionales, d. h. maritime Flächen umgrenzendes Raster, das das gesamte Mittelmeer umfasste. Die Ausführung dieses Planes ging zweifellos auf Marcus Terentius Varro zurück, der mit hellenistischer Geographie und römischer Feldmesskunst wohl gleichermaßen vertraut war und u. a. eine Küstenbeschreibung des Mittelmeeres sowie ein dem Pompeius gewidmetes Segelhandbuch verfasste.

Das neue Raumkonzept bewährte sich. Die Legaten trieben die in ihrem Bereich operierenden Piraten zusammen und schwächten sie so weit, bis die Hauptflotte des Pompeius den Entscheidungskampf ohne größere Risiken führen konnte. Binnen 88 Tagen hatte Pompeius auf diese Weise sein Werk vollendet – ein Erfolg, der freilich von langer Hand vorbereit worden war. Pompeius und seine Agenten dürften bereits vor 67 v. Chr. mit zahlreichen Piraten Arrangements getroffen haben. So kooperierte die Heimatstadt des Theophanes, eines engen Vertrauten des Pompeius, in den 80er-Jahren v. Chr. mit Mithridates und den Piraten. Im Westen knüpfte Pompeius' Gastfreund Balbus aus Gades (Cádiz) Verbindungen mit den Seeräubern, diente in der römischen Flotte und war Mitglied der einheimischen Honoratiorenschicht, die sich am Seeraub beteiligte. In der Adria konnte Pompeius auf die Erfahrung picentinischer Seemannsfamilien zurückgreifen, die im Krieg gegen die istrischen und illyrischen Piraten gedient hatten.

Die frühe Kontaktaufnahme mit den Piraten erklärt auch deren spätere Behandlung: Pompeius gewann schon während der Kämpfe – nach dem Vorbild der hellenistischen Könige – einen Großteil der Piraten als Klienten und siedelte sie an Orten an, die wie Dyme im Nordwesten der Peloponnes, Tarent und die kilikischen Städte an wichtigen Handelsrouten lagen oder bewährte Flottenstützpunkte waren bzw. später werden sollten. Dass die Piraten nicht gewillt waren – wie es die Propaganda versprach –, friedliche Bauern zu werden, zeigen Hinweise über ihre Aktivitäten in der Adria, dem Ionischen Meer und der Levante nach 67 v. Chr.: Cicero zufolge wurden in *Asia* bereits ein Jahr nach dem Piratenkrieg des Pompeius prominente Bürger von den Piraten gefangen genommen und getötet, und Cassius Dio bestätigt, das Unwesen der syrischen Seeräuber habe in den frühen 50er-Jahren v. Chr. „wieder einen Höhepunkt erreicht".[3] Pompeius hat also keineswegs – wie häufig behauptet wird – das gesamte Mittelmeer von der Piratenplage befreit; er schuf sich vielmehr in den kooperationswilligen Piraten eine seekriegserfahrene Klientel, die „im Training blieb", und jederzeit für einen Kampf um die Vorherrschaft im Reich mobilisiert werden konnte. Allein die Zahl der begnadigten kilikischen Piraten soll 20 000 Mann betragen haben! Viele Piratenkapitäne avancierten später zu den wichtigsten Beratern des Pompeius im Bereich des Seekrieges.[4]

Jenseits dieser innenpolitischen Konsequenzen markiert der Piratenkrieg einen Markstein auf dem Weg Roms zur Herrschaft über die *Oikumene*. Cicero bilanzierte, Rom beherrsche das Mittelmeer „wie einen sicheren und geschlossenen Hafen".[5] Die Sicherung des inneren Meeres blieb imperiale Verpflichtung von höchster Priorität, und sie war eine entscheidende Voraussetzung dafür, dass der Ehrgeiz der Adligen sich vom Zentrum auf den *Okeanos* richtete. Pompeius hatte diese Richtung vorgegeben, als er nach den Kriegen gegen Mithridates über die „gesamte bewohnte Welt" triumphierte, deren barbarischen Saum durchstieß und das Kaspische Meer erreichte, das man für eine Bucht des *Okeanos* hielt.[6] Wer fortan Ruhm erringen wollte, der musste unerschlossene Räume außerhalb der *Oikumene* unterwerfen. Doch was erwartete einen römischen General jenseits der Weltgrenzen?

Das hellenistische Weltbild und der Seeweg nach Indien

Die Erfolge der römischen Militärmacht, der boomende Überseehandel und die Piraterie hatten zu einer dichten Vernetzung des Mittelmeerraums über See geführt und schufen – vergleichbar der Situation vor der Kolumbusfahrt – ein „kosmopolitisches Klima des Austausches von Informationen und Kenntnissen".[7] Besonders profitierte hiervon die Geographie. Wie später die Männer um Kolumbus mit einem geographischen Weltbild in See stachen, das im Kern nicht auf eigenen Forschungen, sondern auf antiker Wissenstradition beruhte, so wagten sich die römischen Admiräle mit einem Weltbild aufs Meer, das nicht in Rom, sondern an den Gelehrtenzentren des hellenistischen Ostens entwickelt worden war: Seit Ende des 2. Jahrhunderts v. Chr. waren die geographischen Vorstellungen des Eratosthenes dem römischen Adel ebenso vertraut wie die These von der Kugelgestalt der Erde sowie die Theorien des Krates von Mallos über weitere *Oikumenen* im *Okeanos*; Cicero übernahm sie später in sein Werk *de re publica*. Die bekannte Welt war demnach eine aus den Kontinenten Europa, Afrika und Asien gebildete und um das Mittelmeer gelagerte Landmasse, die gen Osten bis nach Indien und im Nordwesten bis zu den von Pytheas entdeckten Inseln im Atlantik erweitert worden war. Um 90 v. Chr. gelangte der Universalgelehrte Poseidonios (135–51 v. Chr.) zu einer neuen Messung des Erdumfangs, die mit nur 180 000 Stadien (= 33 400 Kilometer) die Angaben des Eratosthenes erheblich verkürzte (siehe Seite 148). Die Welt und ihre Meere schienen klein und vom Zentrum aus leicht zu erobern; die Randgebiete lagen dem Zugriff der Ehrgeizigen offen.

Ein faszinierendes Ziel war das von Alexander dem Großen erschlossene Indien: Bis in die Mitte des 2. Jahrhunderts v. Chr. kontrollierten arabische und indische Seefahrer die von Skylax und Nearchos entdeckte Küstenroute. Dann begannen die Ptolemaier das Rote Meer und die ostafrikanische Küste bis zum Kap Guardafui systematisch zu erforschen. In dieser Zeit entstand die Beschreibung *Über das Rote Meer* des Knidiers Agatharchides, eines der bedeutendsten ethnographisch-geographischen Werke der Antike. In der gleichen Zeit segelte ein gewisser Diodor aus Samos von Arabien südwärts bis nach Azanien.[8] Im Jahr 120 v. Chr. beauftragte Ptolemaios VII. Eudoxos von Kyzikos, die Route über das offene Meer von Ostafrika nach Indien zu finden. Tatsächlich gelang es Eudoxos zweimal, über den Indischen Ozean die Westküste Indiens zu erreichen. Er kehrte mit einer reichen Ladung an exotischen Gewürzen zurück, die sofort von den ptolemaischen Behörden konfisziert wurde.[9]

Der Goldene Westen

Dennoch hat die Eudoxosfahrt dem Überseehandel von Ägypten nach Indien keinen nennenswerten Impuls gegeben. Dies lag vor allem an der militärischen Schwäche des Ptolemaierreiches, das im 1. Jahrhundert v. Chr. nicht mehr in der Lage war, die Händler vor den Piraten im Roten Meer zu schützen; möglicherweise erschwerte zusätzlich der Aufstieg des Partherreiches einen staatlich geförderten Überseehandel. Der Blick der Spekulanten und Geographen richtete sich daher verstärkt nach Westen. Dass Indien auch westwärts über den Atlantik zu erreichen sei, war nach der Akzeptanz der Erdkugelthese eine gängige Annahme. Die Autorität des Aristoteles und Eratosthenes sicherte ihr eine weite Verbreitung; Eratosthenes bemaß die Strecke auf 18 500 Kilometer, Poseidonios auf ‚nur' 12 950 Kilometer.[10] Auch die Schiff- und Überquerbarkeit des Atlantiks schien den meisten gesichert: Plinius erzählte z. B. in seiner Naturgeschichte die schöne Geschichte, dass dem Statthalter Metellus vom Suebenkönig indische Kaufleute übergeben wurden, die zu Handelszwecken den Atlantik ostwärts überquert hätten und durch einen Sturm nach Germanien verschlagen worden seien.[11]

Eine mit dieser These nur scheinbar konkurrierende alte Vorstellung vermutete sogar unbekannte „Erdinseln“ bzw. Kontinente im Atlantik. Bereits Platon sprach im Dialog *Timaios* von Inseln und einem weit entfernten Festland. Eratosthenes sowie Pseudo-Aristoteles (1. Jahrhundert v. Chr.) vermuteten mehrere Welten auf der Höhe der bekannten *Oikumene*, und der 169/68 v. Chr. in Rom weilende Krates hatte zwei *Oikumenen* im Atlantik konstruiert.[12] Eng verbunden mit der Kontinentthese waren uralte Geschichten über wundersame Inseln im Atlantik, die nicht nur ewiges und glückliches Leben, sondern auch Reichtümer wie Gold, Perlen und Zinn versprachen.

Eine von ihnen namens *Britannia* hatte Pytheas entdeckt, doch begegnete man seinem Bericht vielfach skeptisch. In Rom wusste man von der Insel nicht mehr als das frühneuzeitliche Europa von Mexiko oder Peru vor den Eroberungen des Cortez und Pizarro. Alle Versuche römischer Admiräle, sie zu erreichen, waren bisher gescheitert, auch der des Scipio Aemilianus, der um 146 v. Chr. eine Expedition in den Atlantik geschickt und vergeblich die Kaufleute von Narbo (Narbonne), Massilia und Corbilo (St. Nazaire) an der gallischen Atlantikküste nach dem Seeweg zu den britischen Inseln befragt hatte. Erst als der große Gelehrte Poseidonios mit Unterstützung römischer Behörden und Händler seine Forschungsreisen nach Gallien und Spanien richtete, den Okeanos durch wissenschaftliche Beobachtungen der Gezeiten entmythologisierte und die Fahrten des Pytheas ernst nahm, erhielten die Bemühungen einen neuen Impuls. Quintus Sertorius war um 82 v. Chr. bis über die Mündung des Baetis in den Atlantik vorgedrungen, vom Wunsch beseelt, die Inseln der Glückseligen zu erreichen. Der Geograph Statius Sebosus, der gelehrte Freund des bekannten Konsuls Quintus Catulus, sammelte in den 60er-Jahren in Gades alle Nachrichten, die er über die glücklichen Inseln im westlichen *Okeanos* beschaffen konnte, und verfasste eine Schrift über die Merkwürdigkeiten Indiens.[13]

Parallel mit dem Streben römischer Kommandeure in den westlichen *Okeanos* steigerte sich das Handelsinteresse. Vielleicht hat der Aufschwung der kilikischen Piraterie die Westorientierung verstärkt: Die spanischen Piraten bedrohten die Küstengewässer, aber nicht die großen Seehandelsrouten, und so bot sich durch die Straße von Gibraltar ein Tor zu einer genauso legendären wie glanzvollen Welt voller Profitchancen, von denen die römischen Händler magisch angezogen wurden. Eine zentrale Bedeutung hatte die

Route zu den sagenumwobenen Zinninseln. Zinn wurde auf den britischen Inseln in Cornwall und in Nordspanien (Galizien) abgebaut und über See von phönikischen bzw. karthagischen Händlern in den Mittelmeerraum verschifft. Zentraler Knotenpunkt des Zinnhandels war die Hafenstadt Gades. Hier trafen sich – ähnlich wie in Lissabon im 15. Jahrhundert – Händler, Kapitäne und Abenteurer aus aller Herren Länder, hier tauschte man Informationen aus, und von hier aus starteten die verwegensten Expeditionen in den Atlantik; in Gades hatte wohl auch Pytheas aus Massilia auf seiner Fahrt zu den Zinninseln einen Zwischenstopp eingelegt. Am Ende des 1. Jahrhunderts v. Chr. war Eudoxos von Gades aufgebrochen, um den Seeweg um Afrika herum nach Indien zu finden. Von Gades aus plante Sertorius seine Fahrt zu den Inseln der Seligen.[14]

Nach der Zerstörung Karthagos richteten immer häufiger römische bzw. italische Händler und sogar Senatoren aus den ersten Familien Roms ihre gierigen Blicke gen Spanien und an die Küsten des Atlantiks. Das bekannteste Beispiel ist die Familie der Crassi. Der Triumvir Marcus Crassus hatte von seinem Vater, der in den 90er-Jahren v. Chr. Statthalter im jenseitigen Spanien (die Provinz *Hispania Ulterior*) war, mehrere einträgliche spanische Silberminen geerbt und interessierte sich zudem für den profitablen Zinnhandel.[15] Bisher war es ihm und anderen jedoch nicht gelungen, den Gaditanern das Geheimnis der Route zu den Zinninseln im Atlantik zu entreißen. Man benötigte die Autorität und Unterstützung der römischen Amtsmacht. Geld spielt für die Crassi keine Rolle, man wartete nur auf einen geeigneten Mann in geeigneter Position.

Caesars Atlantikexpeditionen

Im Jahr 68 v. Chr. war dieser Mann gefunden: Der junge Gaius Iulius Caesar hatte im östlichen Mittelmeer unter verschiedenen Statthaltern und Admirälen reiche Erfahrungen im Kampf gegen die Piraten gesammelt und galt neben Pompeius als einer der fähigsten Marineexperten der Zeit.[16] Im Jahr 69 v. Chr. ging er unter dem Kommando des Antistius Vetus in die Provinz *Hispania Ulterior*. Längere Zeit hielt er sich in Gades auf, um mithilfe des Balbus, des Gastfreundes des Pompeius, die Bemannung der provinzialen Kriegsschiffe gegen die Piraten zu organisieren. Caesar dürfte ferner durch Vermittlung des Balbus die Schriften des Poseidonios eingesehen haben, der wenige Jahrzehnte vorher in Gades einige Monate zur Erforschung des Gezeitenproblems verbracht hatte und als einer der wenigen Gelehrten die Angaben des Pytheas ernst nahm.[17]

Nach der Rückkehr aus Spanien schlug die Stunde des Crassus: Caesar hatte sich als Ädil mit der exorbitanten Summe von 25 Millionen Denaren verschuldet – ein Los, das er mit vielen Entdeckern der frühen Neuzeit teilte. Nur ein neues Kommando im mineralreichen Spanien konnte ihn vor dem Ruin retten, doch seine Gläubiger verlangten Sicherheiten. Crassus gab ihnen eine Bürgschaft von 830 Talenten (ca. fünf Millionen Denare) und verpflichtete auf diese Weise Caesar, ihn bei seinen geschäftlichen Interessen und der Suche nach den Zinnabbaugebieten im Atlantik zu unterstützen.[18]

Schon kurz nach Caesars Eintreffen in der Provinz liefen die Vorbereitungen für eine Seeoperation auf Hochtouren. Für die Organisation und Bemannung dieser Schiffe griff Caesar erneut auf Balbus zurück. Den Oberbefehl erhielt der 20-jährige Decimus Iunius Brutus, dessen Großvater sich der Unterwerfung Spaniens bis zum Ozean, der Grenze der Welt, gerühmt hatte und der also ebenfalls über wertvolle familiäre Erfahrungen bei der Erkundung der spanischen Atlantikküste verfügte.[19] Im Sommer 61 v. Chr. lichtete die kleine Flotte ihre Anker und stieß an der Küste entlang in den nördlichen *Okeanos* vor. Caesar folgte parallel auf dem Landweg. Die an die Küsten und auf die vorgelagerten Inseln Flüchtenden wurden von der Flotte abgefangen. Danach ging es mit sämtlichen Schiffen auf See weiter gen Norden bis nach Brigantium in der Nähe des heutigen La Coruña. Caesars Flotte nahm somit die gleiche Route, die wohl bereits einer der Crassi auf der Suche nach den Zinninseln eingeschlagen hatte, und setzte sie fort in die Richtung, in der man damals die „wahren Zinninseln", also die britischen Inseln, vermutete. Diese lagen nach Auffassung der Zeit nicht etwa gegenüber der gallischen, sondern gegenüber der spanischen Atlantikküste. Caesar war demnach überzeugt, dass er, je weiter er an der Küste nordwärts in den Atlantik segelte, umso wahrscheinlicher auf die Inseln der Kassiteriden, die Zinninseln, stoßen würde. Recht schnell wurde zwar klar, dass diese Vermutung trog, doch immerhin barg das nordwestliche Galizien reiche Zinn-, Gold- und Silberlagerstätten, mit denen der Kommandeur seine Vermögensverhältnisse und die seiner Begleiter sanieren konnte.[20]

Drei Jahre später stieß Caesar von der *Gallia Narbonensis*, der Provinz um die Stadt Narbonne, auf dem Landweg in das freie Gallien gen Norden vor. Alle Operationsgebiete an der gallischen Atlantikküste lagen entlang der maritimen Zinnhandelsroute von Britannien nach Gades bzw. den gallischen Emporien (Corbilo) und bargen z. T. selbst – wie Aquitanien – reiche Zinn-, Kupfer- und Silbervorkommen. Caesar befahl zunächst 57 v. Chr. dem Legaten Publius Licinius Crassus, dem Sohn des Triumvirn, dessen finanzielle Interessen er bereits in Spanien verfolgt hatte, die nordwestlichen Küstenvölker zu unterwerfen. Dieser überwinterte an der unteren Loire nahe des keltischen Seehandelszentrum Corbilo, dessen Einwohner bereits Scipio um 146 v. Chr. (vergeblich) über die Handelsroute nach Britannien ausgefragt hatte. Strabon zufolge soll ein Publius Crassus den spanischen Händlern von Gades auf ihrer Seefahrt zu den Kassiteriden gefolgt sein und den Römern die Route dorthin erschlossen haben. Alles spricht dafür, dass hier der Legat Caesars gemeint ist. Immerhin bezeugt ein mit Ankern geschmückter Reliefschmuck am Grabmal seiner Frau Caecilia Metella das maritime Engagement des Crassus.[21]

Auch Caesar blieb nicht untätig und ließ im Frühjahr 56 v. Chr. mehrere Kriegsschiffe auf der Loire bauen, die im Sommer gegen die Veneter eingesetzt wurden. Darüber hinaus gelangte sein Unterfeldherr Decimus Brutus vom Mittelmeer aus mit ligurischen Piratenschiffen an Gades vorbei an die bretonische Küste. Dort konnte er in einer mehrere Tage dauernden Seeschlacht die Veneter besiegen. Caesar habe – so Strabon – die Flotte der Veneter zerstört, weil sie seinen Vorstoß nach Britannien verhindern und ihr Seehandelsmonopol mit den britischen Inseln bewahren wollten.[22] Bei diesem Seehandel handelte es sich in erster Linie um den mit Zinn.

Nach dem Sieg über die Veneter stand die Überfahrt nach Britannien offen. Sofort fanden sich zahlreiche *negotiatores* in Caesars Hauptquartier ein. Die meisten stammten aus der Provinz *Gallia Narbonensis*, wo römische Händler, Bankiers und Steuerpächter jede Gelegenheit nutzten, ihren Aktionsradius ins freie Gallien auszuweiten.[23] Zu den wichtigsten Handelswaren, die aus Gallien in die Provinz geliefert wurden, gehörte Zinn aus Britannien. Beim Übergang nach Britannien unterstützten Caesar daher auch römische Kaufleute mit einer großen Zahl von Schiffen.[24] Für die erste Expedition soll Caesar 100 Schiffe gebaut und zusammengezogen haben. Vor der zweiten ließ er alles, was zur Ausrüstung der Schiffe notwendig war, von Spanien heranschaffen. Von Portus Itius (Boulogne-sur-Mer) aus setzte er mit einer Armada von 800 Einheiten über den Kanal, 300 mehr, als Pompeius offiziell für den Piratenkrieg eingesetzt hatte![25] Es war eine der größten Flotten, die die Welt erlebt hatte – bis 1944 hat der Kanal keine größere gesehen! – und überhaupt die erste amphibische Großexpedition in das Nordmeer.

Auch wenn sich die Erwartungen auf materielle Gewinne als unhaltbar erwiesen, der Ruhm, als erster Römer so weit in den nördlichen *Okeanos* vorgedrungen zu sein, war Caesar nicht mehr zu nehmen: „Sein Zug gegen die Britannier", bemerkt Plutarch, „ist wegen seiner Kühnheit berühmt. Denn er war der erste, der sich hier im Westen mit einer Kriegsflotte aufs Meer wagte und mit einem Heer über den Atlantischen Ozean fuhr."[26]

Das Ringen um das Erbe der Republik

Seefahrt ist notwendig, leben ist nicht notwendig.
POMPEIUS NACH PLUTARCH, POMPEIUS 50

Nichts konnte in den 60er-Jahren des letzten Jahrhunderts v. Chr. darüber hinwegtäuschen, dass das Meer für den ehrgeizigen *nobilis* ein ideales Feld männlicher Bewährung war und blieb. Gerade für den jungen Adligen müssen maritime Abenteuer und Erfolge umso faszinierender gewesen sein, als er nur so, fern aller staatlichen Zwänge und gruppenspezifischen Kontrollen, das ungebundene Leben eines großen Herrn führen konnte. Das Meer war eines der letzten Reservate aristokratischer Freiheit, es bildete eine einmalige Herausforderung, und es war ein lohnendes Herrschaftsobjekt.

Der Drang auf das Meer hatte aber immer auch etwas Standesbedrohendes an sich. Denn Erfolge auf dem Meer erhöhten die Chance auf Ruhm, Beute und Anhängerschaften, und sie gefährdeten damit den Gleichheitsgrundsatz der aristokratischen Elite. Lange Zeit hat es die Nobilität verstanden, den maritimen Ehrgeiz einzelner Mitglieder durch ein disziplinierendes Leistungsethos zu zügeln und durch Legendenbildungen wie die von der bäuerlichen Gebundenheit des alten Römers auf den Landkrieg zu lenken.[1]

Das Meer als Ort der Bewährung

Die Mittel verloren jedoch im Verlauf der mediterranen Expansion und der Kontakte mit der individualisierenden hellenistischen Weltkultur ihre Verbindlichkeit, und schließlich entsprachen sie auch nicht mehr den Anforderungen eines Weltreiches, das flexibel denkende Strategen und globale Konzepte auch auf dem Meer verlangte. Besonders die Bedrohung durch die mediterrane Piraterie war eine Herausforderung, die – ob man wollte oder nicht – Energien aufs Meer lenkte und ehrgeizigen Aufsteigern ein neues Feld der Bewährung erschloss.

Die Nobilität versuchte alldem durch eine stärkere legislative Reglementierung des Lebens und durch die Beschränkung der Bewegungsfreiheit ihrer Beamten entgegen zu wirken. Sie erreichte damit das Gegenteil von dem, was sie beabsichtigte: In dem Maße, wie sie die Handlungsspielräume ihrer Mitglieder einzuengen suchte, fühlten sich einzelne Adlige umso mehr herausgefordert, die Grenzen zu durchbrechen. Der spätrepublikanische Drang aufs Meer war ein Spiegelbild der inneren Krise der adligen Gesellschaft und ihrer Unfähigkeit, die traditionellen Zwänge über Bord zu werfen und ihren Standesgenossen in einer sich dramatisch ändernden Welt neue Möglichkeiten der persönlichen Bewährung einzuräumen.

In diesen Rahmen ist das maritime Engagement Pompeius' und Caesars einzuordnen, und nur in diesem Zusammenhang versteht man den kompetitiven Charakter ihrer Unternehmungen: Man kämpfte nicht mehr um größere Beutemengen, versenkte Schiffe oder reiche Küstengebiete und Festungen wie noch im 1. Punischen Krieg: Der gesamte Erdkreis und der *Okeanos* waren zum Turnierfeld der großen Einzelnen geworden. Wenn Caesar Plutarch zufolge durch die (Teil-)Eroberung Britanniens „die römische Herrschaft *über* die Grenzen des bekannten Erdkreises hinausschob"[2], dann übertraf er hiermit Pompeius, der offiziell die Reichsgrenzen „*bis* an die Enden der Erde vorgeschoben" hatte.[3] Doch damit nicht genug: Pompeius hatte das Mittelmeer erobert, Caesar demonstrierte die Bezwingbarkeit des *Okeanos.* Zum Beweis führte er ein goldenes Standbild des gefesselten *Okeanos* im Triumphzug durch Rom und weihte der Venus Genetrix – als Göttin des Meeres – einen mit britannischen Perlen besetzten Brustschild, während Pompeius seinerzeit sein eigenes, aus Perlen gefertigtes Standbild mitgeführt hatte.[4] Der Wert Britanniens bemaß sich in diesem Kontext nicht mehr an seinen angeblichen Reichtümern, sondern an seiner Rolle als Zielpunkt maritimer Eroberung über die Grenzen der Welt hinaus. Deshalb hat vielleicht schon Caesar, auf

Abb. 7: Rückseite eines Denars (51 v. Chr.): Wohl zwei gefesselte Piraten, zwischen ihnen an einem Schiffsmast erbeutete Segel, Anker, Steuerruder und Schiffsvorderteile.

jeden Fall aber die nachfolgende Generation, Britannien als *alter orbis*, als neue Welt, bezeichnet.[5]

Pompeius musste reagieren. Bereits ein Jahr vor dem Britannienfeldzug Caesars übernahm er als Prokonsul ein *imperium extraordinarium*, das ihm – wie Cicero sagt – die Amtsgewalt über die Getreideversorgung auf dem ganzen Erdkreis und faktisch die Kontrolle des gesamten Mittelmeers und der Küstenhäfen verschaffte.[6] Ein Jahr später, zu dem Zeitpunkt, als Caesar nach Britannien aufbrach, gab sein Schwiegersohn Faustus Sulla eine Münze heraus, deren Bildseite einen Globus im Zentrum, umrahmt von drei kleineren und einer größeren Krone, zeigte – eine deutliche Anspielung auf den Triumph des Pompeius über die drei Erdteile. Ein Schiffsvorderteil auf der linken und eine Kornähre auf der rechten Seite symbolisierten die großen Kommanden gegen die Piraten und zur Sicherung der Kornversorgung. Wieder ein Jahr später erschien ein Denar, dessen Revers ein Seetropäum mit zwei gefesselten Gefangenen zeigt, offensichtlich Piraten und somit eine weitere Erinnerung an den Seeräuberkrieg.[7]

Die maritime Dimension der Bürgerkriege

Der Senat und die republikanischen Institutionen sahen sich weit gehend außerstande, diesen Konkurrenzkampf zu kanalisieren, denn es fehlten ihnen attraktive Alternativen zu der Aussicht, mit eigener Kraft und der Unterstützung der Klienten unbegrenzte Macht zu gewinnen. Der geographischen und mentalen Überwindung traditioneller Grenzmarkierungen entsprach ein markanter Autoritätsverlust innenpolitischer Normen und Regeln. Es war daher nur eine Frage der Zeit, wann die Entscheidung fallen würde, wer in der Rangfolge der Besten den ersten Platz einnehmen würde.

Diese Frage wurde ab 49 v. Chr. auf dem gesamten Mittelmeer zunächst zwischen Caesar und Pompeius, dann von ihren Epigonen, zwischen Antonius und Octavian, ausgetragen. Die maritime Raumerfahrung der mediterranen Expansion und die von Pompeius initiierte Integration der Piraten in die eigenen Kommandostäbe haben diesen Bürgerkrieg entscheidend beeinflusst. Pompeius plante, vom Osten aus das von Caesar besetzte Italien von der Getreidezufuhr abzuschneiden und von Spanien und Griechenland über See zurückzugewinnen. Die Grundelemente dieses Planes, durch die Kontrolle der Seewege und die transmediterrane Verbindung östlicher und spanischer Seestreitkräfte das italische Zentrum aus zu attackieren, erinnert an die Operationen der Piraten und dürfte von den Klienten des Pompeius mit entwickelt worden sein (siehe Seite 181).

Dass die Strategie des Pompeius nur teilweise umgesetzt werden konnte, lag an der Erfahrung, die Caesar und seine Admiräle selbst seit der spanischen Statthalterschaft auf dem Gebiet des Seekrieges gewonnen hatten. Nach der erfolglosen Belagerung von Brundisium gelang es Caesar, binnen kurzer Zeit seinen Schiffsbestand auf 150 Einheiten zu erweitern – schon dies eine erstaunliche Leistung, die darauf hindeutet, dass auch Caesar den Seekrieg bereits längere Zeit ins Kalkül gezogen hatte. Mit den Neubauten begannen seine Gefolgsleute zielstrebig die strategisch wichtigsten Meeresbecken des Westens zu besetzen.[8]

Den größten Erfolg erzielte Decimus Brutus mit Unterstützung ligurischer Piraten gegen die Flotte Massilias. Bereits die Nachricht vom ersten Seesieg vor Massilia hatte mehrere spanische Städte veranlasst, auf die Seite Caesars zu treten – ein Beweis, welch große psychologische Wirkung Erfolge auf dem Meer hatten. Am 2. August 48 v. Chr. kapitulierten die Pompeianer in Spanien. Caesar marschierte daraufhin nach Gades und verlieh der Hafenstadt, die einst der Ausgangspunkt seiner großen maritimen Erfolge war, das Bürgerrecht. Am 25. Oktober gab Massilia auf.[9]

Auch im Osten gelang Caesar ein spektakulärer Erfolg zur See, als er zu Beginn des Jahres 48 v. Chr. gegen alle Regeln der mediterranen Schifffahrtskunst im Winter von Brundisium mit einer kleinen, schwerfälligen und leicht zu kapernden Transportflotte die über 110 Schiffe umfassende Küstenpatrouille des Bibulus, des Konsuls von 63 v. Chr., zu umgehen und seine Truppen im nördlichen Epirus an Land zu setzen vermochte. Ein solches Manöver erforderte nicht nur großes nautisches Wissen, sondern auch seemännischen Wagemut und vor allem die Hilfe der (vermutlich) ligurischen und illyrischen Piraten. Denn nur sie wagten die Seefahrt im Winter und kannten die Küstengewässer von Nordepirus. Wertvoll erwiesen sich ferner die Erfahrungen Caesars bei der Landung in Britannien.[10]

Und schließlich müssen wir eine gehörige Portion abenteuerlichen Draufgängertums auf Seiten Caesars voraussetzen, der gerade die Unwägbarkeit des Meeres als Herausforderung empfand. Diese Risikobereitschaft wäre ihm in Nordepirus beinahe zum Verhängnis geworden, als der in Kerkyra postierte Bibulus einen Großteil der caesarischen Schiffe kapern und die Straße von Otranto für weiteren Nachschub sperren konnte. Es fehlte nicht viel, und Caesar wäre bei Dyrrhachium (Durrës in Albanien) endgültig gescheitert. Am Ende kam ihm die Ungeduld der Republikaner zu Hilfe, die Pompeius zur – völlig unnötigen – Entscheidungsschlacht bei Pharsalos drängten. Sie sollte neben der Doppelschlacht von Philippi die letzte große Landschlacht der Republik sein.[11]

Nach dem Sieg wechselten viele seekriegserfahrene Klienten des Pompeius – u. a. der kilikische Seeräuberfürst Tarkondimotos sowie Mithridates aus Pergamon – mit ihren Schiffen auf die Seite Caesars. Hinzu kamen viele Küstenstädte Kilikiens, Zyperns, Rhodos' und Kleinasiens, die dem Pompeius gefolgt waren, sich nun aber der alten Bande erinnerten, die einst der junge Caesar im Osten geknüpft hatte.[12] Caesar führte damit seine Operationen zur See kaum anders als der Senat ein Jahrhundert zuvor, nämlich mithilfe der östlichen Bundesgenossen. Sie stellten erfahrene Kapitäne, Schiffe und Mannschaften, sodass Caesar mit einer Flotte von 35 gut gerüsteten Schiffen auf der Verfolgung des Pompeius in Alexandria landen konnte, der allerdings inzwischen von den Schergen des Ptolemaierprinzen ermordet worden war. Als der ptolemaische General Achilles Caesar im Palastviertel von Alexandria einzuschließen begann, war es der Erfahrung der griechischen Ruderer und Kapitäne in Caesars Reihen zu verdanken, dass er die gegnerische Flotte dezimieren und in die Flucht schlagen konnte.[13] Mithridates eroberte schließlich Pelusion und erzwang zusammen mit Caesars Heer die Kapitulation der Stadt.

Der militärischen Bedeutung maritimer Operationen entsprach ein gesteigertes Interesse der Zeitgenossen an den Seekriegen. Allein der Umfang der Beschreibung von Seegefechten im Corpus der caesarischen bzw. pseudocaesarischen *commentarii* zeigt, dass der Krieg auf dem Meer im Bewusstsein der Öffentlichkeit eine Dimension erreicht hatte, die allenfalls mit der Zeit des 1. Punischen Krieges zu vergleichen ist. Caesar reagierte hierauf: er war der Erste, der nach dem Sieg über die Republikaner eine *Naumachia*, einen Schaukampf zur See, dem Publikum in Rom präsentierte – eine Tradition, die bis weit in die Kaiserzeit fortlebte.[14]

Sextus Pompeius und der Weg nach Actium

Nach der Ermordung Caesars und der Formierung der gegnerischen Lager um Octavian und Marcus Antonius einerseits und die alten Republikaner andererseits verlagerte sich erneut ein Großteil des Kampfes um die Macht im Reich auf das Meer, und wieder spielten die Erfahrungen der Piraten eine bedeutende Rolle.

Nach dem Tode des Pompeius hatten sich viele ehemalige Seeräuber gen Westen abgesetzt und halfen seinem Sohn Sextus beim Aufbau eines Seeimperiums, das fast über das gesamte tyrrhenische Meer reichte. Sextus bezeichnete sich stolz als Sohn des Neptun und trug an Stelle des purpurnen Feldherrnmantels einen meerblauen – erneut ein Indiz für das außergewöhnliche Renommee, das man seit dem Hellenismus auch im Westen mit der Herrschaft über das Meer verband.[15]

Sextus schnitt wie einst die Seeräuber Italien erfolgreich von der Getreidezufuhr ab. Gegen seine schnellen Trieren- und Korsarenverbände waren die Seestreitkräfte Octavians solange machtlos, bis der ehemalige Pirat Menas die Fronten wechselte.[16] Auf seinen Rat ersetzte Octavian seine Einheiten durch hochbordig gepanzerte Großkampfschiffe. Sie konnten die wendigen Trieren des Sextus bei Naulochos durch neuartige, von Katapulten geschleuderte Enterhaken an sich ziehen und im Enterkampf bezwingen.[17] Octavian wusste die Ratschläge der ehemaligen Piraten zu schätzen und zog Menas sogar an seine offizielle Tafel. Menas und Octavians Admiral Agrippa verschafften ihrem Herrn und Freund in der Adria mit den illyrischen Piraten eine neue Klientel. Nachdem schließlich die Rivalität zwischen Octavian und Antionius eskaliert war, konnte Agrippa die Nachschubwege des in Westgriechenland postierten Antonius blockieren. Als Antonius im Jahr 31 v. Chr. bei Actium die Schlacht wagte, musste er mit einer geringen Kampfmoral seiner Matrosen und Soldaten rechnen. Noch vor dem Ende der Schlacht nutzte er einen günstigen Augenblick zur Flucht. Die zurückgebliebenen Schiffe wurden von Agrippa zerstört.[18]

Die Alleinherrschaft des Augustus wurde also auf dem Meer geboren und in einer entscheidenden Seeschlacht begründet. Natürlich war dies auch ein Ergebnis der geopolitischen Struktur des mediterranen Herrschaftsgebietes, um das man kämpfte. Die Verlagerung der militärischen Kräfte auf das Meer in der Zeit der Bürgerkriege bestätigt aber zudem noch einmal die politische Entwicklung seit der Jahrhundertwende: Marius, Pompeius und Caesar hatten die seetüchtigen Küstenbewohner – einschließlich der Piraten – als neue Klientel und das Mittelmeer und seine Küsten als Teil ihres zukünftigen Herrschaftsgebietes entdeckt. Deshalb spielten während des gesamten Bürgerkrieges die Unterstützung und die Taktik der Piraterie für alle Bürgerkriegsparteien eine so wichtige Rolle: Die Herrschaft im *mare internum* („Mittelmeer“) war nur mit der Aktivierung griechischer und fremdländischer Seefahrer und der gezielten Schaffung küstennaher Stützpunkte und Anlaufstellen möglich: Deshalb die Ansiedlung der Piraten durch Pompeius und deshalb auch die von den Republikanern mit so viel Misstrauen verfolgte überseeische Kolonisationstätigkeit Caesars. Doch es waren nicht nur strategische und geopolitische Überlegungen, die das Meer und den Seekrieg für die großen Einzelnen zu einem wesentlichen Bestandteil ihrer Kriegspläne machten. Seeherrschaft bildete ein unabdingbares Element feldherrlicher Tüchtigkeit und universaler Macht.

„Die größten unter den Heerführern aber sind die“, fasst Strabon zusammen, „welche über Land und Meer zu herrschen vermögen, indem sie Völker und Städte unter eine Gewalt und Staatsverfassung vereinigen.“[19]

Die maritimen Verpflichtungen der Kaiser

Octavian, der im Jahr 27 v. Chr. den Ehrennamen Augustus annahm, war an diese Legitimationstradition gebunden und führte sie fort: Er rühmte sich wie einst Pompeius, das Meer von den Piraten befreit – auch wenn dieser Sieg ironischerweise gegen Sextus, den Sohn des großen Pompeius, errungen war – sowie Friede im gesamten Reichsgebiet zu Wasser und zu Lande geschaffen zu haben.[20] Die beiden Seeschlachten bei Naulochos und Actium hatten ihm zur Alleinherrschaft im Mittelmerraum verholfen; in den *Res gestae* präsentiert er sich als Welteroberer, der in Konkurrenz zu den Großtaten der republikanischen Generäle Siege zu Wasser und zu Lande auf dem gesamten Erdkreis errungen hatte.

Wie zur Zeit der späten Republik war auch jetzt das gesicherte Mittelmeer Voraussetzung für die Expansion nach außen. Der adriatische Feldzug des Augustus zielte auf die illyrische Piraterie und sollte einen der letzten noch unbefriedeten maritimen Räume unterwerfen. In Spanien wandelte Augustus auf den Spuren Caesars. Wie Caesar richtete er seinen Vormarsch auf die Stämme an der Atlantikküste, eine Heeresgruppe erreichte Brigantium, wo seinerzeit Caesar gelandet war; die beiden anderen zielten auf die weiter östlich, d. h. weiter entfernt vom Mittelmeer am nördlichen *Okeanos* liegenden Völker, und wie einst unter der Statthalterschaft Caesars in Spanien, stieß auch diesmal eine Flotte in den Atlantik vor.[21] Konsequent forderten die Zeitgenossen von Augustus auch die (erneute) Eroberung Britanniens.[22]

Am Ende musste der spanische Feldzug dafür herhalten, um eine (fiktive) Rückkehr aus Britannien zu konstruieren und dadurch der Öffentlichkeit die Erfüllung der imperialen Verpflichtungen zu belegen, die ihm der göttliche Caesar auferlegt hatte. Nach Cassius Dio habe Agrippa in Rom „zu Ehren seiner Seesiege die Basilika des Neptun vollendet und ihr zusätzlichen Glanz durch das Gemälde mit der Darstellung der Argonauten verliehen“.[23] Die Argonauten symbolisierten den Drang in unbekannte maritime Welten, und sie hatten bei ihrer Rückkehr den *Okeanos* befahren. Es gab keinen besseren Mythos, um den Zeitgenossen klar zu machen, dass auch Augustus mithilfe des Agrippa, wie einst Caesar mit Unterstützung des Brutus, dem Idealbild gerecht werden wollte.

Abb. 8: Das Bild eines Edelsteines (Gemme) zeigt Augustus als Neptun. Es verherrlicht den Seesieg bei Actium 31 v. Chr.

Die Umsetzung seines Anspruchs überließ er freilich seinen besten Generälen: Sein Stiefsohn Tiberius, der spätere Kaiser, fuhr „in das völlig unbekannte Meer der Nordsee" und der andere, Drusus, drang bis zum Skagerrak vor, vermutlich auf der Suche nach einer Nordostpassage ins Schwarze Meer. „Er war der erste römische Feldherr, der die Nordsee befuhr." – so Sueton in bekannter aristokratischer Wettbewerbsrhetorik.[24] Kaiser Claudius (41–54 n. Chr.) setzte die Eroberung Britanniens fort. Agricola, der Schwiegervater des Tacitus, umrundete die Insel eine Generation später und erreichte die Orkneyinseln. Die Propaganda ordnete diese Erfolge in die römische Weltherrschaftideologie ein. Hieß Pompeius Magnus „Hüter der Erde und des Meeres", so war Augustus „Hüter des römischen Reiches und Lenker des gesamten Erdkreises".[25] Hatte Sextus Pompeius die Rolle des Sohnes des Neptun beansprucht, so sah sich Augustus nach der Schlacht bei Actium als Neptun selbst. War die Bezwingung des Atlantiks Bewährungsprobe des republikanischen Feldherrn, so wurde sie nun zum Beweis imperialer Leistungsfähigkeit des Kaisers: Die Flotte des Augustus war nach seinen eigenen Worten durch den *Okeanos* bis zu den Grenzen der Kimbern gesegelt, „wohin vor dieser Zeit kein Römer gelangt war".[26] Claudius ließ am Giebel seines Hauses „eine Schiffskrone als Symbol des von ihm überquerten und gebändigten Ozeans anbringen".[27]

Zusammengefasst ergibt sich ein recht kohärentes Bild von der Wirkung und Interpretation der maritimen Erfolge, ein Bild, das zwar durch einen fundamentalen innenpolitischen Systemwechsel Akzentverschiebungen erfuhr, aber in seinen Grundzügen unverändert blieb. Kern des Diskurses bildeten zwei Elemente: Erstens der Triumph über das Meer bzw. den *Okeanos*, der sich bisher menschlichem Zugriff entzogen hatte und nun dem Ehrgeiz römischer Feldherren beugen muss; zweitens die Einordnung dieses Triumphes in eine Weltherrschaftsideologie, die mit dem Vorstoß an die Weltgrenzen und in den *Okeanos* ihrer Vollendung entgegenstrebte. Dass diese Vorstellungen unabhängig von der innenpolitischen Entwicklung ihre Akzeptanz behielten, erklärt sich aus der Kontinuität aristokratischer Wertvorstellungen, die in militärischen Erfolgen sicheren Ruhm trotz innerer Krisen versprachen. *Okeanos* und Weltgrenzen blieben publikumswirksame Kristallisationspunkte individueller Leistungsfähigkeit und grenzenloser Macht. Sie repräsentierten aber auch den Übergang vom Vertrauten zum Unbekannten, und sie waren magische Orte zwischen menschlicher Erfahrungswelt und göttlichen Sphären.

Das Meer und die römische Kultur

Oh Meer, oh Gestade! Du wahrhafter und heimlicher Musensitz!
PLINIUS DER JÜNGERE AN MINUCIUS FUNDANUS

Die römische Kaiserzeit setzte den Aufbruch in die Meere unvermindert fort. Militärische Expeditionen und Händler erschlossen den ozeanisch-skandinavischen Norden bis nach Finnland. Erstmals drang damit eine der mediterranen Küstenkultur verhaftete Herrschaft gen Westen in Räume vor, die nicht nur als Ende der bekannten, sondern als Anfang einer neuen Welt begriffen wurden. Die Frage nach den Konsequenzen ist nicht nur für die Kultur- und Geistesgeschichte der Antike von besonderer Relevanz, sie nimmt in vielerlei Hinsicht Erfahrungen maritimer Exploration vorweg, die Menschen späterer Epochen gen Westen in den fernen Atlantik führen sollten.

Meeresnähe und Strandvilla

Das 1. Jahrhundert v. Chr. markiert in vielerlei Hinsicht eine neue Zeit. Nie zuvor war eine mediterrane Macht dem universalen Weltherrschaftsanspruch näher gekommen. Land und Meer standen unter römischer Kontrolle, sogar der *Okeanos* erschien nach Caesars Expeditionen bezwingbar. Alte Grenzmarkierungen verloren ihre Verbindlichkeit, neue Welten öffneten sich, keine Barriere schien den Römern zu hoch: „Auf den Feldzug gegen die Britannier", resümiert Cassius Dio, „war Caesar sehr stolz, und auch die Römer brüsteten sich damit. Indem sie nämlich sahen, wie ihnen das früher Unbekannte deutlich und das zuvor Unerhörte zugänglich geworden war, nahmen sie die daraus entspringende Zukunftshoffnung als schon verwirklicht."[1]

Mit dem Erfolg änderte sich auch das Verhältnis zum Meer. Der *Okeanos* verlor in den Schriften Ciceros seinen Schrecken.[2] Gleichzeitig hält eine maritime Sprache Einzug, die an den mit maritimen Fachausdrücken gespickten Diskurs der Athener im 5. Jahrhundert v. Chr. erinnert. Die Aufgabe des Kampfes heißt „die Segel einziehen", und wenn wir heute „von A bis Z" sagen, so schreibt Cicero *a prora ad puppim*, „vom Bug zum Heck".[3] Der Adel entdeckte nach hellenistischem Vorbild das Leben in unmittelbarer Nähe des Meeres als idyllisch-sinnliches Vergnügen und als moderne Lebensart ohne Angst vor Piratenüberfällen. Der Strand wird jetzt zum Ort erotischer Abenteuer. Properz dichtet für seine in Baiae am Golf von Neapel weilende Geliebte Cynthia:

Lass Deine Reize von lüsternen Wellen umspülen über die spielende Hand Flut sich ergießen auf Flut. Aber verschließe dein Ohr des Schmeichlers eitlem Geflüster, wenn du genießest der Ruh' liegst gebettet am Strand (...). Vielen hat schon dieser Strand Anlass zur Scheidung gebracht, dieser Strand, der immer den züchtigen Fraun nur fremd war. Fluch darum Baiaes Bad, das sich an Amor vergeht.[4]

Kein Wunder, dass der römische Hochadel jetzt seine Freizeit in den Luxusbädern von Baiae verbringt und sich die schönsten Villen am Meer errichten lässt: „Schwerlich," schwelgt Cicero über seine Villa bei Tusculum, „schwerlich kann etwas angenehmer sein als dieses Landgut, dieses Ufer, die Aussicht auf das Meer."[5] Bauten die Großen der späten Republik ihre Landhäuser noch in trutziger Höhe, so rückt die folgende Generation ihre Villen direkt ans Ufer. Die Strandvilla wird zur Manie der Reichen, zum Modetrend eines neuen Lebensgefühls. Jeder reiche Römer achtet darauf, mindestens eine seiner Villen am Meer anzulegen: „Wo irgend das Meeresgestade in eine Bucht sich hineinzieht, alsbald legt ihr dort die Fundamente eines Baues", klagt Seneca.[6] Die Gestade Latiums und Kampaniens werden zu hochspekulativen Grundstücksobjekten. Zur Zeit des jüngeren Plinius (2. Hälfte des 1. Jahrhunderts n. Chr.) säumt eine ununterbrochene Kette von Villen die Küste bis Ostia und südlich zwischen Terracina und Neapel. Baiae halten Statius und Martial für die Königin der Meeresküste.

In der Villa verbringt der Aristokrat sein *otium* in einem artifiziellen maritimen Ambiente, wie wir dies ähnlich nur aus den französischen Villen der Provence des ausgehenden Ancien Régime kennen. Der Speisesaal ist ans Meer gebaut. Flügeltüren und große Fenster bieten eine prachtvolle Aussicht auf die See, den Wald und die Berge. Selbst die im Baderaum Schwimmenden haben einen freien Blick aufs Meer; vom Turmzimmer schweift das Auge über das weite Wasser, das lang sich hinstreckende Gestade und die anmutigsten Landhäuser – so schildert Plinius sein Landgut Laurentinum.[7] Einige Gemächer hallen wieder vom Tosen der Brandung – schon die Antike war sich der einschläfernden Wirkung des Meeresrauschens bewusst –, die Zimmer bieten mannigfache Ausblicke auf See und Inseln – mit diesen Worten preist Statius die Villa des Pollius Felix an der Steilküste von Sorrent.[8] Man vernimmt mitunter das Plätschern mutiger Schwimmer und den Gesang fröhlicher Schiffspartien.

Dem gebildeten Mann von Welt ficht das freilich nicht an. Er sucht den Strand als Ort der Kontemplation und die naturverbundene Einsamkeit seiner Villa und richtet sein Leben danach aus. Man treibt ein wenig Sport, zieht

Abb. 9: Detail der Wanddekoration aus dem Haus des Marcus Lucretius Fronto (Pompeii): Villen an einem Seeufer oder der Küste (um 35–45 n. Chr.)

sich zur Lektüre zurück, lässt von seinem Ruhebett dann und wann seine Angelroute ins Meer hinab und freut sich über den kleinsten Fang.[9] Pseudo-Petron rät, am Gestade zwischen Muscheln und Sand zu wandeln.[10] „Oh reines und naturgemäßes Leben", meldet Plinius aus seiner Villa, „oh süße und reizende Muße, fast schöner als jedes Geschäft! Oh Meer! Oh Gestade! Du wahrhafter und heimlicher Musensitz."[11] Ganz ähnlich lauten die wohl fälschlich dem Petron zugeschriebenen Verse: „Oh Gestade, mir lieber als das Leben, oh Meer! Glücklich, der zu Deinen Landen zurückkehren darf! Oh herrlicher Tag."[12]

Sehnsucht nach der Idylle

Natürlich steht hinter der aristokratischen Meeresnähe immer auch die Imitation hellenistischer Lebenskultur und bukolischer Idylle, die nun vom Land an das Meer gerückt wird und dabei mitunter sonderliche Züge annimmt. Ein plastisches Beispiel sind die griechischen Weiheepigramme für die Netze der Fischer aus der frühen Kaiserzeit. Philippos aus Thessalonike dichtete um 40 n. Chr.:

> Gerten aus Rohr, an den Enden verbunden – im Meer erprobte / Ruder – Angeln, die oft schneidend ein Fischmaul durchbohrt – / Fanggarn, beschwert mit Bleistücken – Korken, die Lage der Reuse / anzeigend – Körbe noch, zwei

> Flechtwerk, aus Binsen gespannt – weiter den Feuerstein, Brocken von Fels, den Erwecker von Flammen / schließlich den Anker, dem Boot Stütze auf wogender Flut: / Peison der Fischer weihte all dieses dem Hermes; er fühlte / zittern die Rechte bereits, Folge der rastlosen Fron.[13]

Man hat solche Epigramme als Ausdruck eines echten Interesses am armseligen Leben des kleinen Mannes gedeutet.[14] Das waren sie sicherlich auch – ähnliche Entwicklungen zeigt die bildende Kunst des Hellenismus. Doch scheint sich in einem aristokratischen Ambiente auch das Spielen des Adels mit der Idylle des ‚einfachen Lebens' zu spiegeln, ganz so wie sich die französische Hofgesellschaft als Hirten in Arkadien gefiel.

Dieses manierierte Gefühl für die ‚unschuldige' Idylle der Küste in Verbindung mit dem Leben in der Villa am Strand besaß zudem eine politische Dimension. Ganz bewusst scheinen römische Adlige den zurückgezogenen Aufenthalt am Meer zur kontemplativen Entspannung gewählt zu haben, um durch die Nähe zur Natur Erholung von erlittenen Wirren und Kraft für neues Handeln im Getriebe der Hauptstadt zu gewinnen – eine Vorstellung, die enormen Einfluss auf das aristokratische Leben der Neuzeit haben sollte: Sie wurde von der englischen Aristokratie des späten 17. Jahrhunderts vollkommen geteilt.[15] Doch auch dies war nicht alles. Der Rückzug in die eigene Welt am geschützten Gestade hat auch einen resignativen Zug von Eskapismus. Nicht wenige Adlige, die sich von ihren Villen am Meer Kraft für zukünftige Aufgaben erhoffen, spielen zumindest mit der Möglichkeit, über das Meer in glücklichere Welten zu flüchten. Denn nicht alle sahen im Prinzipat die Wiederkehr des Goldenen Zeitalters, sondern sehnten sich nach der politischen Aktivität und Freiheit der Republik zurück.

Ethnographisches Interesse im politischen Rahmen

Das Bild einer friedlichen, liebevollen und gleichsam natürlichen Annäherung ist nur die eine Seite der komplexen Beziehung zwischen dem römischen Aristokraten und dem Meer. Der Reiz vertrauter Nähe korrespondierte mit dem Faszinosum unbekannter Ferne. Diese Ferne beinhaltete ganz unterschiedliche Aspekte. Einer war die Neugier auf das rätselhafte Fremde und die unbekannte Exotik. Besonders der *Okeanos* war für die Menschen nach wie vor ein Ort voller Geheimnisse, voll urtümlicher Gewalt und unberechenbar in seinen rätselhaften Gezeiten.[16] Nicht weniger bedeutsam als die Überquerung des Meeres war die Erschließung der atlantischen Gebiete: Wesentlicher Bestandteil der Siegesbotschaften aus den atlantischen Operationsgebieten waren Hinweise auf die an den Küsten oder auf den Inseln unterworfenen bzw. neu entdeckten Völker. Schon Pompeius präsentierte auf seinen Triumphzügen Piraten und ausländische Fürsten in ihren einheimischen Trachten, unter ihnen zahlreiche mit Wunden bedeckte weibliche Gefangene. Offiziell galten sie als Herrscherinnen der Skythen, doch eher könnte man mit Appian an Amazonen denken.[17] Visuelle Zeichen und offizielle Erklärungen verbanden sich mit Legenden sagenhafter Völker und den Klischees barbarischer Randvölker zu untrüglichen Beweisen des Vorstoßes an die Weltgrenzen; sie halfen den Zuschauern, das Ungeheuerliche zu verstehen und prägten ihre Vorstellung noch zu erobernder Welten.

Der mit derlei Bildern und Legenden vertraute Adlige wollte freilich mehr wissen: „Ich sehe nun", schrieb Cicero an seinen in Britannien weilenden Bruder Quintus, „dass sich Dir ein hervorragendes Thema für Deine Schriftstellerei bietet. Wie interessant sind die Gegenden, der Charakter der Ereignisse und der Örtlichkeiten, die Sitten und Gebräuche, die Völker".[18] Diese Zeilen zeugen nicht nur vom Ehrgeiz eines gebildeten Offiziers am Ende der Welt; dahinter steht auch eine Wissbegier der Sache wegen, die umso bemerkenswerter ist, wenn man bedenkt, dass der militärische Einsatz in Britannien und die innenpolitische Situation in Rom andere Themen erwarten ließen. Die Bildung des Adligen verlangte, dass man bei der Beschreibung des Neuen an den Rastern der griechischen Ethnographie festhielt, seine Neugier hoffte, sie mit kuriosen Phänomenen füllen zu können, die Staunen oder Abscheu erregten. Da man von der eigenen zivilisatorischen Superiorität überzeugt war, konnten dies vor allem extreme Ausprägungen barbarischer Primitivität sein, wie eine erbärmliche, den Unbilden der Natur schutzlos ausgesetzte Lebensweise oder tierische Wildheit z. B. in Form des Kannibalismus.[19] Derartige Erzählungen wurden mit auffälligen Naturphänomenen wie in einem Kuriositätenkabinett gesammelt und in den Rahmen einer größer werdenden Welt eingeordnet, wobei man Wissenslücken mit tradierten Fabelvorstellungen ergänzte. Auf diese Weise entstanden in der frühen Kaiserzeit die Überblicksdarstellungen über die Natur und die Geographie der Welt aus der Feder des älteren Plinius und des Pomponius Mela im 1. Jahrhundert n. Chr. Ihre Angaben über „Pferdefüßige" und „Ganzohrige" auf den Inseln im Atlantik, riesige Bäume und das primitive Leben der Küstenbewohner lassen auf ein Publikum schließen, das Gefallen am Kuriosen und Rätselhaften der Ozeanischen Welt fand, aber von der Rückständigkeit ihrer Bewohner überzeugt blieb.[20]

Nachrichten über die Primitivität der Randvölker verfolgten in diesem Kontext auch einen politischen bzw. ideologischen Zweck; sie gaben dem –

von Vergil verkündeten – zivilisatorischen Sendungsbewusstsein der Römer neue Nahrung, und sie dienten – da nach römischem Verständnis Zivilisierung im Westen Unterwerfung und Befriedung voraussetzte – auch der Rechtfertigung der Eroberungen. Dem Bemühen um vorurteilsfreie ethnographische Erfassung des Neuen war diese politische Instrumentalisierung der barbarischen Primitivität genauso hinderlich wie die Suche nach exotischen Kuriosa: Die Andersartigkeit der barbarischen Welt erregte zwar Interesse, sie blieb aber wild und primitiv und musste folglich pazifiziert und zivilisiert, aber nicht in ihrer ethnischen Besonderheit erforscht werden, da sie ohnehin in das römische Weltreich aufgehen würde.

Differenziertere Interpretationsperspektiven eröffneten sich erst dann, wenn militärische Misserfolge (insbesondere gegen die Germanen) Zweifel an den topischen Schemata der barbarischen Inferiorität aufkommen ließen oder wenn sich ethnographisches Interesse mit militärischem Informationsbedarf oder politischen Intentionen verbanden, die allein mit dem Rückgriff auf Kuriosa und Klischees nicht befriedigt werden konnten. Caesar bemühte sich vor der Britannieninvasion um Informationen über die Größe der Insel, ihre Ankerplätze sowie über Art, Zahl und Kriegskunst der Bewohner.[21] Dieser für die militärische Planung notwendige Bedarf an Daten verband sich mit einem durch entsprechende Lektüre vorgeprägten Interesse an der Ethnographie und Geographie Britanniens und mündete in einen Exkurs, der auf ein reges Informationsbedürfnis bei den Lesern in Rom schließen lässt. Dieses seit Poseidonios angeregte Interesse römischer Adelskreise an der ozeanischen Randwelt wurde von Feldherren wie Caesar aufgenommen und genutzt, um ihren Vorstößen an die Weltgrenzen eine zusätzliche exploratorische Dimension zu verleihen.

Dieser für die späte Republik typische Aspekt ethnographischer Wissenserweiterung verlor allerdings in dem Maße an Gewicht, als der Kaiser außenpolitische Erfolge für sich beanspruchte und seine Generäle sich allein ihm und nicht mehr einer breiten Öffentlichkeit gegenüber rechtfertigen mussten. Ein neuer Impuls entwickelte sich im Innern des Reiches. Nicht wenige Senatoren registrierten mit Verbitterung, dass der Prinzeps auf ihre aristokratischen Freiheitsrechte immer weniger Rücksicht nahm. Die Enttäuschung über die Entwicklung im Innern lenkte den Blick an die ozeanischen Randzonen, wo man vieles von dem wieder zu erkennen glaubte, was man unter dem Prinzipat verloren hatte. Wildheit und Primitivität wurden als Freiheit von politischer Bevormundung positiv gewendet und als urtümliche Sittenreinheit verstanden und dienten zur kontrastiven System- und Zivilisationskritik. So fügte Tacitus in der *Germania* topische Vorstellungen, ethnographische Informationen und die Kategorie der germanischen Freiheit zu einer prinzipatsoppositionellen Gegenwelt zusammen, die – gerade weil sie mit nachprüfbaren ethnographischen Details angereichert war – den Anspruch objektiver Realität für sich reklamieren konnte.

Die Erweiterung des geographischen Erfahrungshorizontes

Eine ähnliche Rolle wie die ethnographische Wissenserweiterung spielte die Ausdehnung des geographischen Erfahrungshorizontes. Allein die Vielzahl neuer Ländernamen in den Tatenberichten lassen auf ein größeres geographisches Wissen schließen, als man gemeinhin annimmt. Das Kalkül des Feldherrn, seine Vorstöße an die Weltgrenzen mit neuen Ländernamen zu schmücken, traf auf große Resonanz beim Volk, das „Gefallen am Fremden" fand.[22] Die Erschließung des ozeanischen Westens bot ferner der gebildeten Fabulierkunst Gelegenheit, die Geschichten über glückliche Eilande im Atlantik wiederaufleben zu lassen. Auf ihnen hatte sich die Goldene Zeit, die Augustus für die von ihm neu geordnete *Oikumene* reklamierte, unbeirrt von den Wirren der Heimat konserviert, und deshalb wurden sie – anders als der raue germanische Norden – nicht nur Gegenwelt, sondern auch paradiesischer Zufluchtsort aristokratischer Weltflucht. Sertorius hatte den Rückzug auf die Inseln der Seligen erwogen, Horaz die glücklichen Inseln als Zufluchtstätte gepriesen. In der Kaiserzeit boten die Gegenwelten des Pomponius Mela, die Erzählungen des Plutarch über die westlich von Britannien gelegene Kronosinseln sowie über den noch weiter entfernt gen Westen vermuteten Kontinent (Amerika?), aber auch Romane wie die *Wunderdinge jenseits von Thule* des Antonios Diogenes mit seiner Schilderung von abenteuerlichen Erkundungsreisen im hohen Norden dem adligen Pessimismus bei aller unterhaltenden Exotik reichlich Stoff, um sich gedanklich vor der politischen Öde und dem gesellschaftlichen Einerlei in ferne Welten und Abenteuer zurückzuziehen.[23]

Diese pessimistische Instrumentalisierung beinhaltete jedoch auch die selbstbewusste Gewissheit, dass sich dem adligen Tatendrang im *Okeanos* neue Felder der Bewährung eröffneten und dass diese durch göttlichen Zivilisationsauftrag legitimierte Leistungsbereitschaft die letzten Rätsel der Welt aufzudecken in der Lage war. Das sagenhafte Thule wurde für die im fernen Westen agierenden Feldherren zum Symbol einer letzten noch zu erobernden Welt, während Plinius und Strabon die glücklichen Inseln bereits nicht weit von der mauretanischen Küste glaubten lokalisieren zu können![24] Ein weiterer Ausdruck dieses Expansionsoptimismus ist in der Tatsache zu sehen, dass sich im Zuge der maritimen Erfolge das Interesse an der Entwicklung der Schifffahrt und der geographischen Erfassung und Kontrolle des Meeres intensivierte. Varros Schifffahrtshandbuch für Pompeius, seine Küstenbeschreibung des Erdkreises (siehe Seite 180), Caesars Messungen der Sommernächte auf Britannien, das ihm zugeschriebene Werk *de astris* oder das astronomische Lehrgedicht des Manilius – sie alle bezeugen ein wachsendes Interesse an den Naturerscheinungen und den Anspruch, die Natur der Welt verstehen und den eigenen Zwecken dienstbar machen zu können. Dieser Fortschrittsgedanke, der seine drastische Ausprägung in der Idee Varros erfuhr, die Straße von Otranto zu überbrücken, traf sich mit den auch in anderen Bereichen – etwa der Weltgesetzgebung in Ciceros *de legibus* – zu beobachtenden Tendenz, universale Konzepte zu entwerfen, mit denen Rom seiner Aufgabe als Herrscher der Welt gerecht werden konnte.

Fortschrittsgedanke und Kulturentstehungslehren

Objektiver Fortschritt entwickelte sich jedoch – so die feste und durch blutige Bürgerkriege genährte Überzeugung aristokratischer Kreise – vor dem Hintergrund innenpolitischer Krisen und sittlichen Verfalls, ein Verfall, der für viele nur vordergründig durch die augusteische Restauration aufgehalten worden war. Die Frage drängte sich auf, in welcher Beziehung der durch Schifffahrt und Seemacht repräsentierte Fortschritt zu der fortschreitenden moralischen und innenpolitischen Krise stehe. Zur Beantwortung dieser Frage konnte man auf politische Theorien und kulturanthropologische Entwicklungsmodelle zurückgreifen, die von den Griechen unter dem Eindruck der athenischen Seemacht und der Erweiterung des Weltbildes in frühhellenistischer Zeit diskutiert worden waren. Da weite Teile der Nobilität Erfolge auf dem Meer als Beweis adliger Leistungsfähigkeit anerkannten, mussten für sie vor allem diejenigen Theorien attraktiv sein, die den Nutzen von Seefahrt und Seemacht einräumten, ohne ihre moralische und politische Gefahr für Staat und Gesellschaft grundsätzlich zu leugnen. Einen solchen (aristotelischen) Kompromiss vertrat Cicero in *de re publica*, indem er die Vorteile von Handelshäfen und Seeherrschaft unter Wahrung einer gewissen räumlichen Distanz anerkannte. Schifffahrt und Häfen – so Cicero – boten u. a. die Möglichkeit, sich Lebensmittel aus aller Welt zu verschaffen – die Adaption eines Gedankens der pseudoxenophontischen Schrift der *Athenaion Politeia*.

Einen nicht weniger attraktiven Kompromiss hatte Poseidonios im Rahmen seiner Kulturentstehungslehre formuliert. Demnach habe der Philosoph die Schifffahrt am Ende des göttlichen Zeitalters erfunden; kultureller bzw.

technischer Fortschritt erhielt trotz moralischer Deszendenz eine durch die Autorität des Philosophen verbürgte positive Wertung. Cicero pries hierauf fußend das nautische Wissen der Menschen, das ihnen den Triumph über Meer und Stürme verschafft habe.[26] Manilius und Seneca ersetzten die Weisheit des poseidonischen Philosophen durch die Intelligenz des Menschen schlechthin: Früher hatte Manilius zufolge „das ungebildete Leben / vom Schöpfungswerk keinerlei Ahnung (...) unbefahren hatte das Meer fremde Länder entzogen. / Weder sein Leben dem Meer noch sein Hoffen dem Wind zu vertraun, / wagte man. (...) Doch als die lange Zeit die menschlichen Sinne geschärft hatte, da drang in das undurchdringliche Meer der unstete Schiffer / und schuf das Schiff Handelsverkehr zwischen wildfremden Ländern".[27] Schifffahrt in unbekannte Meere bedeutet hier nicht mehr Verletzung göttlicher Grenzmarkierungen oder das Werk einer geistigen Elite, sondern den Sieg menschlicher Intelligenz über dumpfe Landgebundenheit, mutigen Fortschritt und völkerverbindenden Aufbruch in bessere Zeiten.

Die Suche nach dem alter orbis

Der stoische Optimismus spiegelt die Erfahrung römischer Explorationserfolge im Atlantik, und er ließ in friedlicher Absicht den Blick weit über die Grenzen der *Oikumene* schweifen. Wenn man überzeugt war, dass der Mensch alle Meere durchqueren könne, führte dies z. B. zu der Frage, ob die Randvölker isoliert geblieben oder sich durch Kontakte (über See) mit den übrigen Kulturen vermischt hätten. Tendenziell hielten Männer wie Tacitus, die eine unbeeinflusste barbarische Außenwelt als zivilisationskritisches Kontrastbild oder als expansionslegitimierendes Herrschaftsobjekt benötigten, an der Undurchdringlichkeit des Ozeans und der Autochthonie der Randvölker fest, und sie trafen sich hierin vor allem mit den Augusteern der ersten Generation, die unter dem Eindruck der Bürgerkriege zeitweilig Atlantikfahrten als menschliche Hybris abgelehnt hatten.[28] Demgegenüber vertraten Stoiker wie Seneca und Manilius die These einer Kulturdiffusion, die im Prinzip auch die Menschen in den Randzonen und in noch nicht entdeckten Welten einbezog. Cicero diskutierte das Problem, ob die Götter für diejenigen Menschen sorgten, die in anderen *Oikumenen* lebten[29], eine Frage, die – christlich gewendet – während der neuzeitlichen Entdeckungen im Kontext des biblischen Missionsauftrages eine große Rolle spielen sollte.

Fassen wir zusammen: Die ethnographische und geographische Horizonterweiterung der maritimen Expansion wurde nur ausschnittartig oder gefiltert wahrgenommen; doch gerade diese verengte Perspektive ermöglichte einerseits die Entwicklung universaler Konzepte zur Erfassung des Neuen (die ja auf Einzelheiten verzichten musste); andererseits schärfte sie den Blick für die eigene Situation: Die Vorstöße in den atlantischen Westen boten Kritikern des politischen Systems reichlich Material zur Formulierung kunstvoll konzipierter Gegenwelten und den Enttäuschten attraktive Ziele imaginärer Emigration. Insgesamt schürten sie aus einer pessimistischen Grundstimmung heraus eine optimistische Explorationshoffnung, die durch die Überzeugung von der Bezwingbarkeit des Weltmeeres und dem technisch-kulturellen Fortschritt unterstützt wurde. Beides dürfte dazu beigetragen haben, dass man einige der neu erschlossenen Gebiete nicht mehr als Anhängsel der bekannten, sondern als Eckpunkte einer neuen Welt zu begreifen bereit war. Velleius tat dies rückblickend, als er behauptete, Caesar habe mit Britannien eine neue Welt, einen *alter orbis*, erschlossen. Plinius bezeichnete Skandinavien als *alter orbis*, und Seneca ließ in der *Medea* den Chor verkünden, es gebe ungeheures Land und neue Erdkreise im westlichen *Okeanos*, deren Entdeckung bevorstehe.[30] Diese Zuversicht wurde dadurch verstärkt, dass Kaufleute auch im Osten neue Länder bis nach China entdeckten. Da die wissenschaftliche Geographie an der poseidonischen Erdmessung festhielt, schienen die Ländermassen der Welt zu wachsen, während die Meere (zu Binnenmeeren) schrumpften. Das maritime Erdbild wandelte sich in ein terrestrisches mit schmalen Ozeanen und kurzen atlantischen Seerouten. Die Fahrt über den Atlantik von Spanien nach Indien betrug nach Poseidonios nur 70 000 Stadien (wenig mehr als 11 000 Kilometer) und erschien realisierbar wie nie zuvor.[31] Als Seneca die Fahrt bei günstigen Winden auf wenige Tage bemaß[32], stand die Alte Welt anderthalb Jahrtausende vor Kolumbus auf der Schwelle zum Aufbruch in die Weltmeere.

Der Seeweg nach Indien

Man kann lange darüber nachdenken, warum Rom diesen letzten Schritt über den Atlantik nicht gewagt hat und zum Entdecker Amerikas geworden ist. Entscheidend dürfte neben technischen und organisatorischen Mängeln das Fehlen ausreichender wirtschaftlicher und politischer Impulse gewesen sein. Die *pax Romana* der Kaiserzeit mit ihren stehenden Flotten und Marinebasen in Misenum im Golf von Neapel und Ravenna und den Flottillen der Provinzen garantierte politische und militärische Sicherheit auf dem Mittelmeer. Die freie Fahrt über das Mittelmeer wird zu einem Bestandteil des römischen Alltags. Nicht nur die Kaiser in Italien bauen kunstvolle Hafenanlagen, auch die Vasallenkönige in den Provinzen richten wie Herodes in Caesarea und

Juba in Jol (Cherchel) ihre Häfen wieder her. „Jegliches Land steht uns heute offen", jubelt ein unbekannter Dichter, „im Kaspischen Meer wie in den abgrundtiefen äthiopischen Fluten rudern italische Schiffe sicher auf friedlichem Wasser."[33] Der Bedarf der Hauptstadt an Getreide und der übrigen Metropolen Antiochia, Karthago oder Massilia nach Fertigprodukten und Rohstoffen ließen den mediterranen Handel aufblühen wie nie zuvor. Legt man die georteten Schiffswracks zu Grunde, so erlebte die späte Republik und frühe Kaiserzeit einen Boom des mediterranen Seehandels, dessen Umfang erst ein Jahrtausend später wieder erreicht wurde.

Im 1. Jahrhundert n. Chr. wurde außerdem die direkte Seehandelsroute von Ägypten nach Indien erstmals extensiv genutzt. Nach Strabon sollen bereits zur Zeit des ägyptischen Statthalters Cornelius Gallus (30–27 v. Chr.) jährlich 120 Schiffe von Myos Hormos (am südlichen Ende des Golfes von Suez) nach Indien gesegelt sein, während es unter den Ptolemaiern kaum 20 waren; einige Kaufleute erreichten später sogar das chinesische Meer.[34] Die Bedeutung des Indienhandels über See war den Zeitgenossen bewusst, wie die viel zitierten Klagen des Plinius über den Abfluss von angeblich 100 Millionen Sesterzen im Jahr aus dem Römischen Reich belegen.[35] Der Import aus Indien beschränkte sich dabei offenbar nicht auf Luxuswaren wie den von Plinius viel beschworenen Pfeffer, sondern es wurden auch agrarisch und handwerklich erzeugte Massengüter über den Indischen Ozean verfrachtet.[36] Die Suche nach einer alternativen Route gen Westen über den Atlantik schien anders als im 15. Jahrhundert nach der Eroberung Konstantinopels durch die Osmanen nicht nötig.

Meer und Mentalitäten

Denn wir sind gewissermaßen Amphibien
und gehören nicht weniger dem Meere als dem Lande an.
STRABON, GEOGRAPHIKA 1, 16

Wir haben die maritime Expansion der Griechen und Römer bis in die römische Kaiserzeit hinein verfolgt, die Faktoren für das Ausgreifen auf das Meer sowie dessen Rückwirkungen zu ergründen gesucht. Die über ein Jahrtausend währende Auseinandersetzung mit dem Meer hat die Mentalität des antiken Menschen nachhaltig geprägt, und wir können bei allen unterschiedlichen sozialen, geographischen und politischen Voraussetzungen und historischen Entwicklungen bestimmte Charakteristika aufdecken, die nicht zuletzt aufgrund gleicher Bildungsgrundlagen (Homer!) konstant geblieben und somit als Elemente einer *longue durée* zu deuten sind. Diese verbanden sich in der Kaiserzeit mit christlichen Glaubenstraditionen und Überlieferungselementen und beeinflussten auf diese Weise – ähnlich wie die geographisch-ethnographischen Vorstellungen der Antike – die mentale Auseinandersetzung des europäisch-atlantischen Westens mit dem Meer bis in die Neuzeit.

Das Meer als Sinnbild des Bösen

Eines der wesentlichen Elemente, das den Menschen des kontinentaleuropäischen Mittelalters von dem Bewohner des mediterranen Raumes in der Antike unterschied, war sein Verhältnis zur natürlichen Umwelt: Bedeutete für jenen der Wald den Inbegriff gottferner Wildnis, so war für diesen die Wasserwüste des Meeres Symbol grenzenloser und menschenfeindlicher Naturgewalt. In beiden kam sich der Mensch klein und verloren vor; die Menschen der Antike und des Mittelalters haben erst im Laufe der Zeit und Schritt für Schritt gelernt, aus ihrer Verlorenheit einen Ansporn zur Unterwerfung des so unendlich mächtiger erscheinenden Naturelements abzuleiten. Dennoch: Die Furcht vor der Naturgewalt blieb ein, wenn auch mitunter verborgener oder verdrängter anthropologischer Faktor, der gerade dann hervorbrechen konnte, wenn man sich schon als Sieger wähnte. Denn die Natur war unberechenbar, trügerisch und hinterhältig.

Dadurch hat denn auch die Furcht vor der unermesslichen Weite des Meeres die Mentalität der antiken Gesellschaft von ihren Anfängen bis in die

Abb. 10: Bronzene Brunnenmaske (Mittelfranken, 1. – 2. Jahrhundert n. Chr.): Antlitz des *Okeanos*: Das gelockte Haar, die schuppigen Stirn-, Nasen- und Kinnpartien und der weit aufgerissene Mund unterstreichen die Wildheit des Elementes.

Spätantike hinein geprägt. Die eindeutigsten Belege findet man in den alten Mythen, in der archaischen Lyrik und bei den Dichtern der frühen römischen Kaiserzeit. Für sie ist das Meer wild, tobend, Grauen erregend und menschenfeindlich.[1] Sinnbild der furchtbaren Urgewalt ist der Seesturm, der seit Homer Eingang in alle Werke der Antike vom Epos bis zum Roman fand und die Literatur des Abendlandes beeinflusst hat. Den größten Schrecken verbreitete der Atlantik. Seine Küsten kennen keine sicheren Häfen, er ist ungastlich, unermesslich, grenzenlos, schaurig, kurzum: Sinnbild einer höheren Macht, der das Menschenleben schutzlos ausgeliefert ist.[2] „Das Meer", lässt Plutarch die ägyptischen Weisen resümieren, „ist ein Element, das mit uns in gar keiner Verbindung steht, sondern der Natur des Menschen fremd, ja geradezu feindlich und zuwider ist."[3]

Der menschenfeindlichen Urgewalt des Meeres stand seit alters her die Vorstellung des Todes und des Bösen zur Seite. Drei Übel gibt es in der Welt: das Meer, das Feuer und das Weib, sagt Menander.[4] Und auch hier bildet der Atlantik die Summe aller Übel: An seinen fernen westlichen Ufern lag der Eingang zur Totenwelt, die zu betreten sich nur wenige Heroen der Frühzeit getrauten. Mitunter wird das Meer selbst als Hades bezeichnet, als das Reich der Toten und der Finsternis.[5] Aus dem Meer kommt der Tod und holt den greisen Odysseus. Das Sterben selbst wird als Sturz ins Meer dargestellt.[6] Manifestationen des Bösen sind weiterhin die Götter des Meeres selbst und die zahllosen Meerungeheuer des griechischen Mythos. *Okeanos* gehört zu den von Gaia gezeugten Titanen, und sein Angesicht verrät die wilde Gewalt seines Wesens. Auch Poseidon bzw. Neptun hat ein finsteres, Furcht erregendes Antlitz.[7] Während die Söhne des Zeus sich durch Tugend, Weisheit und Tapferkeit auszeichnen, sagt Aulus Gellius im 1. Jahrhundert n. Chr., „werden die Söhne Neptuns, da sie aus dem Meer erzeugt sind, als höchst wild, von den Dichtern als ungeschlacht und allen menschlichen Regungen abhold" geschildert.[8] Zu den Dämonen des Meeres gehört der geheimnisvolle Typhon und der schaurige Ophioneus, der in Urzeiten mit den Titanen gegen Kronos kämpfte. Nach dem Kampf schleuderte ihn Kronos ins Meer. Seitdem repräsentiert er als Meer beherrschende Schlange das unfruchtbare, dunkle Element.[9] Alle mit dem Meer zusammenhängenden Dinge gelten als dämonisch, böse und widergöttlich, weil die Dämonen von den Göttern in die Tiefe des *pontos*, der hohen See, geschleudert wurden. Darum pflegte man auch von einem hartherzigen Mensch zu sagen: „Dich hat das Meer geboren."[10]

Diese Vorstellung von der schaurigen und abstoßenden Natur des Meeres bleibt der Mentalität des antiken Menschen verhaftet, sie wird jedoch in der Zeit nach den Perserkriegen, in der Phase des Athenischen Seeimperiums, im Hellenismus und während der Römischen Republik erfolgreich verdrängt. Dies mag vor allem im Fall Roms überraschen; doch schon vor rund 70 Jahren hat der französische Gelehrte Eugène de Saint-Denis ausführlich dargelegt, dass die tiefe Abneigung, die der Römer angeblich gegenüber dem Meer empfand, ein Produkt der kaiserzeitlichen Dichter ist, in den Quellen der republikanischen Zeit dagegen nirgends auftaucht.[11] Das Gleiche gilt für die Dichter aus der Zeit der athenischen *Thalassokratie*. Wie sollte das Meer auch übel beleumundet sein, wenn ihm sowohl die Athener im Perserkrieg als auch die Römer im 1. Punischen Krieg den Sieg verdankten?

Natürlich wissen die Dichter der Zeit um die Ängste der Seefahrer, wenn etwa der Sizilianer Menaechmus in der gleichnamigen Komödie des Plautus sagt: „Nicht größere Lust gibt es, denk ich, für Seefahrende, (...) als wenn von fern auf hoher See sie Land erblicken"[12], doch wird hiermit keine negative Charakterisierung des Meeres an sich verbunden. Häufig thematisiert wird vielmehr das Risiko, das mit einer Seefahrt verbunden ist. Als man den Skythen Anacharsis fragte, welche Schiffe die sichersten wären, antwortete er: „Die auf den Strand gezogenen." Und als er erfuhr, dass die Dicke einer Schiffswand vier Finger betrug, sagte er: „So viel also beträgt die Entfernung zwischen den Schiffenden und dem Tod."[13] „Das Schiff ist ein Haus ohne Fundament", definiert der Philosoph Secundus der Schweigsame, „ein schwimmendes Etwas, ein immer offenes Grab, ein seefahrender Tod."[14] Nach Volksglauben sollen die Seelen der auf See Verstorbenen auf dem Wasser umherirren.[15] Laut ertönen die Klagen für die Schiffbrüchigen, die das Meer in der Fremde begrub. Hegesipp trauert im 3. Jahrhundert v. Chr.:

> Fort mit dem Tag des Entsetzens, / dem furchtbaren, mondlosen Dunkel, / dem schrecklichen Getöse sturmgepeitschter See! / Kentern ließen das Schiff sie, auf dem der freundliche, milde / Abderion zu den Göttern flehte. / Völlig zerschmettert ward es, doch trugen die Wogen den Leichnam / zum rauen Seriphos, wo pflichtbewusste Menschen, / Gastfreunde, ihn verbrannten. Geborgen in bronzener Urne, kam er nach Abdera, ins Vaterland zurück.[16]

Dankbar zeigte man sich, wenn ein Seeabenteuer glücklich ausging: „Glaukos und Nereus sowie Melikertes und Ino zu Ehren, / dem Kroniden zur See und den Kabiren zugleich / schnitt ich, Lukillios, glücklich aus Seenot gerettet, die Haare / dankbar zur Weihung vom Kopf: Mehr noch besitze ich nicht.“[17] Der Schiffbrüchige hoffte auf mitleidige Nymphen[18], oder es waren freundliche Delphine, auf dessen Rücken der edle Mann das rettende Ufer erreichte.

Der Mythos vom Goldenen Zeitalter

Die Gewissheit vom lebensgefährlichen Wagnis der Seefahrt bleibt ein Kernelement antiker Mentalität: Der *Okeanos* war Furcht erregend, aber er galt den frühesten Dichtern und Naturphilosophen auch als Ursprung allen Lebens und als ein heiliges Gewässer. Dementsprechend bedeutet eine Fahrt in den *Okeanos* religiösen Frevel und wird als Verstoß gegen die von den Göttern erlassenen Naturgesetze verstanden. Wer diese Gebote missachtet, erregt den Zorn der Götter.

Solche Verbote lebten in der Folgezeit immer dann auf, wenn mit ihnen bestimmte politisch-ideologische Intentionen verfolgt werden: Die Griechen erklären die Sperrung der Straße von Gibraltar durch die Karthager am Ende des 6. Jahrhunderts v. Chr. mit einem angeblichen göttlichen Verbot und können dadurch ihr Gesicht wahren. In der frühen römischen Kaiserzeit verknüpfen die Dichter die Auffassung von der frevelhaften *Okeanos*fahrt mit der von Augustus propagierten Wiederbelebung des Goldenen Zeitalters. Kühne Seefahrt, Überseehandel und die hiermit verbundene Gier nach Gold war dieser Zeit fremd. Da sah man „das Meer noch von ferne wie einen Hades“.[19] Hippolyt bekennt in Senecas gleichnamiger Tragödie: „Diese kannten keine blinde Gier nach Gold, kein geweihter Grenzstein im Felde teilte die Äcker, ein Schreckensrichter den Völkern, noch nicht durchschnitten leicht gebaute

Schiffe die See; jeder kannte nur seine eigenen Meere."[20] In dem Maße, wie die augusteische Propaganda die Goldene Zeit aktualisierte, musste sie konsequent auch die Atlantikfahrt der Gegenwart mit einem religiös-moralischen Makel belegen[21] – ein Vorgang, dessen politisch-ideologische Dimension um so klarer hervortritt, als gerade in dieser Zeit die maritime Handelsfahrt in den Atlantik blühte wie nie zuvor und vergleichbare Verbote, wie sie augusteischen Dichter beschworen, der Republik unbekannt waren.

Der Mythos vom Goldenen Zeitalter bot jedoch nicht nur den kaisertreuen Literaten unter Augustus einen idealen Ansatzpunkt für Propaganda. Er wurde während der gesamten Antike von der bürgerlichen Polisgesellschaft und den Land besitzenden Aristokraten aufgegriffen, um sich gegen die im Seehandel erfolgreichen Aufsteiger zur Wehr zu setzen und ihre eigenen Reihen zu disziplinieren: Die Vorstellung von der Selbstgenügsamkeit der glücklichen Menschen der Goldenen Zeit wird übertragen auf das Ideal der *autharkia*, d. h. der Unabhängigkeit der Polis von Getreide- und Warenimporten in klassischer Zeit. Der naturverbundene und bescheidene Mensch des Goldenen Zeitalters wird zum Vorbild des genügsamen und fleißigen Landmannes, wie er seit der Archaik (Hesiod) bis zu den römischen Autoren der Kaiserzeit (Livius) in immer neuen Facetten beschrieben wird. Und er ist damit gleichzeitig Gegenpol für die negative Charakterisierung des seefahrenden Händlers sowie der am Hafen und in der Seefahrt tätigen Menschen.

Diese pauschale Übertragung der klassischen Antipoden ‚böses Meer' versus ‚gutes Land' auf die entsprechenden Gesellschaftsgruppen und menschlichen Tätigkeiten – offenbart ideologisch leicht zu besetzende und innenpolitisch zu instrumentalisierende Stereotype. Aus ihnen schöpften auch die aristokratischen Gegner der auf dem Meer so erfolgreichen attischen Demokratie: Sie setzten die Unberechenbarkeit des Meeres mit der launischen Menschenmenge, dem *demos* der Demokratie, gleich und verlegten die Idealpolis weit entfernt vom Hafen und seinen moralisch und gesellschaftlich zersetzenden Einflüssen. Denn Handel und Gelderwerb – so Platon – „erzeugt in den Seelen eine veränderliche und unzuverlässige Gesinnung, macht die Bürger unzuverlässig und lieblos gegeneinander sowie dergleichen auch gegen andere Menschen".[22] Die Worte des einflussreichen Denkers haben lange nachgewirkt: Noch in der römischen Kaiserzeit, als das Meer einen Großteil seines realen Schreckens verloren hatte, klagt Plinius der Ältere: „Die sittliche Kraft des Menschen ist altersschwach geworden, doch nicht ihr Ertrag; eine zahllose Menge durchfährt jetzt, da jedes Meer offen steht und man an allen Küsten als Gast landen kann, die See, jedoch um des Gewinnes, nicht um der Wissenschaft willen."[23]

Die Wunderwelten des Okeanos

Die Bemühungen der städtischen Gesellschaft und der politischen Denker und Philosophen, ihre Standesgenossen und Mitbürger von der Welt der seefahrenden Händler abzuschirmen, nahmen teilweise so aggressive und intensive Formen an, weil jeder nur allzu gut um die Verlockungen des Meeres wusste. Wir sind ihnen im Laufe unseres Gangs durch die Antike immer wieder begegnet: Der Hafen war ein Tor zu einer faszinierenden Welt und das Meer bot die Möglichkeit, der Enge der Polis und ihren Gesetzen und Gleichheitsforderungen zu entfliehen. Erneut konzentrierten sich nicht nur die Ängste, sondern – der antipodischen Denkweise der Griechen entsprechend – auch alle Sehnsüchte auf die magische Wunderwelt des fernen westlichen *Okeanos*: Hier, an den Grenzen der Welt, befanden sich nicht nur die Welten des Todes, sondern auch die Inseln der Seligen oder das Inselreich der elysischen Gefilde, die Gesundheit, ewiges Leben und Reichtum verhießen.[24] Hier vermutete man Ogygia, die Insel der Kalypso, das Wundereiland Erytheia, die Gärten der Hesperiden und Syria, die phantastische Heimat des Eumaios, des Schweinehirts des Odysseus. Auch Scheria, die Insel der Phäaken, gehört in diese Kategorie, selbst wenn sie der Mythos näher an die Heimat des Odysseus heranrückt.

Allen gemeinsam ist ihr Goldreichtum – die Hesperiden bewachen goldene Äpfel, der Palast des Phäakenkönigs weist goldene Pfosten und Türen auf – und/oder ihre üppig-fruchtbare Natur sowie ihr gesundes Klima, das ein Leben ohne Arbeit, Mühen und Krankheit erlaubt. Es handelt sich um idyllisch-paradiesische Gegenwelten, die, gerade weil sie geographisch nicht exakt lokalisiert werden können, mit dem Nimbus des Geheimnisvollen umgeben sind. In dieser Hinsicht bilden sie die klassischen Vorbilder der Flyaway Islands der Neuzeit. Sie liegen auf der Grenze zwischen Diesseits und Jenseits, zwischen irdischer Realität und mythischer Phantasie[25], und deshalb gelangt ein Sterblicher nur durch göttliche Entrückung oder durch eine phantastische Irrfahrt an ihre Gestade. Und wie alle magischen Wunderwelten fordern sie ihren Preis, wenn der Sterbliche auf Rückkehr in die vertraute Realität hofft.

Liebeslüsterne Zauberinnen wie Kalypso lassen den seltenen Gast nicht von ihrem Lager, die Phäaken wollen verhindern, dass der Fremde Kunde von seiner Route verbretet. Es bedarf schon eines ausgemachten Helden wie Odysseus, um die Phäaken dazu zu veranlassen, ihn auf ihren Wunderschiffen in die Heimat zurückkehren zu lassen. Dieser fällt jedoch während der Überfahrt von der Phantasiewelt in die Realität in tiefen Schlaf und erleidet dabei Gedächtnisverlust. Die Insel bleibt weiter so rätselhaft fern, wie sie war.

Die Anziehungskraft dieser Wunderwelten im fernen Atlantik ist gar nicht hoch genug einzuschätzen. Sie sind literarische und mythische Verdichtungen aller Hoffnungen und Sehnsüchte, die der antike (und frühneuzeitliche) Mensch hegte, wenn er eine Fahrt ins Unbekannte wagte. Die Furcht vor den Gefahren der See und die Sorge, göttliche Grenzmarkierungen zu verletzen, auf der einen, die Aussicht auf unermessliche Reichtümer auf der anderen Seite, die Gratwanderung zwischen Tod und Triumph bildeten für jeden Adligen eine faszinierende Herausforderung. Seefahrt wurde zur „herrlichkühnen Todesgefahr".[26] „Das Meer mit kühner Wagnis überwinden" *(mare audendo vincere)*, sagt Vergil.[27] Antiphilos nennt das erste Schiff „das Kühne", und auch später gab man guten Schiffen so stolze Namen wie „Kühnheit", „Hoffnung" oder „Freude".[28]

Fahrten auf dem Meer galten deshalb als eine besondere Form männlicher Bewährung, vor allem in der Jugend. Denn nur auf dem Meer zeigt sich der wahre Mann, und die Seefahrt scheidet die Blender von den Helden: „Einst hab ich einen Mann gekannt", erzählt Menelaos in Sophokles' *Aias*, „ein Maulheld war's / Der trieb sein Schiffsvolk, auszufahren in den Sturm, / Doch wurd er mäuschenstill beim Wüten des Orkans / So still, dass er sich unter sein Gewand verkroch / und sich von jedem Seemann niedertrampeln ließ."[29]

Meist wird dem jungen Mann eine Aufgabe gestellt, die ihn weit über das Meer führt und die er mithilfe einer in Liebe entbrannten Königs- oder Fürstentochter löst: Jason scharte eine Gefolgschaft um sich und gewann im fernen Kolchis nach vielfältigen Bewährungsproben mithilfe der Königstochter Medea das Goldene Vlies. Sappho singt im 7. Jahrhundert v. Chr.:

> Hektor führte mit den Freunden die strahlende Braut heim / her vom heiligen Theben am sprudelnden Plakos-Quell, / bringt die zarte Andromache über die salzige / Flut mit Schiffen, mit goldenen Reifen und purpurnen / Stoffen, zart wie ein Hauch; bringt viel köstliches Brautgeschenk, Silberschalen, unzählige Becher und Elfenbein.[30]

Theseus steuert auf seiner ersten Fahrt Kreta an, tötet den Minotauros und gewinnt die Hand der Königstochter Ariadne. Nach einer anderen Version befreit der Jüngling ein Mädchen, das in ein Land jenseits des Meeres entführt wurde, wo die Dämonen des Todes regieren. Mitunter muss der junge Held einer entführten Schönheit bis ins Jenseits folgen, um sie zu befreien und einen gewaltigen Schatz zu heben.[31] Entsprechend wird das Jenseits mal als Reich des Todes und Stätte des Grauens, mal als Paradies, Sitz der Götter oder Insel der Seligen gedeutet (wie Kreta, wo Theseus sein Abenteuer besteht).

Die Schönheit der Helden und ihre Verführungskünste sind in jedem Fall essenzielle Garanten des Erfolges: Andernfalls hätte weder Medea dem Jason gegen ihren Vater noch Ariadne dem Theseus gegen ihren Bruder, den Minotaurus, beigestanden. Dass die Helden auf oder nach ihrer Rückfahrt ihre Geliebte manchmal im Stich lassen, gilt vor dem Hintergrund der Bewährungsprobe wenig; zu spät erkennt Medea die wahre Absicht des verschlagenen Jason, und zu spät regt sich die Erkenntnis Helenas, in blinder Liebe Paris, dem Schänder des Gastrechts, gefolgt zu sein.[32] Was zählt, ist aus der Sicht der agonalen Männerwelt der Erfolg, die bestandene Mutprobe, die dem jungen Adligen die Welt der Erwachsenen öffnet.

Es muss aber keineswegs immer so roh und räuberisch zugehen wie in den Mythen. An die Stelle der Plünderungs- und Entführungsfahrt tritt schon in der Archaik häufig eine längere Handels- oder Bildungsfahrt. Wie später in der Welt der englischen Reederfamilien, unternahm etwa ein junger Athener die erste Fahrt in das Schwarzmeergebiet, um sich dort den Geschäftspartnern seines Vaters vorzustellen und sich bei Verhandlungen zu bewähren. Schon Solon, erzählt Plutarch, „wandte sich als junger Mann dem Handel zu. Andere sagen freilich, er sei mehr um Erfahrungen und Kenntnisse zu sammeln, als um Geld zu erwerben, auf Reisen gegangen."[33] In der kaiserzeitlichen Homervita wird der Dichter von einem Seemann überzeugt, dass es für einen Mann von Vorteil ist, Länder und Städte kennen zu lernen.[34] Plutarch hält die Neugier auf fremde Völker und Gegenden geradezu für eine Krankheit der Seeleute.[35]

Gladiatoren zur See

Der Stolz, das Meer mehrmals überquert und dabei nicht nur fremde Länder gesehen, sondern auch große Gewinne erzielt zu haben, wird zu einem zentralen Bestandteil einer selbstbewussten Ethik, die sich bewusst von dem landorientierten Städter abgrenzt. Eines der eindrucksvollsten Zeugnisse ist eine Grabinschrift aus Brundisium vom Ende des 1. Jahrhunderts v. Chr.

> Oft habe ich das große Meer auf Segel beflügelten Schiffen befahren; wie viele Länder habe ich heimgesucht, doch dies ist das Endziel, wie es die Parzen bei der Geburt mir haben besungen. Hier wurde ich ledig all meiner Plagen und

> Mühen; hier brauche ich mich nicht zu sorgen um den Stand der Sterne, um Wolken oder raue See, noch muss ich befürchten, dass die Ausgaben überschreiten die Einnahmen. Gütiges Geschick, hochheilige Gottheit, Dank sei Dir: dreimal hast Du mich aufgerichtet, als ich daniederlag, weil mein Glück mich im Stich ließ. Würdig bist Du, gepriesen zu werden von jedwedem Sterblichen.[36]

Das ist die Welt des risikofreudigen Kaufmannes, der mit göttlicher Hilfe Verluste meistert, voller Stolz auf seinen Mut als Seefahrer verweist und hieraus sein Selbstbewusstsein bezieht.[37] Von hier aus führt eine direkte Linie zu den genuesischen und venezianischen Kaufleuten des Spätmittelalters und den wagemutigen Kapitänen der Renaissance: Kolumbus hätte den Grabspruch genauso verstanden wie Vasco Da Gama oder Cabral: Es ist eines der typischen Elemente abendländischer Mentalität, das den mediterranen Seefahrer bis in alle Ozeane getrieben hat und ihn von den Menschen der großen fernöstlichen Territorialkulturen wesentlich unterscheidet.

Aber es gab neben Neugier und Profitsucht noch einen weiteren Beweggrund, die maritime Herausforderung zu suchen: Seefahrt implizierte aus der Sicht der antiken Polisgesellschaft immer auch eine potenzielle Auflehnung gegen die bestehende Ordnung. „Ein Deserteur des Festlands, ein Kämpfer gegen Stürme, ein Gladiator zur See", heißt der Seefahrer bei Secundus dem Schweigsamen.[38] Jugendliche suchten in vielen Poleis bei bestimmten Gelegenheiten ganz bewusst die Provokation, um sich von der Welt der Alten und Etablierten zu distanzieren (nicht anders als alle Jugendlichen späterer Zeiten). Übertragen auf das Meer bestand die Provokation häufig darin, dass man gegen alle nautischen Regeln außerhalb der Schifffahrtssaison (wie ein Pirat) im Winter aufs hohe Meer segelte.[39] Deshalb finden wir so viele junge Männer unter den tollkühnen Seefahrern und Schiffbrüchigen. Man sucht jetzt nicht mehr Bestätigung der Polisgemeinschaft, sondern Selbstverwirklichung innerhalb der eigenen Mannschaft: Die Provokation nimmt die Form einer kollektiven Mutprobe an und stärkt, weil sie risikobehaftet ist und sich gegen die Normen der Etablierten richtet, die interne Gruppenbildung der *hetairoi*. Das Schiff wird zur Schicksalsgemeinschaft gerade in größter Not. Aias beschwört seine Schiffsmannschaft:

> Ach Freunde, ach / Schiffsmannschaft! / Nur ihr seid mir treu, / nur ihr harrt noch aus / und bleibt bei der Pflicht! (...) Ach dort auf See / halfst du mir, / Verstehst deine Kunst, / Mein Trupp, Ruderertrupp, / Wie flink fuhrst du mich! / Von dir, ich sehe keinen sonst, von Dir erhoff ich Beistand jetzt.[40]

Hieraus entwickelt sich das in den Quellen vielfach beschriebene, fast liebevolle Verhältnis des jungen Abenteurers zu seinem Schiff: Wie die ‚Waldläufer' des amerikanischen Westens ihr Ross zu ihren treuesten Gefährten zählen, so ist für den jungen Seefahrer das Schiff eine liebevolle Freundin, weil von ihm sein Schicksal auf hoher See abhängt.[41]

Wer einmal die Mutprobe bestanden und Todesgefahr überwunden hat, den zieht es immer wieder aufs Meer. „Selig ist", konstatiert Stobaios, „wer nach glücklicher Fahrt daheim ist und die Schiffslast an Land gebracht hat – aber wieder geht er zur See!"[42] Die stärkste Motivation ist die Aussicht auf materielle Gewinne und unsterblichen Ruhm. Wer zu Schiff fährt, ist ein Nachbar des Todes – aber: „Es winkt der Gewinn, es locken fremde Länder, und süß ist es, mit blumengeschmücktem Heck in den Hafen einzulaufen."[43] Selbstbewusst formuliert der Epigrammatiker Antipatros aus Thessalonike im 1. Jahrhundert v. Chr: „ Niemals schreckt mich der Untergang der Pleiaden (= das übliche Ende der Schifffahrt), genauso / wenig das Brausen der Flut, die an den Klippen sich bricht, / oder das Zucken der Blitze am Himmel."[44]

Das Meer als Bewährungsprobe der Liebenden

Wenn aber die Aussicht auf glänzende Erfolge den Mann aufs Meer ziehen, dann muss er sich von seiner Frau und Geliebten trennen. Auf diesem Spannungsverhältnis basiert schon das seit der *Odyssee* weit verbreitete Heimkehrermotiv vieler antiker Episoden und Mythen. Doch nicht nur männlicher Ehrgeiz trennt die Geliebten, viel häufiger ist es das Schicksal. Seefahrt ist nicht nur eine Bewährungsprobe des Mannes, sondern auch der Eheleute oder der frisch Verliebten. Gerade die hellenistisch-römische Literatur der Kaiserzeit mit ihrem romantisch anmutenden Gefühl für das Sentimentale hat hieraus ihren Stoff bezogen: Ovid verfasste fiktive Briefe mythischer Frauen an ihren durch das Meer getrennten Geliebten. Phyllis schreibt an Demophon, den Sohn des Theseus:

> Noch habe ich jenes Bild deines Abschiedes vor Augen, als deine Flotte segelfertig meinen Hafen füllte. Du hast es gewagt, mich zu umarmen, und, angeschmiegt an den Nacken derer, die dich liebte, leidenschaftliche und lange Küsse auszutauschen, deine Tränen mit den Meinen zu mischen, zu klagen, dass ein den Segeln günstiger Wind wehe, und mir beim Weggehen als letztes zuzurufen: Phyllis, denke daran, auf deinen Demophon zu warten![45]

Bildeten ferne Inseln einen magischen Fixpunkt in der Weite des Meeres, werden nun Hafen und Gestade als Grenzbereiche zwischen dem sicheren, von Menschen bewohnten Land und der göttlichen Sphäre des Meeres zu Orten intensiver Ängste und Hoffnungen: Hier harrt der verzweifelte Mensch aus und erwartet die Ankunft des Geliebten oder verfolgt seine Ausfahrt mit bangen Blicken. Die junge Alkyone ging in Ovids *Metamorphosen* nach der Abfahrt ihres Geliebten Keyx frühmorgens an den Strand „und besuchte harmvoll wieder den Ort, von wo sie dem Fahrenden nachsah. / Während all dort sie verweilt und sagt: ‚Hier löst er die Taue, / hier an diesem Gestade empfing ich des Scheidenden Küsse.'"[46]

Der ebenfalls in der frühen Kaiserzeit entwickelte griechische Roman überträgt das Motiv der Trennung auf eine abenteuerliche Handlung, in der beide Verliebten mit dem Schiff unterwegs sind, durch Sturm, Schiffbruch und Piratenüberfälle getrennt und nach einer langen Zeit der Entbehrungen und leidvoller Schicksalsschläge wieder zusammengeführt werden. Piraten, Räuber und Händler bilden nur Randfiguren und für die Handlung notwendige Hindernisse, die es zu überwinden gilt. Die wahren Helden sind Abkömmlinge der griechischen Oberschicht, die durch ihre Taten beweisen, dass ein gebildeter adliger Grieche sich in jeder Lage außerhalb der Polis zurechtfindet und auch den Gefahren des Meeres zu trotzen vermag.[47] Es ist das alte Ethos des Adels, der sich in der späteren Antike im neuen Medium des Romans seiner Werte (Wert der Ehe, Polis als Zentrum) und seiner Überlegenheit gegenüber der ‚Halbwelt' der nichtadligen Seefahrer, Piraten und Söldner versichert.

Lob der Seefahrt – Seefahrt als Kulturgut

Wenn man aber das Meer als bezwingbar erkannt und als Hort unverhoffter Reichtümer entdeckt hat, kann man dem Schiff und der Seefahrt grundsätzlich eine positive Einschätzung nicht verwehren. Galt einerseits die Erfindung von Schiffsbau und Seefahrt als ein Akt der Hybris, als ‚Sündenfall' des Menschen am Ende des Goldenen Zeitalters, ist andererseits schon für Homer in der *Odyssee* die Seefahrt ein Kennzeichen der Zivilisation im Gegensatz zu den unzivilisierten Hinterwäldlern.[48] Von Homer führt eine direkte Linie zu Sophokles, der den Chor der Greise in der *Antigone* die Schifffahrt zu den rühmenswerten Tätigkeiten zählen lässt.[49] Die Alten verspüren zwar nach wie vor einen angstvollen Schauer, da der Mensch in Sphären vorstößt, die eigentlich den Göttern reserviert sind; aber mit der Angst mischt sich bereits der Stolz, der grundsätzliche Kritik verstummen lässt.

Um die Seefahrt des Menschen mit dem Unwillen der Götter zu versöhnen, taucht bei Sophokles und Euripides die Vorstellung auf, Götter selbst hätten den Menschen die Schifffahrt gebracht.[50]

Trug anfangs ein frevelnder Gott, nämlich Prometheus, die Verantwortung für den ‚Sündenfall', der Seefahrt, setzt sich bald in den Kreisen der Athener die Auffassung durch, ihre Stadtgöttin habe Jason die Bauanweisungen für die Argo, das erste Schiff der Menschen, gegeben[51]; auch später erscheint sie als Begleiterin junger Seefahrer.

Nicht verwunderlich gewannen solche Erklärungen besonders in den Zeiten Raum, in denen die Seefahrt als Grundlage gesellschaftlichen oder staatlichen Erfolgs anerkannt und im Bewusstsein der Menschen verankert war. Dies gilt für das Athen des 5. und 4. Jahrhunderts v. Chr. genauso wie mit Einschränkungen für die römische Republik nach dem 1. Punischen Krieg. Selbst Ovid schätzt trotz der augusteischen Propaganda von der Goldenen Zeit die Schifffahrt nicht mehr grundsätzlich als frevelhaft ein. Die Götter haben sich mit der ‚Entweihung' des Meeres abgefunden und akzeptieren, dass die Schiffe der Menschen in den *Okeanos* vorstoßen, doch immer noch gilt es, vor Antritt der Fahrt Poseidon und die Meeresgötter durch Opfer zu beschwichtigen und gnädig zu stimmen.[52]

In diesem Kontext wird auch der alten hesiodischen Vorstellung des fortschreitenden Kultur- und Sittenverfalls seit dem Goldenen Zeitalter die Auffassung von einer aufstrebenden Entwicklung der Menschheit entgegengestellt. Nicht von ungefähr stammt diese Vorstellung aus der Zeit der Sophistik im 5. Jahrhundert v. Chr.: Die Befreiung des Menschen von den Fesseln göttlicher Gebote durch die Seefahrt ist Emanzipation von falscher Ehrfurcht und bedeutet den Durchbruch des menschlichen Geistes zu Selbstbestimmung und Erkenntnis. Schifffahrt ist somit Bestandteil und Wegbereiter einer geistigen Aufklärung.

Dieser Gedanke wird – wie wir gesehen haben – von Lukrez über Manilius bis zu Seneca in der großen Zeit der maritimen Expansion Roms fortentwickelt. Meer und *Okeanos* bilden keine gottgewollten Grenzen oder hei-ligen Gefilde mehr, sondern eine natürliche Herausforderung, durch deren Bewältigung der erfindungsreiche Mensch sich über das Tier erhebt und seine Nähe zu den Göttern beweist. Der Bischof Nemesios von Emesa (ca. 345 – 410 n. Chr.) schreibt am Ausgang der Antike: „Wer vermag je des Menschen hohen Rang auszudrücken? Über das Meer schreitet er, in den Himmel dringt er ein mit seinem Denken, er durchschaut die Bewegungen der Gestirne."[53]

Symbol der Schönheit göttlicher Schöpfung

Die Wertschätzung der Seefahrt öffnet die Augen auch für die Schönheit des Meeres. Schön ist das Meer bei Windstille, und in diesem Zustand gleicht das Meer einer Frau: Die nur leicht bewegte See im Abendrot ist von verführerischer und anmutiger Schönheit und weckt die Begierde des Mannes. Der Dichter Moschos ließ sich im 2. Jahrhundert n. Chr. vom Anblick des Meeres inspirieren:

> Wallet das bläuliche Meer von dem kräuselnden Wehen des Westwindes, / regt sich mir süße Begier in dem schüchternen Herzen; das Festland / ist nicht länger mir lieb; mehr lockt mich das heit're Gewässer / aber sobald aufbrauset die dunkelnde Tief', und das Meer sich / Schaum aufwerfend erhebt, und die tobenden Wogen sich strecken, / Schau ich nach Ufer und Bäumen zurück und entfliehe der Salzflut.[54]

Nicht ohne Grund ist die Liebesgöttin aus dem Meer geboren, Kypris/Aphrodite gilt als „Herrin der See" und Göttin der Schifffahrt; Ovid nennt die liebestolle Kalypso „Göttin des Meeres".[55]

Das erotische Lebensgefühl ist jedoch nur die eine Seite maritimer Schönheit, friedliche Kontemplation die andere, wie wir bei der Analyse der frühkaiserzeitlichen Adelsgesellschaft gesehen haben. Die schönste Freude sei es, das blaue Meer vom Ufer aus zu betrachten.[56] Als sich der Philosoph Justin einmal am Meeresstrand einsamem Nachdenken hingab, begegnete er einem alten Mann, der die platonische Lehre von der Seele widerlegte und ihm von den Propheten des Alten Testaments erzählte.[57] Die stille Schönheit des Meeres war schon ein beliebtes Thema der hellenistischen Philosophie. Nach stoischer Lehre ist in der gesamten Welt und ihrer Natur Gottes (Zeus') Wille zu spüren, der sie wohl geordnet und schön gestaltet hat: Dementsprechend ist auch das Meer von göttlicher Schönheit. „Wie groß ist die Schönheit des Meeres!", schwärmt Cicero, „Welche Herrlichkeit des Ganzen, welche Menge und Mannigfaltigkeit der Inseln, welche Lieblichkeit der Ufer und Gestade."[58] Rosig strahlt auch bei Vergil das Meer, wenn am erhabenen Äther die goldgelbe Aurora im bunten Doppelgespann erglänzt.[59] Ovid nennt einen „Sänger des Meeres" (*maris vates*), „dessen Gedichte klingen, als hätten sie ihm Götter des Meere verfasst."[60]

Rätselhaftigkeit und Schönheit – dies waren schließlich die Attribute, die das Meer zu Objekten der Forschung machten. Die Ozeanfrage, d. h. das Problem, in welcher Form der *Okeanos* die *Oikumene* umfließt und wo er sich in das Mittelmeer ergießt, hat die griechische Geographie seit ihren Ursprüngen beschäftigt. Nicht geringer war das Interesse an der Natur des *Okeanos* selbst. Er umfloss nach Ansicht der Alten die gesamte irdische Feste und galt als Vater der Götter, Okeaniden, Flüsse und Menschen. Er bildete eine magische Grenzwelt zwischen menschlicher und göttlicher Sphäre, die anders als das Mittelmeer keine den Menschen wahrnehmbaren Begrenzungen kannte, sondern in den Himmel und den Tartarus mündete. Mitunter hat man den *Okeanos* sogar mit dem Himmel gleichgesetzt. Der Massilier Claudius Marius Victor (4. Jahrhundert n. Chr.) versteht das Firmament des Himmels als aus gefrorenem Wasser entstanden, das mitten aus Meeresfluten emporstrebt.[61] Sein Landsmann Pytheas überlieferte im ausgehenden 4. Jahrhundert v. Chr. in seinem Werk *Über den Okeanos* Eindrücke des eisstarrenden Nordmeeres, die in leicht variierter Form Eingang in die römische Literatur gefunden hatten.[62]

Der herausragendste Vertreter der naturwissenschaftlichen Beschäftigung mit dem *Okeanos* ist jedoch der Universalgelehrte Poseidonios von Apameia. Er hat zum ersten Mal – so weit wir wissen – durch empirische Beobachtungen den Zusammenhang zwischen den Gezeitenperioden und den Bewegungen des Mondes aller Zweifel enthoben und diese Erkenntnisse mit der umfassenden Weltdeutung der Stoa verbunden. Der *Okeanos* gehorchte demnach (wie alle niederen Lebewesen) den Einflüssen des Mondes. Das leise Auf und Ab, die sanfte Wellenbewegung an der Dünung ist wie das Atmen eines Lebewesens.

Diese immer währende Bewegung wird nach Poseidonios nicht durch äußere Einflüsse wie Wetter oder Wind hervorgerufen, sondern durch die Kraft einer dem Meer selbst innewohnenden, lebendigen Substanz, des *Pneumas*, der vitalen Wärme. Das Meer ist ein komplexer Organismus innerhalb des großen weltumspannenden Kosmos. Wenn das Meer bei Land abtreibenden Winden Fremdkörper an den Strand spült, dann reinigt es sich und stößt Fremdes von sich ab. Wenn Tang im Wasser wächst und Algen auf seiner Oberfläche schwimmen, dann ist im Wasser selbst Leben.[63]

Diese Verbindung empirisch-wissenschaftlicher Analyse und philosophischer Deutung auf dem Hintergrund der stoischen Weltlehre bildet einen Höhepunkt der intellektuellen Auseinandersetzung mit dem Meer. Sie hat die spätrepublikanische und kaiserzeitliche Forschung und enzyklopädischen Sammlungen von Cicero über Seneca bis Plinius stark beeinflusst, und sie war eine wichtige gedankliche Basis, um die antiken Vorstellungen mit der neuen Heilsreligion aus dem Osten zu verbinden.

Adaption des Christentums

Auch die Bibel kennt wie die heidnisch-antike Tradition das Meer als Ort des Todes und des Bösen. In der Johannesapokalypse heißt es: „Und es gab das Meer die Toten, die in ihm sind, und der Tod und der Hades gaben ihre Toten.“[64] In die Tiefen des Meeres werden die Sünden versenkt, und aus seinem Abgrund erscheint das gottfeindliche Tier.[65] Denn Gott hatte den Teufel – wie Kronos den Ophioneus in der griechischen Mythologie – ins Meer gestürzt, wo er seitdem seine gerechte Strafe verbüßt.[66]

Wie Typhon ist der Teufel Beherrscher des Salzmeeres, und wie Typhon oder Ophioneus erscheint er in Gestalt eines schrecklichen Meerungeheuers, das Leviathan genannt wird und einen ätzenden Gestank von eingesalzenen Fischen verbreitet. Der Teufel ist der „Drache aus dem Meer“, den Gott den Psalmen zufolge im Abyssus des Meeres als Sitz des Bösen hausen lässt.[67] Der Abyssus ist das Weltmeer, auf dem die Erde schwimmt und der das Land mit seinen Fluten bedrängt. Er steht auch für die geheimnisvolle Tiefe des Meeres und ist ein Sinnbild der äußersten Gottesferne, in dem die Dämonen verbannt sind.

Das ganze Meer ist auch die Welt derjenigen Menschenvölker, die unter der Gewalt der bösen Mächte stehen – deshalb entsteigt in der Apokalypse die große Buhlerin den Fluten des Meeres.[68] Die Parallele zur moralischen Verunglimpfung der Seeleute und Händler durch die Polisbewohner liegt auf der Hand. Der Teufel selbst steigt aus dem Abyssus auf, um den Krieg gegen die Heiligen zu führen.[69] Sind die Stürme nach antik-heidnischer Tradition Ausdruck der schrecklichen Urgewalt des *Okeanos*, so werden sie dementsprechend bei den Kirchenvätern zu einem Werk des Teufels und der Dämonen. Während in der griechischen Literatur der Staatsmann das Schiff der Polis über die stürmisch feindliche See geleitet, lenkt nach altchristlicher Vorstellung Christus als Steuermann mit Gottes Hilfe das aus dem Kreuzholz gezimmerte Kirchenschiff sicher über das dem Satan verfallene Meer und durch alle Teufelsstürme.[70]

Wie Cicero und die Stoiker das Meer als Kommunikationsweg und die Seefahrt als Kommunikationsmittel zwischen den Menschen preist, so bringt die Kirche als „völkertragendes Schiff“ Menschen unterschiedlicher Herkunft durch die sturmgepeitschte See zum guten Königreich und – einem Handelsschiff vergleichbar – aus der Ferne Nahrung.[71] Muss ein antiker Held wie Jason seine Mannschaft aus den besten Männern auswählen und ihren Fähigkeiten entsprechend einsetzen, sind auch im Kirchenschiff die Plätze eindeutig festgelegt: Die Anwerber der Matrosen und Passagiere sind die

Katecheten und Diakonissen, die Insassen die Gesamtheit der christlichen Brüder. Die Gegenwinde werden mit den Versuchungen des Teufels gleichgesetzt, Stürme von Land mit den Irrlehren, Riffe und Klippen mit den Verfolgern, seichte Buchten mit schlechten Menschen, günstiger Wind dagegen mit dem Heiligen Geist. Christus hat das von den Stürmen des Satans aufgewühlte Meer besänftigt, aber der Teufel lauert als listiger Pirat dem Kirchenschiff auf und versucht es zu entern.[72]

Auch die Vorstellung vom Meer als Ort männlicher Bewährung spielt dabei eine wichtige Rolle: Das Kirchenschiff wagt eine „herrliche, weil gefährliche Seefahrt". Gott hat Satan und die Dämonen wirken lassen, um den Christen zu prüfen. Wie es dem Helden gelingt, das Meer zu bezwingen, so kann der Mönch „das bittere Meerwasser süß machen."[73] Wie Theseus durch einen Sprung ins Meer seine Abkunft von Poseidon beweist, so senkt sich Christus wie eine Angelrute in Menschengestalt in die Tiefen des teuflischen Meeres hinab, um Satan zu ködern und gefangen zu nehmen.[74] Wie nach Auffassung der Sophisten und der Stoiker der Mensch durch die Überwindung des Meeres seine Gottgleichheit beweist, so demonstriert der Christ durch die Beherrschung der Schifffahrt seinen Anteil am göttlichen *logos*. Theodoret preist die Schiffsbaukunst als Ergebnis der „von Gott geschenkten Weisheit."[75]

Angelehnt an die bekannte Passage aus Ciceros *de natura deorum* fasst Basilius die Nützlichkeit des Meeres zusammen:

> Das Meer ist aber auch noch auf andere Weise schön vor Gott, weil es die Inseln umschließt und ihnen sowohl Reiz leiht wie Sicherheit bietet. Ferner ist es auch schön, weil es die entlegensten Länder miteinander verbindet, den Seefahrern einen ungehinderten Verkehr gewährt, durch die es uns auch Neuigkeiten bringt, den Kaufleuten Reichtum verschafft und leicht die Lebensbedürfnisse befriedigt, indem es den Produzenten die Ausfuhr ihres Überflusses ermöglicht, denen aber, die Mangel leiden, die Beschaffung des Fehlenden erleichtert.[76]

Das Meer ist schön, weil es Ausdruck des göttlichen *logos* ist und von Gott geschaffen wurde. Wie ein solches Meer zur Kontemplation und Selbstfindung einlädt, ist es auch der ideale Ort für Christen, sich zu läutern und sich Gott zu nähern. Niemand hat diesen Gedanken einprägsamer formuliert als Ambrosius, der wortgewaltige Bischof von Mailand (340–397 n. Chr.). Es ist der schönste Hymnus auf das Meer, den die Antike kennt, und deshalb sei die Passage hier zum guten Schluss zitiert:

Das Meer ist eine Bergungsstätte für die Mäßigkeit, eine Schule der Enthaltsamkeit, eine Zuflucht der Ehrbarkeit, ein sicherer Hafen, ein Ruheort vor dem Zeitgeist, ein Ernüchterungsmittel der Welt. Für gläubige und fromme Männer ist es eine Mahnung zur Andacht, wenn mit dem Rauschen der leicht anschlagenden Wellen die Psalmengesänge um die Wette ertönen und die Inseln widerhallen von den Chören und Hymnen der Heiligen, deren Klänge dahinschweben über die bewegten Fluten.[77]

Abkürzungsverzeichnis

Ach. Tat. Achilleus Tatios
Aischyl. Hept. Aischylos, Hepta
– Hik. – Hiketiden
Ambr. Ambrosius
Anakr. Anakreon
And. Andokides
Anth. Lat. Anthologia Latina
App. Mithr. Appianos Mithridatius
– civ. – Bella civilia
Apoll. Rhod. Apollonios Rhodios
Archil. Archilochos
Aristoph. Pax Aristophanes, Pax
Aristot. Ath. Pol. Aristoteles, Athenaion Politeia
– cael. – De caelo
– metaph. – Metaphysica
– pol. – Politeia
Arr. An. Arrianos, Anabasis
– Ind. – Indike

Bell. Alex. Bellum Alexandrinum

Caes. civ. Caesar, De bello civili
– Gall. – De bello Gallico
Cass. Dio Cassius Dio
Cic. Att. Cicero, Epistulae ad Atticum
– Balb. – Pro L. Balbo
– fam. – Epistulae ad familiares
– Manil. – Pro lege Manilia de imperio Cn. Pompei
– nat. – De natura deorum
– off. – De officiis
– Planc. – Pro Cn. Plancio
– prov. – De provinciis consularibus
– ad Q. fr. – Epistulae ad Quintum fratrem
– Rab. Post. – Pro C. Rabirio Postumo
– rep. – De re publica
– Sest. – Pro Sestio
– Verr. – In Verrem actio 1, 2
Colum. Columella

Demosth. Demosthenes
Diod. Diodorus Siculus
Diog. Laert. Diogenes Laertios
Dion Chrys. Dion Chrysostomos
Dion. Hal. Dionysios Halikarnassus

Eur. Tro. Euripides, Troades
Eus. Eusebios

Flor. Florus epitoma de Tito Livio
Frontin. Frontinus

Gai. Gaius
Gell. Gellius

Hdt. Herodotos
Hes.erg. Hesiodos, Erga kai Hemerai
– theog. – Theogonia
Hom. h. Homerische Hymnen
Hom. Il. Homeros, Ilias
– Od. – Odyssee
Hor. c. Horaz, Carmina
– epod. – Epodi

Isokr. Isokrates
Iust. Iustinus

Liv. Livius
Lucan. Lucanus

Man. Manilius
Mela Pomponius Mela
Men. Most. Menander, Monostichoi

Oros. Orosius
Ov. her. Ovid, Heroides
– met. – Metamorphosen
– Pont. – Ex Ponto
– trist. – Tristia

Paus. Pausanias
Petron. Petronius
Pind. N. Pindar, Nemeen
Plat. Kritias Platon, Kritias
– leg. – Leges
– Tim. – Timaios
Plaut. Man. Plautus, Manaechmi
Plin. epist. Plinius minor, Epistulae
Plin. nat. Plinius maior, Naturalis historia
Plut. Alex. Plutarchos, Alexander
– Alk. – Alkibiades
– Caes. – Caesar
– Cam. – Camillus
– Cat. – Cato d. Ältere
– Crass. – Crassus
– Mar. – Marius
– Per. – Perikles
– Pomp. – Pompeius
– Sert. – Sertorius
– Sol. – Solon
– Them. – Themistokles
Polyain. Polyainos, Strategemata

Pol. Polybios
Prop. Propertius
Ps.-Xen. Ath. Pol. Pseudo-Xenophon, Athenaion politeia

Sall. hist. frg. Sallustius, Historiarum fragmenta
Sen. Epist. Seneca, Epistulae ad Lucilium
– Herc. f. – Hercules furens
– Med. – Medea
– nat. – Naturales quaestiones
– Phaedr. – Phaedra
Sol. Solon
Soph. Ai. Sophokles, Aias
– Ant. – Antigone
– Oid. K. – Oidipus auf Kolonos
Stob. Stobaios
Strab. Strabon, Geographika
Suet. Aug. Sueton, Augustus
– Caes. – Caesar
– Claud. – Claudius

Tac. Germ. Tacitus, Germania
Thgn. Theognis
Thuk. Thukydides

Val. Max. Valerius Maximus
Vell. Velleius Paterculus
– Verg. aen. – Vergilius, Aeneis
– ecl. – Eclogae
Vitr. Vitruvius

Xen. hell. Xenophon, Hellenika

Zon. Zonaras

Anmerkungen

Einleitung

1 Vgl. den Überblick bei Schulz 2005.
2 Thuk. 1, 2–15.
3 Cic. prov. 31. Vgl. Sen. Phaedr. 85 über Minos.
4 Horden/Purcell 2000, S. 11 f.; Warnecke 1993, S. 271–291.
5 Schmitt 1987, S. 4.
6 Horden/Purcell 2000, S. 149–151.
7 Sen. epist. 67, 14.
8 Holland-Rose 1933, S. 4 ff.; Philippson 1947, S. 30 ff.
9 Vgl. Meiggs 1982, S. 116 ff.
10 Suet. Claud. 17.
11 Vgl. Huss 1985, S. 7.
12 Vgl. Köster 1923, S. 186 ff.

Odysseus

1 Hom. Od. 9, 113–115.
2 Hom. Od. 9, 184–186.
3 Hom. Od. 9, 218–223.
4 Hom. Od. 9, 39–43.
5 Apoll. Rhod. 3, 589.
6 Hom. Od. 4, 89 ff.
7 Vgl. Malkin 1998, S. 14.
8 De Souza 1999, S. 14.
9 Thuk. 1, 5.
10 Hom. Od. 14, 222–231.
11 Hom. Od. 14, 85–87.
12 Gai. Dig. 47, 22, 4; Berve 1967, S. 54.
13 Plat. leg. 823.
14 Pol. 4, 3–6; 68.
15 Vgl. die Schilderung bei Heliodor, Chariklea, Buch 5.
16 Hom. Od. 1, 180 ff.
17 Hom. Od. 8, 161–164.
18 Vgl. Hasebroek 1966, S. 17.
19 Vgl. Humphreys 1979, S. 56 ff.
20 Hes. erg. 634.
21 Hes. erg. 635–640. Zur Herkunft Hesiods und seines Vaters: Tandy 1986, S. 205 f. und Bravo 1977, S. 8.
22 Vgl. Kopcke 1990, S. 122.
23 Vgl. Kopcke 1990, S. 126; Bravo 1983, S. 18; Hom. Od. 17, 248–250.
24 Vgl. Kopcke 1990, S. 125.
25 Vgl. Bringmann 1993, S. 52 f.
26 Hom. Od. 9, 172–174.
27 Hom. Od. 9, 225–229.
28 Hes. erg. 618.
29 Thuk. 6, 13.
30 Thuk. 6, 24.
31 Hom. Od. 4, 561 ff.
32 Hom. Od. 20, 309.
33 Hom. Od. 8, 136 f.
34 Hom. Od. 23, 248–250; 267–277.

Die Polis und das Meer

1 Hom. Od. 5, 82–84.
2 Hom. Od. 6, 262 f.
3 Welwei 1983, S. 33.
4 Welwei 1983, S. 36; Starr 1977, S. 43.
5 Vgl. Tandy 1979, S. 209.
6 Vgl. Walter 1993, S. 81 A. 21, 133.
7 Vgl. Hölscher 1998, S. 29 ff.
8 Hom. Od. 6, 262 f.
9 Lesky 1947, S. 155.
10 Hetzel 2001, S. 138.

11 Vgl. Starr 1977, S. 22, 101; Hölscher 1998, S. 16.
12 Vgl. Dunbabin 1957, S. 67; Starr 1977, S. 105.
13 Vgl. Finley 1980, S. 124, 151 ff.; Börner 1996, S. 16 f.
14 Strab. 17, 1, 33. Athen. 13 p. 596 b. Vgl. Kopke 1990, S. 125 f.
15 Hom. Il. 7, 467–475.
16 Vgl. Bravo 1984, S. 100.
17 Vgl. Bravo 1983, S. 24 f.; Bravo 1984, S. 102 ff., 121.
18 Plut. Sol. 2.
19 Hom. Il. 18, 483–489.
20 Hom. Od. 5, 271–276; Werner 1990, S. 59 f.
21 Hes. erg. 647. Zur Einstellung Hesiods zur Seefahrt: Tandy 1997, S. 212 f.; Melé 1979, S. 12.
22 Hes. erg. 649–651.
23 Hes. erg. 617 ff.
24 Hes. erg. 167 ff.; theog. 1013–1016; Malkin 1998, S. 208.
25 Menander-Herondas. Werke in einem Band, Berlin/Weimar 1980, 294 Nr. 561.
26 Vgl. Starr 1977, S. 44.
27 Hom. Il. 2, 661 f.
28 Vgl. Starr 1977, S. 126.
29 Thgn. 39–59; vgl. ganz ähnlich Anakreon 54.
30 Hdt. 4, 150–158; Menekles von Barke, FgrH 270 F 6.
31 Hdt. 5, 41–47; Paus. 3, 9–10; Archil. 11. Vgl. Faure 1981, S. 279; Heuss 1969, S. 63; Walter 2004, S. 65.
32 Hom. Od. 1, 212–213.
33 Hdt. 5, 42.
34 Osborne 1998, S. 268; Dahlheim 1994, S. 75.
35 Stahl 2003, S. 160 f.
36 Hölscher 1998, S. 22.
37 Vgl. Hom. Od. 1, 414–419 zu Telemach.
38 Vgl. Malkin 1997, S. 6; Nippel 2003, S. 16 f.; zu Didyma: Ehrhardt 1988, S. 145 ff.
39 Vgl. Walter 2004, S. 66.
40 Vgl. Werner 1990, S. 47 ff.; Ehrhardt 1988, S. 27 ff.
41 Vgl. Faure 1981, S. 165.
42 Plat. leg. 704c; Hom. Od. 9, 116–124.
43 Hölscher 1998, S. 67.
44 Vgl. Iust. 43, 3.
45 Hdt. 1, 163; Iust. 43, 4.
46 Hdt. 6, 17.
47 Vgl. Welwei 1983, S. 43; Ehrhardt 1983, S. 24.
48 Treister 1996, S. 31–37.
49 Hdt. 2, 178.
50 Vgl. Cary/Warmington 1966, S. 65.
51 Vgl. Hennig 1944, S. 86–95; Heilen 2000, S. 41–43; Huss 1985, S. 75–83.
52 Vgl. Huss 1985, S. 84–85.
53 Plin. nat. 2, 169.
54 Iust. 43, 4.
55 Cic. rep. 2, 4, 9.

Händler, Söldner und Tyrannen

1 Vgl. Treister 1996, S. 77; Starr 1977, S. 23, 63.
2 Bei Strab. 8, 6, 16.
3 Figueira 1981, S. 231 ff. mit Hdt. 7, 147, 2; 257–259.
4 Hdt. 4, 152.

5 Hdt. 4, 152; Figueira 1981, S. 241 ff.
6 Thgn. 39 f.
7 Sol. Frg. 3, 7, 11 (Franjó/Gan).
8 Sol. Frg. 3, 23 – 24 (Franjó/Gan).
9 Hdt. 4, 156.
10 Vgl. Bérard 1960, S. 94.
11 Hdt. 5, 41–48.
12 Vgl. Rankin 1977, S. 13; Burnett 1983, S. 27 ff.
13 Archil. Frg. 39.
14 Vgl. Fränkel 1993, S. 163–165; Lesky 1947, S. 192; Guillerm 1995, S. 16 f.
15 Hdt. 6, 46–47; Treister 1996, S. 25 f.; 138; Poullioux 1964, S. 15 f.
16 Vgl. Burnett 1983, S. 44.
17 Hdt. 5, 6. Vgl. Faure 1981, S. 161; Ormerod 1923, S. 50.
18 Philochoros FgrHist. 328 F 43. Vgl. Rihll 1993, S. 77–107.
19 Vgl. Ormerod 1923, S. 95 f. und Starr 1977, S. 68.
20 Vgl. Semonides Frg. 14; Hdt. 1, 23–24; Starr 1977, S. 75, 88.
21 Archil. Frg. 54; vgl. Frg. 23 und 24.
22 Vgl. Hölscher 1998, S. 22.
23 Vgl. Drews 1979, S. 267 ff.; Starr 1977, S. 49 f.; Burkert 2003, S. 17.
24 Hdt. 5, 46.
25 Vgl. Salmon 1984, S. 188 ff. Kypselos als fremdstämmiger Führer einer Söldnertruppe: Drews 1979, S. 261.
26 Strab. 8, 2, 1; 6, 22. Vgl. Cook 1979, S. 152 ff.
27 Vgl. Hetzel 2001, 27.
28 Vgl. Hetzel 2001, S. 22 ff.
29 Hdt. 1, 20.
30 Strab. 10, 2, 8; Aristot. pol. 5, 3, 6. Vgl. Hetzel 2001, S. 38 ff.
31 Vgl. Thuk. 1, 13, 2–4.
32 Vgl. Höckmann 1985, 102; Hetzel 2001, S. 53.
33 Thuk. 1, 2, 5; Plat. Krit. 111a–d. Getreidemangel Athens in archaischer Zeit setzen French 1956, S. 11–25 und Starr 1977, S. 154 ff. voraus.
34 Hdt. 1, 59, 4; Berve 1967, S. 50; Singor 2000, S. 112 ff.
35 Plut. Sol. 22, 1; Dion Chrys. 25, 3; Pol. 4, 38, 4 – 6.
36 Vgl. Hetzel 2001, S. 84; Smith 1989, S. 54; Börner 1996, S. 23–48.
37 Hdt. 5, 94, 1; 6, 39, 1.
38 Hdt. 1, 64, 2.
39 Polyain. 5, 14.
40 Hdt. 7, 144, 2. Vgl. Hetzel 2001, S. 104.
41 Vgl. Wallinga 2000, S. 163 ff.
42 Vgl. Smith 1989, S. 87.
43 Hetzel 2001, S. 110.
44 Vgl. in diesem Sinne auch Smith 1989, S. 50.
45 Vgl. Isaac 1986, S. 204.
46 Hdt. 2, 136, 1; 178. Vgl. Hetzel 2001, S. 112.
47 Vgl. Berve 1967, I, S. 107.
48 Hdt. 3,60. Vgl. Starr 1977, S. 106 f.; Hetzel 2001, S. 112 – 114.
49 Thuk. 1, 13, 1.
50 Hdt. 3, 39; 44, 2.
51 Plut. Per. 26.
52 So Wallinga 1993, S. 93–99.
53 Vgl. Hetzel 2001, S. 126.
54 Vgl. Lehmann-Hartleben 1923, S. 56 f.
55 Hdt. 3, 45, 4. Vgl. Hetzel 2001, S. 130.
56 Vgl. Berve 1967, I, S. 139, 143, 158 mit den Hinweisen zu Trierenflotten und Schiffswerften.

57 Diod. 14, 42, 2 ff.

58 Thuk. 1, 13. Dies auch gegen die Skepsis der jüngeren Forschung – z. B. De Souza 1998, S. 273 ff. –, die Tyrannen wären nicht in der Lage gewesen, maritime Herrschaft auszuüben.

Vom Chaos zur Ordnung

1 Archil. Frg. 61; Vgl. Rankin 1977, S. 42; Burnett 1983, S. 40 f.

2 Archil. Frg. 6.

3 Anakr. Frg. 51.

4 Hom. Od. 14, 276–277.

5 Archil. Frg. 60.

6 Archil. Frg. 52.

7 Hom. Od. 14, 220.

8 Vgl. Fränkel 1993, S. 192.

9 Vgl. Jaeger 1936, S. 162.

10 Vgl. Boardman 1981, S. 272 f.; Burnett 1983, S. 29 A. 38.

11 Archil. Frg. 18; Hes. erg. 638 f.

12 Anakr. Frg. 80, 88 B.

13 Anakr. Frg. 6. Vgl. 102.

14 Quellen und Interpretation bei Dougherty 1993, S. 15–18; 22–26; 35.

15 Vgl. Dougherty 1993, S. 35–37; 41.

16 Vgl. Dougherty 1993, S. 54–56.

17 Vgl. Dougherty 1993, S. 63–78; 140; 157.

18 Vgl. Burkert 2003, S. 59 ff.; 65 ff., 72 ff., 75 ff.

19 Vgl. Röd 1988, S. 16; Heilen 2000, S. 63.

20 Vgl. Starr 1977, S. 144.

21 Vgl. Röd 1988, S. 32; Van Nes 1963, S. 137. Vergleichbares gilt für Anaximander.

22 Arist. metaph. 981 b 20.

23 Meier 1989, S. 73; Meier 1987, S. 109 f.

24 Vgl. Heilen 2000, S. 35.

25 Vgl. Meier 1987, S. 112; Heilen 2000, S. 33–54.

26 Vgl. Ninck 1945, S. 24 ff.; Burkert 2003, S. 69; Kahn 1960, S. 135.

27 Vgl. Ninck 1945, S. 32.

28 Röd 1988, S. 40 ff.; Romm 1992, S. 11.

29 Vgl. Romm 1992, S. 24 f.

30 Heilen 2000, S. 34 f.; Romm 1992, S. 26 f.; Kahn 1960, S. 81 ff.

31 Vgl. Gehrke 1998, S. 35.

32 Vgl. Gehrke 1998, S. 35–36; Heilen 2000, S. 43 ff.

33 Vgl. Röd 1988, S. 39; Romm 1992, S. 15 ff.; 20 ff.; 23 ff.

34 Vernant 1982, Kap. 6 und 8 hat z. B. darauf hingewiesen, dass bereits die frühen Polisdarstellungen (wie auf dem Achillesschild) sich an einem ähnlichen Prinzip runder Ordnung orientieren wie die geographisch-mythographischen Vorstellungen der vom *Okeanos* umflossenen Erdscheibe.

35 Vgl. Plut. Sol. 2.

36 Vgl. Starr 1977, S. 31 f.; Meier 1989, S. 79, 83; Held 1998, S. 36 ff.

37 Meier 1987, S. 107; Starr 1977, S. 150.

38 Vgl. Meier 1989, S. 73 A. 40.

Die maritime Expansion der Perser

1 Xenophan. 21 B 22 DK.

2 Hdt. 3, 44.

3 Vgl. Miltner 1952, S. 522–542.

4 Hdt. 4, 44; Werner 1990, S. 55; Schiweck 1990, S. 9.

5 Vgl. Zechlin 1947, S. 81; Wiesehöfer 1998, S. 118; Schieweck 1990, S. 13; 17.

6 Hdt. 3,136.

7 Vgl. Berve 1967, I, S. 103.

8 Hdt. 5, 97, 3.

9 Hdt. 5, 105–112.

10 Hdt. 5, 105–112.

11 Hdt. 6, 43–44.

12 Nach Strab. 2, 3, 4 hatte bereits ein persischer Magier behauptet, Afrika umschifft zu haben. Meist datiert man die Sataspesexpedition in die Zeit nach Salamis. Lediglich Miltner 1952, S. 536 spricht sich m. E. zu Recht für einen Zeitraum zwischen 486 und 480 v. Chr. aus. Denn gerade der Zusammenhang mit dem Feldzug nach Griechenland macht die Sataspesexpedition sinnvoll.

13 Vgl. Miltner 1952, S. 537 f.; auch Carpenter 1966, S. 78 verbindet mit der Expedition „world politics and the higher strategy of empire".

14 Vgl. Zechlin 1947, S. 83.

15 Plut. Them. 3.

16 Hdt. 6, 89. Vgl. Haas 1985, S. 45.

17 Hdt. 6, 132, 1.

18 Plut. Them. 5.

19 Plut. Them. 4.

20 So besonders Haas 1985, S. 40 f.

21 Hdt. 7, 144.

22 Hdt. 7, 144; Plut. Them. 4 ff.

23 Vgl. Meyer 1952, S. 353 f.

24 Balcer 1995, S. 238 f.

Athens Seereich und die Demokratie

1 Plut. Arist. 25, 1; zum Folgenden vgl. Schulz 2003, S. 6 ff.

2 Diod. 11, 60, 3. Amit 1966, S. 21.

3 Thuk. 1, 98, 4.

4 Thuk. 1, 100. Vgl. Meijer 1986, S. 63.

5 Thuk. 1, 107; 108, 3.

6 Diod. 11, 84, 6–8.

7 Diod. 10, 81, 3.

8 Thuk. 1, 35, 2; 40, 2; 66; 115; 140, 2.

9 Vgl. Ps.-Xen. Ath. pol. 1, 16; Antiphon 5, 47.

10 Aristot. Ath. pol. 24, 3.

11 HGIÜ Nr. 65, 74.

12 Plut. Per. 20.

13 Plut. Per. 11, 4.

14 HGIÜ Nr. 104, Nr. 107.

15 HGIÜ Nr. 121.

16 Ps.-Xen. Ath. Pol. 2, 11–12.

15 Plut. Per. 11, 4.

16 HGIÜ Nr. 104, Nr. 107.

17 Vgl. Garland 1987, S. 147.

18 Aristoph. Pax 11, 164 ff.; Aischin. 1, 40.

19 Zit. bei Davidson 1999, S.30.

20 Lesky 1947, S. 237 ff. und Van Nes 1963, S. 115 ff. mit den Belegen.

21 Vgl. Lesky 1947, S. 231, 235 f.

22 Eur. Tro. 102–104.

23 Aischyl. Hik. 345.

24 Aischyl. Hept. 114 f.

25 Vgl. Deubner 1966, S. 109–111.

26 Vgl. Stupperich 1999, S. 65 ff.

27 Vgl. Stupperich 1999, S. 76 f.

28 Pind. Frg. 124. Vgl. Lesky 1947, S. 208.

29 Timaios v. Tauromenion Frg. 114 M. Vgl. Lesky 1947, S. 209.
30 Vgl. Deubner 1966, S. 96; Stupperich 1999, S. 65.
31 Hom. h. 7.
32 Vgl. Zimmermann 1998, S. 17–20.
33 Vgl. Zimmermann 1998, S. 19 f.
34 Isokr. 8, 82.
35 Vgl. Deubner 1966, S. 34.
36 Vgl. Lesky 1947, S. 201 f.
37 Hom. Il. 15, 410 ff.
38 Vgl. Hölscher 1989, S. 10 ff.
39 Plut. Them. 8, 2. Vgl. Kierdorf 1966, S. 35 f., 39.
40 Plut. Them. 8, 3.
41 Vgl. Kierdorf 1966, S. 50.
42 Aischyl. Pers. 744–748.
43 Vgl. für das Folgende Van Nes 1963, S. 71 ff.; Kierdorf 1966, S. 42 mit Anm. 4.
44 Vgl. Thuk. 1, 142, 9.
45 Diog. Laert. 55 f.; Arion: Hdt. 1, 23 f.
46 Hom. Od. 9, 125–129.
47 Soph. Ant. 334 ff.
48 Eur. Hik. 195–210.
49 Vgl. Heydenreich 1970, S. 23 f.
50 Hdt. 7, 35; 8, 109.
51 Hdt. 7, 139.
52 Thuk. 1, 72.
53 Vgl. Connor 1984, S. 22 f.

Der Peloponnesische Krieg

1 Diod. 12, 32; Thuk. 121–122.
2 Thuk. 1, 36, 3; Diod. 12, 30.
3 Thuk. 1, 67, 4; 144, 2; 139, 1–2. Vgl. Schulz 2003, S. 77 ff.
4 Thuk. 1, 68, 4.
5 Vgl. Ps.-Xen. Ath. Pol. 24, 3.
6 Thuk. 1, 140.
7 Vgl. Thuk. 2, 89; 8, 76, 4; Plut. Per. 28.
8 Thuk. 4, 12, 3.
9 Thuk, 7, 36.
10 Thuk. 2, 7, 3.
11 Thuk. 3, 86.
12 Vgl. Clauss 1983, S. 137.
13 Vgl. Clauss 1983, S. 96 ff.
14 Thuk. 6, 19; 90. Plut. Alkib. 7, 4.
15 Thuk. 2, 62, 2.
16 Plut. Alkib. 17; Thuk. 6, 13, 1; 24.
17 Plut. Alkib. 17.
18 Thuk. 6, 13; 24.
19 Vgl. Janni 1996, S. 174 ff.
20 Vgl. Schulz 2003, S. 118.
21 Thuk. 7, 36.
22 Thuk. 7, 74–87.
23 Thuk. 7, 36.
24 Xen. Hell. 4, 8, 9.
25 Demosth. 20, 31-32.
26 Plut. de gloria Atheniensium 345 D.
27 Demosth. 8, 29, 40; 34; 36; 18, 73; 20, 31–32.
28 Xen. oik. 20, 27; zum ‚internationalen Konsortium': Demosth. 35, 10–13.
29 Kleomenes aus Naukratis: Demost. 56, 7–10.
30 Soph. Oid. K. 707–719.
31 Xen. hell. 7, 1, 2–4.
32 Vgl. Ceccarelli 1993, S. 440–470; Ober 1978, S. 129 f.
33 Vgl. Lesky 1947, S. 221 ff.
34 Isokr. 4, 142; Xen. hell. 3, 4, 1.
35 Diod. 14, 8, 34–7; 39, 1–4; 79, 4–8; 81, 4-6; 84, 3–5; Plut. Artaxerxes 21; Xen. hell. 3, 4, 1; Isokr. 16, 18.

36 Xen. hell. 5, 1, 31.

37 Aristot. pol. 1271a.

38 Isokr. 4, 115 f.

39 McKechnie 1989.

40 Xen. hell. 4, 8, 35; 5, 1, 2; Demosth. 23, 61. Vgl. De Souza 1999, S. 33; Ormerod 1924, S. 114.

41 Demosth. 23, 148.

42 Demosth. 23, 138–149.

43 Demosth. 23, 138.

44 Vgl. Demosth. 23, 139. Vgl. McKechnie 1989, S. 105 ff.

45 Xen. hell. 6, 4, 35; Diod. 16, 95; Polyain. 6, 2, 1–2. Vgl. De Souza 1999, S. 33 f.

46 Diod. 14, 98, 3; 15, 2, 3–4; 8, 10; Theopomp frg. 111; Isokr. 9, 19 f.; 4, 135; Isokr. Euag. 47 ff.

47 Diod. 16, 44, 6; Arr. an. 2, 21, 9.

48 Xen. hell. 3, 4, 1.

49 Diod. 14, 42, 5; vgl. Meijer 1986, S. 120; Stroheker 1958, S. 62 ff.

50 Diod. 15, 14, 3–4.

51 Xen. hell. 6, 4, 21; Berve 1967, S. 286.

52 Isokr. 5, 53; vgl. Jehne 1999, S. 343.

53 Vgl. Hammond 1992, S. 30–35; Hauben 1976, S. 80–105.

Seefahrt im Zeitalter des Hellenismus

1 Hdt. 4, 36.

2 Vgl. Heilen 2000, S. 35; 57.

3 Diog. Laert. 8, 48.

4 Diog. Laert. 8, 38. Vgl. Heilen 2000, S. 56.

5 Vgl. Heilen 2000, S. 59 f.; Geus 2003, S. 232–233, 236.

6 Vgl. Meijer 1986, S. 128.

7 Vgl. Hauben 1976, 79–105; Meijer 1986, S. 129.

8 Vgl. Miltner 1952, S. 543.

9 Arr. An. 5, 26 f.

10 Vgl. Meijer 1986, S. 131.

11 Arr. An. 6, 19. Vgl. Zechlin 1947, S. 149.

12 Arr. Ind. 20, 1.

13 Vgl. Seel 1961, S. 74.

14 Vgl. Seel 1961, S. 61; Cary/Warmington 1966, S. 132; Dihle 1988, S. 46.

15 Arr. Ind. 20, 2.

16 Vgl. Miltner 1952, S. 552; Högemann 1995, S. 65 Anm. 19.

17 Vgl. Geus 2003, S. 241.

18 Arr. An. 4, 7, 5; 5, 26, 3; 7, 1 , 2; Plut. Alex. 68.

19 Vgl. Miltner 1952, S. 549; kritischer Wirth 1999, S. 95.

20 Diod. 18, 39, 6. Plut. Demetr. 11, 3. Vgl. Walbank 1982, S. 215.

21 Plut. Demetr. 43. Vgl. Buraselis 1982, S. 42, 52; Casson 1979, S. 233 f.

22 Diod. 20, 97, 5–6; 20, 110, 4; Polyain. 5, 19; Frontin. Strat. 3, 3, 7.

23 Vgl. Buraselis 1982, S. 54; Treister 1993, S. 360.

24 Vgl. Berthold 1984, S. 42 f.; Wiemer 2003, S. 141.

25 Vgl. Dihle 1984, S. 109.

26 Arr. An. 7, 16, 2.

27 Plin. Nat. 6, 58.; Strab. 2, 71; 9, 509; vgl. Hennig 1942, S. 233–236.

28 Vgl. Hennig 1942, S. 234; Cary/Warmington 1966, S. 294.

29 Vgl. Diod. 3, 18, 4.

30 Vgl. Werner 1990, S. 74; Hennig 1942, S. 80–85.
31 Vgl. Heilen 2000, S. 66.
32 Strabon 2, 104; Hennig 1944, S. 157.
33 Vgl. Heilen 2000, S. 33.
34 Geus 2000, S. 77.

Roms langer Weg zum Meer

1 Z. B. Meijer 1986, S. 147; Heftner 1997, S. 122.
2 Vgl. Linke 1995, S. 70; Cornell 1995, S. 82 ff.; Kolb 1995, S. 37.
3 Vgl. Cornell 1995, S. 88 ff.; Linke 1995, S. 105.
4 Vgl. Linke 1995, S. 46 ff.; 70 ff.
5 Starr 1985, S. 27 f.
6 Vgl. Kolb 1995, S. 74, 86–91.
7 Vgl. Kolb 1995, S. 115 f.; Rickman 1980, S. 28 f.
8 Vgl. Rickman 1980, S. 11 f., 16 f., 29.
9 Pol. 3, 22.; zur Spätdatierung vgl. Kolb 1995, 148.
10 Pol. 3, 23.
11 Pol. 3, 24.
12 Plut. Cam. 8; vgl. Liv. 5, 28, 2; Janni 1996, S. 280 f.
13 Pol. 3, 24.
14 Theopr. c. plant. 5, 8, 3. Vgl. Starr 1980, S. 30 f.
15 Pol. 3, 22.
16 Pol. 3, 22.
17 Vgl. Kolb 1995, 146.
18 Vgl. Frederikson 1984, S. 231 f.; Kolb 1995, S. 149; Cornell 1995, S. 333.
19 Strab. 5, 3, 5.
20 Vgl. Janni 1996, S. 281; für das vorangegangene Schulz 2000, S. 429 f.
21 Cass. Dio frg. Buch 10.
22 Dies und das Folgende nach Bleckmann 2002, S. 67–74.
23 Pol. 1, 20; Cass. Dio frg. 43, 5–10; Lazenby 1996, S. 48; 63. Die Aussicht auf Beute war das entscheidende Lockmittel für Ruderer: Pol. 1, 49.
24 Vgl. Janni 1996, S. 280.

Der Kampf um Sizilien

1 Vgl. Gehrke 2002, S. 159 f.; Bleckmann 2002, S. 90.
2 Z. B. Heftner 1997.
3 Bleckmann 2002, S. 27 ff.
4 Pol. 1, 20.
5 Hoyos 1998, S. 285; Bleckmann 2002, S. 19 ff.; 23 ff.; 32 ff.
6 Bleckmann 2002, S. 62.
7 Pol. 1, 20.
8 Pol. 1, 20. Vgl. Frg. 39.
9 Vgl. Janni 1996, S. 285.
10 Vgl. Wallinga 1956, S. 50 f.
11 Pol. 1, 16. Die Römer erhofften sich nach Polybios von Hieron logistische Unterstützung. Zon. 8, 14 (Cass. Dio frg. 11) sagt, dass Hieron später die Römer mit Schiffen unterstützte.
12 Pol. 1, 22. Tarn 1930, S. 149. Vgl. Wallinga 1956, S. 75 f. Für das Folgende Tarn 1930, S. 142 ff.; 149 ff.
13 Pol. 1, 22, 3–11.
14 Cass. Dio 11, 1–4.
15 Pol. 1, 63.
16 Cass. Dio frg. Buch 11 (= Zon. 8, 11), Pol. 6, 19, 3. Vgl. Thiel 1954, S. 41.

17 Pol. 1, 21; Polyain. 3, 11, 7; Xen. hell. 6, 2, 27 ff. Vgl. Köster 1923, S. 130 ff.; 145.

18 Vgl. Köster 1923, S. 128.

19 Pol. 1, 23 f.

20 Pol. 1, 24.

21 Bleckmann 2002, S. 159.

22 Zon. 8, 16.

23 Pol. 1, 26-28.

24 Pol. 1, 46-48.

25 Vgl. Casson 1979, S. 264.

26 Pol. 1, 51.

27 Pol. 1, 54; 59, 6; Diod. 24, 1, 9.

28 Vgl. Bleckmann 2002, S. 209–213; Huss 1985, S. 239, 246.

29 Pol. 1, 61.

30 Pol. 1, 60–61.

31 Pol. 1, 62.

32 Liv. Per. 17.

33 ROL IV, 128–131.

34 Vgl. Pietilä-Castren 1987, S. 28–33; 44 ff.

35 Cat. Frg. 28 in: Till 1984, S. 55–57.

36 Cat. Frg. 29–31 in: Till 1984, S. 57.

37 Cat. Frg. 29.

38 Enn. ann. 144; 257; Pacuvius Frg. 76.

Eroberung, Handel und Piraterie

1 Liv. 21, 63, 3–4.

2 Plut. Arat. 12. 273 v. Chr. sandte Philadelphos eine Komission nach Rom, vielleicht um Handelsfragen zu beraten; Kontakte zu Ägypten und Rhodos: Gruen 1984, I, S. 302, II, 175 Anm.16.

3 Pol. 1, 59, 6–8.

4 Vgl. Starr 1980, S. 57 ff.; Baltrusch 1989, S. 30 f.; Harris 1979, S. 195 ff.

5 Pol. 2, 11, 16-17; 12, 1–3. Eutrop. 3, 7.

6 Liv. 26, 40, 15; vgl. 27, 5, 5. Pol. 2, 24, 13. Vgl. Harris 1979, S. 190 ff.

7 De Martino 1991, S. 159; Rickman 1980, S. 33. Zum Sklavenhandel während des Krieges vgl. Liv. 27, 16, 7; Oros. 4, 18, 5; Plut. Fab. 22, 4.

8 Pol. 16, 30 ff.; 18, 2.

9 Die Einzelheiten und Quellen bei Schulz 1988, S. 124 f.

10 Vgl. Hatzfeld 1919, S. 56; Gabba 1980, S. 94.

11 Vgl. Rostovtzeff 1955 II, S. 601–603; Hatzfeld 1919, S. 37 f.; 80 ff.

12 Vgl. Gabba 1980, S. 91–102.

13 Plut. Cat. Ma. 21, 6.

14 Cato agr. 2.

15 Vgl. Casson 1979, S. 276.

16 Cic. off. 1, 151; 2, 11–15.

17 Cic. Att. 1, 4 (8), 2; 1,5 (9), 2.

18 Vgl. D'Arms 1980, S. 78–82.

19 Cic. Pomp. 11; Verr. 2, 5, 149.

20 Liv. 38, 44, 4.

21 Diod. 37, 30.

22 Cic. Rab. Post. 4; 40.

23 Plut. Pomp. 24, 2.

24 Cic. Att. 2, 16, 4 f.; Verr. 2, 4, 22; Flacc. 30; Cass. Dio 38, 30, 5; Strab. 11, 2, 1; 14, 3, 3.

25 Plut. Pomp. 24, 3; App. Mithr. 63 (262); 92 (419–420).

26 Alle Quellenangaben bei Schulz 2000, S. 435.

27 ILRR Nr. 513, bes. S.21 Z 5 ff.

28 Plut. Sert. 7, 3, 5; 9, 1; Mar. 41–42; Sall. hist. 2,90 (M).

Pompeius und Caesar

1 Plut. Pomp. 26, 5.

2 Liv. 40, 18, 7–8; 41, 1–3. Livius vergleicht die von Ancona auslaufende Einteilungslinie mit einem *cardo*.

3 Cass. Dio 39, 56, 1; Cic. Flacc. 31; Att. 16, 1, 3.

4 Plut. Pomp. 27–28; 76; App. Mithr. 96 (444); Vell. 2, 33, 5; Cic. Att. 16, 1, 3; Cass. Dio 41, 63, 1.

5 Cic. prov. 31.

6 Cass. Dio 37, 21, 2; Plut. Pomp. 38, 6.

7 Bitterli 1991, S. 39.

8 Vgl. Dihle 1984, S. 115; Güngerich 1950, S. 13.

9 Vgl. Casson 1979, S. 296; Dihle 1984, S. 111 f.

10 Strab. 1, 4, 6; 2, 2, 2; 2, 3, 6.

11 Plin. nat. 2, 67.

12 Plat. Tim. 24e–25a; Strab. 1, 4, 6; Ps.-Arist. de mundo 3, 20.

13 Plin. nat. 6, 6, 36–37; Cic. Att. 2, 14; Solin. 52.

14 Plut. Sert. 8; Cic. dom. 30 (80); Strab. 2, 3, 4. Vgl. Gagé 1951, S. 202 ff.

15 Plut. Crass. 2; 4, 1–2; Ward 1977, S. 51, 74. In Agede wurde eine Gruppe von Bleibarren des republikanisch-spanischen Stils gefunden. Die Barren des Lucius Planius wurden im Wrack von Mahdia gefunden.

16 Die Einzelheiten bei Schulz 2000, S. 282 ff.

17 Strab. 3, 1, 5; 5, 8; Cic. Balb. 5.

18 Plut. Caes. 11, 1–2; Crass. 7, 6.

19 Pol. 3, 37, 11; Cic. Balb. 63; Bell. Hisp. 42, 2.

20 Cass. Dio 37, 53, 4; Suet. Caes. 54, 1; Plut. Caes. 12. Vgl. Penhallurick 1986, S. 96 f., 100.

21 Strab. 3, 5, 11; Caes. Gall. 2, 34.

22 Strab. 4, 4, 1; Caes. Gall. 5, 12, 5.

23 Cic. Fam. 7, 5, 2.

24 Caes. Gall. 3, 1, 2; 5, 15, 5; 8, 6; Strab. 4, 3, 3.

25 Caes. Gall. 5, 1, 4; 8, 6; Plut. Pomp. 26; Oros. 6, 9, 2-3.

26 Plut. Caes. 23.

Der Kampf um das Erbe der Republik

1 Saint-Denis 1910, S. 90 ff. hat ausführlich dargelegt, wie sehr z. B. die Darstellung des bodenständigen und seefeindlichen Cato (des Älteren) auf solchen Legenden beruhte.

2 Plut. Caes. 23, 3.

3 Diod. 40, 4.

4 Plin. nat. 27, 1, 11–12; Flor. 2, 13.

5 Vell. 2, 46, 1; Flor. 1, 45, 16.

6 Cic. Att. 4, 1, 7; vgl. Plut. Pomp. 49.

7 Hollstein 1993, S. 370 ff.

8 Caes. civ.1, 30–31; 3, 101; Cass. Dio 41, 41, 2; 42, 1–4; 13, 1. Kromayer 1897, 438.

9 Caes. civ. 1, 21, 4; 28; 36, 54–59; 2, 4–7; Cass. Dio 41, 21, 3; 25, 1ff.; 23, 1–2.

10 Hilfreich waren ferner die Erfahrungen des Crassus, dessen Vater bereits in der Winterzeit die Straße von Otranto überquert hatte; Plut. Crass. 17; App. civ. 2, 222 (45).

11 Plut. Caes. 38–41; Pomp. 65; 76; Cass. Dio 41, 44, 2–4; 51, 1.

12 Caes. civ. 3, 102; Cass. Dio 41, 63, 1; Lucan. 9, 219 f.

13 Caes. civ. 3, 103, 111; 121; Bell. Alex. 112–116; Cass. Dio 42, 41, 1.

14 Suet. Caes. 39, 4; App. civ. 2, 423 (102); Cass. Dio 43, 23, 4 f.; Plut. Caes. 55.

15 App. civ. 5, 416–417 (100); Cass. Dio 48, 19, 2. Vgl. Schulz 2000, S. 439 f.

16 App. civ. 5, 280 (67); Cass. Dio 48, 17, 3; Oros. 6, 18, 19–21; Lucan. 2, 635 f.

17 App. civ. 5, 118 (489)–121 (503); Cass. Dio 49, 3–9.

18 Cass. Dio 49, 37; 50, 14–53; Suet. Aug. 74.

19 Strab. 1, 16.

20 Res gestae 13, 25.

21 Flor. 2, 33, 49; Oros. 6, 21, 3–4; Cass. Dio 53, 25, 3 f.

22 Cass. Dio 49, 38, 1.

23 Cass. Dio 53, 27, 1.

24 Suet. Claud. 1; Vell. 2, 106, 3.

25 CIL XI 1421; ILS 9459.

26 Res gestae 26.

27 Suet. Claud. 17.

Das Meer und die römische Kultur

1 Cass. Dio 39, 53, 1–2.

2 Vgl. Frénaux 1974, S. 131 ff.

3 Cic. Fam. 16, 24, 1; Hor. c. 2, 10, 22.

4 Prop. 1, 11.

5 Sen. epist. 89, 21.

6 Plin. epist. 2, 17.

7 Vgl. Biese 1882, S. 155.

8 Anth. Pal. IV Nr. 7 (Arabios).

9 Vgl. Plin. epist. 2, 8.

10 Petron. Nr. 88.

11 Plin. epist. 1, 9, 6.

12 Nr. LI (p. 226) der Ausgabe von Bücheler (1862); von Scaliger Petron zugeschrieben (unsicher).

13 Griechische Anthologie, hrsg. v. D. Ebener, VI Nr. 5.

14 Lesky 1947, Nr. 272 ff.

15 Vgl. Corbin 1994, Nr. 320 f.

16 Schon Aischylos nennt im *Prometheus* das Rote Meer eine „heilige Flut". Zum Folgenden vgl. Schulz 2003 mit Literaturangaben.

17 App. Mithr. 483.

18 Cic. ad Q. fr. 2, 16, 4.

19 Strab. 2, 5, 8; Tac. Germ. 46.

20 Plin. nat. 16, 1; 5–6.

21 Caes. Gall. 4, 20, 2; 5.

22 Cass. Dio 39, 25, 4. Vgl. Nicolet 1991, S. 20.

23 Hor. epod. 16, 41–44; 63–64; Plut. Sert. 8, 2; Mela 1, 4; 54; 3, 70; Plut. de facie in orbe lunae 26. Holzberg 2001, S. 79 ff. zu Antonios Diogenes.

24 Strab. 1, 1, 5; Plin. nat. 6, 37, 2.

25 Cic. rep. 2, 4, 7–9. Ps.-Xen. 11–12 mit Cic. Att. 6, 2, 3.

26 Cic. nat. 2, 152.

27 Manil. 1, 73; 76–78; 87–88.

28 Verg. ecl. 4, 38; Hor. c. 1, 3, 21–26; Prop. 3, 7.

29 Cic. nat. 2, 164.

30 Vell. 2, 46, 1; Plin. nat. 4, 96; Sen. Med. 375.

31 Strab. 2, 3, 6.

32 Sen. nat. 1, praef. 13.

33 Griechische Anthologie, hrsg. v. D. Ebener, I, S. 69.
34 Strab. 2, 5, 12; vgl. Dihle 1978, S. 548 f.
35 Plin. nat. 6, 26, 101. Die Zahlen sind natürliche keine reale Summe, sondern sollen den Reichtum der Zeit verdeutlichen.
36 Vgl. Dihle 1987, S. 547; Drexhage 1988, S. 18 ff.

Meer und Mentalitäten

1 Anakr. 88 B; Alk. 57; Ov. Pont. 4, 16, 14; Prop. 7, 6.
2 Tac. Germ. 2.
3 Plut. Quaet. Conv. 8, 7.
4 Men. Mon. 231.
5 Vgl. Rahner 1942, S. 98.
6 Vgl. Radermacher 1903, S. 73 f.
7 Ov. Met. 2, 271. Vgl. Hes. Theog. 131 ff.
8 Gell. 15, 21.
9 Vgl. Rahner 1942, S. 98–102.
10 Hom. Il. 16, 3, 4; Plut. de soll. anim. 34; de Iside et Osiride 29, Aisch. Hept. 758.
11 Saint-Denis 1935, S. 93.
12 Plaut. Men. 2, 1.
13 Diog. Laert. 1, 8, 103.
14 Secundus Sent. 17.
15 Ach. Tat. 5, S. 207.
16 Griechische Anthologie, hrsg. v. D. Ebener, III Nr. 12 (S. 189 f.). Vgl. Nr. 27.
17 Griechische Anthologie, hrsg. v. D. Ebener, Nr. 164.
18 Ov. Pont. 3, 6, 19.
19 Antiphilos von Byzanz, Ep.23. Vgl. Sen. Phaedr. 475 f.
20 Sen. Hipp. 526–531.
21 Colum. 1, 8; Prop. 1, 17, 13–14.
22 Plat. leg. 705b. Vgl. noch Sen. Herc. f. 170.
23 Plin. nat. 2, 118.
24 Vgl. Radermacher 1903, S. 32, 43.
25 Lanczkowski 1986, S. 8 f.
26 Vgl. Rahner 1942, S. 206.
27 Verg. Cat. 9, 48.
28 Vgl. Rahner 1944, S. 207 f. Vgl. Alciphon: „Böse ist das Meer, und das Seefahren ist ein tollkühn waghalsiges Ding."
29 Soph. Ai. 1140–1148.
30 Sappho 55 b (Franyo/Gran).
31 Vgl. Rademacher 1903, S. 55, 59, 121.
32 Alk. 74 A.
33 Plut. Sol. 2.
34 Vgl. Radermacher 1968, S. 297.
35 Plut. Quaest. Conv. 2, 1, 2 (Mor. 630 b–c).
36 CIL IX 60.
37 Diod. 37, 30.
38 Secundus Sent.
39 Vgl. z. B. Anakr. 106.
40 Soph. Ai. 351–366.
41 Vgl. Rahner 1944, S. 198 mit Cic. de or. 3, 46 (180).
42 Stob. 4, 17.
43 Alciphon ep. pisc. 1, 3.
44 Griechische Anthologie, hrsg. v. D. Ebener, III, Nr. 31; vgl. Nr. 336.
45 Ov. her. 2, 91–98.
46 Ov. met. 11, 710–713.
47 Vgl. Holzberg 2001, S. 20 ff.; 64 ff.

48 Hom. Od. 9, 125–129. Vgl. Heydenreich 1970, S. 51; Moretti 1994, S. 258.

49 Soph. Ant. 334 ff.

50 Eurip. Suppl. 195–210.

51 Vgl. Heydenreich 1970, S. 21–24.

52 Heydenreich 1970, S. 49–51; Högemann 1985, S. 186.

53 Nem. de nat. hom. 1, 75.

54 Moschos V. Vgl. Biese 1882, S. 76 f.

55 Ov. pont. 4, 10, 14.

56 Vgl. Biese 1882, S. 92.

57 Iust. dial. 2.

58 Cic. nat. 2, 39.

59 Verg. Aen. 7, 25; vgl. 5, 848; 10, 100.

60 Ov. pont. 4, 16, 21. Vielleicht meint er Varro.

61 Poetae Christiani minores Bd. 16. S. des Dichters Aletheia I 63 ff.

62 Sen. Herc. f. 535.

63 Vgl. Reinhard 1921, S. 103, 121–123.

64 Apokalypse 22, 13.

65 Mich. 7, 19. Apokalypse 13, 1.

66 Comment. In Matth. 16, 26.

67 Psalmen 148, 7.

68 Apokalypse 17, 1. 5.

69 Apokalypse 11, 7; 17, 8.

70 Vgl. Rahner 1942, S. 116, 197.

71 Vgl. Rahner 1942, S. 109, 113, 200, 210.

72 Basilius, de spiritu sancto 30, 76–77.

73 Vitae Patrum PL 78, 808 A. Vgl. Rahner 1942, S. 103, 108.

74 Vgl. Rahner 1942, S. 110.

75 Theodoret, oratio de providentia 4. Vgl. Euseb. Syrische Theophanie I 47.

76 Basilius, 4. Homolie zum Hexaemeron.

77 Ambr. Hexaemeron 3, 5, 21–24.

Literaturverzeichnis

Textsammlungen mit und ohne Kommentar

HGIÜ | Brodersen, Kai/Günther, Wolfgang/Schmitt, Hatto H., *Historische Griechische Inschriften in Übersetzung*. Bd. 1: Die archaische und klassische Zeit, Darmstadt 1992 (HGIÜ).

Degrassi | Degrassi, A., *Inscriptiones Latinae liberae rei publicae*, 2 Bde. Florenz 1975 – 1963 (ILLRR).

Seel | Seel, Otto (Hrsg.), *Antike Entdeckungsfahrten. Zwei Reiseberichte*. Übertragen u. erläutert v. O. Seel, Zürich/München 1961.

Till | Till, Rudolf, *Res Publica*. Texte zur Krise der Frührömischen Tradition. Lat./Griech. u. Deutsch. Darmstadt 1984.

ROL | Warmington, E. A. (Hrsg.), *Remains of Old Latin*. Bd. IV, Loeb Classical Texts, Cambridge/London 1965.

Sekundärliteratur

Afzelius 1975 | Afzelius, Adam, *Die römische Eroberung Italiens* (340 – 264 v. Chr.), Kopenhagen 1942, Reprint New York 1975.

Alföldi 1977 | Alföldi, Andreas, *Das frühe Rom und die Latiner*, Darmstadt 1977.

Amit 1965 | Amit, Moshe, *Athens and the Sea*: A Study in Athenian Sea-Power, Brüssel 1965.

Balcer 1995 | Balcer, Jack Martin, *The Persian Conquest of the Greeks* (545 – 450 BC), Kontanz 1995.

Baltrusch 1989| Baltrusch, Ernst, *Regimen morum*. Die Reglementierung des Privatlebens der Senatoren und Ritter in der römischen Republik und frühen Kaiserzeit, München 1989.

Bérard 1960 | Bérard, Jean, *L'expansion et la colonisation greques jusqu'aux guerres médiques*, Paris 1960.

Berthold 1984 | Berthold, Richard M., *Rhodes in the Hellenistic world*, Ithaca/London 1984.

Berve 1967 | Berve, Helmut, *Die Tyrannis bei den Griechen*. Darmstadt 1967.

Biese 1982 | Biese, Alfred, *Die Entwicklung des Naturgefühls bei den Griechen und Römern*, Kiel 1882 – 1884 (ND Hildesheim 1973).

Bleckmann 2002 | Bleckmann, Bruno, *Die römische Nobilität im Ersten Punischen Krieg*. Untersuchungen zur aristokratischen Konkurrenz in der römischen Republik, Berlin 2002.

Boardman 1981 | Boardman, John, *Kolonien und Handel der Griechen, vom späten 9. bis zum 6. Jahrhundert v.Chr.*, München 1981.

Börner 1996 | Börner, Frank, *Die bauliche Entwicklung Athens als Handelsplatz in archaischer und klassischer Zeit*, München 1996.

Braudel 1990 | Braudel, Fernand, *Das Mittelmeer und die mediterrane Welt in der Epoche Philipps II.*, v. a. Bd. 1, Frankfurt am Main 1990.

Bravo 1977 | Bravo, Benedette, „Remarques sur les assises sociales, les formes d' organisation et la terminologie du commerce maritime grec a l'epoque aechaique", in: *Dialogues d'histoire ancienne 3* (1977), S. 1–59.

Bravo 1983 | Bravo, Benedette, „Le commerce des céreales chez les Grecs de l'époque archaique", in: *Trade and Famine in Classical Antiquity*, hg. von Peter Garnsey/ C. R. Whittaker, Cambridge 1983.

Bravo 1984 | Bravo, Benedette, „Commerce et Noblesse en Grèce Archaique. A propos d'une livre d'Alfonse Mele", in: *Dialogues d'histoire ancienne* 10 (1984), S. 99–160.

Bringmann 1993 | Bringmann, Klaus, „Veränderungen des antiken Weltbildes", in: Entdeckungen und frühe Kolonisation, hg. von Christof Dipper/Martin Vogt, Darmstadt 1993, S. 55–68.

Buraselis 1982 | Buraselis, Kostas, *Das Hellenistische Makedonien und die Ägäis. Forschungen zur Politik des Kassandros und der drei ersten Antigoniden im Ägäischen Meer und in Westkleinasien*, Münchener Beiträge zur Papyrusforschung und antiken Rechtsgeschichte 73, München 1982.

Burkert 2003 | Burkert, Walter, *Die Griechen und der Orient*. Von Homer bis zu den Magiern. München 2003.

Burnett 1983 | Burnett, Anne Pippin, *Three Archaic Poets:* Archilochos, Alcaesus, Sappho, London 1983.

Burton 1969 | Burton, Harry E., *The Discovery of the Ancient World*, Cambridge 1932, repr. 1969.

Carpenter 1966 | Carpenter, Rhys, *Beyond the Pillars of Hercules. The classical world seen through the eyes of its discoverers*, London 1966.

Cary/Warmington 1966 | Cary, Max/Warmington, Eric H., *Die Entdeckungen der Antike*, Zürich 1966.

Casson 1979 | Casson, Lionel, *Die Seefahrer der Antike.* (= Übersetzung der 6. Aufl. von *The Ancient Mariners: Seafarers and Sea Fighters in the Mediterranean in Ancient Times*, London 1959), München 1979.

Ceccarelli 1993 | Ceccarelli, Paola, „Sans thassalocratie, pas de démocratie? Le rapport entre thassalocratie et démocratie à Athènes dans la discussion du Ve et IVe siècle av. J.-C.", in: *Historia* 42 (1993), S. 444–470.

Classen 1970 | Classen, Carl-Joachim, „Anaximandros", in: *RE Supplementband XII*, Stuttgart 1970, Col. 30 – 69.

Clauss 1983 | Clauss, Manfred, Sparta. *Eine Einführung in seine Geschichte und Zivilisation*, München 1983.

Connor 1984 | Connor, Robert W., *Thucydides*, Princeton 1984.

Cook 1979 | Cook, Robert M., „Archaic Greek Trade: Three Conjectures", in: *Journal of Hellenic Studies* 99 (1979), S. 152 – 162.

Corbin 1994 | Corbin, Alain, *Meereslust. Das Abendland und die Entdeckung der Küste*, Frankfurt am Main 1994.

Cornell 1995 | Cornell, Tim J., *The Beginnings of Rome. Italy and Rome from the Bronze Age to the Punic Wars* (c. 1000 – 264 BC), London/New York 1995.

Dahlheim 1994 | Dahlheim, Werner, *Die Antike. Griechenland und Rom von den Anfängen bis zur Expansion des Islam*, Paderborn u. a. 1994.

D'Arms 1980 | D'Arms, John, „Senator's Involvement in commerce in the late Republic: Some Ciceronian Evidence", in: *The Seaborne Commerce of Ancient Rome*, hg. v. John D'Arms/E. C. Kopff, Memoirs of the American Academy in Rome 36, Rom 1980, 77 – 89.

Davidson 1999 | Davidson, James N., *Kurtisanen und Meeresfrüchte. Die verzehrenden Leidenschaften im klassischen Athen*, Berlin 1999.

De Martino 1991| De Martino, Franceso, *Wirtschaftsgeschichte des Alten Rom*, München ²1991.

De Souza 1998 | De Souza, Paul, „Towards Thalassocracy? Archaic Greek naval developments", in: *Archaic Greece: New Approaches and New evidence*, hg. v. Nick Fisher/ Hans van Wees, London 1998, S. 271 – 293.

De Souza 1999 | De Souza, Paul, *Piracy in the Graeco-Roman World*, Cambridge 1999.

Deubner 1960 | Deubner, Ludwig, *Attische Feste*, Berlin 1960.

Dihle 1978 | Dihle, Albrecht, „Die entdeckungsgeschichtlichen Voraussetzungen des Indienhandels der römischen Kaiserzeit", in: *Aufstieg und Niedergang der Römischen Welt* 2,9,2 (1978), S. 546 – 579.

Dihle 1984 | Dihle, Albrecht, „Der Seeweg nach Indien", in: *Antike und Orient. Gesammelte Aufsätze*, hg. von Viktor Pöschl. Heidelberg 1984, S. 109 – 117.

Dihle 1988 | Dihle, Albrecht, „Arabien und Indien", in: *Hérodote et les Peuples non Grecs. Entretiens sur l'Antiquité Classique*. Fondation Hardt Tome 35, hg. von Olivier Reverdin/Bernard Grange, Genf 1988, S. 41 – 67.

Dougherty 1993 | Dougherty, Carol, *The Poetics of Colonization. From City to Text in Archaic Greece*, New York/Oxford 1993.

Drews 1979 | Drews, Robert, „Die ersten Tyrannen in Griechenland", in: *Die ältere Tyrannis bis zu den Perserkriegen. Beiträge zur Griechischen Tyrannis*, hg. v. Konrad H. Kinzl, Darmstadt 1979, S. 267 ff.

Drexhage 1988 | Drexhage, Raphaela, *Untersuchungen zum Römischen Osthandel*, Bonn 1988.

Dunbabin 1957 | Dunbabin, Thomas J., *The Greeks and their Eastern Neighbours. Studies in the Relations between Greece and the Countries of the Near East in the eighth and seventh Centuries B.C.*, London 1957.

Ehrhardt 1988 | Ehrhardt, Norbert, *Milet und seine Kolonien. Vergleichende Untersuchung der kultischen und politischen Einrichtungen*, Frankfurt am Main ²1988.

Ehrhardt 1990 | Ehrhardt, Norbert, „Zur Geschichte der griechischen Handels- und Kolonisationsfahrten im östlichen Mittelmeer im Spiegel von Epos und Periplus Literatur", in: *Orientalisch-Ägäische Einflüsse in der Europäischen Bronzezeit. Ergebnisse eines Kolloquiums*. Römisch Germanisches Zentralmuseum. Forschungsinstitut für Vor- und Frühgeschichte, Monographien Band 15, Bonn 1990, S. 13 – 32.

Faure 1981 | Faure, Paul, *Die Griechische Welt im Zeitalter der Kolonisation*, Stuttgart 1981.

Figueira 1981 | Figueira, Thomas J., Aigina. *Society and politics*, New Hampshire 1981.

Finley 1980 | Finley, Moses I., *Die antike Wirtschaft*, München ²1980.

Foxhall 1988 | Foxhall, Lin, „Cargoes of the heart's desire. The charakter of trade in the archaic Mediterranean world", in: *Archaic Greece: New Approaches and New evidence*, hg. v. Nick Fisher/Hans van Wees, London 1988, S. 295 – 309.

Fränkel 1993 | Fränkel, Herrmann, *Dichtung und Philosophie des frühen Griechentums*, München ⁴1993.

Frederikson 1984 | Frederiksen, Martin, *Campania*, Rom 1984.

Frénaux 1974 | Frénaux, R., „Géographie cicéronienne: La notion d'Oceanus dans les ‚Discours'", in: *Littérature gréco-romaine et géographie historique: Mélanges offerts à Roger Dion*, hg. von Raymond Chevailler, Caesarodunum IX bis, Paris 1974, S. 151 – 160.

Gabba 1980 | Gabba, Emilio, „Riflessioni antiche e moderne sull attività commerciali a Roma nei seculi II e I A. C.", in: *The Seaborne Commerce of Ancient Rome*, hg. von John D'Arms,/E. C. Kopff. Memoirs of the American Academy in Rome 36, Rom 1980, S. 91 – 102.

Garland 1987 | Garland, Robert, *The Piraeus from the fifth to the first century B.C.*, London 1987

Garnsey/Whittaker 1983 | Garnsey, Peter/Whittaker, C. R. (Hrsg.), *Trade and Famine in Classical Antiquity*, Cambridge Philological Society, Suppl. Vol. 8, Cambridge 1983.

Gehrke 1998 | Gehrke, Hans-Joachim, „Raumbilder in der griechischen Geographie", in: *Althistorisches Kolloquium aus Anlass des 70. Geburtstages von Jochen Bleicken*, hg. v. Theodora Hantos/Gustav Adolf Lehmann, Stuttgart 1998, S. 29 – 41.

Gehrke 2002 | Gehrke, Hans-Joachim, „Die Römer im Ersten Punischen Krieg", in: *Res Publica Reperta. Zur Verfassung und Gesellschaft der Römischen Republik und des frühen*

Prinzipats. Festschrift für Jochen Bleicken zum 75. Geburtstag, hg. v. Jörg Spielvogel, Stuttgart 2002, S. 153 – 171.

Geus 2000 | Geus, Klaus, „Eratosthenes“, in: *Geographie und verwandte Wissenschaften*, hg. v. Wolfgang Hübner, Stuttgart 2000, S. 75 – 92.

Geus 2002 | Geus, Klaus, *Eratosthenes von Kyrene. Studien zur hellenistischen Kultur- und Wissenschaftsgeschichte*, München 2002.

Geus 2003 | Geus, Klaus, „Space and Geography“, in: *A Companion to the Hellenistic World*, hg. v. Andrew Erskine, London 2003, S. 232 – 245.

Göttlicher 1985 | Göttlicher, Arvid, *Die Schiffe der Antike. Eine Einführung in die Archäologie der Wasserfahrzeuge*, Berlin 1985.

Gruen 1984 | Gruen, Erich S., *The Hellenistic World and the Coming of Rome*, Berkeley u. a. 1984.

Giullerm 1995 | Guillerm, Alain, *La marine dans l'Antiquité*, Paris 1995.

Güngerich 1950 | Güngerich, Rudolf, *Die Küstenbeschreibung in der griechischen Literatur*, Münster 1950.

Haas 1985 | Haas, Chr. J., „Athenian Naval power before Themistocles“, in: *Historia* 34 (1985), S. 22 – 46.

Hammond 1992 | Hammond, N. G. L., „The Macedonian Navies of Philipp and Alexander until 330 B. C.“, in: *Antichthon* 26 (1992), S. 30 – 35.

Harris 1979 | Harris, William V., *War and imperialism in republican Rome*, Oxford 1979.

Hatzfeld 1919 | Hatzfeld, Jean, *Trafiquant Italiens dans l'Orient Hellénique*, Paris 1919.

Hauben 1975 | Hauben, Hans, „Philippe II. Fondateur de la Marine macedonienne“, in: *Ancient Society* 6 (1975), S. 51 – 59.

Hauben 1976 | Hauben, Hans, „The Expansion of Macedonian Sea-Power under Alexander the Great“, in: *Ancient Society* 7 (1976), S. 79 – 105.

Hasebroek 1966 | Hasebroek, Johannes, *Staat und Handel im Alten Griechenland. Untersuchungen zur antiken Wirtschaftsgeschichte*, Tübingen 1928, ND Hildesheim 1966.

Heftner 1997 | Heftner, Herbert, *Der Aufstieg Roms. Vom Pyrrhoskrieg bis zum Fall von Karthago (280 – 146 v. Chr.)*, Regensburg 1997.

Held 1998 | Held, Klaus, „Die Entdeckung der Welt bei den Griechen als Ursprung Europas“, in: *Das Mittelmeer – Die Wiege der europäischen Kultur*, hg. v. Klaus Rosen, Bonn 1998, S. 26 – 45.

Heilen 2000a | Heilen, Stefan, „Die Anfänge der wissenschaftlichen Geographie: Anaximander und Hekataios“, in: *Geographie und verwandte Wissenschaften*, hg. v. Wolfgang Hübner, Stuttgart 2000, S. 33 – 54.

Heilen 2000b | Heilen, Stefan, „Eudoxos von Knidos und Pytheas von Massilia“, in: *Geographie und verwandte Wissenschaften*, hg. v. Wolfgang Hübner, Stuttgart 2000, S. 55 – 74.

Hennig 1944 | Hennig, Richard, *Terrae incognitae*, Bd.1, Leiden 1944.

Hetzel 2001 | Hetzel, Schoschana, *Die Seepolitik archaischer Tyrannen*, Diss. Dresden 2001.

Heuss 1969 | Heuss, Alfred, „Die archaische Zeit Griechenlands als geschichtliche Epoche“, in: *Zur griechischen Staatskunde*, hg. v. Fritz Gschnitzer, Darmstadt 1969, S. 36 – 96.

Heydenreich 1970 | Heydenreich, Titus, *Lob und Tadel der Seefahrt. Das Nachleben eines antiken Themas in den romanischen Literaturen*, Heidelberg 1970.

Höckmann 1985 | Höckmann, Olaf, *Antike Seefahrt*, München 1985.

Högemann 1985 | Högemann, Peter, *Alexander der Große und Arabien*, München 1985.

Hölscher 1998 | Hölscher, Tonio, *Öffentliche Räume in frühen griechischen Städten*, Heidelberg 1998.

Holland-Rose 1933 | Holland-Rose, John, *The Mediterranean in the Ancient World*, Cambridge 1933.

Hollstein 1993 | Hollstein, Wilhelm, *Die stadtrömische Münzprägung der Jahre 78 – 50 v. Chr. zwischen politischer Aktualität und Familienethik*, München 1993.

Holzberg 2001 | Holzberg, Niklas, *Der antike Roman. Eine Einführung*, Düsseldorf/Zürich ²2001.

Horden/Purcell 2000 | Horden, Peregrine/Purcell, Nicholas, *The corrupting sea. A study of mediterranean history*, Oxford 2000.

Humphreys 1979 | Humphreys, Sally, „Geschichte, Volkswirtschaft und Anthropologie: Das Werk Karl Polanyis“, in: *Karl Polanyi, Ökonomie und Gesellschaft*, Frankfurt 1979, S. 7 – 59.

Huss 1985 | Huss, Werner, *Geschichte der Karthager*, München 1985.

Isaac 1986 | Isaac, B.H., *The Greek Settlement in Thrace until the Macedonian conquest*, Leiden 1986.

Jäger 1936 | Jäger, Werner, Paideia. *Die Formung der griechischen Menschen*. Bd. 1, Berlin ²1989, Leipzig 1936.

Janni 1996 | Janni, Pietro, *Il mare degli antichi*, Bari 1996.

Jehne 1999 | Jehne, Martin, „Formen der thebanischen Hegemonialpolitik zwischen Leuktra und Chaironeia (371 – 338 v. Chr.)“, in: Klio 81 (1999), S. 317 – 358.

Kahn 1985 | Kahn, Charles H., *Anaximander and the origins of Greek cosmology*, Columbia 1960, 2. korr. Aufl. 1985.

Kierdorf 1966 | Kierdorf, Wilhelm, *Erlebnis und Darstellung der Perserkriege. Studien zu Simonides, Pindar, Aischylos und den Attischen Rednern*. Hypomnemata 16, Göttingen 1966.

Köster 1923 | Köster, August, *Das antike Seewesen*, Berlin 1923.

Kolb 1995 | Kolb, Frank, Rom. *Die Geschichte der Stadt in der Antike*, München 1995.

Kopcke 1990 | Kopcke, G., Handel, *Archaeologia Homerica Bd. 2*, Göttingen 1990.

Kraft 1968 | Kraft, Konrad, „Taten des Pompeius auf den Münzen“, in: *Jahrbuch für Numismatik und Geldgeschichte* 18, 1968, S. 7 – 24.

Kromayer 1897 | Kromayer, Johannes, „Die Entwicklung der römischen Flotte vom Seeräuberkriege des Pompeius bis zur Schlacht von Actium“, in: *Philologus* 56 (1897), S. 426 – 491.

Lanczkowsky 1986 | Lanczkowsky, Günter, *Die Inseln der Seligen und verwandte Vorstellungen*, Frankfurt am Main 1986.

Lazenby 1996 | Lazenby, John F., *The First Punic War*, London 1996.

Lehmann-Hartleben 1923 | Lehmann-Hartleben, Karl, *Die antiken Hafenanlagen des Mittelmeeres*, Leipzig 1923, ND Aalen 1963.

Lesky 1947 | Lesky, Albin, Thalatta: *Der Weg der Griechen zum Meer*, Wien 1947.

Linke 1995 | Linke, Bernhard, *Von der Verwandtschaft zum Staat. Die Entstehung politischer Organisationsformen in der frührömischen Geschichte*, Stuttgart 1995.

Malkin 1998 | Malkin, Irad, *The Return of Odysseus. Colonization and Ethnicity*, Berkeley/Los Angeles 1998.

Malkin 1997 | Malkin, Irad, Religion and Colonization in Ancient Greece, Leiden 1997.

Martin 1965 | Martin, Victor, „La politique des Achéminides, l’exploration prélude de la conquete“, in: *Museum Helveticum* 22 (1965), S. 38 – 48.

Maroti 1961 | Maroti, Egon, „Die Rolle der Seeräuber unter den Anhängern des Sextus Pompeius“, in: *Sozialökonomische Verhältnisse im Alten Orient und im klassischen Altertum*, hg. v. Hans Jörg Diesner u. a., Berlin (Ost) 1961, S. 208 – 216.

McKechnie 1989 | McKechnie, Paul, Outsiders in the Greek Cities in the Fourth Century BC, London/New York 1989.

Meier 1989 | Meier, Christian, *Die Entstehung des Politischen bei den Griechen*, Frankfurt am Main ²1989.

Meier 1987 | Meier, Christian, „Die Entstehung einer autonomen Intelligenz bei den Griechen“, in: *Kulturen der Achsenzeit. Ihre Ursprünge und ihre Vielfalt*, hg. v. Shmuel N. Eisenstadt, Teil 1, Frankfurt am Main 1987, S. 89 – 127.

Meiggs 1982 | Meiggs, Russel, *Trees and Timber in the Ancient Mediterranean world*, Oxford 1982.

Meijer 1986 | Meijer, Fik, *A History of Seafaring in the Classical world*, London/Sydney 1986.

Melé 1979 | Melé, Alfonse, *Il Commercio greco arcaico. Praxis ed emporie*, Neapel 1979.

Merker 1958 | Merker, Irwin Loeb, *Studies in Sea-Power in the Eastern Mediterranean in the Century following the Death of Alexander*, Diss. Princeton University 1958.

Meyer 1952 | Meyer, Eduard, *Geschichte des Altertums*, Bd. 6, hrsg. v. Hans Erich Stier, Essen ⁹1952 – 1958.

Miltner 1952 | Miltner, Franz, „Der Okeanos in der persischen Weltreichsidee", in: *Saeculum 3* (1952), S. 522–555.

Momigliano 1960 | Momigliano, Arnaldo, „Sea-Power in Greek Thought", in: *Secondo contributo alla storia degli studi classici*, hg. v. Arnaldo Momigliano, Rom 1960, S. 57–67.

Moretti 1994 | Moretti, Gabriella, The other world and the ‚Antipodes', in: *The classical tradition and the Americas*, hg. v. Wolfgang Haase/Reinhold Meyer, Berlin/New York 1994, S. 241–284.

Morrison 1980 | Morrison, John S., *The Ship. Long Ships and Round Ships. Warfare and Trade in the Mediterranean 3000 BC – 500 AD*, London 1980.

Müller 1980 | Müller, Klaus Erich, *Geschichte der Ethnographie und ethnologischen Theoriebildung*, Bd.1–2, Wiesbaden 1980.

Nicolet 1991 | Nicolet, Claude, Space, Geography, and Politics in the Early Roman Empire, Ann Arbor 1991.

Ninck 1945 | Ninck, Martin, *Die Entdeckung Europas durch die Griechen*, Basel 1945.

Nippel 2003 | Nippel, Wilfried, „Griechische Kolonisation. Kontakte mit indigenen Kulturen, Rechtfertigung von Eroberung, Rückwirkungen auf das Mutterland", in: *Aufbruch in neue Welten und neue Zeiten. Die großen maritimen Expansionsbewegungen der Antike und Frühen Neuzeit im Vergleich*, hg. v. Raimund Schulz, Historische Zeitschrift Beihefte Bd. 34, München 2003, S. 13–27.

Ober 1978 | Ober, Joshua, „Views of Sea-Power in the 4th Century Attic Orators", in: *Ancient World 1* (1978), S. 119–130.

Ormerod 1924 | Ormerod, Henry A., *Piracy in the Ancient World. An Essay in Mediterranean History*, Chicago 1924, ND 1967.

Osborne 1998 | Osborne, Robin, „Early Greek colonization? The nature of Greek settlement in the in the West", in: *Archaic Greece: New Approaches and New Evidence*, hg. v. Nick Fisher/Hans van Wees, London 1998, S. 251–270.

Parker 1984 | Parker, A. J., „Shipwrecks and ancient trade in the Mediterranean", in: *Archeological Review Cambridge 3*, 2 (1984), S. 99–107.

Penhallurick 1986 | Penhallurick, Roger David, *Tin in Antiquity. Its mining and trade throughout the ancient world with particular reference to Cornwall*, London 1986.

Pietilä-Castren 1987 | Pietilä-Castren, Leena, *Magnificentia publica. The Victory Monuments of the Roman Generals in the era of the Punic wars*, Helsinki 1987.

Pohl 1993 | Pohl, Hartel, *Die römische Politik und die Piraterie im östlichen Mittelmeer vom 3. bis zum 1. Jh. v.Chr.*, Berlin/New York 1993.

Pouilloux 1964 | Pouilloux, J. „Archiloque et Thasos: Histoire et poésie", in: *Archiloque. Entretiens sur l'Antiquité classique Tome X*, Fondation Hardt, Genf 1964, S. 1–27.

Radermacher 1903 | Radermacher, Ludwig, *Das Jenseits im Mythos der Hellenen. Untersuchungen über antiken Jenseitsglauben*, Bonn 1903.

Radermacher 1968 | Radermacher, *Mythos und Sage bei den Griechen*, Darmstadt ^{3}1968.

Rahner 1942 | Rahner, Hugo, „Antenna Crucis II und III“, in: *Zeitschrift für katholische Theologie* 66 (1942), S. 89 – 118, 196 – 227.

Rankin 1977 | Rankin, H. D., *Archilochos of Paros*, New Jersey 1977.

Reinhardt 1921 | Reinhardt, Karl, *Poseidonios*, München 1921.

Rickman 1980 | Rickman, Geoffrey, *The Corn supply of Ancient Rome*, Oxford 1980.

Rihll 1993 | Rihll, Tracey, „War, Slavery, and Settlement in Early Greece“, in: *War and Society in the Greek World*, hg. v. John Rich/Graham Shipley, London/New York 1993, S. 77 – 107.

Roebuck 1965 | Roebuck, Carl Angus, *Trade and politics in the Ancient World: La Grèce archaique*, Paris 1965.

Röd 1988 | Röd, Wolfgang, *Die Philosophie der Antike 1: Von Thales bis Demokrit*, 2. überarb. und erw. Aufl. München 1988.

Romm 1992 | Romm, James S., *The Edges of the Earth in Ancient Thought; Geography, Exploration, Fiction*, Princeton 1992.

Rostovtzeff 1955 | Rostovtzeff, Michael, *Gesellschafts- und Wirtschaftsgeschichte der Hellenistischen Welt*, Bd. II, Nachdruck der Ausg. Darmstadt 1955.

Rougé 1974 | Rougé, Jean, „Conceptions antiques sur la mer“, in: *Mélanges René Dion*, Paris 1974, S. 275 – 283.

Saint-Denis 1935 | Saint-Denis, Eugène de, *Le Role de la mer dans la poésie latine*, Paris 1935.

Salmon 1984 | Salmon, J. B., *Wealthy Corinth. A History of the City to 338 BC*, Oxford 1984.

Schiweck 1990 | Schiwek, Heinrich, „Der Persische Golf als Schiffahrts- und Seehandelsroute in Achämenidischer Zeit und in der Zeit Alexander des Großen“, in: *Orientalisch-Ägäische Einflüsse in der Europäischen Bronzezeit. Ergebnisse eines Kolloquiums. Römisch-Germanisches Zentralmuseum.* Forschungsinstitut für Vor- und Frühgeschichte, Monographien Band 15, Bonn 1990, S. 4 – 97.

Schmitt 1957 | Schmitt, Hatto H., *Rom und Rhodos. Geschichte ihrer politischen Beziehungen seit der ersten Berührung bis zum Aufgehen des Inselstaates im römischen Weltreich*, München 1957.

Schmitt 1987 | Schmitt, Eberhard (Hrsg.), *Dokumente zur Geschichte der europäischen Expansion*, Bd. 3: Der Aufbau der Kolonialreiche, München 1987.

Schleich 1983/1984| Schleich, Thomas, „Überlegungen zum Problem senatorischer Handelsaktivitäten“, in: *Münsterische Beiträge zur Antiken Handelsgeschichte* 2,2 (1983), S. 65 – 90; (1984), S. 37 – 76.

Schulz 1998 | Schulz, Raimund, „Roms Griff nach dem Meer“, in: *Althistorisches Kolloquum aus Anlaß des 70. Geburtstages von J. Bleicken*, hg. v. Theodora Hantos/Gustav Adolf Lehmann, Stuttgart 1998, S. 121 – 134.

Schulz 2000 | Schulz, Raimund, „Caesar und das Meer“, in: *Historische Zeitschrift* 271 (2000), S. 281 – 309.

Schulz 2002 | Schulz, Raimund, „Caesars Statthalterschaft in Spanien. Ein vergessenes Kapitel römischer Herrschaftspolitik in der späten Republik“, in: *Res publica reperta. Zur Verfassung und Gesellschaft der römischen Republik und des frühen Prinzipats. Festschrift für J. Bleicken zum 75. Geburtstag*, hg. von Jörg Spielvogel, Stuttgart 2002, S. 263 – 278.

Schulz 2003a | Schulz, Raimund, „Roms Eroberung des Mittelmeeres und der Vorstoß in den Atlantik. Reaktionen und Rückwirkungen auf die Ideologie, Geographie, Ethnographie und Anthropologie der späten Republik und frühen Kaiserzeit“, in: *Aufbruch in neue Welten und neue Zeiten. Die großen maritimen Expansionsbewegungen der Antike und Frühen Neuzeit im Vergleich*, hg. v. Raimund Schulz, HZ-Beiheft, Neue Folge, Bd. 34, München 2003. S. 29 – 50.

Schulz 2003b | Schulz, Raimund, *Athen und Sparta*, Darmstadt 2003.

Schulz 2004 | Schulz, Raimund, „Der weite Weg nach Westen. Maritime Expansion und geographische Horizonterweiterung in der Antike und die Möglichkeiten des Vergleichs mit der frühen Neuzeit“, in: *Barrieren und Zugänge. Die Geschichte der Europäischen Expansion. Festschrift für Eberhard Schmitt*, hg. v. Thomas Beck/Maria dos Santos Lopes/Christoph Rödel, Wiesbaden 2004. S. 51 – 62.

Schulz 2005 | Schulz, Raimund, „Die Antike und das Meer. Forschungsstand, offene Probleme und neue Perspektiven“, in: *Gymnasium* 111 (2005).

Stroheker 1958 | Stroheker, Karl-Friedrich, *Dionysios I. Gestalt und Geschichte des Tyrannen von Syrakus*, Wiesbaden 1958.

Singor 2000 | Singor, H. W., „The military side of the Peisistratean tyranny“, in: Peisistratos and the tyranny: *A Reappraisal of the evidence*, hg. v. Heleen Sancisi-Weerdenburg, Amsterdam 2000, S. 107 – 129.

Smith 1989 | Smith, J. A., *Athens under the tyrants*, Bristol 1989.

Stahl 2003 | Stahl, Michael, *Gesellschaft und Staat bei den Griechen: Archaische Zeit*, Paderborn u. a. 2003.

Starr 1977 | Starr, Chester G., *The Economic and Social Growth of Early Greece 800 – 500 B. C.*, New York 1977.

Starr 1980 | Starr, Chester G., *The Beginnings of Imperial Rome; Rome in the mid Republic*, Ann Arbor 1980.

Starr 1989 | Starr, Chester G., *The Influence of Sea Power on Ancient History*, Oxford 1989.

Stupperich 1999 | Stupperich, Reinhard, „Dionysos, das Meer und die Athener Demokratie“, in: *Griechenland und das Meer, Beiträge eines Symposions in Frankfurt im Dezember 1996*, hg. v. Evangelos K. Chrysos u. a., Mannheim u. a. 1999, S. 65 – 84.

Tandy 1997 | Tandy, David W., *Warriors into Traders. The Power of the Market in Early Greece*, Berkeley u. a. 1997.

Tarn 1930 | Tarn, William W., *Hellenistic Military and Naval Developments*, Cambridge 1930.

Thiel 1954 | Thiel, Johannes Hendrik, *A History of Roman Sea-Power before the Second Punic war*, Amsterdam 1954.

Timpe 1989 | Timpe, Dieter, „Entdeckungsgeschichte", in: *Reallexikon der Germanischen Altertumskunde*, Berlin ²1989, S. 307 – 389.

Treister 1993 | Treister, Michail Y., *The Role of Metals in Ancient Greek History*, Mnemosyne Suppl. 156, Leiden u. a. 1993.

Urban 1984 | Urban, Ralf, „Die Rolle des Meeres in der Römischen Geschichte", in: *Trierer Beiträge aus Forschung und Lehre an der Universität Trier 13*, 1984, S. 13 – 21.

Van Nes 1963 | Van Nes, Dirk, *Die maritime Bildersprache des Aischylos*, Groningen 1963.

Vernant 1982 | Vernant, Jean-Pierre, *The Origins of Greek Thought*. Ithaka, New York 1982.

Viereck 1996 | Viereck, Hans D. L., *Die Römische Flotte. Classis Romana*, Hamburg 1996.

Wachsmuth 1967 | Wachsmuth, Dietrich, Pompimos o Daimon. Untersuchung zu den antiken Sakralhandlungen bei Seereisen, Diss. Berlin 1967.

Walbank 1982 | Walbank, Frank W., „Sea-Power and the Antigonids", in: *Philipp II, Alexander the Great and the Macedonian Heritage*, hg. v. W. Lindsay Adams/E. N. Borza, Washington 1982, S. 213 – 236.

Wallinga 1956 | Wallinga, Herman T., *The Boarding-Bridge of the Romans*, Groningen 1956.

Wallinga 1993 | Wallinga, Herman T., *Ships and Sea-Power before the Great Persian War. The Ancestry of the Ancient Trireme*, Mnemosyne 121, Leiden 1993.

Wallinga 2000 | Wallinga, Herman T., „The Athenian naukraroi", in: *Peisistratos and the tyranny: A Reappraisal of the evidence*, hg. v. Heleen Sancisi-Weerdenburg, Amsterdam 2000.

Walter 2004 | Walter, Uwe, „Paradigmen für alle Typen: Migration in der Antike", in: *Geschichte, Politik und ihre Didaktik 32* (2004), S. 62 – 74.

Ward 1977 | Ward, Allan Mason, *Marcus Crassus and the Late Roman Republic*, Columbia/London, 1977.

Warnecke 1993 | Warnecke, H., „Der Lebensnerv Roms. Der antike Seeweg über das Ionische Meer", in: *Offenheit und Interesse. Studien zum 65. Geburtstag von G. Wirth*, Amsterdam 1993, S. 271 – 291.

Welwei 1983 | Welwei, Karl-Wilhelm, *Die griechische Polis. Verfassung und Gesellschaft in archaischer und klassischer Zeit*, Stuttgart u. a. 1983.

Werner 1990 | Werner, Robert, „Zur Geschichte der vorderorientalisch-phönikischen und mykenisch-griechischen Handels- und Kolonisationsfahrten im Spiegel der

Epos- und Periplusliteratur", in: *Orientalisch-Ägäische Einflüsse in der Europäischen Bronzezeit. Ergebnisse eines Kolloquiums. Römisch-Germanisches Zentralmuseum. Forschungsinstitut für Vor- und Frühgeschichte*, Monographien Band 15, Bonn 1990, S. 47–77.

Wiemer 2003 | Wiemer, Hans Ulrich, *Krieg, Handel und Piraterie. Untersuchungen zur Geschichte des hellenistischen Rhodos*, Berlin 2003.

Wiesehöfer 1998 | Wiesehöfer, Josef, *Das antike Persien. Von 550 v. Chr. bis 650 n. Chr.* Neuaufl. Düsseldorf/Zürich 1998.

Wirth 1999 | Wirth, Gerhard, „Seekrieg und Flottenpolitik Athens zwischen Eubulos und Alexander", in: *Griechenland und das Meer. Beiträge eines Symposions in Frankfurt im Dezember 1996*, hg. von Evangelos K. Chrysos u.a. Mannheim u. a. 1999, S. 85–99.

Zechlin 1947 | Zechlin, Egmont, *Maritime Weltgeschichte. Altertum und Mittelalter*, Bd. 1, Hamburg 1947.

Ziebarth 1929 | Ziebarth, Erich, *Beiträge zur Geschichte des Seeraubs und Seehandels im alten Griechenland*, Hamburg 1929.

Zimmermann 1998 | Zimmermann, Bernhard, *Die griechische Tragödie*, Düsseldorf/Zürich 1998.

Register

Abalus 147
Abdera 65, 111, 171, 210
Achaia 43, 97
Actium 191, 192, 193, 194
Adria 42, 114, 115, 133, 169, 180, 192
Agathokles 154, 162, 163
Agrippa 192, 193
Aigina 51, 57, 60, 84, 86, 87, 96, 97, 102, 116, 128
Aischylos 79, 105, 108, 109, 110, 112
Akragas 44
Akrai 44
Alalia 45, 48
Alexander der Große 131, 137, 139, 140, 141, 142, 143, 144, 145, 146, 147, 148, 182
Alexandria 12, 140, 143, 144, 148, 173, 175, 191
Alkibiades 120, 121, 122, 123, 138, 143
Ambrakia 57, 114, 174
Ambrosius 222
Ameinokles 58, 61, 64
Amphipolis 99, 119, 136, 140
Anakreon 65, 66
Anaximander 71, 72, 73, 74, 75, 138
Andros 53, 99
Antialkidas 128, 129
Antigonos Monophtalmos 144, 145
Antiochia 206
Antiochos III. 170
Antipatros aus Thessalonike 216
Antium 153, 154
Antonius, Marcus 189, 191, 192
Apollonia (in Illyrien) 57
Apollonia Pontica 46
Appian 200
Archilochos 37, 53, 54, 65, 66, 67
Argos 56, 96, 97, 105
Aristoteles (Battos) 37, 38, 41,
Aristoteles (der Philosoph) 69, 71, 98, 127, 129, 139, 140, 182
Arkesilaos II. (König von Kyrene) 47
Arrian 140, 141, 142
Artabazos 89
Artemision 89, 108
Askra 66
Aspis 162
Astakos 99
Athen 4, 12, 49, 52, 58, 59, 60, 62, 63, 78, 82, 84 – 138, 140, 148, 163, 170, 218
Augustus 176, 192, 193, 194, 202, 210, 211

Babylon 142, 143
Baetis 183
Baiae 196, 197
Balbus 180, 184, 185
Berenike 146
Berezan 46
Borysthenes 46
Brasidas 119, 120, 122, 123, 129
Brea 99
Brigantium 185, 193
Brundisium 173, 190, 214
Brutus, Decimus Iunius 185, 186, 190, 193
Byblos 139
Byzantion 45, 46, 89, 91, 128, 134, 135

Caesar, Gaius Iulius 4, 179, 180, 182, 184, 185, 186, 188, 189, 190, 191, 192, 193, 196, 201, 203, 205
Caesarea 206
Cales 158
Cassius Dio 159, 181, 193, 196
Cato, der Ältere 166, 172, 173, 174, 176
Chaironeia 136, 137
Chalkidike 115, 131, 136
Chalkis (Ätolien) 96
Chalkis (auf Euböa) 35, 36, 37, 43, 97, 98, 99, 150
Chios 53, 98, 128, 134, 135
Chora 46
Cicero 10, 50, 149, 168, 173, 174, 175, 180, 181, 189, 196, 197, 200, 203, 204, 219, 220, 221, 222
Claudius (Kaiser) 15, 194
Corbilo 183, 185, 186
Crassus, Marcus (der Triumvir) 184 – 185, 186
Crassus, Publius 186

Dareios 80, 81, 82, 83, 84, 85, 109, 140
Delos 60, 92, 96, 107, 170, 171, 173
Delphi 39, 40, 71, 72, 74, 88, 148
Demetrios Poliorketes 145, 154
Demosthenes 119, 124, 131
Didyma 39
Diodor 63, 132, 175, 182
Dionysios I. (von Syrakus) 63, 132, 133, 160
Dorieus 38, 53, 55, 68
Drepanum 164
Duillius, Gaius 161, 162, 165, 166, 167
Dyme 180
Dyrrhachium 190

Elea 48, 72, 138, 155
Epaminondas 134
Ephesos 83, 171, 175
Ephialtes 93, 94, 96
Epidamnos 57, 114
Epidauros 58
Epirus 171, 190
Erathostenes 148, 181, 182, 183
Eresos 131
Eretria 36, 37, 43, 82, 84, 85, 90, 97, 98, 99
Erythrai 98
Euagoras I. (Regent in Salamis auf Zypern) 128, 131, 132
Euböa 19, 35, 92, 97, 125, 131, 150
Eudoxos von Knidos 138, 139, 148
Eudoxos von Kyzikos 182, 184
Eumaios 20, 65, 212
Euripides 104, 218
Euripos 136
Eurymedon 92

Gades 180, 183, 184, 185, 186, 190
Gallus, Cornelius 206
Gaugamela 140
Gibraltar 44, 48, 49, 74, 143, 183, 210
Gorgias 111, 137
Gylippos 122, 129, 162

Hamilkar 157, 164
Hannibal 164, 169
Hannibal der Rhodier 163, 164
Hekataios 74, 80, 138
Hektor 21, 213
Herodot 52, 62, 75, 80, 85, 87, 112, 138
Hesiod 24, 26, 34, 35, 36, 66, 69, 74, 111, 211
Hieron von Syrakus 155, 157, 159
Himilko 48, 49

Hippias 60, 84, 90
Homer 17, 18, 19, 23, 24, 30, 31, 35, 37, 41, 65, 66, 69, 72, 74, 109, 111, 207, 208, 217

Iphikrates 131
Isauricus, Servilius 175
Isokrates 127, 130
Iugurtha 177

Jason, Dynast aus Pherai 134
Juba 206
Justin 50, 219

Kalypso 29, 34, 212, 219
Kambyses 79, 80
Kephallenia 96
Kerkyra 42, 43, 56, 114, 115, 119, 190
Kimon 92, 93, 94, 96, 110
Kition 128, 132
Klazomenai 129
Kleisthenes 90
Kleomenes (aus Naukratis) 125
Kleomenes 38
Knidos 128, 129, 134, 138
Kolumbus 181, 205, 215
Konon 124, 129
Korinth 37, 42, 44, 46, 53 – 64, 82, 86, 96, 102, 103, 114-118, 123, 129, 136, 137, 171
Koroneia 97
Kreta 54, 107, 179, 213, 214
Kroisos 79, 82
Kroton 43, 49, 53
Kyme 24, 43, 63, 151
Kypselos 55, 56, 57, 59
Kyrene 41, 47, 53, 177
Kyros (persischer König) 79, 80,
Kyros (persischer Thronprätendent) 123

Lemnos 33, 54, 99, 128, 129
Leonidas 88
Leontinoi 43, 111, 115, 120
Leukas 57, 58
Leuktra 134, 135
Lilybaeum 163
Lokris 43
Lokroi 43, 49
Lokroi Epizephyrioi 43
Lutatius, Gaius Catulus 165
Lysander 120, 123, 129, 136

Magnesia (Landschaft in Thessalien) 131
Magnesia (Polis in Kleinasien) 80
Manilius 203, 204, 218
Marathon 84, 85, 86, 90, 91
Mardonios 83, 89
Marius 177, 192
Massilia 44, 45, 50, 74, 147, 169, 183, 184, 190, 206
Megara 37, 44, 45, 56, 59, 96, 97, 102, 115, 116, 117, 136
Megara Hyblaia (in Sizilien) 44
Menander 35, 208
Menelaos 19, 26, 39, 46, 213
Messana 34, 43, 154, 155, 157, 161, 162
Metellus, Quintus Caecilius 179, 183
Methymna 131
Milet 34, 37, 45, 46, 57, 69, 70, 71, 72, 79 – 85, 98, 101, 138, 148
Miltiades 59, 84, 86, 92
Minucius Fundanus 196
Mithridates 178, 180, 181
Mykale 89, 92
Mylae 161
Myos Hormos 146, 206
Mytilene 98, 128

Narbo 183
Naukratis 33, 46, 47, 51, 54, 61, 66, 125
Naulochos 192, 193
Naupaktos 96, 97
Naxos 29, 43, 53, 60, 81, 84, 92, 99
Nearchos 140, 141, 142, 148, 182
Nemesios von Emesa 218
Nisaia 96, 97

Octavian 189, 191, 192, 193
Olympia 40

Pagai 96, 97
Panormos 163, 164
Paros 37, 53, 65, 86
Paterculus, Gaius Sulpicius 161
Patrai 171
Pausanias 89, 91, 119
Peisistratos 59, 60, 61, 64
Pelusion 191
Perdikkas 101, 115, 119
Pergamon 12, 170, 191
Periander 56, 57, 58, 59, 61, 63, 64, 87
Perikles 90, 93, 94, 97, 98, 99, 100, 101, 114, 115, 116, 117, 118, 120
Persepolis 140
Perseus 170, 174
Pharnabazos 124, 128, 129
Pharsalos 190
Phaselis 125, 176
Pherai 131, 134
Philipp II. von Makedonien 136, 137, 139, 143, 145
Philipp V. von Makedonien 170
Philippi 190
Phokaia 44, 45
Phokis 97
Pindar 106, 108
Pithekussai 23, 41, 43
Plataiai 89, 110
Platon 22, 29, 32, 41, 127, 139, 183, 211
Plinius, der Ältere 49, 146, 182, 200, 202, 205, 206, 211, 220
Plinius, der Jüngere 196, 197, 198
Plutarch 33, 86, 87, 108, 120, 121, 124, 137, 152, 168, 172, 176, 179, 186, 187, 188, 202, 208, 214
Polybios 22, 151, 156, 157, 158, 159, 160, 161, 164
Polykrates 60, 61, 62, 63, 64, 80, 87
Pompeius, Gnaeus 4, 10, 168, 176, 179, 180, 181, 184, 186, 187, 188, 189, 190, 191, 192, 193, 194, 200, 203
Pompeius, Sextus 191, 192, 193, 194
Pomponius Mela 200, 202
Poseidonia 43
Poseidonios 182, 183, 184, 201, 203, 205, 220
Potideia 57, 58, 115, 116
Protagoras 111
Ptolemaios I. 143, 146
Pullus, Lucius Iunius 164
Puteoli 151, 173, 175
Pyrrhos von Epirus 155, 158
Pythagoras 138
Pytheas 147, 148, 182, 183, 184, 220

Ravenna 205
Regulus, Marcus Atilius 161, 162, 163
Rhegion 43, 48, 115, 154, 155
Rhodos 44, 45, 129, 134, 135, 139, 145, 168, 170, 173, 174, 191
Rom 12, 149, 151, 154, 155, 157, 159 – 163, 169 – 172, 178, 181, 188, 191, 193, 200, 201, 203, 205

Salamis 60, 88 – 96, 107 – 113, 157
Salamis (auf Zypern) 131, 145

Samos 46, 60–64, 80, 87, 98, 100, 102, 138, 182
Samothrake 128
Sardes 80, 81, 83, 129
Scheria 34, 212
Scipio, Lucius Aemilianus 183, 186
Segesta 53, 120, 161
Seleukos I. (Nikator) 144, 146
Selinunt 44, 55
Sempronius Rufus, Gaius 173, 174
Seneca 13, 197, 204, 205, 210, 218, 220
Sertorius, Quintus 178, 183, 184, 202
Sidon 57, 81, 132, 139
Sigeion 59
Sikyon 63
Sinope 46, 99
Sizilien 4, 25, 26, 37, 42, 43, 44, 51, 53, 63, 74, 85, 111, 115, 118–123, 133, 138, 151, 154–166, 169, 172
Skylax 80, 140, 141, 142, 182
Skyros 92, 128, 129
Sokrates 29, 32
Solon 22, 52, 59, 77, 78, 214
Sorrent 197
Sparta 22, 26, 38, 39, 43, 80, 82, 85, 90–97, 110, 115–124, 129, 130, 133, 135, 137
Spartacus 178
Sphakteria 119
Strabon 154, 186, 193, 202, 206, 207
Strymon 99
Sueton 194
Sulla 177
Susa 81, 108, 140, 141
Sybaris 43, 53, 115
Syrakus 44, 50, 63, 85, 115, 120, 122, 132–134, 151, 154, 155, 157, 159, 161

Tacitus, Publius Cornelius 194, 201, 204
Tarent 43, 154, 155, 156, 169, 180
Tarquinius Priscus 150
Terracina 197
Thales (von Milet) 34, 70, 72
Thasos 37, 42, 53, 54, 66, 92, 116, 128
Theben 123, 129, 134, 135, 136, 213
Themistokles 60, 85, 86, 87, 88, 91, 101, 102, 110, 112, 114
Theodoret 222
Theophanes von Mytilene 180
Thera 37, 38, 40, 41, 43, 47
Thermai 163
Thermopylen 88
Thespiai 34
Thessalonike 171, 198, 216
Thrakien 60, 81, 85, 92, 115, 131, 136
Thrasybulos 57, 128
Thukydides 10, 20, 26, 90, 112, 113, 114, 117, 119, 120, 121, 122
Troja 17, 20, 29
Tyros 132, 139, 140

Varro, Marcus Terentius 180, 203
Vasco Da Gama 215

Xenophon 125, 126, 133
Xerxes 84, 89, 109, 112, 137

Zaleukos 49
Zama 169
Zypern 14, 23, 96, 128, 129, 131, 132, 139, 144, 177, 179

Bildnachweis

Abb. 1: Archiv des Autors

Abb. 2: Hirmer Fotoarchiv

Abb. 3: Nach M. Ninck, Die Entdeckung von Europa durch die Griechen, Basel 1945, 36

Abb. 4: H. Neunkirchen, Seemacht im Spiegel der Geschichte, Berlin 1982, S.71 (Johannes-Christoph Rost)

Abb. 5: Ludwig Deubner, Attische Feste, Berlin 1966, Tafel 14,2

Abb. 6: G. du Ry van Best Holle, Welt- und Kulturgeschichte Bd. 5, Baden-Baden 1971, 2193 – 2194

Abb. 7: Seminar für Griechische und Römische Geschichte, Abt. II, Johann Wolfgang Goethe-Universität Frankfurt am Main

Abb. 8: Museum of Fine Arts, Boston (John McQuade)

Abb. 9: Bildarchiv Steffens, Mainz

Abb. 10: Archäologische Staatssammlung, Museum für Vor- und Frühgeschichte, München